ENQUÊTE

SUR

LE COMMERCE ET LA NAVIGATION

DE L'ALGÉRIE

MARS-AVRIL 1863

ALGER

TYPOGRAPHIE BASTIDE

PLACE DU GOUVERNEMENT, 4.

1863

TABLE SOMMAIRE.

	Pages.
Exposé de la législation sur le Commerce et la Navigation de l'Algérie	1 à 15
Tableaux statistiques sur le mouvement du commerce et de la navigation	19 à 33
Questionnaire	35
PROCÈS-VERBAUX DES SÉANCES DU CONSEIL SUPÉRIEUR D'ENQUÊTE.	
Séance du 23 mars 1863	39 à 80
Annexe	229
Séance du 24 mars	81 à 100
Séance du 25 mars	101 à 132
Annexes	165 à 176
Navigation (1861). — État de développement d'entrée et de sortie par les ports algériens	178 à 179
Rectification de la déposition de M. Favereau	243
Séance du 27 mars	133 à 165
Annexe	230 à 240
Séance du 31 mars	181 à 226
Extraits des procès-verbaux de la Chambre de commerce d'Oran	227 à 228
Annexe	240 à 243
Délibération du Conseil supérieur d'enquête	245 à 275
Note sur le commerce français avec l'Espagne	276
Extrait du tableau des marchandises dénommées au tarif général des douanes, en ce qui concerne l'Algérie	277 à 283
Tableau des principaux éléments de la perception douanière de 1857 à 1861	284
Tarif des droits de tonnage	[illegible]
Tarif de l'octroi de mer	286 à 28[illegible]
Table analytique des matières	289 à 294
Table alphabétique des personnes qui ont été entendues dans l'enquête	295 à 296

CONSEIL SUPÉRIEUR
D'ENQUÊTE
SUR LE COMMERCE ET LA NAVIGATION
DE L'ALGÉRIE.

MARS 1863.

EXPOSÉ DE LA LÉGISLATION

SUR LE COMMERCE ET LA NAVIGATION DE L'ALGÉRIE

DE 1830 A 1863

Le régime commercial, appliqué à l'Algérie depuis 1830, peut se diviser en quatre périodes, marquées par les ordonnances des 11 novembre 1835, 16 décembre 1843, et la loi du 11 janvier 1851.

La première de 1830 à 1835. — Période d'expérience pendant laquelle la réglementation est laissée à l'autorité locale.

La seconde de 1835 à 1843. — Régime plus restreint à l'égard des relations de l'Algérie avec l'étranger.

La troisième commençant en 1843. — Régime plus favorable à l'exportation en France de certains produits algériens, mais plus restrictif à l'égard des importations de l'étranger en Algérie.

La quatrième, inaugurée par la loi de 1851, ouvre enfin aux produits naturels de l'Algérie l'accès libre des marchés de France.

I.

Régime antérieur à l'ordonnance du 11 novembre 1835.

Dans les premières années de la conquête, la situation commerciale et économique du pays était réglée par des actes de l'autorité chargée, sur les lieux, du gouvernement et de l'administration.

Préoccupés, avant tout, d'assurer la subsistance de l'armée d'occupation et du nombreux personnel qu'elle avait amené à sa suite, les commandants en chef ou gouverneurs généraux durent admettre tous les pavillons et accorder de grandes facilités aux importations de tous les pays.

Les mesures qu'on prenait alors étaient essentiellement provisoires.

Il ne pouvait, d'ailleurs, être question de législation commerciale dans un pays qui n'était, à vrai dire, qu'un vaste champ d'opérations militaires, et qui n'avait d'autres cultures que celles rigoureusement nécessaires à l'alimentation de ses habitants.

Toutefois, en laissant à l'Algérie une certaine liberté d'action pour ses transactions avec l'Étranger, la métropole soumit tous les produits originaires de la Colonie importés en France au tarif des douanes applicable aux marchandises étrangères.

Les marchandises importées en Algérie par bâtiments français payaient un droit de tonnage de 4 %. La taxe était double pour les marchandises étrangères et françaises importées par bâtiments étrangers. A la sortie, les marchandises exportées par navires français ou algériens acquittaient un droit de 1 %; celles exportées par navires étrangers, un droit de 2 1/2 %.

Ce régime dura jusqu'à la fin de 1835.

II.

Régime établi par l'ordonnance du 11 novembre 1835.

A cette époque, notre domination se trouvant mieux affermie, le Gouvernement songea à créer entre la France et l'Algérie des intérêts de commerce destinés à resserrer les liens qui les rattachaient l'une à l'autre. L'ordonnance du 11 novembre 1835 abrogea les nombreux arrêtés qui formaient la législation douanière de ce pays, et régularisa les relations maritimes et commerciales de l'Algérie avec la métropole et l'étranger.

Cette ordonnance comprend vingt-trois articles; en voici les principales dispositions :

1° Navigation.

Les transports entre la France et l'Algérie appartenaient exclusivement au pavillon français. Les transports par cabotage entre les ports algériens étaient réservés aux navires français et aux *sandales* algériennes ne jaugeant pas plus de 30 tonneaux et appartenant à des Français ou à des Indigènes soumis à la domination française. Quant aux navires étrangers venant d'ailleurs que de France, ils étaient reçus en Algérie, mais ils devaient acquitter un droit de 2 francs par tonneau, dont les navires français et algériens étaient exempts.

2° Commerce.

Les marchandises exportées de France en Algérie, à l'exception des sucres soumis à un droit de consommation modéré, n'avaient à payer aucune taxe, soit à la sortie de France, soit à l'entrée en Algérie.

La même franchise existait également pour un certain nombre de marchandises provenant de l'étranger, telles que denrées alimentaires, matériaux à bâtir, etc. Pour toutes les autres marchandises, application du 1/5e ou du 1/4 des droits inscrits au tarif général de France et de 12 ou 15 % de la valeur, à l'égard des marchandises prohibées en France, selon que le transport s'en effectuait sous pavillon français ou étranger.

A l'exportation, franchise de tous droits de sortie pour les marchandises expédiées d'Algérie en France. Pour les expéditions à l'étranger, application du tarif métropolitain, sauf un droit de 15 % substitué aux prohibitions de sortie.

Exemption de tous droits pour les marchandises transportées, par cabotage, entre les divers ports de l'Algérie.

Faculté d'établir des entrepôts réels à Alger, Bône et Oran, sous les conditions inscrites à l'article 25 de la loi du 8 Floréal an XI.

Franchise des droits de réexportation pour les marchandises extraites de l'entrepôt.

L'ordonnance du 11 novembre 1835, conforme aux idées qui prévalaient alors, appliquait en général à l'Algérie les principes du régime protecteur. Les produits algériens, tels que les céréales et les laines en masse, restaient frappés, à leur entrée en France, des mêmes droits que les produits similaires venant de l'étranger. Cependant, il faut reconnaître que cette ordonnance, tout en accordant la préférence aux produits français importés en Algérie, permettait l'introduction, soit en franchise, soit à des droits modérés, de certains produits étrangers utiles au développement de la colonisation.

La disposition absolue qui réservait au pavillon français les transports entre la France et l'Algérie, fut tempérée, dans une certaine mesure, par l'arrêté du 30 juin 1836, qui accorda certaines facilités particulières pour la francisation en Algérie des navires étrangers. Arrêté du 30 juin 1836.

Cet arrêté portait que tout marin étranger, tout capitaine ou officier de la marine marchande étrangère qui, habitant l'Algérie depuis un an, se serait fait inscrire sur un état nominatif tenu au bureau de la marine, et s'engagerait sous caution, à peine d'une amende de 100 francs, à résider pendant deux ans dans la colonie, pourrait être admis, comme les Français, à commander, sur les côtes d'Afrique, les navires français et les navires étrangers autorisés à caboter sur lesdites côtes, ou à entrer dans la composition de leur équipage.

Les barques étrangères pontées et non pontées de 15 tonneaux et au-dessous, armées dans un port de France ou des colonies, et naviguant sous pavillon français, étaient admises à une francisation provisoire et autorisées à faire le cabotage sur les côtes algériennes en franchise de droits de douane et de navigation.

Le même privilége était accordé aux bâtiments de plus de 15 tonneaux jusqu'à 60 inclusivement, sous l'accomplissement des conditions spécifiées ci-dessus. De plus, le propriétaire du bâtiment devait justifier, par acte authentique, qu'il possédait en toute propriété et depuis un an au moins :

1° Pour chaque navire de plus de 15 tonneaux jusqu'à 30 inclusivement, une propriété bâtie ou un terrain cultivé, sis dans la colonie, d'une valeur de 2,000 francs en capital;

2° Pour chaque navire de plus de 30 tonneaux jusqu'à 60 inclusivement, une propriété bâtie ou un terrain cultivé, sis dans la colonie, d'une valeur de 4,000 francs.

Ordonnance du 27 février 1837.

Ordonnance du 7 décembre 1841.

L'acte de francisation provisoire était délivré sans paiement de droits, par la douane, sous les conditions et d'après les règles fixées. Une ordonnance du 27 février 1837 alla plus loin encore et ouvrit au pavillon étranger l'intercourse avec la France et le cabotage avec l'Algérie; mais ce principe nouveau introduit dans l'intérêt de la colonisation ne fut pas maintenu et une ordonnance du 7 décembre 1841 rétablit les priviléges conférés à la marine française par l'ordonnance de 1835.

La législation commerciale de l'Algérie, telle qu'elle avait été réglée par cette ordonnance, demeura en vigueur jusqu'à la fin de 1843.

Pendant les huit années qui venaient de s'écouler, notre domination s'était étendue, et la population européenne avait considérablement augmenté. On comprenait que l'Algérie pouvait devenir, pour notre commerce et notre industrie, une source d'échanges fructueux.

D'un autre côté, des plaintes s'élevaient contre les droits perçus en France à l'introduction des produits algériens qui, à défaut de stipulation contraire, étaient traités par la douane comme provenances de l'étranger.

III.

Régime établi par les ordonnances du 16 décembre 1843.

Deux ordonnances du 16 décembre 1843, relatives l'une au commerce de l'Algérie avec la France, l'autre au commerce de l'Algérie avec l'étranger, donnèrent satisfaction à plusieurs demandes qui étaient formulées depuis longtemps, mais sans s'écarter du système protecteur dont le principe était maintenu en Algérie comme en France.

Sous le rapport de la navigation, la protection accordée en Algérie à notre pavillon fut renforcée par l'application aux marins étrangers d'un droit de tonnage de 4 francs au lieu de 2 francs, et d'un système de surtaxe sur les marchandises, analogue à celui qui résultait pour la France de la loi du 28 avril 1816.

L'Algérie obtint pour ses principaux produits un régime de faveur sur le marché français. Ainsi les laines, l'huile d'olive, les peaux brutes, le suif brut, les fruits de table, le kermès, les olives, le liége, les minerais furent admis en France, moyennant *la moitié* du tarif afférent à ces marchandises lorsqu'elles étaient importées de l'étranger.

Quant aux produits analogues à ceux que fournissent nos autres colonies, on leur appliqua le régime spécialement réservé aux provenances coloniales.

De son côté, la métropole s'assura une plus forte part dans l'approvisionnement de sa nouvelle colonie. Le tarif, pour la généralité des articles étrangers, fut porté à 1/4 ou à 1/3 du tarif général de France ; et des droits spéciaux, atteignant en moyenne 20 à 25 pour 0/0, furent établis sur les principales productions de l'industrie étrangère, similaires des nôtres, notamment sur les tissus de laine et de coton, la poterie, etc.

La même ordonnance autorisa la création d'entrepôts réels pour Alger, Mers-el-Kebir, Oran, Ténès, Philippeville et Bône, en se conformant aux dispositions de l'art. 25 de la loi du 8 Floréal an II.

Loi du 9 juin 1845.

La loi du 9 juin 1845 confirma les dispositions de l'ordonnance du 16 décembre 1843. La section 2 de cette loi modéra certaines taxes en faveur de l'Algérie, à l'importation et à l'exportation, et désigna les ports qui seraient appelés à en jouir.

De 1845 à 1851, diverses ordonnances, décrets et arrêtés ministériels introduisirent certaines modifications spéciales dans le régime des douanes en Algérie (1).

Depuis 1843, la législation commerciale de l'Algérie n'avait subi que des modifications peu importantes ; mais, pendant cette période de sept années, la production et la consommation s'étaient sensiblement accrues. La paix régnait sur la plus grande partie du territoire. La population européenne avait presque doublé, en même temps que les cultures se développaient. On avait acquis aussi des données beaucoup plus certaines sur l'importance actuelle et sur les espérances futures des intérêts commerciaux et agricoles que la législation était appelée à régir.

Ordonnances des 17-23 janvier et 2 décembre 1845.

(1) Deux ordonnances, en date des 17-23 janvier et 2 décembre 1845, ouvrirent de nouveaux ports algériens au commerce direct avec la France pour l'importation et pour l'exportation des marchandises taxées en Algérie, soit à la valeur, soit à plus de 15 francs les 100 kilog., ou en France, à plus de 20 francs. L'autorisation de créer des entrepôts fut aussi étendue à plusieurs de ces ports, notamment Mostaganem, Arzew et Bougie.

Ordonnance du 13 décembre 1846.

L'ordonnance du 13 décembre 1846 autorisa l'importation en France en exemption de droits, des fruits de table frais et autres produits, et prohiba l'exportation des écorces à tan de l'Algérie pour toute destination autre que la métropole. La même ordonnance disposait, en outre, que le tarif métropolitain serait appliqué dans la colonie à tous les produits étrangers, similaires de ceux que l'Algérie pouvait importer en France en exemption de droits.

Arrêté du 6 juin 1848.

Un arrêté de la commission du Pouvoir exécutif, en date du 6 juin 1848, confirmé par la loi du 15 décembre 1848, exempta de tous droits, à l'entrée en France, les fontes aciéreuses de l'Algérie.

Décret du 9 août 1849.

Un décret du 9 août 1849 admit en franchise dans les ports de la métropole les feuilles de palmier-nain importées de l'Algérie, dans les conditions déterminées par la loi du 9 juin 1845 et par l'ordonnance du 2 décembre suivant.

Décret du 30 août 1849.

Un autre décret du 30 août 1849 modifia également la tarification des huiles de graines grasses étrangères à leur importation en Algérie.

Décret du 12 janvier 1850.

Enfin, un décret du 12 janvier 1850 autorisa l'admission en franchise des minerais de toute sorte, importés directement de l'Algérie, par navires français, des ports désignés par les loi et ordonnance des 9 juin et 2 décembre 1845 et sous les formalités prescrites par l'art. 2. de la même loi.

IV.

Régime établi par la loi du 11 janvier 1851.

La loi du 11 janvier 1851 vint enfin consacrer la réforme douanière appelée par les vœux de la population algérienne.

Jusqu'alors, dans ses rapports commerciaux avec la France, l'Algérie avait été en quelque sorte assimilée aux pays étrangers; comme eux, elle avait son tarif spécial : ce n'était qu'avec beaucoup de peine qu'elle avait obtenu pour quelques-uns de ses produits un traitement de faveur dans les ports de la métropole.

Le résultat du régime établi par les ordonnances de 1843 avait été une disproportion énorme entre le chiffre des importations et celui des exportations. En France, une tarification exorbitante entravait l'essor commercial de l'Algérie, tandis que, chez elle, la colonie se voyait dominée par la production étrangère, notamment pour les céréales et les farines. Obligée de solder constamment la différence existant entre ses achats et ses ventes, elle s'épuisait sous le rapport du numéraire.

Voici les principales dispositions de la loi de 1851 qui ouvrit aux principaux produits algériens le vaste marché de la Métropole.

1° Navigation.

Les prescriptions de l'ordonnance du 16 décembre 1843, réglant les droits de navigation, demeurèrent en vigueur, sauf les deux exceptions suivantes : 1° Les navires étrangers venant sur lest en Algérie et repartant chargés de produits algériens ou français étaient exempts des droits de tonnage; 2° s'ils déchargeaient leurs marchandises en divers ports de l'Algérie, sans opérer de chargements intermédiaires, ils ne payaient également qu'un seul droit de tonnage.

2° Commerce.

Importations et exportations.

La franchise était accordée aux produits naturels de l'Algérie, énumérés dans le tableau 1 qui accompagne la loi :

> Animaux vivants. — Céréales. — Corail brut, de pêche algérienne. — Écorces à tan. — Garance. — Huiles d'olives et de graines grasses. — Laines en masse. — Légumes frais et secs. — Liége brut. — Minerais de toute sorte. — Tabac en feuilles, etc., etc.

Étaient admis également en exemption de droits, dans les ports de France, les produits de l'industrie algérienne énumérés dans le tableau 2 :

> Armes de luxe. — Sparterie et vannerie. — Joaillerie et sellerie indigènes. — Haïcks et burnous. — Essences odoriférantes de toute sorte. — Livres imprimés en Algérie. — Objets d'histoire naturelle, etc., etc.

Les marchandises exportées de France en Algérie ou d'Algérie en France étaient exemptes de tous droits de sortie.

Les produits étrangers importés en Algérie étaient soumis aux mêmes droits que s'ils avaient été importés en France par les ports de la Méditerranée, sauf certains produits nécessaires aux constructions urbaines et rurales et à la production agricole, qui pouvaient être admis francs de droits, produits énumérés dans les tableaux 3 et 4 :

Ardoises. — Bitumes. — Bois communs et à brûler. — Chaux. — Charbons de terre et de bois. — Pierres à bâtir. — Plants d'arbres. — Graines pour semences. — Fruits et légumes frais. — Animaux vivants, etc.

et quelques autres produits qui ne devaient payer que la moitié des droits du tarif général, compris dans le tableau 5 :

Aciers et fontes brutes non aciéreuses. — Fers en barres. — Fers-blancs en feuilles. — Cuivres de première fusion, purs ou alliés de zinc.

Les marchandises exportées d'Algérie à l'étranger étaient affranchies de toute taxe, à l'exception d'un certain nombre de produits, notamment les écorces à tan et minerais de cuivre, qui ne pouvaient être exportés qu'à destination de la France, à moins d'autorisations contraires.

L'article 9 de la loi du 11 janvier 1851 portait, en outre, que le chef de l'État pourrait, par voie de décret pour l'Algérie :

1° Classer les nouveaux produits naturels que présenterait le commerce pour être admis au tableau 1 précité, à la charge de convertir les dispositions décrétées en projet de loi dans le délai d'une année ;

2° Déterminer les bureaux et zônes du littoral et de la frontière de terre par lesquels devraient avoir lieu les importations et exportations ;

3° Désigner le lieu de l'entrepôt réel sur la côte ou dans l'intérieur, ou réglementer ces entrepôts ;

4° Accorder temporairement l'exportation à l'étranger de certains produits (écorces à tan, minerais de cuivre, etc.) ;

5° En cas d'insuffisance de la navigation française, accorder temporairement la faculté de cabotage en Algérie à des navires étrangers, avec ou sans exemption du droit de tonnage ;

6° Accorder l'exemption du droit de tonnage aux navires chargés de bois du Nord, lorsqu'ils repartiraient avec des produits algériens ou français.

La loi du 11 janvier 1851 réalisa un grand progrès ; elle resserra les liens qui unissaient la Colonie à la métropole, et imprima un nouvel élan au mouvement colonisateur. Ce qui faisait surtout de cette loi un véritable bienfait pour le pays, c'est qu'elle contenait en principe des dispositions dont l'application graduelle devait procurer à la métropole et surtout à l'Algérie de nouveaux avantages.

Divers décrets étendirent à un certain nombre de marchandises étrangères et de produits naturels et fabriqués de la Colonie les dispositions favorables de la loi de 1851, en modifiant, quant aux premières, les tarifs pour l'importation et en autorisant l'entrée en franchise des produits algériens sur le territoire français (1).

V.

Depuis la loi de 1851, le régime commercial de l'Algérie a été successivement amélioré sur quelques points particuliers, par plusieurs décrets dont il est utile de rappeler les dispositions et par les traités de commerce passés avec l'Angleterre et la Belgique qui ont consacré des réductions importantes pour l'Algérie comme pour la Métropole.

Décret du 11 février 1860.

Le décret du 11 février 1860 ajouta à la nomenclature des produits de la colonie, admis en franchise dans les ports français, conformément aux dispositions de la loi du 11 janvier 1851 et par application

(1) Importations :

Importation des viandes salées, 50 cent. par 100 kilogr. 50 cent. (Décret du 5 oct. 1854.)

Importation des vins et liqueurs, 25 francs par hectolitre. (Décret du 5 octobre 1854).

Piments en grains ou moulus d'origine étrangère, 15 francs les 100 kilogr. par navires français; 16 fr. 50 cent. par navires étrangers. (Décret du 5 septembre 1855.)

Tabacs, substitution du droit au poids au droit *ad valorem*. (Décret du 1er sept 1856.)

Bâtiments de mer, substitution du droit de 40 cent. par tonneau au droit à la valeur jusqu'à 800 tonneaux. (Décret du 7 septembre 1856.)

Mules, mulets et bestiaux, admission en franchise à l'importation par mer et par les frontières de terre. (Décret du 10 juin 1857.)

Droit sur les eaux-de-vie étrangères, 25 francs. (Décret du 16 décembre 1857.)

Ouverture d'un bureau de garantie à l'essai et à la marque des montres de provenance étrangère, expédiées directement d'Angleterre et de Suisse et ne portant l'empreinte d'aucun poinçon légal. (Décret du 6 août 1859.)

Exportations :

Ognons de scille marine. (Décret du 5 juillet 1851.)

Prohibition de sortie à destination de l'étranger des écorces à tan provenant de la forêt de l'Édough, levée temporairement. (Décret du 17 novembre 1851.)

Farines de céréales. (Décret du 14 février 1855.)

Alcools d'asphodèle. (Décret du 23 mai 1855.)

Graine d'alpiste, bois de cactus, parfumeries liquides. (Loi du 26 juillet 1856.)

Ferraille. (Décret du 15 septembre 1856.)

Huile d'arachide. (Décret du 7 mars 1857.)

Pâtes alimentaires et autres produits. (Décret du 16 octobre 1858.)

Cuirs tannés et laines peignées et filées. (Décret du 25 août 1861.)

de l'article 9 de ladite loi, une autre série de produits algériens naturels et fabriqués :

Bois communs de toute sorte, bruts, équarris ou sciés ; — or et argent bruts ; — cuivre ; — étain ; — fer ; — zinc ; — marbres sciés et travaillés ; — résines ; — broderie et passementerie arabes ; — bijouterie ; — ouvrages en marqueterie, coussins, éventails et autres objets de fabrication indigène ; — cire brute et ouvrée ; — meubles de toute sorte ; — poterie et faïence communes ; — liége ouvré ; — vinaigres ; — vins ordinaires et de liqueurs, etc., etc.

Utile impulsion donnée à la production coloniale et nouvelle conquête faite dans la voie de l'assimilation douanière des deux pays.

Décret du 30 novembre 1862.

Depuis lors, quelques autres produits ont été ajoutés à cette nomenclature, notamment le sulfate de soude, admis en franchise dans les ports de la métropole par décret du 30 novembre 1862.

Décret du 11 août 1853.

De plus, un décret du 11 août 1853 a établi un service des douanes sur les frontières du Maroc et de Tunis. Il règle les rapports commerciaux de l'Algérie avec ces deux États par la voie de terre, complètement fermée jusqu'alors. Toutefois, la prohibition générale d'importation édictée par l'article 16 de l'ordonnance du 16 décembre 1843, n'a été levée qu'en ce qui concerne les produits tunisiens et marocains, et maintenue à l'égard des produits de toute autre origine. Cette restriction avait pour but d'empêcher la fraude et de garantir la protection des intérêts industriels et agricoles de la métropole et de la colonie.

Décret du 10 octobre 1855.

Une autre disposition contenue en principe dans la loi du 11 janvier 1851 et consacrée par le décret du 10 octobre 1855, a été l'exemption du droit de tonnage accordée aux bâtiments étrangers qui apportent en Algérie des bois du nord et repartent chargés de marchandises algériennes ou françaises (1).

(1) Divers traités de commerce entre la France et certains États de l'Europe ont aussi modifié les relations commerciales de la Colonie avec ces puissances.

L'article 7 du traité conclu avec la Sardaigne, le 10 février 1851, porte : « Les navires sardes » arrivant de Sardaigne en Algérie en droiture, ne seront assujettis aux ports de prime abord » qu'à un droit de 2 francs par tonneau et par voyage, ils seront affranchis de tout droit » dans les autres ports où ils se rendront pour compléter leur déchargement ou leur chargement. »

Le traité du 15 février 1853 intervenu avec la Toscane stipule également : « Art. 14, § 2. Le » droit de tonnage de 4 francs par tonneau, actuellement perçu dans les ports de l'Algérie sur » les navires toscans à l'intercourse directe avec les possessions françaises du Nord de l'A» frique, sera réduit à 2 francs et ne sera pas exhaussé pendant toute la durée du présent traité. » Ce droit, une fois payé dans un port de l'Algérie, ne sera plus exigé dans les autres ports » dans lesquels le navire pourrait entrer pour compléter son déchargement ou son chargement. »

Enfin le traité conclu avec la Russie, le 14 juin 1857, porte : « Les navires russes venant di» rectement d'un port de l'empire de Russie ou du Grand-Duché de Finlande dans un port » de l'Algérie ne paieront qu'un droit fixe de tonnage de 2 francs par tonneau, et ce droit » une fois payé dans un port de l'Algérie ne sera plus exigé dans les autres ports de la co» lonie » (Art. 4. § 2).

Décret du 7 septembre 1856.

Un décret du 7 septembre 1856, réglemente le service du cabotage par navires étrangers naviguant sous pavillon français dans les eaux du littoral de l'Algérie, il détermine les conditions de francisation spéciale accordée à ces navires.

Tout bâtiment étranger de 80 tonneaux et au-dessus, peut être admis à une francisation spéciale qui lui permet de naviguer exclusivement dans les eaux de l'Algérie, sous pavillon français et en franchise de droits. — Les propriétaires de ces navires doivent avoir leur domicile dans la localité où le navire a été francisé. — Les bâtiments étrangers francisés sont soumis au paiement d'un droit d'importation de 40 francs par tonneau de jauge. — Pour être aptes à commander les navires francisés, les capitaines étrangers doivent être âgés de 24 ans révolus et produire un diplôme de leurs gouvernements respectifs; à défaut, ils doivent justifier de leurs connaissances nautiques par l'attestation d'un jury spécial institué aux ports d'Alger, de Mers-el-Kebir et de Stora. — Le certificat de capacité peut être délivré aux indigènes, *avec dispense d'examen*, quand ils ont fait preuve des connaissances nautiques exigées. — Les étrangers ne peuvent entrer que pour moitié, au plus, dans la composition des équipages des navires francisés; l'autre partie doit se composer de Français ou d'Indigènes. Toutefois, en cas d'insuffisance reconnue de matelots français ou indigènes, la composition des équipages peut être modifiée temporairement, au point de vue de la nationalité. — L'embarquement d'un mousse ou deux, selon le nombre des hommes de l'équipage, est prescrit à bord de tout bâtiment francisé (1 mousse pour tout navire ayant plus de 4 hommes d'équipage, 2 mousses s'il y a 20 hommes). — Les gages et salaires de tous les marins français, indigènes ou étrangers, embarqués sur un navire francisé, sont soumis à la prestation pour la caisse des Invalides de la marine. — Les privilèges résultant du décret du 7 septembre 1856 ne sont accordés que jusqu'au 1er janvier 1866.

Décret du 25 juin 1860.

Le décret du 11 août 1853, édicté en vue d'établir par la voie de terre des relations commerciales et permanentes avec l'empire du Maroc et la régence de Tunis, fut complété, en 1860, par un décret du 25 juin qui ouvrit la frontière du Sud de l'Algérie, depuis Géryville jusqu'à Biskra, à l'importation en franchise de tous droits de douane des produits naturels et fabriqués du Soudan.

Cette mesure avait pour objet de rappeler sur les marchés algériens les caravanes qui y venaient autrefois déposer leurs chargements et prendre en retour des articles à l'usage des populations de l'Afrique centrale. Depuis 1830, par suite de la guerre, ce courant commercial s'était détourné de la colonie. Le commerce français et le commerce algérien avaient tout intérêt à voir se renouer et se multiplier ces anciennes relations. D'autres efforts importants ont été tentés dans le même but. Le 26 novembre 1862, une convention a été conclue, au nom de l'Empereur, par le Maréchal de France, duc de Malakoff, Gouverneur-Général de l'Algérie, avec les chefs Touaregs du pays d'Azguer.

Convention commerciale avec les chefs touaregs.

Cette convention porte que les Touaregs seront admis à commercer librement sur les marchés de l'Algérie, sans autre condition que d'acquitter les droits de vente que payent les produits semblables du territoire français. — Ils s'engagent à faciliter et à protéger, à travers leur pays et jusqu'au Soudan, le passage des caravanes, à l'aller et au retour, moyennant le payement des droits dits coutumiers, ceux de location de chameaux et autres. — Le Gouvernement Général de l'Algérie s'en remet, d'ailleurs, à la bonne foi et à l'expérience des chefs Touaregs pour la détermination des routes commerciales les plus avantageuses à ouvrir au commerce français vers le Soudan; et, lorsque ces routes seront bien fixées, il consent à prendre à sa charge les frais de leur amélioration matérielle, soit par des travaux d'art, soit par l'établissement de nouveaux puits.

La même convention stipule additionnellement que, conformément aux anciennes traditions, la famille du cheikh El-Hadj Ikhenoukhen restera chargée du soin d'assurer aux caravanes françaises ou algériennes une entière protection à travers le pays d'Azguer, et qu'en raison de ces garanties de sécurité, les caravanes devront lui payer un droit qui sera réglé ultérieurement. — Le Cheikh réglera à l'amiable, d'après les traditions en vigueur dans le pays, les contestations qui pourraient surgir entre les négociants et les convoyeurs Touaregs. — Il s'engage, en outre, de concert avec les autres chefs politiques du pays d'Azguer, à intervenir auprès des chefs de la tribu des Kelloui pour que les caravanes puissent traverser également en toute sécurité le pays d'Aïr.

Décret du 9 septembre 1861.

En 1861, le Gouvernement français ayant ouvert un certain nombre de ports de la métropole à l'acquittement des taxes d'entrée sur les tissus de Belgique et d'Angleterre, soumis aux droits à la valeur en vertu des traités conclus avec ces deux États, le port d'Alger fut appelé, par décret du 9 septembre 1861, à jouir des avantages de ces mêmes traités.

Décret du 8 janvier 1862.

L'année suivante, un décret du 8 janvier 1862, ouvrit également le port d'Oran à l'importation directe et à l'acquittement des tissus belges et anglais taxés à la valeur.

Autre décret du 8 janvier 1862.

Un autre décret du même jour fixa les localités dans lesquelles des bureaux de douane seraient établis (Géryville, Laghouat et Bouçaada). Ces bureaux, ainsi que celui existant déjà à Biskra, ont été ouverts : 1° à l'importation en franchise des produits naturels et fabriqués du Sahara et du Soudan; 2° à la sortie des marchandises d'origine étrangère expédiées en transit des ports d'Alger, Philippeville et Bône, à destination du Sahara et du Soudan. On s'occupa immédiatement de l'installation de ces bureaux. Les agents des douanes fonctionnent aujourd'hui à Géryville, à Laghouat et à Bouçaada.

Le tableau ci-après résume les progrès commerciaux accomplis par l'Algérie, sous l'empire des diverses législations douanières qui viennent d'être analysées.

TABLEAU

DU MOUVEMENT COMMERCIAL DE L'ALGÉRIE AVEC LA FRANCE ET LES PAYS ÉTRANGERS. DE 1830 A 1862.

INDICATION DES PÉRIODES.	IMPORTATIONS.	MOYENNE.	EXPORTATIONS	MOYENNE.
De 1830 à 1835 (compris). 6 années.....	46,299,051 »»	7,716,508 50	8,333,197 »»	1,388,866 16
De 1836 à 1843 (compris). 8 années....	406,453,131 »»	50,806,641 37	38,920,289 »»	4,990,036 12
De 1844 à 1850 (compris). 7 années....	618,430,996 »»	88,347,285 10	68,604,460 »»	9,800,637 10
De 1851 à 1861 (compris). 11 années*..	1,056,086,924 »»	96,007,902 18	412,255,064 »»	37,477,788 »»

* Sur cette dernière période, les sept années comprises de 1855 à 1861, ont donné les chiffres ci-après :

	IMPORTATIONS.	MOYENNE.	EXPORTATIONS	MOYENNE.
De 1855 à 1861 (compris). 7 années**..	769,721,839 »»	109,960,262 71	297,949,694 »»	42,564,242 »»

** L'année 1861 comprise dans la dernière période ci-dessus a donné les résultats suivants, savoir :

	VALEURS OFFICIELLES.			VALEURS ACTUELLES.		
	IMPORTATION	EXPORTATION	TOTAL	IMPORTATION	EXPORTATION	TOTAL
Année 1861.	116,600,095	49,094,120	165,694,215	188,551,003	59,388,783	247,039,786

VI.

Mesures transitoires.

L'expérience ayant démontré que quelques-unes des dispositions en vigueur étaient susceptibles de modifications, la révision en a été poursuivie, et en attendant des décisions définitives, des décrets ou des instructions ministérielles en ont transitoirement facilité l'exécution.

On citera notamment les décisions ministérielles du 7 février 1862 :

L'une relative à la restriction du tonnage minimum exigé pour les navires affectés à la réexportation des marchandises prohibées ;

L'autre, au régime des entrepôts réels et fictifs.

Décisions ministérielles du 7 février 1862.

La loi du 5 juillet 1856 prescrit que « les marchandises prohibées » à l'entrée, celles dont la prohibition a été levée soit par la loi du » 24 mai 1834, soit par des lois postérieures, ou celles qui cesse- » raient d'être prohibées à l'avenir, ainsi que les marchandises dési- » gnées par l'art. 22 de la loi du 28 avril 1816, ne peuvent arri- » ver dans les ports qui leur sont ouverts ni être réexportées que » sur des navires de 40 tonneaux au plus, s'il s'agit de bâtiments à » voiles, ou de 24 tonneaux au plus, si les navires sont à vapeur. »

Dans les ports de la Méditerranée, notamment à Marseille, les marchandises dénommées en l'art. 22 de la loi du 28 avril 1816, et celles dont le droit excède 10 p. 0|0 de la valeur, peuvent être importées ou réexportées par des navires de 30 tonneaux, à voiles, ou de 18 tonneaux à vapeur, et même lorsqu'elles arrivent ou qu'elles sont destinées aux côtes d'Espagne, dans la Méditerranée, par des navires de 20 tonneaux à voiles, et de 12 tonneaux à vapeur. (Circulaires des 14 avril 1838 et 16 août 1841.)

Les prescriptions de la loi précitée furent appliquées à l'Algérie par décret du 31 décembre 1857. Le commerce algérien réclama ; ses raisons furent accueillies, et par la même décision du 7 février 1862 qui modifiait le régime des entrepôts dans la Colonie, M. le Ministre des Finances permit l'application à l'Algérie du régime exceptionnel en vigueur à Marseille. En conséquence, le tonnage minimum des navires pouvant charger en réexportation des marchandises prohibées à l'entrée en France fût ramené de 40 ou 24 tonneaux à 30 ou 18, suivant qu'il s'agissait de bâtiments à voiles ou de bateaux à vapeur.

Pour ce qui est des entrepôts, voici quel est aujourd'hui l'état des choses : le local affecté à l'entrepôt réel d'Alger étant impropre à sa destination, il parut désirable, en attendant la construction d'un bâtiment convenable, que l'on pût appliquer au commerce algérien, tant dans le port d'Alger que dans ceux de Bône et de Philippeville, qui se trouvaient dans des situations identiques, il parut désirable, disons-nous, d'obtenir le régime spécial des entrepôts de Marseille, établi par l'ordonnance précitée du 10 septembre 1817. Les heureux résultats qu'elle avait produits dans cette ville permettaient d'espérer qu'il en serait de même pour l'Algérie.

On demandait, en outre, que les marchandises soumises au simple droit d'octroi fussent admises au bénéfice de l'entrepôt réel, c'est-à-dire à la faculté de réexportation en franchise de tous droits, au même titre que les marchandises concurremment inscrites aux deux tarifs, douane et octroi, lesquels, d'après la législation douanière, sont seules admises aux avantages de l'entrepôt réel.

Une décision de M. le Ministre des Finances, du 7 février 1862, a donné satisfaction à cette demande. Cette décision porte :

« Jusqu'à ce que des entrepôts réels puissent être régulièrement constitués à Alger, Philippeville et Bône, ces trois villes jouiront, sous le rapport des entrepôts, des facilités concédées au port de Marseille par la 2e section de l'ordonnance du 10 septembre 1817.

» Dans toutes les autres localités, les entrepôts fictifs continueront à être régis, au point de vue des douanes, par l'article 19 de l'ordonnance du 16 décembre 1843.

» De plus, il est permis d'entreposer *fictivement* toutes les marchandises françaises ou nationalisées par le paiement des droits d'entrée, mais passibles des taxes d'octroi, avec la latitude de la réexportation.

» Cette faculté est également acquise à toutes les localités du littoral en possession du régime de l'entrepôt fictif. »

Enfin, par application de l'article 9 de la loi du 11 janvier 1851, plusieurs décrets ont autorisé successivement l'exportation à l'étranger de minerais de cuivre de provenance algérienne.

Mais ce qu'il importait surtout d'obtenir pour le commerce algérien, c'était une modification de l'article 7, prohibitif de ces exportations. Le Gouvernement Général de l'Algérie insista pour que cette interdiction fût levée ; il demanda également que l'on supprimât les droits de douane auxquels se trouvaient assujettis, à leur entrée en France, les mercures métalliques de l'Algérie.

Le 15 novembre 1862, S. E. le Ministre de l'Agriculture, du Commerce et des Travaux Publics, a informé M. le Gouverneur-Général que les deux départements des Finances et du Commerce donnaient leur adhésion complète à ces demandes, et qu'un décret sur les douanes serait prochainement présenté à la signature de l'Empereur, dans lequel seraient insérées des dispositions spéciales consacrant la libre exportation à l'étranger des minerais de cuivre de la colonie, et l'affranchissement des droits qui frappent, dans les ports de la métropole, le mercure de même origine.

VII.

On terminera cet exposé en rappelant les dispositions spéciales qui régissent la pêche et la fabrication du corail ainsi que la pêche du poisson sur les côtes de l'Algérie. PÊCHE ET FABRICATION DU CORAIL.

En 1830 et 1831, les droits de pêche perçus d'après les errements antérieurs à la conquête furent réduits de moitié; la perception fut, du reste, presque nulle. 1830 et 1831.

Un arrêté de l'Intendant civil établit un réglement général sur la pêche du corail. Les anciens droits furent rétablis, la pêche fut répartie en deux saisons : l'une d'hiver, l'autre d'été; les droits à percevoir étaient de 1,160 francs pour la saison d'été, 535 francs pour l'hiver, et 1,695 francs 60 centimes pour l'année entière. Les navires français furent affranchis de toute prestation, néanmoins la pêche fut exclusivement pratiquée par les corailleurs sardes, génois, napolitains et la fabrication du corail, qui avait eu à Marseille une grande importance, alla chaque jour en déclinant et finit par disparaître. 31 mars 1832.

En vertu de l'ordonnance du 9 novembre 1844, les bateaux corailleurs étrangers ne furent plus soumis qu'à un droit de pêche de 800 francs pour l'année entière, sans distinction de saison d'hiver et d'été. Ordonnance du 9 novembre 1844.

L'article 2 de cette ordonnance portait, en outre, que les bateaux sardes armés, commandés et équipés par des Sardes et pêchant exclusivement dans les eaux tunisiennes, continueraient à payer les droits, conformément aux dispositions du traité intervenu le 24 octobre 1832 entre la France et le Bey de Tunis. Il était permis, d'ailleurs, à ces bateaux de pêcher sur les côtes de l'Algérie; mais ils devaient, dans ce cas, acquitter le supplément de droits nécessaire pour compléter la redevance de 800 francs fixée par l'ordonnance du 9 novembre.

L'arrêté du 16 octobre 1851 imposa aux corailleurs étrangers quelques autres conditions, relatives à l'exécution de l'ordonnance de 1844. Arrêté du 16 octobre 1851.

Indépendamment du dépôt des papiers de bord, les patrons ou propriétaires étrangers de barques corallines durent s'engager par une soumission non cautionnée à acquitter, dans le délai de trois mois, la redevance précitée de 800 francs, ou à garantir, dans le même délai, le paiement de ce droit, soit par le dépôt d'une quantité de corail suffisante, soit par une caution solidaire notoirement solvable. Avant l'expiration de l'année, les droits garantis par un dépôt de corail ou par une caution devaient être réalisés en numéraire. Ils furent tenus aussi de faire élection de domicile dans la localité où la patente de pêche leur était délivrée.

Cependant on avait reconnu la nécessité d'apporter certaines améliorations aux opérations de la pêche sur les côtes de l'Algérie. L'enrôlement des équipages des bateaux corailleurs français devenant difficile, il importait tout en cherchant à développer notre marine d'aviser aux moyens de fixer dans la colonie les marins étrangers. On pensa qu'il serait possible d'atteindre ce but en réduisant, dans certains cas, le droit fixe de 800 francs, imposé par l'ordonnance du 5 novembre 1844.

En conséquence, les dispositions suivantes, concertées avec les départements de la Marine et des Finances et le Gouvernement Général de l'Algérie, furent consacrées par la décision impériale ci-après :

» 1° Les bateaux corailleurs, construits en France ou en Algérie, » appartenant à des personnes domiciliées dans l'un ou l'autre de ces » deux pays et dont l'équipage serait composé de matelots étrangers, » ne seront assujettis qu'au paiement de la moitié de la prestation » de 800 francs, soit 400 francs, lorsqu'il y aura dans les ports d'ar- » mement, insuffisance notoire de matelots français ou indigènes, in- » suffisance qui devra, d'ailleurs, être régulièrement attestée par les » commandants de la marine dans la colonie;

» 2° Toute barque coralline française ou algérienne, montée par des » étrangers, sera affranchie de la prestation, lorsque le propriétaire jus- » tifiera qu'il possède dans la colonie un ou plusieurs immeubles d'une » valeur de 3,000 francs, et ce, moyennant soumission cautionnée, » portant engagement, à peine d'une amende de 1,000 francs, de résider » en Algérie et d'y faire résider son équipage pendant cinq années con- » sécutives. »

Convention de navigation du 13 juin 1862.

Une nouvelle franchise de pêche a été réservée aux corailleurs italiens dans la convention de navigation conclue entre la France et l'Italie, le 13 juin 1862.

L'article 14 de cette convention stipule que : « le droit de patente » imposé actuellement aux pêcheurs de corail italiens sur les côtes de » l'Algérie sera réduit de moitié. »

Les plénipotentiaires français, comme l'a fait observer M. le Ministre des Affaires Étrangères, ont été amenés à faire cette concession en compensation des avantages dont il importait de maintenir la jouissance au pavillon français dans l'intercourse avec les États italiens.

De son côté, le gouvernement de l'Algérie recherchait les moyens de franciser la pêche et la fabrication du corail, et de faire profiter l'Algérie des bénéfices de cette double industrie, exploitée aujourd'hui, comme il a été dit, presque exclusivement par les populations de Naples, de Livourne et de Gênes.

Afin de favoriser les premiers efforts tentés dans ce but, un traité, concédant certains encouragements à cette fabrication, a été passé, au mois de septembre 1862, avec un industriel qui paraît avoir fait une étude toute spéciale de cette fabrication. Il s'est engagé à ouvrir en Algérie, à partir de 1863, un ou plusieurs ateliers pour la taille du corail.

Aux termes de ce traité, le personnel des ouvriers ou apprentis composant les ateliers doit être recruté parmi la population algérienne, savoir : pour 1/4 de l'effectif pendant les deux premières années, et pour la moitié pendant les années suivantes. Cette clause est de rigueur.

Les produits ouvrés dans les ateliers algériens recevront une prime d'encouragement, qui ne peut porter que sur le poids des 3/4 des objets fabriqués et ayant une valeur commerciale de 600 francs au moins par kilogr. Cette prime est fixée à 30 francs par kilogr. de corail travaillé et décroît ensuite d'un dixième chaque année.

En raison des dépenses nécessitées par la création des premiers ateliers, le fabricant bénéficie exclusivement des primes accordées jusqu'au 1er janvier 1866, époque à dater de laquelle l'administration pourra faire profiter les fabricants de corail de l'Algérie des encouragements stipulés dans la convention passée, à charge de se conformer aux obligations qu'elle impose.

Toute fraude ou tentative de fraude entraînera la résiliation du traité passé et la restitution au Trésor de toutes les sommes touchées à titre de primes.

PÊCHE DU POISSON.

Arrêté du 24 septembre 1856.

La pêche côtière est réglementée par un arrêté ministériel en date du 24 septembre 1856. Cet arrêté détermine le littoral de l'Algérie, les limites de la pêche maritime, les époques d'ouverture et de clôture des différentes pêches, l'indication de celles qui sont libres pendant toute l'année, les heures pendant lesquelles certaines pêches sont interdites, les rêts, filets, engins et instruments de pêche prohibés, les dispositions spéciales propres à prévenir la destruction du frai et à assurer la conservation du poisson et du coquillage, les conditions d'établissement des pêcheries, des madragues, etc.

Par suite de tolérances administratives, les dispositions relatives aux engins prohibés étaient restées inexécutées Une commission spéciale fut instituée, en 1861, à l'effet d'examiner s'il ne conviendrait pas de les mettre en vigueur dans les quartiers d'Alger et de Stora, où l'emploi des engins prohibés avait paru le plus nuisible à la reproduction du poisson. Sur l'avis unanime de cette Commission, un arrêté du Gouverneur-Général, en date du 24 juillet 1861, a prohibé en toutes saisons, dans ces deux quartiers, la pêche dite au bœuf, signalée comme faisant le plus de ravages.

MOUVEMENT GÉNÉRAL

DU COMMERCE DE LA FRANCE AVEC L'ALGÉRIE

DE 1830 A 1861.

ANNÉES.	COMMERCE GÉNÉRAL.				COMMERCE SPÉCIAL.			
	IMPORTATIONS DE FRANCE.		EXPORTATIONS EN FRANCE.		IMPORTATIONS DE FRANCE.		EXPORTATIONS EN FRANCE.	
	VALEURS OFFICIELLES.	VALEURS ACTUELLES.	VALEURS OFFICIELLES.	VALEURS ACTUELLES.	VALEURS OFFICIELLES.	VALEURS ACTUELLES.	VALEURS OFFICIELLES.	VALEURS ACTUELLES.
1830	6,800,000		3,500,000		3,800,000		2,400,000	
1831	0,800,000		2,500,000		4,800,000		1,400,000	
1832	13,000,000		1,400,000		9,200,000		1,300,000	
1833	20,100,000		1,700,000		15,500,000		700,000	
1834	12,200,000		3,100,000		8,200,000		1,600,000	
1835	11,000,000		2,100,000		7,300,000		1,800,000	
1836	13,700,000		2,500,000		0,500,000		1,900,000	
1837	17,000,000		1,500,000		11,800,000		800,000	
1838	25,300,000		1,700,000		18,000,000		1,100,000	
1839	25,000,000		2,800,000		16,400,000		1,800,000	
1840	31,700,000		2,500,000		22,100,000		1,800,000	
1841	39,500,000		2,700,000		20,000,000		1,800,000	
1842	41,000,000		3,300,000		33,800,000		2,500,000	
1843	51,100,000		2,800,000		41,400,000		2,200,000	
1844	70,000,000		2,300,000		03,400,000		2,300,000	
1845	00,400,000		3,000,000		89,400,000		3,200,000	
1846	100,700,000		3,800,000		94,500,000		3,800,000	
1847	07,100,000	68,400,000	5,100,000	4,500,000	83,100,000	55,200,000	2,800,000	2,300,000
1848	82,500,000	53,500,000	3,400,000	3,800,000	72,800,000	45,100,000	2,300,000	2,900,000
1849	89,500,000	62,200,000	800,000	0,600,000	78,800,000	51,000,000	7,200,000	8,800,000
1850	87,900,000	07,400,000	6,700,000	6,300,000	75,500,000	54,100,000	5,200,000	4,800,000
1851	99,400,000	66,300,000	16,600,000	16,600,000	94,200,000	00,000,000	10,000,000	16,300,000
1852	104,500,000	75,900,000	18,300,000	18,300,000	103,400,000	74,800,000	17,800,000	17,800,000
1853	118,800,000	80,600,000	26,300,000	28,000,000	117,600,000	85,500,000	25,500,000	27,000,000
1854	118,700,000	90,900,000	35,500,000	49,400,000	117,900,000	90,000,000	33,000,000	45,800,000
1855	160,200,000	100,200,000	38,700,000	54,800,000	155,800,000	104,200,000	37,300,000	53,400,000
1856	143,100,000	115,400,000	35,800,000	40,300,000	137,500,000	108,400,000	34,800,000	39,100,000
1857	125,000,000	96,900,000	34,100,000	34,000,000	118,000,000	88,800,000	31,200,000	30,600,000
1858	132,100,000	102,900,000	34,800,000	29,100,000	120,400,000	96,600,000	34,200,000	28,600,000
1859	165,500,000	154,100,000	45,800,000	38,500,000	159,300,000	140,900,000	40,700,000	34,200,000
1860	194,700,000	160,300,000	49,000,000	59,600,000	188,500,000	152,900,000	47,800,000	58,300,000
1861	171,500,000	137,800,000	47,800,000	63,300,000	165,700,000	130,900,000	46,600,000	61,100,000
	2,492,800,000		442,800,000		2,273,900,000		414,800,000	

TABLEAU DU COMMERCE DE LA FRANCE AVEC L'ALGÉRIE.

IMPORTATION DE FRANCE EN ALGÉRIE.

DÉSIGNATION des MARCHANDISES.	ANNÉES. 1837	1838	1839	1840	1841	1842	1843	1844	1845
Viandes salées	»	»	»	»	»	»	»	»	»
Céréales (graines et farines)	2,067,278	2,100,154	3,719,312	4,394,187	3,719,986	3,264,510	3,314,616	3,769,993	3,007,963
Sucre raffiné	774,787	828,073	815,532	1,429,168	1,089,584	2,041,098	2,034,455	3,149,288	3,240,611
Vins	2,816,401	4,159,275	3,879,904	4,361,561	5,363,603	6,090,061	6,317,305	6,658,145	7,490,062
Eau-de-vie	302,450	777,191	646,488	990,994	1,191,107	1,560,030	1,496,396	1,455,617	1,657,002
Poterie, verres et cristaux	373,790	618,641	432,380	655,290	772,956	958,956	1,138,704	1,179,630	1,301,937
Tissus de coton	1,914,928	2,365,337	2,904,494	3,522,701	4,645,976	6,392,454	7,083,819	25,100,024	43,209,013
Tissus de laine	1,115,888	1,401,651	1,080,637	1,406,888	2,222,968	3,299,030	2,728,382	3,847,903	4,724,034
Tissus de soie	681,929	1,815,687	1,150,687	1,308,420	1,793,520	1,905,711	4,165,890	3,911,855	4,680,582
Tissus de chanvre	316,753	1,173,198	956,500	1,398,850	3,375,922	1,703,273	2,830,122	4,187,047	8,058,043
Peaux préparées et ouvrées	811,482	834,380	733,530	1,293,275	1,279,475	2,147,128	3,420,112	3,[illegible]3,331	3,060,153
Ouvrages en métaux	210,634	255,845	402,302	432,394	437,520	797,763	1,171,843	1,[illegible]8,141	1,428,064
Mercerie	235,954	807,700	440,348	566,154	790,584	918,666	1,184,658	[illegible]9,902	487,096
Effets à usage	412,280	754,580	985,080	1,094,090	1,300,800	1,379,340	2,033,060	3,[illegible]14,847	3,007,627
Acide stéarique ouvré	»	»	»	»	»	»	»	»	»
Papier et carton	»	»	»	»	»	»	»	»	»
Café	»	»	»	»	»	»	»	»	»
Savon ordinaire	»	»	»	»	»	»	»	»	»
Huile de graines grasses	»	»	»	»	»	»	»	»	»
Orfèvrerie et bijouterie	»	»	»	»	»	»	»	»	»
Tabac fabriqué	»	»	»	»	»	»	»	»	»
Médicaments composés	»	»	»	»	»	»	»	»	»
Bois communs	»	»	»	»	»	»	»	»	»
Fer-fonte et acier	»	»	»	»	»	»	»	»	»
Parfumerie	»	»	»	»	»	»	»	»	»
Fils de toute sorte	»	»	»	»	»	»	»	»	»
Nattes de paille	»	»	»	»	»	»	»	»	»
Autres articles	4,740,286	6,650,438	7,724,693	9,086,832	10,342,681	11,449,739	17,656,315	14,736,272	16,616,765
Totaux	17,804,084	26,385,775	23,885,384	32,109,034	39,494,312	41,896,407	61,726,737	78,477,072	89,353,343

DÉSIGNATION des MARCHANDISES.	1846	1847	1848	1849	1850	1851	1852	1853
Viandes salées	»	»	»	»	»	»	»	»
Céréales (graines et farines)	3,726,206	»	»	»	»	»	»	»
Sucre raffiné	3,899,091	3,583,151	3,137,803	3,130,354	3,631,024	3,216,262	3,729,500	4,541,100
Vins	10,184,071	7,746,316	7,187,521	8,033,023	9,045,640	8,568,034	8,778,510	6,722,157
Eau-de-vie	1,187,084	1,421,192	1,372,636	929,181	1,203,517	1,350,181	1,019,010	1,018,819
Poterie, verres et cristaux	2,068,514	4,408,371	653,283	1,170,507	1,362,190	1,951,127	1,346,403	1,401,732
Tissus de coton	55,834,203	35,582,923	5,481,967	38,785,364	26,713,617	45,279,787	45,101,700	55,233,680
Tissus de laine	6,083,209	3,572,527	2,272,318	3,670,080	4,814,950	3,077,704	4,613,263	3,189,827
Tissus de soie	5,176,437	4,317,473	2,202,348	2,968,830	3,447,096	3,923,124	4,060,264	4,756,225
Tissus de chanvre	4,106,243	2,028,953	4,162,207	3,861,061	3,725,333	3,374,156	5,510,355	7,528,914
Peaux préparées et ouvrées	5,097,225	4,930,154	2,713,965	2,480,706	3,518,689	3,092,648	4,318,665	4,188,944
Ouvrages en métaux	2,461,223	1,332,083	539,075	1,307,197	1,296,039	1,054,723	1,718,822	1,474,863
Mercerie	1,624,605	1,224,658	921,378	911,388	1,019,506	918,872	1,301,104	1,288,644
Effets à usage	3,185,603	4,050,641	2,830,180	4,108,933	3,060,981	4,178,096	4,207,103	5,783,121
Acide stéarique ouvré	»	1,223,370	953,275	909,800	1,148,736	1,193,905	1,208,195	1,321,385
Papier et carton	»	1,254,028	710,047	873,874	946,074	1,050,304	1,180,427	1,306,278
Café	»	1,503,910	1,290,366	1,140,804	1,370,970	682,064	775,436	79,260
Savon ordinaire	»	597,264	671,043	838,389	738,976	778,705	665,391	696,953
Huile de graines grasses	»	329,316	180,506	350,409	685,149	710,886	1,714,703	1,254,067
Orfèvrerie et bijouterie	»	507,016	41,706	222,051	979,488	235,750	661,650	503,778
Tabac fabriqué	»	621,014	165,980	1,009,064	307,400	410,910	721,611	432,070
Médicaments composés	»	533,303	380,900	300,303	622,435	754,110	361,700	410,893
Bois communs	»	1,125,331	463,778	441,728	500,073	316,193	183,285	266,000
Fer-fonte et acier	»	968,713	283,351	320,220	437,490	319,873	318,076	489,270
Parfumerie	»	740,193	410,150	330,090	198,017	323,506	772,383	541,094
Fils de toute sorte	»	248,696	191,733	217,405	771,038	350,360	420,414	462,168
Nattes de paille	»	13,808	18,914	1,020	1,680	15,260	174,334	382,080
Autres articles	20,140,237	17,173,008	13,637,119	11,320,509	12,605,865	10,585,084	13,066,051	10,867,343
Totaux	100,753,738	97,063,987	81,509,926	88,484,072	87,881,349	99,424,383	104,182,144	118,782,380

DÉSIGNATION des MARCHANDISES.	1854	1855	1856	1857	1858	1859	1860	1861
Viandes salées	»	»	»	586,651	795,890	805,100	970,096	233,146
Céréales (graines et farines)	»	»	»	681,066	1,863,454	4,287,353	1,001,110	1,452,270
Sucre raffiné	5,563,439	6,791,274	6,655,350	6,619,735	5,934,538	6,703,118	9,782,177	6,240,884
Vins	3,607,338	2,690,017	3,836,993	3,080,904	5,098,099	7,257,025	5,079,789	8,200,734
Eau-de-vie	930,281	1,270,162	1,179,522	1,393,843	1,350,671	1,650,861	1,590,572	1,780,288
Poterie, verres et cristaux	1,245,282	1,024,645	2,247,551	2,009,008	1,916,581	1,741,090	1,273,997	1,839,050
Tissus de coton	55,343,675	61,491,904	56,077,343	53,394,354	60,078,011	55,170,605	70,830,867	62,748,131
Tissus de laine	6,014,814	8,382,384	8,214,103	5,581,181	6,455,094	5,203,120	16,517,172	8,586,056
Tissus de soie	6,021,420	6,228,077	8,213,134	4,424,418	5,724,196	4,121,029	8,207,060	9,228,418
Tissus de chanvre	6,985,371	12,218,506	8,725,107	10,964,064	8,624,824	8,075,443	11,749,000	13,736,735
Peaux préparées et ouvrées	5,274,236	4,896,143	4,555,104	3,580,217	1,270,581	7,873,722	7,808,014	7,163,646
Ouvrages en métaux	1,400,602	1,798,190	1,778,551	1,706,097	1,006,503	1,945,186	2,481,333	2,437,897
Mercerie	1,496,100	1,406,270	1,724,778	1,839,728	1,812,270	2,225,806	3,489,843	2,728,264
Effets à usage	3,023,074	7,891,300	5,771,700	3,815,715	3,011,878	27,272,680	10,345,940	10,798,280
Acide stéarique ouvré	1,607,070	1,768,090	1,274,035	1,668,490	1,649,290	1,543,030	906,430	2,960,055
Papier et carton	1,261,102	1,366,272	1,367,807	3,094,755	1,711,601	1,666,149	2,315,002	2,480,786
Café	170,373	1,090,678	2,016,352	3,253,261	2,253,349	2,300,087	3,116,316	2,457,800
Savon ordinaire	1,041,799	1,341,106	1,370,350	1,419,412	1,417,422	1,324,123	1,416,054	1,730,133
Huile de graines grasses	1,031,381	713,017	807,750	1,481,270	1,400,053	1,135,163	2,071,584	2,088,230
Orfèvrerie et bijouterie	977,078	382,772	737,061	494,367	874,307	780,046	2,320,476	2,407,847
Tabac fabriqué	363,370	314,411	153,793	385,478	387,206	217,389	377,475	310,848
Médicaments composés	507,492	466,100	488,355	504,930	720,740	2,080,033	2,302,850	7,474,660
Bois communs	402,654	501,360	389,633	629,770	565,563	450,340	543,031	769,218
Fer-fonte et acier	505,370	730,401	507,027	671,087	541,350	581,813	909,800	1,073,926
Parfumerie	453,733	500,713	270,468	487,492	444,106	461,754	635,950	690,026
Fils de toute sorte	419,753	561,723	837,207	406,687	444,729	411,881	877,080	942,080
Nattes de paille	678,146	532,766	327,776	»	»	»	»	»
Autres articles	8,414,790	11,849,475	14,345,863	13,054,816	12,217,202	15,053,675	20,752,403	17,108,276
Totaux	116,341,254	[illegible]	143,141,660	155,010,177	128,122,805	153,437,045	194,094,286	171,107,771

TABLEAU DU COMMERCE DE LA FRANCE AVEC L'ALGÉRIE.

EXPORTATION DE L'ALGÉRIE EN FRANCE.

DÉSIGNATION des MARCHANDISES.	1837	1838	1839	1840	1841	1842	1843	1844	1845	1846	1847	1848	1849
Peaux brutes	820,477	931,787	1,372,487	1,601,035	1,812,672	2,400,918	1,850,761	1,031,079	1,210,081	1,761,802	1,893,673	1,217,244	1,264,026
Laines en masse	68,430	78,131	499,916	297,583	213,858	41,013	79,240	107,771	806,583	385,192	320,633	148,037	768,181
Céréales (graines et farines)	73,960	11,703	37,940	7,980	89,944	65,316	601,422	104,371	730,847	691,584	148,886	70,831	62,097
Huile d'olives	8,178	852	6,582	1,167	8,874	25,643	306,400	262,173	274,331	1,211	3,747	20,751	3,940,580
Os et cornes de bétail	61,150	67,389	87,457	41,274	116,306	182,902	161,687	53,688	130,534	30,794	67,088	81,707	122,826
Cire non ouvrée	97,174	89,068	74,028	75,304	51,642	55,388	64,640	57,194	70,496	58,802	101,530	50,794	79,380
Tissus de laine	2,484	8,455	14,441	14,551	42,283	72,989	87,063	16,537	57,061	131,822	»	»	»
Sangsues	7,877	9,180	29,100	33,304	36,901	30,637	23,368	36,303	46,683	40,503	»	»	»
Tabac en feuilles	»	»	»	»	»	»	»	»	»	»	314,217	547,303	400,180
Minerais de toute sorte	»	»	»	»	»	»	»	»	»	»	179,188	180,098	319,818
Légumes secs	»	»	»	»	»	»	»	»	»	»	39,335	1,175	2,435
Béliers, brebis et moutons	»	»	»	»	»	»	»	»	»	»	304	595	1,340
Joncs et roseaux	»	»	»	»	»	»	»	»	»	»	131,917	3,806	8,144
Nattes ou tresses	»	»	»	»	»	»	»	»	»	»	18,670	20,208	906
Végétaux filamenteux	»	»	»	»	»	»	»	»	»	»	615	581	25
Tabacs fabriqués	»	»	»	»	»	»	»	»	»	»	307	4,388	20,691
Graisses (suif brut)	»	»	»	»	»	»	»	»	»	»	40,861	8,546	106,048
Fruits frais et secs	»	»	»	»	»	»	»	»	»	»	5,727	7,350	11,101
Futailles vides	»	»	»	»	»	»	»	»	»	»	3,781	5,491	21,475
Bijouterie	»	»	»	»	»	»	»	»	»	»	44,000	92,745	»
Liège brut	»	»	»	»	»	»	»	»	»	»	33,086	4,889	5
Cheveux	»	»	»	»	»	»	»	»	»	»	25,500	33,780	13,800
Graines à ensemencer	»	»	»	»	»	»	»	»	»	»	»	»	»
Fer, fonte	»	»	»	»	»	»	»	»	»	»	»	»	»
Racines et écorces médicinal.	»	»	»	»	»	»	»	»	»	»	»	»	»
Écorces à tan et autres	»	»	»	»	»	»	»	»	»	»	»	»	»
Coton en laine	»	»	»	»	»	»	»	»	»	»	»	»	»
Drilles	»	»	»	»	»	»	»	»	»	»	»	»	»
Effets à usage	»	»	»	»	»	»	»	»	»	»	»	»	»
Cendres et regrets d'orfèvre	»	»	»	»	»	»	»	»	»	»	»	»	»
Tissus de coton	»	»	»	»	»	»	»	»	»	»	»	»	»
Poissons de mer	»	»	»	»	»	»	»	»	»	»	»	»	»
Plumes de parure	»	»	»	»	»	»	»	»	»	»	»	»	»
Tissus de soie	»	»	»	»	»	»	»	»	»	»	»	»	»
Bestiaux	»	»	»	»	»	»	»	»	»	»	»	»	»
Corail brut	»	»	»	»	»	»	»	»	»	»	»	»	»
Soies	»	»	»	»	»	»	»	»	»	»	»	»	»
Cuivre et plomb	»	»	»	»	»	»	»	»	»	»	»	»	»
Alpiste	»	»	»	»	»	»	»	»	»	»	»	»	»
Autres articles	279,874	473,276	480,915	485,210	472,684	198,004	409,863	452,331	307,348	1,908,166	2,404,873	875,322	926,506
TOTAUX	1,456,915	1,687,403	2,717,2[illegible]8	3,469,029	2,708,434	3,193,530	3,794,792	2,254,922	3,604,181	3,815,936	5,051,434	3,270,980	3,942,123

DÉSIGNATION des MARCHANDISES.	1850	1851	1852	1853	1854	1855	1856	1857	1858	1859	1860	1861
Peaux brutes	2,347,380	1,305,101	1,816,471	2,158,653	1,290,719	396,300	1,049,791	3,300,878	1,306,200	2,862,892	4,710,308	3,446,820
Laines en masse	1,807,263	2,798,017	3,968,890	5,935,745	1,789,317	3,507,481	7,220,205	9,861,470	7,048,802	14,556,431	13,174,581	13,155,886
Céréales (graines et farines)	87,334	2,761,114	5,314,511	10,109,035	21,141,497	23,750,185	12,537,540	6,469,787	4,908,644	3,968,003	5,387,302	6,738,310
Huile d'olives	115,382	3,701,663	2,849,150	1,509,361	1,987,309	1,204,546	1,258,721	138,845	3,013,274	660,810	1,868,062	1,353,133
Os et cornes de bétail	117,589	177,093	202,064	143,574	178,302	184,030	135,329	185,770	160,772	170,471	298,429	204,884
Cire non ouvrée	90,322	129,588	147,756	110,902	134,672	110,800	53,814	158,866	80,638	188,292	97,888	127,924
Tissus de laine	»	»	»	»	»	»	»	88,220	»	»	86,735	63,890
Sangsues	»	»	»	»	»	»	»	90,100	19,890	24,030	23,440	»
Tabac en feuilles	381,467	529,075	634,066	1,920,471	3,175,997	2,701,220	7,344,308	8,357,285	9,671,160	10,098,848	13,107,776	6,878,030
Minerais de toute sorte	140,133	739,320	753,630	663,178	661,981	1,080,780	549,306	2,100,778	5,176,125	2,023,764	3,287,364	2,415,483
Légumes secs	1,903	7,297	281,040	812,417	1,242,494	425,258	432,967	250,856	365,432	313,015	371,747	387,484
Béliers, brebis et moutons	132	441,898	770,027	622,008	575,182	330,379	795,556	655,200	317,998	474,436	605,149	»
Joncs et roseaux	36,301	85,950	140,583	139,727	301,606	730,497	1,132,858	138,334	35,000	»	»	96,474
Nattes ou tresses	12,250	5,434	47,826	39,254	345,761	465,719	330,308	94,280	»	»	»	»
Végétaux filamenteux	5,187	1,448	2,717	196,797	180,060	271,737	741,608	757,735	589,348	801,967	1,002,472	1,846,126
Tabacs fabriqués	23,344	30,684	91,790	127,949	103,360	472,858	211,725	140,121	114,151	207,070	144,191	293,480
Graisses (suif brut)	73,966	209,740	155,878	115,208	155,790	115,981	149,113	130,073	380,717	246,355	237,235	303,881
Fruits frais et secs	31,211	138,510	181,453	152,447	127,451	102,304	279,283	243,070	764,797	620,734	737,150	307,360
Futailles vides	24,018	251,727	319,006	135,911	85,932	67,582	61,973	145,388	352,080	438,225	909,084	303,887
Bijouterie	»	8,004	97,830	39,234	580,000	18,502	1,001	»	»	»	»	»
Liège brut	1,805	27,384	38,157	35,148	64,909	116,861	43,909	117,478	107,304	345,170	322,490	736,774
Cheveux	24,960	80,000	20,260	36,020	30,300	13,360	14,630	24,880	26,820	63,800	78,100	»
Graines à ensemencer	»	»	»	»	»	»	»	231,603	147,097	297,296	417,024	363,530
Fer, fonte	»	»	»	»	»	»	»	767,813	95,564	90,928	169,328	337,418
Racines et écorces médicinal.	»	»	»	»	»	»	»	164,781	164,077	96,770	»	83,805
Écorces à tan et autres	»	»	»	»	»	»	»	130,180	195,595	537,842	441,330	494,348
Coton en laine	»	»	»	»	»	»	»	174,356	190,600	186,744	110,308	409,434
Drilles	»	»	»	»	»	»	»	95,006	38,411	99,392	116,427	131,002
Effets à usage	»	»	»	»	»	»	»	91,925	184,856	134,230	96,450	165,040
Cendres et regrets d'orfèvre	»	»	»	»	»	»	»	84,870	907,230	135,550	47,100	112,870
Tissus de coton	»	»	»	»	»	»	»	73,434	88,468	4,788,001	»	»
Poissons de mer	»	»	»	»	»	»	»	73,273	56,048	33,061	85,925	96,343
Plumes de parure	»	»	»	»	»	»	»	30,041	18,802	138,312	61,272	119,790
Tissus de soie	»	»	»	»	»	»	»	51,798	»	»	»	»
Bestiaux	»	»	»	»	»	»	»	48,013	17,561	153,460	253,278	»
Corail brut	»	»	»	»	»	»	»	36,830	69,146	97,680	87,508	137,136
Soies	»	»	»	»	»	»	»	38,280	70,000	»	88,475	»
Cuivre et plomb	»	»	»	»	»	»	»	43,445	31,309	52,601	82,844	184,118
Alpiste	»	»	»	»	»	»	»	21,367	79,984	42,428	90,145	»
Autres articles	1,245,412	1,409,248	902,073	1,280,839	1,740,176	1,465,664	1,847,215	299,809	898,340	781,026	1,044,296	3,656,662
TOTAUX	5,896,508	16,615,780	18,332,911	29,240,966	35,920,510	36,740,333	35,805,868	34,180,340	34,740,256	45,702,008	48,072,261	47,310,813

TABLEAU

DU

COMMERCE DE L'ALGÉRIE AVEC L'ÉTRANGER

PENDANT LES ANNÉES 1857, 1858, 1859, 1860 ET 1861.

(VALEURS OFFICIELLES.)

IMPORTATIONS (Commerce spécial).

RÉSUMÉ PAR ESPÈCE DE MARCHANDISES.

DÉSIGNATION DES MARCHANDISES.	1857	1858	1859	1860	1861
Vins	2,065,109	1,754,745	1,530,839	1,949,310	2,101,235
Tabac en feuilles	159,748	195,983	233,412	2,390,671	1,745,117
Café	2,318,209	2,268,672	2,401,009	1,797,962	1,709,856
Tissus de coton	563,716	536,939	651,859	057,959	1,118,450
Fruits de table	1,387,539	1,553,870	1,589,051	986,468	1,424,536
Nattes ou tresses de paille ou de sparte	1,439,678	1,076,053	1,123,243	1,016,035	990,011
Bois communs	3,023,693	3,084,566	1,996,617	1,680,750	917,586
Tissus de laine, de poil ou de crin	345,969	211,553	129,891	177,902	456,936
Laines en masse	784,044	687,552	2,004,264	236,410	544,728
Sucre	471,829	515,185	614,546	404,428	470,541
Tabac fabriqué et cigares	227,566	215,547	262,223	250,674	325,715
Houille crue	144,050	552,446	028,024	309,339	324,271
Riz en grains	510,350	459,216	308,375	279.045	302,651
Céréales (grains et farines)	2,196,628	2,001,016	5,041,008	1,284,552	269,260
Peaux ouvrées et babouches du Maroc	022,138	556,125	308,352	290,108	214,431
Poterie de terre	197,521	372,439	420,711	131,078	204,072
Pommes de terre et légumes secs	300,630	309,522	193,503	55,040	167,079
Peaux préparées	305,919	252,408	24,047	99,277	165,430
Tissus de soie et de fleuret	180,758	184,351	92,248	112,027	140,196
Poivre et piment	134,167	81,307	102,908	95,365	127,148
Matériaux	85,340	48,555	47,205	430,861	118,174
Arachides et noix de Touloucouna	108,551	97,063	74,528	103,078	101,799
Vannerie	67,173	68,342	79,702	87,786	99,518
Eaux-de-vie et liqueurs	84,770	60,483	74,845	50,484	82,734
Huile d'olive	809,857	610,171	610,074	123,754	81,179
Fonte, fer et acier	399,410	212,509	269,514	270,770	80,032
Fromages	45,358	58,564	56,505	46,604	61,801
Soies écrues, grèges et teintes	94,430	87,854	119,685	81,405	47,070
Cordages de chanvre et de sparte	83,647	109,953	112,686	53,587	37,039
Mercerie	62,860	46,854	34,560	43,807	36,965
Viandes salées	361,150	50,579	81,106	171,221	32,293
Graisse de porc	66,125	51,878	39,188	25,839	17,435
Filets neufs	193,736	323,862	311,408	21,360	16,338
Meubles	47,139	18,867	23,125	18,048	15,847
Pain et biscuit de mer	57,771	64,997	81,804	14,186	12,912
Bestiaux	142,451	32,622	11,390	32,180	3,770
Poils de chèvre et de chevreau	294,760	161,000	88,000	1,600	1,520
Horlogerie	144,950	104,000	41,850	23,900	1,400
Mules et mulets	63,300	14,100	20,400	5,400	900
Autres marchandises	1,632,917	1,700,815	1,867,735	1,288,197	1,223,145
Totaux	22,847,478	20,708,211	24,545,580	17,401,357	15,883,550

EXPORTATIONS (Commerce spécial).

RÉSUMÉ PAR ESPÈCE DE MARCHANDISES,

DÉSIGNATION DES MARCHANDISES.	1857	1858	1859	1860	1861
Céréales (grains et farines)	466,759	7,405,305	1,867,205	2,692,360	2,181,818
Bestiaux	279,540	675,111	1,084,683	992,564	1,891,406
Tabac fabriqué	595,584	526,252	673,495	937,280	1,300,864
Futailles vides	217,960	380,850	617,589	810,403	916,195
Tissus de coton	201,882	330,053	580,237	604,752	721,005
Laines en masse	1,198	20,632	31,960	7,824	626,584
Tissus de laine	28,705	45,652	38,544	113,413	562,147
Joncs et roseaux d'Europe	»	»	»	140,168	513,112
Corail brut	114,323	228,624	261,173	248,202	272,525
Peaux brutes	102,330	171,093	224,450	228,427	260,261
Chevaux	46,500	91,500	72,000	40,000	116,000
Tabac en feuilles	83,297	31,133	39,037	7,333	92,188
Peaux ouvrées et préparées	1,060	8,273	39,783	62,456	36,558
Tissus de lin ou de chanvre	5,236	16,231	70,109	25,418	34,016
Fourrages	936	5,111	149,756	86,345	33,300
Cire non ouvrée	13,050	9,498	17,350	16,192	27,618
Boyaux frais ou salés	18,069	24,363	21,567	20,561	26,013
Pain et biscuit de mer	50	163	134,284	284	25,884
Ferraille	15,405	21,927	9,271	4,191	25,644
Minerai de cuivre	133,839	158,427	39,362	14,566	20,343
Habillements neufs	»	»	433,920	21,800	7,560
Cuivre pur	768,416	273,118	2,032	3,042	2,070
Sel marin	2,595	9,153	1,092	1,712	1,835
Fer étiré en barres	1,240	»	24,115	1,030	234
Filets neufs	»	32,320	32,400	21,830	»
Cornes de bétail brutes	4,500	9,324	11,520	»	»
Autres marchandises	181,222	243,807	368,832	781,673	1,414,527
Totaux	3,343,702	10,717,940	6,845,826	7,884,825	11,218,707

IMPORTATIONS ET EXPORTATIONS.

RÉSUMÉ PAR PAYS DE PROVENANCE ET DE DESTINATION.

DÉSIGNATION DES PAYS DE PROVENANCE ET DE DESTINATION.	IMPORTATIONS					EXPORTATIONS				
	1857	1858	1859	1860	1861	1857	1858	1859	1860	1861
Entrepôts de France	6,348,467	5,063,948	4,920,888	6,198,709	5,084,329	»	»	»	»	»
Russie	94,251	223,111	970,225	»	»	»	»	»	»	43,200
Suède	1,360,759	982,636	627,091	860,364	371,143	»	6,930	»	125	»
Norwége	34,990	600,882	180,673	22,784	94,993	»	487	»	»	»
Danemarck	»	»	29,568	93,961	»	»	»	»	»	»
Angleterre	2,002,912	1,574,532	2,052,773	1,343,750	1,572,993	1,196,970	972,674	1,199,606	1,703,872	2,909,420
Association allemande	59,520	68,963	12,850	18,582	13,384	»	»	»	»	»
Belgique	»	8,447	107,969	»	50	»	»	»	»	12,326
Espagne	6,274,546	5,692,878	5,112,825	4,425,663	5,311,566	1,448,659	9,067,590	2,550,977	2,805,459	4,636,066
Autriche	1,563,026	995,092	1,125,911	704,498	392,753	»	700	18	»	»
Italie	1,133,147	1,782,868	1,759,929	1,692,110	657,036	296,067	409,422	2,500,704	1,724,354	1,536,523
États-Romains	54,350	9,500	35,160	376,514	43,536	»	»	»	59,016	163,415
Turquie	136,820	768,452	1,622,437	»	24,815	»	1,024	1,508	88,434	19,615
Égypte	289,302	1,209	443,811	1,246	530	»	1,452	4,255	»	12,400
États Barbaresques	3,040,204	2,713,410	5,309,903	1,557,602	2,193,393	387,038	188,975	511,783	1,142,416	1,150,553
Brésil	»	»	»	»	»	»	»	20,220	»	»
Sénégal	»	»	»	»	»	»	»	17,009	»	65,967
St-Pierre et Miquelon	37,045	54,029	24,797	13,500	8,025	»	»	»	»	»
Épaves et sauvetages	32,862	5,704	9,743	6,550	2,361	»	»	»	»	»
Ports non occupés de l'Algérie	368,052	236,014	190,027	144,388	112,643	14,568	8,573	39,740	3,269	1,931
Portugal	16,325	15,875	»	1,150	»	»	»	»	357,520	420,767
États-Unis	»	»	»	»	»	»	»	»	360	246,524
Côte occidentale d'Afrique	»	»	»	»	»	»	113	»	»	»
TOTAUX	22,847,478	20,798,211	24,545,580	17,461,357	15,883,550	3,343,702	10,717,940	6,845,826	7,884,825	11,218,707

ENTREPÔTS DE FRANCE.

IMPORTATIONS EN ALGÉRIE (COMMERCE SPÉCIAL).

DÉSIGNATION DES MARCHANDISES.	1857	1858	1859	1860	1861
Tabac en feuilles	150,047	191,785	224,770	2,344,940	1,649,325
Café	2,287,627	2,268,218	2,220,931	1,627,953	1,708,836
Sucre des colonies françaises	056,566	515,185	614,546	404,428	470,541
Tissus de coton	32,434	158,466	295,815	378,900	378,564
Tabac fabriqué et cigares	157,429	126,146	129,176	131,950	129,434
Riz en grains	139,790	29,052	43,050	28,978	120,355
Corail taillé	18,200	14,400	»	17,440	88,000
Orge (grains)	310,212	419,796	288,396	317,877	53,613
Eaux-de-vie de toute sorte	115,410	20,137	»	»	36,108
Tissus de soie	36,368	59,948	33,726	27,702	35,764
Soies	60,240	72,490	112,830	84,716	33,615
Tissus de laine	39,538	42,553	36,945	42,047	30,860
Papier et ses applications	14,595	29,820	»	21,287	27,725
Mercerie	14,115	23,328	»	20,301	22,360
Vitrifications en grains percés	27,045	55,517	36,850	19,200	18,922
Viandes salées	315,276	19,972	52,272	114,187	18,259
Bois à construire	»	56,276	25,741	19,465	16,557
Poivre	55,490	41,533	38,438	29,168	14,734
Ouvrages en peau ou en cuivre	»	»	33,553	104,384	16,101
Sucre étranger brut	»	»	»	17,623	15,111
Fromages	»	»	»	13,532	15,004
Fers et aciers	102,494	72,571	68,867	108,846	1,167
Ouvrages en plomb	28,501	»	»	»	1,539
Filets neufs	»	»	10,378	14,532	13,038
Cannelle	»	»	»	»	»
Verrerie autre	»	»	»	»	8,973
Autres articles	1,787,090	841,755	663,604	309,273	159,764
TOTAUX	6,348,467	5,063,948	4,929,888	6,198,729	5,084,329

MOUVEMENT AVEC L'ANGLETERRE.

IMPORTATIONS ET EXPORTATIONS (COMMERCE SPÉCIAL).

DÉSIGNATION DES MARCHANDISES.	IMPORTATIONS.					EXPORTATIONS.				
	1857	1858	1859	1860	1861	1857	1858	1859	1860	1861
Tissus de coton.	419,953	287,185	280,031	479,692	575,172	10,242	12,250	2,550	78,345	281,767
Houille crue.	452,749	546,822	556,087	356,127	322,793	»	»	»	»	»
Tabac fabriqué.	66,086	85,069	99,594	78,616	170,931	»	»	»	»	89,133
Tissus de laine.	7,708	4,464	3,449	»	7,435	8,940	15,859	»	22,370	438,740
Tabac en feuille.	6,884	»	8,310	41,340	95,330	29,900	9,320	»	»	84,796
Fonte, fers et aciers.	138,014	56,533	68,614	61,812	8,067	»	»	»	»	»
Ouvrages en peau ou en cuir.	99,304	142,080	132,725	68,097	61,067	»	»	»	»	»
Froment (grains).	48,560	»	77,320	»	52,338	26,860	28,680	323,900	388,040	96,153
Bois à construire.	39,972	46,930	21,915	20,839	39,448	»	»	»	»	»
Écorces de quinquina.	34,008	»	»	11,007	36,072	»	»	»	»	»
Noix de Galle.	14,746	48,014	28,500	56,150	29,784	»	»	»	»	»
Matériaux.	»	»	»	6,300	17,220	»	»	»	»	»
Fromages.	9,057	19,025	19,213	8,306	15,417	»	»	»	»	»
Pièces de lingerie cousues.	»	»	»	6,080	10,320	»	»	»	»	»
Tissus de chanvre.	»	»	»	»	10,099	»	»	»	»	»
Vins.	»	»	»	20,907	7,116	»	»	»	»	»
Peaux préparées.	17,223	9,410	»	»	6,005	»	»	»	»	»
Farines de froment.	»	»	»	»	6,825	»	»	»	»	»
Citrons, oranges.	»	»	»	»	6,688	»	»	»	»	»
Cordages.	»	»	8,886	7,939	6,073	»	»	»	»	»
Joncs et roseaux d'Europe.	»	»	»	»	»	»	»	»	137,108	507,262
Orge (grains).	312,924	»	356,268	20,461	»	»	»	97,104	338,124	368,780
Laines en masse.	»	»	»	»	»	»	17,030	18,816	»	294,288
Bestiaux (bœufs).	»	»	»	»	»	135,310	327,177	497,887	490,982	227,000
Peaux brutes.	»	»	»	10,223	»	15,120	79,011	112,485	87,354	144,714
Légumes secs.	»	»	»	»	»	»	»	»	»	104,191
Autres articles.	335,724	329,000	391,861	89,854	88,793	970,598	483,347	146,864	160,949	272,596
TOTAUX.	2,002,912	1,574,532	2,052,773	1,343,750	1,572,993	1,196,970	972,674	1,199,606	1,703,872	2,909,420

MOUVEMENT AVEC L'ESPAGNE.

IMPORTATIONS ET EXPORTATIONS (COMMERCE SPÉCIAL).

DÉSIGNATION des MARCHANDISES.	IMPORTATIONS.					EXPORTATIONS.				
	1857.	1858.	1859.	1860.	1861.	1857.	1858.	1859.	1860.	1861.
ins	1,185,066	1,726,600	1,434,374	1,890,917	2,164,527	»	»	»	»	»
trons, oranges	902,540	1,110,240	932,657	408,349	1,136,543	»	»	»	»	»
ttes et tresses de paille	1,404,034	1,046,721	1,092,597	669,968	863,001	»	»	»	»	»
lbes et oignons	139,089	159,515	176,608	155,185	158,459	»	»	»	»	»
uits de table frais	230,702	255,530	375,645	309,759	131,105	»	»	»	»	»
ment	72,030	33,022	58,938	57,343	107,311	»	»	»	»	»
achides	99,125	81,217	74,528	103,678	100,429	»	»	»	»	»
mmes de terre	128,052	136,408	83,565	8,510	80,381	»	»	»	»	»
gumes secs et marrons	177,010	167,708	59,610	47,158	66,396	»	39,155	»	83,761	153,247
nnerie	51,261	46,081	59,109	56,053	62,220	»	»	»	»	»
uits de table secs	40,998	55,462	43,329	75,209	50,829	»	»	»	»	»
ux-de-vie de toute sorte	42,132	39,953	37,318	40,921	44,844	»	»	»	»	»
tériaux	11,155	»	»	27,685	32,695	»	»	»	»	»
fran	19,550	18,750	19,850	18,850	29,150	»	»	»	»	»
ile d'olive	622,287	838,196	293,446	9,310	29,046	»	»	»	110,422	»
en grains	77,182	98,869	65,430	27,386	26,702	»	»	»	»	»
andes	»	»	»	14,273	20,360	»	»	»	»	»
ufs de volaille	32,363	39,580	40,364	23,440	20,000	»	»	»	»	»
rdages	20,709	20,493	24,474	32,628	18,741	»	»	»	»	»
ves fraiches	»	»	17,958	»	18,037	»	»	»	»	»
rces	»	15,810	»	26,960	15,870	»	55,230	»	»	»
el	20,912	25,867	17,468	17,306	15,469	»	»	»	»	»
gumes verts	15,963	20,143	15,937	9,464	11,041	»	»	»	»	»
ecs et roseaux	12,071	49,904	»	12,837	10,388	»	»	»	»	49,094
rcerie	»	12,434	18,076	15,122	8,311	»	»	»	»	»
ufs	»	»	»	»	»	30,000	257,000	397,800	385,400	1,380,400
ailles vides	»	»	»	»	»	215,306	376,695	475,076	610,773	850.915
bac fabriqué	»	»	»	»	»	339,840	505,446	536,755	624.198	668,742
ge (grains)	»	68,404	18,252	»	»	27,384	70,896	»	99,140	367,920
sus de coton	»		»	»	»	145,450	277,066	515,662	467,331	330,820
iers, brebis et moutons	»	»	»	»	»	80,308	27,098	169,558	108.256	308,975
sus de laine	»	»	»	»	»	10,175	»	2,223	13,135	126,381
vaux	49,510	21,445	24,100	11,855	»	»	86,000	34,500	23,840	83,840
ment (grains)	»	»	»	»	»	389,140	7,248,745	230,420	49,524	52,258
res articles	129,805	104,436	128,592	359,497	89,711	211,056	124,259	188,983	229,679	263,474
TOTAUX	6,274,546	5,692,878	5,112,825	4,425,663	5,311,666	1,448,659	9,067,590	2,550,977	2,805,459	4,636,066

MOUVEMENT AVEC L'ITALIE.

IMPORTATIONS ET EXPORTATIONS (COMMERCE SPÉCIAL).

DÉSIGNATION des MARCHANDISES.	IMPORTATIONS.					EXPORTATIONS.				
	1857	1858	1859	1860	1861	1857	1858	1859	1860	1861
Faïence commune	166,245	326,282	374,879	121,910	179,442	»	»	»	»	»
Riz en grains	293,363	293,356	195,002	219,314	155,339	»	»	»	»	»
Charbon de bois	»	222,840	48,800	71,140	45,440	»	»	»	»	»
Bulbes ou oignons	2,292	9,687	9,834	11,260	38,094	»	»	»	»	»
Amadou	»	»	»	»	24,767	»	»	»	»	»
Embarcations	26,154	24,423	47,955	8,021	23,980	»	»	»	»	»
Fromages	23,401	28,330	18,350	15,104	22,569	»	»	»	»	»
Légumes secs	10,188	29,899	»	»	16,166	»	»	»	»	»
Fruits de table secs	19,243	40,952	31,392	1,536	2,835	»	»	»	»	»
Matériaux	34,821	22,003	56,282	19,778	13,250	»	»	»	»	»
Fruits de table frais	»	»	»	6,143	12,048	»	»	»	»	»
Viandes salées	32,903	22,224	15,042	43,299	10,849	»	»	»	»	»
Froment (grains)	»	»	217,560	»	»	5,200	54,080	730,200	1,230,460	526,631
Minerai de plomb	»	»	»	»	»	»	»	»	»	281,250
Corail brut	»	»	»	»	»	113,113	222,442	259,138	245,553	264,352
Peaux brutes	»	»	»	»	»	126,520	75,898	80,608	116,330	100,687
Laines en masse	»	»	»	»	»	»	»	10,612	4,160	84,272
Bœufs	»	8,000	»	»	»	»	»	»	»	63,200
Autres articles	423,637	754,772	774,933	1,174,611	112,257	52,134	117,002	1,420,146	127,851	216,131
TOTAUX	1,133,147	1,782,868	1,759,929	1,692,116	657,036	296,967	469,422	2,500,704	1,724,354	1,536,523

MOUVEMENT AVEC LES ÉTATS BARBARESQUES.

IMPORTATIONS ET EXPORTATIONS. (COMMERCE SPÉCIAL).

DÉSIGNATION DES MARCHANDISES.	IMPORTATIONS.					EXPORTATIONS.				
	1857	1858	1859	1860	1861	1857	1858	1859	1860	1861
aines en masse.	783,468	687,852	2,004,264	330,410	544,728	»	»	»	»	»
issus de laine.	187,366	145,490	84,924	128,507	404,558	10,518	30,478	35,749	78,028	140,026
issus de coton.	77,067	74,821	64,090	90,331	162,601	38,165	47,667	41,306	53,516	107,958
eaux préparées.	287,670	242,762	18,590	98,064	158,815	»	19,443	21,640	60,224	15,390
abouches du Maroc.	423,144	379,272	111,136	106,944	128,803	»	»	»	»	»
attes et tresses de paille. . . .	33,488	20,260	30,646	71,266	127,010	»	»	»	»	»
ain et biscuit de mer.	»	»	»	»	5	»	»	»	»	»
issus de soie.	120,650	137,056	71,008	71,021	89,511	6,048	»	»	48,350	42,640
eaux brutes.	95,372	77,803	103,478	301,385	92,303	»	4,716	10,427	24,068	»
uile d'olive.	206,586	195,039	266,606	109,818	46,558	»	»	»	»	»
roment (grains).	»	9,920	1,156,340	32,700	46,930	»	»	»	25,340	»
rge (grains).	»	277,104	1,044,300	»	44,200	»	»	»	»	44,900
annerie.	28,294	13,680	15,738	24,072	31,672	»	»	»	»	»
eules à moudre.	»	8,500	30,300	»	31,900	»	»	»	»	»
issus de bourre de soie.	»	»	18,112	12,678	25,956	»	»	»	»	»
abac fabriqué.	»	»	33,453	38,713	25,350	248,512	8,333	125,440	307,578	542,272
abillements vieux.	10,175	»	»	»	25,180	»	7,203	»	»	»
trons, oranges.	21,683	»	28,882	25,945	14,405	»	»	»	»	»
oterie de terre.	»	33,308	38,153	»	20,342	»	»	»	»	»
ruits médicinaux.	13,518	»	»	15,158	17,021	»	7,200	13,617	»	»
eles.	»	14,890	»	9,907	14,335	»	»	6,800	»	»
arine de froment.	»	»	»	»	»	»	»	»	20,700	50,320
ssus de chanvre.	»	»	»	»	»	5,101	14,063	66,827	40,500	31,812
utailles vides.	»	»	»	»	»	»	»	105,078	106,850	25,370
struments aratoires.	»	»	»	»	»	»	»	»	»	13,843
rmes de commerce à feu. . . .	»	»	»	»	»	»	»	»	»	9,000
utres articles.	751,714	385,903	189,674	183,063	171,360	78,094	48,972	84,809	379,212	118,022
TOTAUX.	3,040,204	2,713,410	5,309,003	1,557,002	2,103,393	387,038	188,975	511,783	1,142,416	1,150,553

MOUVEMENT DE LA NAVIGATION, DE 1852 A 1859 COMPRIS.

TONNAGE, NOMBRE DE NAVIRES.

ANNÉES.	NAVIRES FRANÇAIS.		NAVIRES ÉTRANGERS.		TOTAUX.		PRODUIT DU DROIT DE TONNAGE.
	NOMBRE DE NAVIRES.	TONNAGE.	NOMBRE DE NAVIRES.	TONNAGE.	NOMBRE DE NAVIRES.	TONNAGE.	
1852.	1,424	159,593	889	46,226	2,313	205,819	141,706
1853.	1,441	169,512	1,204	55,026	2,645	224,538	147,705
1854.	1,558	214,838	1.450	103,419	3,008	318,257	172,869
1855.	1,387	222,664	1,750	174,333	3,137	396.997	255,153
1856.	1,323	263,214	1,697	151,688	3,020	414,902	303,955
1857.	1,334	311,972	4,668	78.245	6,002	390,217	237,359
1858.	1,345	299,857	1,875	94,482	3,220	397,339	263,826
1859.	1,576	337,486	1,351	91,890	2,927	420,376	255,524
Totaux. . . .	11,388	1,979.136	14,884	795,309	26,272	2,777.445	1,778,187

NAVIGATION PAR PAVILLON

EN 1859, 1860 ET 1861.

PAVILLONS.	ANNÉE 1859.	ANNÉE 1860.	ANNÉE 1861.
Français.	1,466	1,276	1,438
Russes.	4	3	1
Suédois.	21	31	11
Norwégiens.	12	20	5
Association Allemande.	1	3	»
Anglais.	88	58	57
Portugais.	1	»	1
Autrichiens.	18	16	15
Italiens.	297	259	320
Espagnols.	874	937	1,017
Romains.	12	30	1
Grecs.	20	4	»
Turcs.	6	»	2
Égyptiens.	3	»	»
États Barbaresques. . .	47	36	56
Américains.	9	2	1
Danois.	3	»	2
Autres puissances. . .	5	1	1
Totaux.	2,687	2,676	2,928

TABLEAU

PRÉSENTANT L'EFFECTIF DE LA MARINE MARCHANDE

DE CHACUN DES PORTS DE L'ALGÉRIE

AU 31 DÉCEMBRE 1860 ET AU 31 DÉCEMBRE 1861.

NOMS DES PORTS.	EFFECTIF AU 31 DÉCEMBRE 1860.		SITUATION PAR CLASSE, D'APRÈS LEUR TONNAGE, DES NAVIRES EXISTANT AU 31 DÉCEMBRE 1861. NAVIRES de 60 tonneaux et au-dessus.		de 30 à 60 tonneaux.		de 20 à 30 tonneaux		de 10 à 20 tonneaux.		de moins de 10 tonneaux.		TOTAL.	
	Nombre de navires.	Tonnage.	Nombre de navires.	Tonnage.	Nombre de navires.	Tonnage.	Nombre de navires.	Tonnage.	Nombre de navires.	Tonnage.	Nombre de navires.	Tonnage.	Nombre de navires.	Tonnage.
Alger	50	2,160	9	716	30	1,411	3	75	6	85	6	33	54	2,320
Arzew	1	12	—	—	—	—	—	—	1	12	—	—	1	12
Bône	17	192	—	—	—	—	1	21	10	143	6	35	17	199
Bougie	5	15	—	—	—	—	—	—	—	—	4	12	4	12
Collo	—	—	—	—	—	—	—	—	—	—	2	7	2	7
Cherchell	3	93	—	—	2	89	—	—	—	—	1	4	3	93
Dellys	3	8	—	—	—	—	—	—	—	—	1	2	1	2
Gigelly	3	136	—	—	—	—	—	—	—	—	1	3	1	3
La Calle	2	36	—	—	—	—	1	22	1	14	1	3	3	30
Mers-el-Kebir	17	302	—	—	—	—	4	92	10	147	2	17	16	256
Mostaganem	11	58	—	—	—	—	—	—	—	—	11	58	11	58
Nemours	2	11	—	—	—	—	—	—	—	—	1	2	1	2
Oran	6	144	—	—	—	—	6	144	—	—	—	—	6	144
Iora	11	166	—	—	2	87	1	24	2	20	6	30	11	167
Ténès	2	23	—	—	—	—	—	—	1	15	1	8	2	23
TOTAUX	133	3,365	9	716	34	1,587	16	378	31	442	43	214	133	3,337

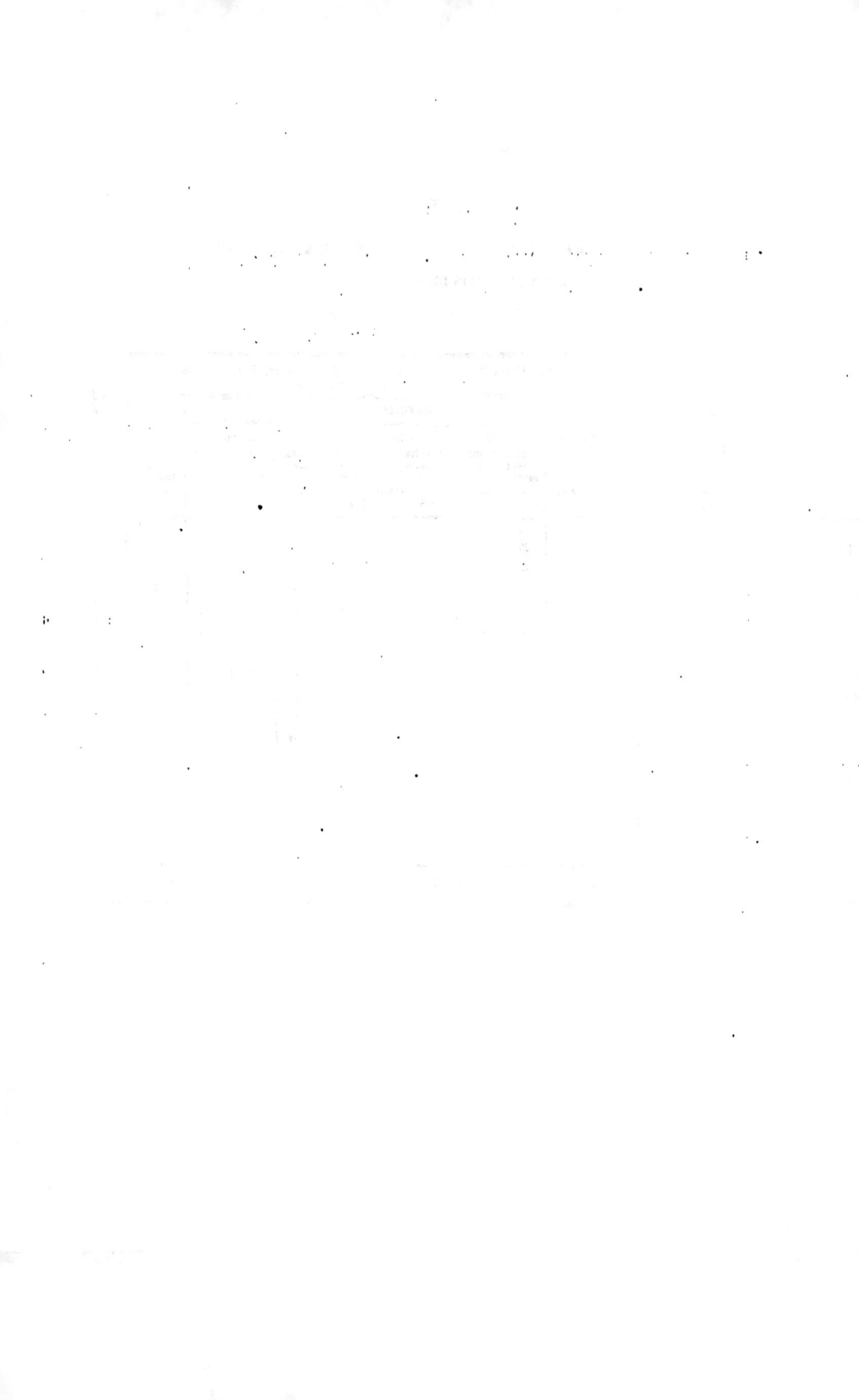

CONSEIL SUPÉRIEUR
D'ENQUÊTE
SUR LE COMMERCE ET LA NAVIGATION
DE L'ALGÉRIE.

QUESTIONNAIRE.

§ 1er. — DES NAVIRES.

1° Quel est en Algérie, dans les ports où il existe des chantiers de construction, le coût réel par tonneau de jauge, d'un bâtiment de commerce?

2° Quelle est la durée ordinaire d'un bâtiment de même force comme tonnage, alors qu'il a été construit en Algérie, en France ou à l'Étranger?

3° Quel est le taux de l'amortissement annuel pour un navire algérien?

4° Le système de gréement algérien exige-t-il un plus grand nombre de bras pour la manœuvre, que celui des navires des marines étrangères?

5° La prime d'assurance est-elle plus élevée à l'égard des bâtiments algériens qu'à l'égard des bâtiments d'origine française ou étrangère?

6° A quelles conditions les capitaux entrent-ils dans les opérations maritimes en Algérie?

7° L'industrie des constructions navales offre-t-elle des chances d'avenir en Algérie?

8° Conviendrait-il, dans l'intérêt des constructeurs algériens, de faire revivre les dispositions du décret du 17 octobre 1855, qui avait autorisé l'importation en franchise complète de tous les objets nécessaires à la construction, au gréement d'un bâtiment de mer?

§ 2. — CABOTAGE.

1° Quelles sont les conditions de l'armement pour le cabotage? Ces armements sont-ils généralement faits par des négociants, ou bien les bateaux appartiennent-ils plutôt aux patrons qui les commandent?

2° L'habitude où l'on est, dans certains ports, de demander aux capitaines ou maîtres au cabotage, de concourir dans une certaine proportion, soit aux frais de construction, soit à l'achat du navire qu'ils commandent, est-elle un avantage ou un inconvénient pour l'armement?

3° Comment naviguent les marins du cabotage algérien? Est-ce à la part, est-ce avec des gages fixes?

4° Quels seraient les moyens à prendre pour faciliter les opérations du cabotage?

5° Quel est le frêt payé généralement pour le cabotage entre Alger, Oran, Bône et Philippeville?

§ 3. — DES ÉQUIPAGES.

1° Les maîtres au cabotage algérien sont-ils en théorie et surtout en pratique, supérieurs ou inférieurs aux caboteurs espagnols ou italiens?

2° Y a-t-il quelque espoir à fonder sur l'élément indigène pour la composition des équipages, et dans quelle proportion y entrent-ils?

3° Sont-ils, en général, moins robustes ou moins exercés que les matelots de certaines puissances étrangères? En résulte-t-il la nécessité d'équipages plus nombreux?

4° Les frais de nourriture, à raison de la composition des rations, les salaires sont-ils généralement, en Algérie, plus onéreux à l'armement que dans les autres pays?

§ 4. — DES ÉLÉMENTS DIVERS DES FRAIS DE NAVIGATION.

1° Quel est le tonnage moyen des bâtiments algériens pour tel ou tel genre de navigation?

2° Quel est le frêt ordinaire pour Marseille, Cette, Bordeaux, le Hâvre, et réciproquement, soit des navires français, soit des navires algériens?

3° Quel est le frêt entre les ports de l'Algérie et les principaux ports étrangers de la Méditerranée?

4° Quelle est, dans les ports algériens, l'organisation du commerce maritime considérée en elle-même et comparée à celle des ports étrangers avec lesquels nous entretenons le plus de relations?

§ 5. — DES RÈGLEMENTS MARITIMES.

1° Quelle influence peuvent exercer sur le mouvement de la navigation en Algérie :

Les règlements ou tarifs de pilotage;

Les taxes ou habitudes de certains ports, et notamment les capitaineries ou directions de ports?

2° Convient-il de maintenir les dispositions de l'art. 1er de l'Ordonnance royale du 16 décembre 1843, qui réserve aux seuls navires français les transports entre la France et l'Algérie, et réciproquement?

3° Quelle est l'influence de ces dispositions sur l'élévation du frêt et sur le développement de l'agriculture, du commerce et de l'industrie du pays?

4° Y a-t-il lieu de modifier ces dispositions, dans quel sens?

5° Quelles modifications faut-il introduire à l'article 3 de l'Ordonnance précitée, qui impose un droit de tonnage de 4 francs par tonneau de jauge sur les navires étrangers à leur entrée dans les ports de l'Algérie?

6° Au cas où le droit de tonnage devrait être supprimé ou diminué, convient-il d'autoriser les navires étrangers à faire le cabotage d'un port à l'autre de l'Algérie, cabotage aujourd'hui autorisé moyennant le paiement du droit de tonnage?

7° Le régime quarantenaire exerce-t-il en Algérie quelque influence sur les opérations maritimes?

§ 6. — DE LA LÉGISLATION DOUANIÈRE ET DES TRAITÉS DE COMMERCE.

1° Quelles sont les modifications que peuvent comporter les régimes actuels des entrepôts réels ou fictifs de douane et d'octroi en Algérie?

2° Les traités de commerce et les modifications apportées depuis deux ans aux tarifs des douanes ont-ils exercé une influence sur les opérations maritimes en Algérie?

3° Le décret du 25 juin 1860, qui autorise sur les frontières du Sud de l'Algérie, la libre introduction en franchise de toutes les productions du Soudan, du Sahara, a-t-il produit tous les effets qu'on en espérait?

4° Quelles seraient les autres mesures qui pourraient favoriser le passage des caravanes à travers l'Algérie et le développement des échanges avec le Soudan?

5° Y a-t-il lieu d'appliquer en Algérie les dispositions de la loi des 5-16 janvier 1836, qui autorise, à des conditions déterminées, l'importation temporaire de certains produits étrangers destinés à être fabriqués?

6° Quelles modifications utiles à l'Algérie peut comporter la législation relative à la restriction du tonnage de rigueur pour l'importation et la réexportation de certaines marchandises?

7° Quelles sont, dans le régime commercial actuellement en vigueur, les modifications qui paraîtraient susceptibles de développer l'agriculture, le commerce, l'industrie, la marine de l'Algérie.

8° Y a-t-il lieu notamment d'apporter des modifications au décret du 7 septembre 1856, relatif à la francisation en Algérie des navires étrangers, à leur armement, à leur équipement, à leur commandement?

§ 7. — PÊCHE DU CORAIL.

1° La législation actuelle sur la pêche du corail donne-t-elle des résultats satisfaisants au point de vue des intérêts de l'Algérie?

2° Dans le cas de la négative, quelles mesures paraîtrait-il convenable d'adopter pour faire profiter la Colonie des bénéfices de tous genres que devrait lui procurer l'exercice de cette pêche?

3° Quel est le chiffre proportionnel des marins français, indigènes ou étrangers qui se livrent à la pêche du corail?

4° Qui empêche les marins français ou indigènes de participer à cette pêche dans une plus large mesure?

§ 8. — PÊCHE DU POISSON.

1° La réglementation actuelle de la pêche côtière en Algérie est-elle satisfaisante?

2° Conviendrait-il de rendre applicable, en Algérie, le décret du 10 mai 1862 sur la pêche côtière?

3° Quel est le chiffre proportionnel des marins français, indigènes ou étrangers qui exercent cette industrie?

Alger. — Typographie Bastide.

PROCÈS-VERBAUX

DES

SÉANCES DU CONSEIL SUPÉRIEUR DE L'ENQUÊTE

SUR

LE COMMERCE ET LA NAVIGATION

DE L'ALGÉRIE.

Séance du Lundi 23 mars 1863.

La séance est ouverte à une heure, dans la salle des réunions ordinaires de la Chambre de Commerce.

Sont présents MM. :

De Forcade la Roquette, Sénateur, Président;
Mercier Lacombe, Conseiller d'État, Directeur-Général des Services civils;
G^{al} de D^{on} Yusuf, commandant la Division d'Alger;
De Vaulx, Président du Conseil-Général de la province d'Alger;
Pierrey, Procureur-Général;
De Maisonneuve, Inspecteur général des Finances;
De Toustain du Manoir, Membre Rapporteur du Conseil Consultatif de l'Algérie;
Warot, Président du Tribunal de Commerce d'Alger;
Sarlande, Maire d'Alger;
Duserech, Directeur des Douanes;
Solhaune, Président de la Chambre de Commerce d'Alger;
De Maison-seul, Capitaine de frégate, Directeur du port d'Alger;
Bon de Vialar, Président de la Chambre Consultative d'agriculture d'Alger;
Ben Marabet, Membre de la Chambre de Commerce;
Salmon (Ange), Membre de la Chambre de Commerce;
De Cès-Caupenne, Chef de Division à la Direction Générale des Services civils.

Sur l'invitation de M. le Président, M. de Cès-Caupenne donne lecture des documents ci-après, savoir :

1° La copie d'une lettre adressée à M. de Forcade la Roquette, Sénateur, Membre du Conseil Supérieur du Commerce, par S. Exc. le Ministre de l'Agriculture, du Commerce et des Travaux publics;

2° Un arrêté et un extrait de décision de S. Exc. le Gouverneur-Général de l'Algérie.

Paris, le 18 février 1863.

Monsieur le Sénateur, au début de l'enquête sur la marine marchande, j'avais invité les Chambres de commerce des principaux ports de l'Algérie, à désigner les délégués qui pourraient être entendus par le Conseil Supérieur du Commerce. Mais la longueur du voyage, les frais qui en seraient résultés ont, sans doute, empêché les Chambres de Commerce de l'Algérie de répondre à mon appel.

Il importerait cependant que les intérêts algériens pussent faire connaître leurs vœux et leurs besoins, et j'ai écrit en conséquence à M. le Maréchal Gouverneur-Général pour l'informer de mon intention d'envoyer en Algérie une personne, que sa haute position et ses connaissances spéciales mettraient à même de bien apprécier la situation.

Mon choix à cet égard s'est fixé sur vous, Monsieur le Sénateur, qui êtes plus particulièrement le représentant des intérêts algériens au sein du Conseil Supérieur.

Je vous prie donc de vouloir bien procéder aussitôt que possible à cette mission. Comme elle est destinée à compléter l'ensemble de l'enquête générale faite par le Conseil Supérieur, vous penserez, sans doute, devoir adopter pour vos investigations le cadre qui a été suivi jusqu'ici, et je vous remets, dans cet ordre d'idées, un exemplaire du questionnaire qui avait été primitivement formulé.

D'après la réponse que M. le duc de Malakoff vient de m'adresser, l'Algérie verra une nouvelle preuve de la sollicitude du Gouvernement de l'Empereur, dans le choix qui a été fait de votre personne, et M. le Gouverneur-Général se félicite de la mesure qui vient d'être adoptée.

Recevez, etc.

Signé : Rouher.

AU NOM DE L'EMPEREUR,

Le Maréchal de France, Gouverneur Général de l'Algérie,

Vu la dépêche de S. Exc. M. le Ministre de l'Agriculture, du Commerce et des Travaux Publics, qui désigne M. de Forcade la Roquette, Sénateur, membre du Conseil Supérieur du commerce, pour procéder, en Algérie, à une enquête sur la marine marchande,

Arrête :

Article 1er.

Il sera procédé, sous la présidence de M. de Forcade la Roquette, Sénateur en mission, à l'enquête sur le commerce et la navigation de l'Algérie, à partir du lundi 23 mars 1863.

ARTICLE. 2.

Sont nommés membres du Conseil Supérieur de l'enquête :

MM. MERCIER-LACOMBE, Conseiller d'État, Directeur Général des Services civils ;
YUSUF, Général de division, commandant la Division d'Alger ;
DE VAULX, Président du Conseil général de la province d'Alger ;
PIERREY, Procureur général ;
DE MAISONNEUVE, Inspecteur général des finances ;
DE TOUSTAIN DU MANOIR, membre rapporteur du Conseil Consultatif de l'Algérie ;
WAROT, Président du Tribunal de commerce d'Alger ;
SARLANDE, Maire d'Alger ;
DUBERECH, Directeur des douanes ;
SOLHAUNE, Président de la Chambre de commerce d'Alger ;
DE VIALAR, Président de la Chambre Consultative d'agriculture d'Alger ;
BEN MARABET, Membre de la Chambre de commerce ;
SALMON (Ange), Membre de la Chambre de commerce.

ARTICLE. 3.

M. DE CES-CAUPENNE, chef de division à la Direction Générale des Services civils, remplira auprès du Conseil Supérieur les fonctions de Commissaire général et aura voix délibérative.

M. le vicomte DE PERRIGNY, remplira les fonctions de secrétaire du Conseil Supérieur.

MM. AUDRIC, secrétaire de la Chambre de commerce, et CAFFIN, commis principal des Contributions indirectes, détaché à la Direction Générale des Services civils, rempliront celles de secrétaires-adjoints.

Fait au Palais du Gouvernement, le 5 mars 1863.

Signé : Maréchal PÉLISSIER, DUC DE MALAKOFF.

Par décision de S. Exc. le Gouverneur Général, datée de Boghar, le 10 mars 1863, M. PANDRIQUE DE MAISONSEUL, Capitaine de frégate, Directeur du port d'Alger, a été nommé membre du Conseil Supérieur, institué par arrêté du 5 mars courant, pour procéder, sous la présidence de M. DE FORCADE LA ROQUETTE, Sénateur en mission, à l'enquête sur le commerce et la navigation de l'Algérie.

M. le PRÉSIDENT prend la parole et s'exprime en ces termes :

» Messieurs,

» Avant de procéder à l'enquête sur le commerce et la navigation » de l'Algérie, je crois utile de rappeler quelques faits et de préciser » certains chiffres qui permettront au Conseil Supérieur d'apprécier l'in- » térêt qui s'attache à la mission qu'il est chargé de remplir. Ces » chiffres, empruntés aux documents officiels dressés par l'administration » des douanes, serviront d'ailleurs de complément et de commentaire » à l'exposé de la législation et aux tableaux statistiques qui vous ont » été distribués.

» Le commerce de la France avec l'Algérie a suivi depuis quelques

» années une progression remarquable, qui devait naturellement appeler
» l'attention du Gouvernement.

» Avant 1830, les relations de la France avec la régence d'Alger
» ne présentaient pas un intérêt commercial appréciable. Peut-être même,
» avons-nous le droit de le dire, sans récriminations contre le passé,
» les relations qu'on pouvait avoir avec l'ancienne capitale des États
» barbaresques étaient moins de celles que le commerce recherche
» que de celles qu'il redoute.

» Dans l'année qui suivit la conquête, en 1831, le commerce fran-
» çais trouvait à peine à placer en Algérie pour 7 millions de mar-
» chandises. Dix ans plus tard, en 1841, malgré le chiffre élevé de
» l'armée d'occupation, l'exportation des marchandises françaises dans
» nos possessions du nord de l'Afrique ne s'élevait pas encore à 40
» millions. Le rétablissement de l'Empire, la sécurité et la confiance
» qui en ont été la conséquence ont porté leurs fruits ici comme en
» France. En 1861, malgré la diminution de l'effectif de l'armée d'A-
» frique, comparé à l'effectif de 1841, les exportations du commerce
» français dans la colonie dépassaient 171 millions.

» Plusieurs industries métropolitaines ont profité largement de ce dé-
» bouché nouveau. Pour ne prendre que l'année 1861, l'importation en
» Algérie des tissus de coton a atteint 62 millions; celle des tissus de
» laine, de soie et de chanvre, 30 millions. La consommation des den-
» rées alimentaires, telles que le sucre et le café, les vins et les eaux
» de-vie, représente plus de 15 millions payés aux négociants de la
» métropole par les habitants européens ou indigènes de ce vieux
» royaume arabe conquis par nos armes et déjà pénétré par notre ci-
» vilisation. Ce n'est pas, d'ailleurs, un spectacle indigne d'intérêt que
» de voir les manufactures de Rouen et de Mulhouse fournir à l'appro-
» visionnement des oasis du désert et de rencontrer le roulage euro-
» péen faisant concurrence aux caravanes sur la route d'Alger à
» Laghouat et de Constantine à Biskra.

» Si nous comparons les autres colonies de la France à l'Algérie, au
» point de vue des débouchés qu'elles procurent à la production mé-
» tropolitaine, nous remarquons que l'Algérie seule est devenue en
» quelques années un marché plus considérable que toutes les autres
» colonies groupées ensemble. En 1861, la France a importé à l'île
» de la Réunion 34 millions de marchandises, à la Martinique 23 mil-
» lions, à la Guadeloupe 20 millions, au Sénégal 18 millions. Les
» importations dans nos autres colonies des Indes, de la Guyane,
» de St-Pierre et Miquelon, etc., ne s'élèvent pas à plus de 12 ou 14
» millions. En rapprochant ces chiffres, on est amené à reconnaitre
» que toutes nos colonies anciennes ou nouvelles réunies ne fournissent
» à la métropole qu'un débouché de moins de 110 millions, tandis que

» l'Algérie seule demande, reçoit et consomme pour plus de 171 mil-
» lions de marchandises françaises.

» Si nous nous plaçons à un autre point de vue, et si nous cherchons à nous rendre compte du commerce que la France entretient avec les autres pays du monde, nous trouvons qu'à l'exception de l'Angleterre ou des nations voisines, telles que l'Allemagne, l'Italie ou l'Espagne, le débouché que l'Algérie procure à la France est plus considérable que celui qu'elle trouve en Russie, en Belgique, dans les Pays-Bas et quelquefois même aux États-Unis. Toutes les populations musulmanes répandues sur le littoral de la Méditerranée et de la mer Noire, en Turquie, en Égypte, au Maroc, à Tunis et à Tripoli, demandent ensemble à la France beaucoup moins de marchandises que la seule population européenne et arabe concentrée entre Bône et Oran.

» Ainsi, Messieurs, il serait bien injuste de méconnaître que, dès à présent, notre conquête africaine fournit à la France de précieux éléments de relations commerciales et un débouché qui est loin d'être à dédaigner pour ses produits naturels ou manufacturés. Et ce marché, qui date d'hier pour ainsi dire, tend chaque jour à grandir et à se développer. Dans la période comprise entre 1830 et 1844, il avait plus que décuplé : de 37 millions de francs, il s'était élevé à 70 millions; dans la période comprise entre 1844 et 1861, il a plus que doublé, puisqu'il est monté de 76 millions à 171 millions. Je ne crois pas trop bien augurer de l'avenir en affirmant que ce remarquable résultat est bien loin d'être arrivé à son terme.

» Deux causes, Messieurs, ont contribué, sans doute, à cette rapide extension du commerce français en Algérie : le progrès de la colonisation et le progrès de la culture indigène. On doit reconnaître, en effet, que, depuis la pacification de l'Afrique en 1847, l'effectif de l'armée d'occupation a plutôt diminué qu'augmenté, en sorte que, depuis 1848, il est vrai de dire que l'agrandissement du marché de l'Algérie n'a pas pour cause l'approvisionnement de l'armée, mais la prospérité même du pays. Les colons ont apporté en Algérie leurs habitudes européennes, ces habitudes de bien-être, ce goût d'une nourriture saine et substantielle, qui font de l'homme qui travaille un consommateur dont le commerce est appelé à satisfaire les besoins. Les indigènes eux-mêmes, cédant déjà plus qu'on ne le suppose peut-être à la force de l'exemple, apprennent peu à peu à se mieux nourrir, à se mieux vêtir, et à devenir, à leur tour, des consommateurs moins parcimonieux, moins incapables d'apprécier les bienfaits de la vie civilisée.

» En même temps que l'Algérie tendait à devenir un pays consommateur, elle se développait à un autre point de vue non moins digne d'attention : elle devenait, chaque jour davantage, un pays de production. Pendant les premières années de la conquête, de 1830 à 1840,

» ses exportations en France se réduisaient à 2 ou 3 millions de pro- » duits ; en 1850, elles atteignaient à peine 7 millions. Ce n'est que sous » le gouvernement de l'Empereur que l'Algérie a commencé à prendre » rang parmi les pays producteurs. De 1850 à 1855, ses exportations » ont quintuplé ; en 1860, elles atteignaient 58 millions pour le seul » commerce avec la France, et 75 millions en ajoutant au commerce » avec la France le commerce avec l'étranger.

» L'Espagne, l'Angleterre, l'Italie, entretiennent des relations peu im- » portantes encore, mais chaque année plus suivies, avec les ports du » littoral algérien. Les laines en masse exportées de ces ports en 1861 » jusqu'à concurrence de 14 millions, les céréales, les tabacs, les mine- » rais, les huiles, les bestiaux, les légumes et les fruits de l'Algérie » prennent place peu à peu sur les marchés de l'Europe. Et cependant » ce progrès de la production algérienne n'est rien encore si on le » compare à ce qu'il peut devenir.

» La terre est le premier capital de toute société nouvelle ; vous l'avez » ici féconde par la volonté de Dieu, mais appauvrie par la faute des » hommes. Déjà, cependant, sur certains points, elle a retrouvé, sur- » tout sous la main de nos soldats et des colons européens, sa fertilité » jadis si renommée. Le jour où elle sera rendue à la liberté des tran- » sactions et à la propriété individuelle, le jour où les indigènes auront » appris par notre exemple que le travail est la véritable source de la » richesse, l'Algérie, sous la domination française, sera bientôt redevenue » ce qu'elle était autrefois sous la domination romaine.

» Mais, Messieurs, ne cherchons pas trop à devancer les progrès du » temps. La patience, autant que la persévérance dans le travail, est » une vertu nécessaire pour assurer le succès des grandes entreprises.

» Je doute beaucoup que trente ans après leur débarquement dans » l'Amérique du Nord, les puritains d'Angleterre en fussent arrivés au » point où l'Algérie est déjà parvenue, et je ne crois pas que, même à la » fin du 17ᵉ siècle, sous le règne de Guillaume III, le commerce de » l'Angleterre avec l'Amérique eût acquis l'importance que présente » aujourd'hui le commerce de la France avec l'Algérie.

» On peut donc, sans être taxé d'optimisme, se contenter, au moins » pour le moment, des résultats obtenus.

» Ces résultats ont sans doute pour cause principale le progrès de la » colonisation européenne et de la culture indigène, mais n'oublions pas » qu'ils sont dûs aussi à de meilleures lois commerciales et notamment » à la loi du 11 janvier 1851 qui a ouvert aux produits de l'Algérie le » libre accès de la métropole. Les traités de commerce qui, récemment, » ont abaissé les barrières de douanes entre la France et les pays étran- » gers, contribueront à les développer.

» Les lois qui concernent la navigation, les surtaxes de pavillons

» les droits de tonnage, les règlements maritimes exercent également » une influence sensible et directe sur les relations commerciales des » peuples. Aussi le Gouvernement a-t-il pensé que les lois de navi- » gation aussi bien que les lois de douanes devaient être l'objet d'une » étude attentive et d'un examen dirigé selon l'esprit nouveau qui a » inspiré les réformes commerciales des dernières années. Une enquête » se poursuit en ce moment en France sur ces questions difficiles et » importantes. Nous allons procéder à une enquête semblable en Al- » gérie. Les observations qui seront présentées devant le Conseil Su- » périeur et les faits qu'il sera appelé à recueillir seront, je n'en » doute pas, de nature à éclairer le Gouvernement et à faciliter l'ac- » complissement de ses vues sages et libérales pour la prospérité de » l'Algérie. »

M. le Président expose ensuite au Conseil les mesures qui ont été prises pour l'ordre de la discussion. Suivant le mode adopté lors des différentes enquêtes faites à Paris, les personnes appelées à déposer devant le Conseil ont été classées par groupes de professions. Les déposants de chaque groupe ont été invités à concerter leurs réponses au questionnaire qui leur a été envoyé et à charger l'un d'eux de porter la parole au nom de tous.

Ces dispositions ont pour but de simplifier la discussion, chaque déposant reste libre d'ailleurs, de développer personnellement son opinion. Les membres du Conseil auront toute latitude pour demander aux déposants les explications qu'ils croiront propres à les éclairer.

M. le Président donne l'ordre d'introduire les personnes appelées à déposer dans la séance de ce jour.

1er Groupe. — REPRÉSENTANTS DES ARMATEURS DE LA MÉTROPOLE.

MM. Hoskier, Agent des services maritimes des Messageries Impériales, à Alger.

Henry, Représentant de la Compagnie des bateaux à vapeur de navigation mixte.

Gros, Représentant de la Compagnie des bateaux à vapeur *la Languedocienne*.

Ce dernier, se trouvant en France, se fait excuser de n'avoir pu se rendre à la convocation qui lui a été adressée.

M. Hosken adresse par écrit les explications suivantes :

Je me permets de passer sous silence les questions qui ne regardent pas directement la Compagnie que je représente, laissant à des capacités plus spéciales, le soin d'y répondre.

Je suis d'avis que la question vitale dans l'affaire qui est soumise à votre haute intelligence, est le droit de tonnage. Cette question n'a pour moi qu'une face, et je la regarde comme extrêmement importante. Je suis donc d'avis :

« Que le droit de tonnage de 4 francs par tonneau de jauge, sur les navires étrangers, à leur entrée dans les ports de l'Algérie, ne doit être ni supprimé, ni diminué. »

Mon opinion est, que ce n'est pas le droit de tonnage qui empêche les navires étrangers de toucher à nos ports, mais que c'est seulement l'impossibilité de trouver matière pour un chargement complet, ou d'une partie seulement à exporter.

Nous voyons arriver toutes les années des navires étrangers qui nous apportent : bois de construction, charbons et autres; mais jamais, ou très-exceptionnellement, ces navires n'ont trouvé à charger pour le retour, ils ont tous quitté sur lest.

Le profit sur la vente desdits articles permet à ces navires étrangers de payer le droit de tonnage, et ce droit enlevé, il n'en viendrait pas beaucoup plus.

D'ailleurs, les importations se réduisent déjà : par l'usage des charbons français, par l'exploitation des bois dans l'intérieur du pays.

Ainsi, la suppression du droit de tonnage ne peut pas améliorer ou relever le commerce qui y a rapport et ce ne sont pas les navires étrangers qui nous manquent, mais bien le manque dans nos produits. Le but que l'on atteindrait le plus sûrement, en supprimant le droit de tonnage, serait la suppression d'un revenu assez considérable, et je suis d'avis qu'il n'apporte pas la moindre amélioration à notre Colonie.

Tous nos navires paient en Angleterre des droits qui, sous d'autres dénominations que celle de tonnage, s'élèvent à plus de 4 francs par tonneau de jauge. Pourquoi donc exonérer les navires étrangers, alors que nous n'en retirons aucun avantage ?

Je ne puis donc pas être d'avis qu'il soit utile de lever, ou même de diminuer le droit de tonnage sur les navires étrangers, ce qui créerait une concurrence sans avantage pour les étrangers et une inquiétude déplorable pour la Colonie dans les relations déjà existantes.

Les navires français doivent seuls faire le transport entre la France et l'Algérie, parce que les matières pour l'échange des relations de commerce sont si réduites, qu'à peine offrent-elles une compensation des plus médiocres aux frais que les transports nécessitent.

Le commerce et l'industrie ne peuvent guère gagner à un état de choses qui bouleverserait ce qui existe.

Je ne parle pas dans l'intérêt de ma Compagnie seulement, mais je suis tellement persuadé du mal qu'amènerait un changement si entier dans le Commerce et dans la Navigation, que je me permets de signaler mes craintes.

Malgré ces craintes, je ne puis pas, en même temps, croire que jamais le cabotage entre la France et la Colonie, puisse, en aucun cas, devenir libre; une décision dans ce sens serait, d'après mes vues, si désastreuse qu'elle me paraît impossible.

M. Henry est invité à donner lecture de la note qu'il dit avoir préparée sur l'une des questions posées dans le questionnaire :

Dans cette même enceinte où s'agitent les questions vitales sur le Commerce et la Navigation de l'Algérie, seul de tous les Membres de la Chambre, j'ai été d'avis de maintenir le droit de tonnage ; sur toutes les autres questions j'ai partagé leur opinion.

Et que l'on ne croie pas que cette divergence sur le point le plus capital ait pour mobile l'intérêt unique de la Compagnie de navigation mixte que je représente à Alger. Les navires de ma Compagnie qui font escale en Espagne y sont traités avec toutes les rigueurs du tarif péninsulaire ; ceci pourrait paraître donner à mon opposition une couleur de mesquine rancune individuelle ; pardonnez-moi cette expression, Messieurs, elle est vulgaire, mais elle rend bien ma pensée, et croyez que mon opposition est le résultat de ma conviction personnelle, dégagée de toute préoccupation étrangère au souci de l'intérêt le plus large de mon pays et de notre Colonie.

Cette réserve faite et comprise dans sa plus loyale acception, je me sens à mon aise pour venir proclamer devant vous, Messieurs, qu'il serait impolitique et dangereux pour l'avenir de notre Colonie d'abord, et de notre navigation ensuite, d'ouvrir, sans restriction, nos ports algériens aux pavillons étrangers.

C'est ma conviction, et je la développerai en quelques mots, après que j'aurai nettement exprimé le vœu du maintien du droit de tonnage.

Je le voulais d'abord, tel qu'il est établi en ce moment, absolu quant à la quotité de 4 francs pour certains pavillons, et avec les modérations qui le réduisent à 2 francs dans certains cas, pour d'autres.

Depuis, en y réfléchissant avec maturité, une évolution s'est faite dans mon esprit qui m'a conduit à ouvrir l'avis, non de supprimer le droit de tonnage, mais de le transformer, quant à l'objet imposable.

En effet :

Qu'est-ce que le navire ?

C'est l'instrument de travail, le pont, en quelque sorte, qui met en communication deux rivages amis, et qui ont besoin l'un de l'autre pour leur existence commune. Or, n'est-il pas dans les aspirations et dans les faits de la nouvelle économie politique, d'alléger graduellement, jusqu'à leur entière et prompte suppression, toutes les charges qui, jusqu'à ces derniers temps, ont grevé le travail et entravé la diffusion de ses produits ?

Le droit de tonnage, à ce point de vue, ne frappe donc que l'instrument de travail. Il est suranné et condamné, je le reconnais volontiers, à s'éteindre prochainement par le vice même radical de son mode d'application.

Ainsi, nous pouvons l'abandonner ; mais, en le quittant avant qu'il ne nous quitte, transformons-le, et faisons de cette chose morte, d'ici à peu de jours, un instrument de protection équitable, envers tous les intérêts, et efficace chez nous, pour les produits de notre industrie.

En d'autres termes, que ce soit non le navire flottant qui paie, à l'avenir, le droit de tonnage, mais la marchandise sortie de ses flancs et mise à quai, sans distinction de celle qui entre en consommation d'avec celle qui est destinée pour les entrepôts, et qu'elle soit ou non soumise aux taxes du tarif.

Le droit de tonnage atteignant, sans distinction de provenance ni de pavillon, tous les produits étrangers importés par navires étrangers, serait variable dans sa quotité.

La marchandise, divisée en deux catégories, paierait à raison de 2 ou 4 francs par mille kilogrammes, suivant qu'elle serait à l'état brut et de simple extraction, telles, par exemple, la houille et la pouzzolane, ou à l'état de préparation, ébauchée ou de dernière main-d'œuvre ; ainsi, les bois en planches, madriers, fer en barres, tissus, liquides de toute nature, les produits naturels de haute valeur, tels, les cafés, les épices, etc.

Mais, dira-t-on, vous grevez tous les produits étrangers de cette nouvelle taxe; je réponds à cette objection qui n'est que spécieuse : oui, en vérité, nous les grevons, mais chez nous et à notre profit; car, enfin, la répartition de cet impôt subdivisée à l'infini n'est onéreuse pour personne, l'argent reste dans notre circulation, et pensez-vous que ces mêmes produits ne soient pas augmentés à leur point de départ à l'étranger, soit par le détenteur, soit par le producteur, et surtout par l'armateur du navire qui nous les apporte, du droit de tonnage que ce dernier aura à payer dans nos ports? Nous faisons l'avance à l'étranger de ce droit, et s'il ne frappait la marchandise qu'au moment de son débarquement, nous l'obtiendrions au prix réduit de la taxe du tonnage.

Quant au mode de perception de cette dernière, l'Administration des douanes y pourvoierait par ses agents, qui assurent déjà, d'une manière si régulière et si peu dispendieuse, le recouvrement des produits de l'octroi de mer.

Le Gouvernement, désireux de donner au commerce et à la navigation de la Colonie, un nouvel élément de vitalité, paraîtrait disposé à faire l'abandon du droit de tonnage, si telle était, Messieurs, la conclusion de l'enquête à laquelle vous vous livrez.

En reportant du navire sur la marchandise la perception du droit de tonnage, l'État, ainsi qu'il le fait déjà pour l'octroi, retiendrait à son profit une partie du produit, soit la moitié, le quart ou le cinquième, en compensation des frais de perception. Il ne perdrait pas tout ainsi, et la différence serait délaissée au profit de la Colonie.

Cette attribution de part d'un revenu public, permettrait, en ne changeant rien au tarif actuel d'octroi, d'exonérer la population de la taxe sur les loyers si impopulaire, si difficile à asseoir et d'un recouvrement si onéreux.

En affranchissant les navires étrangers, soit chargés, soit en lest, de la taxe de tonnage, nous entendrions étendre la même immunité aux passagers qu'ils déposeraient dans nos ports.

Jusqu'ici les passagers sont comptés pour un tonneau de mer.

C'est honorable, assurément, pour la fragilité humaine d'être évaluée au tonneau de mer, et tout passager doit se sentir fier de peser mille kilogrammes, fictivement, dans la balance des revenus publics.

Ce poids est énorme; mais, voyez cependant quelle disproportion entre cette masse et l'impôt auquel elle donne ouverture; l'exiguïté de ce dernier le condamne; car, ce n'est finalement que quatre centimes que vaut au Trésor l'homme par kilogramme.

C'est humiliant pour notre espèce, et s'il était tolérable qu'un revenu public pût avoir un côté plaisant, cette seule raison suffirait à justifier la suppression du droit de tonnage sur les passagers.

Les considérations qui précèdent trouvent leur application dans la navigation du cabotage, faite par pavillon étranger, entre les différents ports de l'Algérie; mais, comme ici, les marchandises seraient françaises, ou nationalisées par l'acquittement des droits, ou algériennes, ce serait sur nos produits que nous frapperions: Donc, l'ancien mode devrait être maintenu, et le droit de tonnage serait payé non plus par la marchandise, mais bien par le navire, et à raison de 4 francs le tonneau de jauge. Cette taxe assurerait à nos navires comme elle fait déjà, l'exploitation maritime presque exclusive de notre littoral.

Si de ces considérations particulières, en quelque sorte, je remonte aux faits généraux, mon opinion se fonde sur ce que ce n'est pas le droit de 4 francs par tonneau qui éloigne de vos ports les navires étrangers, et qui les empêche de nous apporter les marchandises dont nous avons besoin; celles-ci, du reste, se bornent aux charbons de pierre et aux bois de construction.

Les charbons anglais tendent tous les jours à disparaître de nos marchés, et en attendant que l'industrie particulière y ait également recours, la marine impériale n'emploie plus que des charbons français.

Le temps n'est pas loin, il faut l'espérer, où nous laisserons aux Anglais leurs charbons.

Voyons les choses au fond, et prenons-les en leur réel état.

Sur 150 ou 200 navires étrangers qui arrivent annuellement dans notre port, combien en repart-il chargés?

Tous ou presque tous s'en vont à vide.

Pourquoi ne chargent-ils pas? Assurément ce n'est pas le droit de tonnage qui les en empêche, puisqu'ils l'ont payé à l'entrée, et qu'ils savent parfaitement que, cette taxe acquittée, ils peuvent se livrer à toutes les opérations de débarquement et d'embarquement.

Messieurs, voilà le point douloureux, la plaie saignante de l'Algérie, et non le droit de tonnage.

L'Algérie n'a pas de produits à offrir aux marchés étrangers, et les navires quittent à vide nos plages fertiles et pourtant improductives.

Les navires venant du Nord, chargés de bois de construction et prenant en retour la moitié de leur chargement en produits français ou algériens, sont exempts du droit de tonnage.

Nouvelle tentative aussi infructueuse qu'elle a été bienveillante; cette disposition légale, qui tendait à favoriser notre production, en lui assurant un écoulement dégagé de toute entrave fiscale, à l'étranger, n'a reçu la consécration d'aucun fait d'exportation.

Ces navires du Nord vont en face de nous, à petite distance, charger soit du sel soit du vin pour leur pays.

Je le répète, ce ne sont pas les navires étrangers qui nous manquent; mais ils viennent chez nous pour nos besoins et non pour les leurs; le droit de tonnage ne les éloigne pas de nos ports, puisqu'ils le paient avec notre argent.

J'ai dit plus haut comment l'État, en maintenant le droit de tonnage perçu sur la marchandise, au lieu de l'être sur le navire, ne se priverait que d'une partie d'un revenu assez important; le sacrifice profiterait à la colonie. En le supprimant absolument, nous n'aurions pas de relations plus étendues ni plus fréquentes, et la perte de ce produit atteindrait également le Trésor et l'Algérie.

M. de Maisonseul. Si j'ai bien compris la pensée de M. Henry, il serait d'avis de ne pas baser les droits de tonnage sur la capacité totale des navires, mais bien seulement sur le jaugeage des marchandises importées.

En France, continue M. Henry, dans le port de Marseille notamment, il y a bon nombre de navires à vapeur construits en France, naviguant sous pavillon français, armés d'équipages français, et qui ne peuvent, cependant, faire ni grand ni petit cabotage.

En d'autres termes, ces navires ne peuvent partir d'un port français à destination d'un autre port français, par la raison que leurs machines ont été construites avec des fers anglais, extraits des entrepôts.

Et voyez où nous conduit cette anomalie, utile peut-être en France, mais bizarre en Algérie, par ses conséquences :

En supprimant le droit de tonnage, les navires à vapeur anglais, qui, certes, n'ont pas été construits avec des fers français, et ont des machines anglaises, pourront venir, chez nous, trafiquer sur nos côtes, si tels sont leur bon plaisir et leur avantage, alors que les navires français dont je parle en seront exclus, parce qu'ils ont l'âme anglaise.

Peut-être serait-il, alors, possible d'arranger tout cela en faisant payer à ces navires français le droit de 4 fr. par tonneau.

Voudrait-on la suppression du droit de tonnage en faveur seulement des navires espagnols, parce qu'ils nous apportent des marchandises et des passagers, et par respect des clauses du pacte de famille ? Cet acte entre la France et l'Espagne dispose que les navires français seront traités dans les ports d'Espagne de la même manière que sera traité dans les ports français le pavillon espagnol.

Voici comment l'Espagne entend l'exécution de ce pacte, qui, vieux d'un siècle, devrait au moins, à ce seul titre, en obtenir plus de respect.

Dans les ports de Marseille et de Cette, qui ont les relations les plus suivies avec l'Espagne, les navires espagnols sont exonérés de toutes taxes;

Dans les ports d'Espagne, les navires français paient des droits qualifiés, droits de jetée, droits de phare, etc., etc., dont le montant ne s'élève pas à moins de 1 fr. 50 c. par tonneau.

Voilà de la réciprocité bien entendue.

De plus, le tarif espagnol frappe de droits si élevés toute marchandise importée par pavillon français, que ces droits équivalent à une prohibition complète de notre pavillon dans les ports d'Espagne.

Je soumets donc, Messieurs, avec confiance à vos lumières et à votre équité les appréciations qui précèdent.

M. le Président. Vous n'avez pas cru devoir répondre sur les autres parties du questionnaire?

M. Henry. Non, Monsieur le Président, mes collègues de la Chambre de Commerce doivent le faire en notre nom collectif.

M. le Président. Vous êtes-vous aperçu que les traités de commerce récemment conclus avec l'Angleterre, la Belgique, etc., aient exercé une influence sur la navigation entre Marseille et Alger?

M. Henry. Pas une influence sensible.

M. le Président. Les conclusions de votre note tendent à la modification du droit de tonnage.

M. Henry. Je ne demande pas la suppression du droit de tonnage, mais sa transformation; je demande qu'on fasse payer la marchandise et non pas le navire?

M. le Président. Est-il venu à Alger beaucoup de navires anglais chargés de fers?

M. Henry. Quelques-uns seulement.

M. le Président. Quels droits ces navires ont-ils payé à leur entrée à Alger?

M. Henry. Un droit de 70 francs par tonneau, plus le droit de tonnage.

M. le Président. Quel est le prix du frêt entre Marseille et Alger?

M. Henry. 18 à 20 francs par tonneau en moyenne.

M. le Président. Et entre Londres, Liverpool et Alger?

M. Henry. Il varie de 22 à 27 francs par navires à voiles.

M. le Président. Et par navires à vapeur?

M. Henry. Il y a peu de navires à vapeur affrétés pour l'Angleterre, et les transports de houille principalement ne se font pas par ces navires; les éléments d'appréciation manquent.

M. le Président. Remarquez : la marchandise anglaise paie, outre le droit de douane, une surtaxe de pavillon, le droit de tonnage et la différence du frêt; vous paraissez donc suffisamment couverts?

M. Henry. Je ne parle pas au point de vue de la navigation, mais à celui de l'industrie, je pense que la surtaxe de pavillon est une protection suffisante pour notre marine.

M. le Président. Quel est le prix du frêt entre Valence, Alger, Bône et Oran?

M. Henry. Je ne sais, nous ne pouvons faire aucune transaction avec l'Espagne.

M. le Président. Quel droit payez-vous en Espagne?

M. Henry. 1 fr. 50 cent. par tonneau.

M. le Président. Les navires espagnols paient-ils les mêmes droits?

M. Henry. Oui, M. le Président. Ce sont des droits de jetée, de phare, etc. ; mais on ne peut faire aucune opération commerciale, les droits sont si élevés que cela équivaut à une prohibition.

M. le Président. Les navires venant de Marseille et qui font escale à Valence y prennent-ils du frêt?

M. Henry. Non.

M. le Président. Et ceux qui partent d'Oran pour Marseille en passant par Valence?

M. Henry. Ceux-là viennent sur lest et peuvent prendre des marchandises ou des passagers en acquittant le droit de 1 franc 50 centimes par tonneau.

M. le Président. Ce sont des droits locaux.

M. Henry. Les transports de France en Espagne ne paient pas de droits de tonnage proprements dits, ce sont des droits différentiels de pavillon. Les droits de douane sont assez élevés pour empêcher toute négociation.

En résumé je demande la conversion du droit de tonnage en surtaxe de navigation sur la marchandise, notamment sur les houilles.

M. le Président. Vous n'avez plus d'autres observations à présenter?

M. Henry. Non, Monsieur le Président.

M. le Président. Le Conseil vous remercie, Monsieur, des renseignements que vous avez bien voulu lui fournir.

M. MARTIN, Directeur de la Compagnie d'assurances maritimes est introduit.

M. LE PRÉSIDENT. Avez-vous préparé une réponse écrite au questionnaire qui vous a été adressé ?

M. MARTIN. J'ai seulement consigné mes observations succinctement en marge.

M. LE PRÉSIDENT. Vous assurez les bâtiments algériens ?

M. MARTIN. Non, pas sur corps; j'assure seulement les marchandises. On ne peut encore assurer les bâtiments en Algérie : Les bateaux algériens ne sont pas cotés au *Veritas*.

M. LE PRÉSIDENT. Veuillez soumettre au Conseil vos observations.

M. MARTIN :

§ 1. DES NAVIRES. — 1re *Question*. — Il n'y a point de grands chantiers de construction en Algérie, cependant on construit à Alger des navires ou bateaux jusqu'à 100 tonneaux de jauge. Leur prix de revient sous voiles bien gréés et offrant toutes les garanties, est d'environ 280 à 300 francs par tonneau.

2e *Question*. — Les constructions algériennes durent en moyenne 20 ans. Les bâtiments construits en France ou à l'Étranger durent en moyenne 25 ans, cela dépend principalement de l'entretien. Il n'y a pas en Algérie d'approvisionnement suffisant de bois vieux pour assurer la durée des bateaux. Il existe encore cependant des bateaux construits en 1832.

3e *Question*. — L'amortissement annuel est d'environ 6 à 7 pour 0[0] mais il est prudent de le calculer à 10 pour 0[0].

4e *Question*. — Le système de gréement algérien est toujours la voile latine. Il s'est fait quelques goëlettes, mais cette voilure qui n'emploie guère plus de bras que la voile latine, convient beaucoup moins à cause des sautes de vent le long des côtes. Le bâtiment carré exige plus de bras, un navire de 100 tonneaux a 5 ou 6 hommes, 80 tonneaux 5 hommes, 40 tonneaux 4 hommes. L'équipage varie, du reste, suivant sa composition.

M. LE PRÉSIDENT. Considérez-vous la navigation sur le littoral comme plus difficile que sur les autres points de la Méditerranée ?

M. MARTIN. Oui, elle est plus dangereuse; beaucoup de bateaux se sont perdus sur les côtes de Bougie, Philippeville, Djidjelli etc., mais les difficultés diminueront par l'amélioration des ports.

5e *Question*. — La prime d'assurance pour les bateaux algériens serait la même que pour les bateaux d'origine française ou étrangère pour la même navigation. Elle n'est élevée qu'en raison des risques du littoral.

6e *et* 7e *Questions*. — Les capitaux entrent pour très-peu dans les constructions maritimes ; quelques personnes seulement s'occupent de cette spécialité.

M. LE PRÉSIDENT. Mais, n'y a-t-il pas en Algérie des bois propres aux constructions navales ?

M. MARTIN. En effet, nous en avons beaucoup, notamment pour les carènes, mais nous n'avons pas de routes pour les exploiter. La plupart des constructions se font avec des bois venus de l'étranger.

8e *Question.* — Il conviendrait de faire revivre le décret du 17 octobre 1855 jusqu'à ce qu'il soit établi des routes aboutissant à la mer pour y transporter les bois propres aux constructions navales, qui se perdent aujourd'hui dans les forêts de l'intérieur.

§ 2. Cabotage. — 1re *Question.* — En général les patrons sont presque tous intéressés sur les navires algériens, les armateurs tiennent essentiellement à cette condition, ainsi qu'à celle d'avoir leur famille en Algérie. Ils ont un intérêt direct à ce qu'il en soit ainsi pour la conservation de leur propriété.

M. le Président. Y-a-t-il des patrons indigènes sur les navires algériens? Comment se fait la navigation à Tunis?

M. Martin. Il n'y a point de patrons indigènes sur les navires algériens; il n'y a à Tunis qu'une navigation de cabotage de peu d'importance. Les bateaux qui ressemblent aux anciennes sandales d'Alger, sont mal conduits et n'offrent aucune garantie. Le fret est très-variable.

2e *Question.* — Intéresser les capitaines, soit aux frais de constructions, soit à l'achat du navire qu'ils commandent, c'est les intéresser à la conservation de leur propre chose, et l'entretien profite à l'armement.

3e *Question.* — Les marins du cabotage algérien naviguent toujours à la part.

4e *Question.* — Je ne vois aucun moyen de faciliter les opérations du cabotage; la législation actuelle suffit aux marins; on pourrait seulement leur laisser la faculté de prolonger le cabotage jusqu'à Tunis et Gibraltar, sans changer leur capitaine et leur équipage.

5e *Question.* — Le fret entre Alger, Oran, Bône et Philippeville, est très-variable, suivant le plus ou moins de denrées à transporter. Il est en moyenne de 10 fr. entre les différents ports du littoral et Alger.

§ 3. Des Équipages. — 1re *Question.* — Il n'y a, en Algérie, que des Espagnols ou des Italiens qui commandent les bateaux caboteurs; ils satisfont tous les intérêts. Quelques patrons français ont essayé ces commandements, mais ils y ont renoncé dans la crainte d'être atteints par l'inscription maritime.

2e, 3e, 4e *Questions.* — Il y a peu d'espoir à fonder sur l'élément indigène pour la composition des équipages; les indigènes sont peu aptes à la manœuvre, ils aiment le changement et ne veulent pas continuer le lendemain ce qu'ils ont commencé la veille; si quelques-uns ont fait exception, elle est rare, et la composition des équipages caboteurs en est la preuve. Sur 110 bateaux du port d'Alger, je ne crois pas qu'il y ait des matelots arabes ou maures. Autrefois, c'étaient des Biskris qui composaient les équipages des sandales, avec lesquelles on transportait des huiles, des fruits, etc.; ils ont disparu aujourd'hui : les populations indigènes n'ont pas le goût de la mer. Quant à la nourriture des équipages, elle est généralement bonne; les marins étrangers sont, d'ailleurs, très-sobres, plus sobres que n'étaient les marins français qui sont venus faire le cabotage.

§ 4. Tonnage des bateaux. — 1re *Question.* — Le tonnage des bâtiments algériens varie entre 40 et 80 tonneaux de jauge; jusqu'à ce jour, 3 navires seulement ont été d'un tonnage supérieur : l'un de 100 tonneaux, construit par M. Martino Saverio, et 2 autres de 90 et de 117 tonneaux, par M. Mardochée Lévi Valensin. Ces navires pourraient faire une autre navigation, s'il ne fallait pas, pour cela, changer les équipages et surtout les patrons, qui offrent toute confiance à nos armateurs. Généralement, les armateurs algériens préfèrent les patrons étrangers aux patrons français. Ceux-ci ne veulent pas s'astreindre à vivre en communauté complète avec l'équipage, composé le plus souvent d'étrangers ; ils obtiennent une moins bonne discipline.

Il en résulte que les patrons étrangers au service des armateurs ne veulent pas faire de grandes courses, pour lesquelles il faudrait changer l'équipage.

2e *Question*.— Le fret ordinaire pour Marseille, Cette, Bordeaux, le Hâvre, varie suivant l'abondance des récoltes, des denrées à transporter. Beaucoup de produits sont transportés par les bateaux à vapeur.

Le fret entre les ports de l'Algérie et ceux de la Méditerranée se fait principalement par le cabotage espagnol ; il vient très-peu de navires des autres ports de la Méditerranée.

§ 5. Des règlements maritimes. — 1re *Question*. — Les règlements de pilotage et les taxes de certains ports exercent une très-grande influence sur le mouvement de la navigation en Algérie. Le pilotage est réglementé à Alger seulement; il serait à désirer qu'il fût uniforme sur tout le littoral, parce que les expéditions maritimes exigent des calculs qu'il est important de simplifier lorsqu'il s'agit du même pays.

L'établissement des capitaineries de port pourrait apporter des économies notables au budget en les combinant avec le service sanitaire, et il s'ensuivrait une surveillance plus immédiate sur l'état de navigabilité des navires qui sortent des ports chargés ou embarrassés outre mesure, cause de pertes ou d'avaries.

M. de Maisonseul. Le pilotage n'est réglementé qu'à Alger ; le cabotage sur les côtes de l'Ouest et de l'Est est exempt de droits de pilotage, il ne paye qu'une aubaine aux pilotes qui sont commissionnés par le Préfet sans avoir subi les examens de capacité qui leur donne le brevet de maître au pilotage. Ces pilotes ne sont considérés que comme pratiques et n'ont droit qu'à une gratification.

M. Martin. Il est à désirer pour le cabotage que les pilotes des autres ports de l'Algérie soient pourvus d'un brevet de capacité, sauf à payer les droits de pilotage; il n'y aurait plus alors aucune difficulté. Le mode actuel n'est pas régulier et compromet la garantie des capitaines en cas de perte.

2e, 3e, 4e *Questions*. — Il importe de conserver les dispositions de l'ordonnance du 16 décembre 1843 pour la protection à accorder à notre pavillon.

5e *et* 6e *Questions*.— Il est nécessaire de supprimer complètement le droit de tonnage sur les navires étrangers qui peuvent aborder à Alger, mais en cas d'échelle sur d'autres points de l'Algérie, il faudrait leur faire payer ce droit par chaque échelle, afin de conserver à notre marine la protection du petit cabotage.

7e *Question*.— Le régime quarantenaire est le même que celui édicté par le décret du 12 août 1854. Il y aurait peut-être à s'y conformer entièrement en supprimant les patentes au petit cabotage comme cela se pratique en France.

M. le Président. Vous n'avez aucune observation à faire sur la législation douanière et les traités de commerce ?

M. Martin. Aucune autre que la suppression complète du droit de tonnage et le maintien du décret du 7 septembre 1856, pour favoriser la construction algérienne.

M. LE PRÉSIDENT. Et sur la pêche du corail?

M. MARTIN. Cette question est examinée par une commission spéciale qui pourra fournir tous les renseignements demandés.

§ 8. PÊCHE DU POISSON. — Il me paraît nécessaire d'accorder la liberté complète de la pêche du poisson. On pourrait néanmoins réglementer la pêche au bœuf et notamment obliger les bateaux et équipages qui l'exercent à élire domicile en Algérie. Jusqu'à ce jour cette industrie n'a été pratiquée que par les étrangers au pays qui n'y consomment rien, pas même le prix des aliments et emportent chez eux, après huit ou neuf mois de séjour une quantité considérable de numéraire représentant le produit de leur pêche.

M. LE PRÉSIDENT. Le Conseil vous remercie, Monsieur, des renseignements que vous lui avez fournis.

2e Groupe. — ARMATEURS ALGÉRIENS.

MM. BOSQUET,	Négociants armateurs.
VALENSIN,	
MENDÈS,	
SITGÈS,	
SAVERIO,	

M. MENDÈS demande la parole, tant en son nom qu'au nom de MM. VALENSIN, BOSQUET et SITGÈS.

§ 1. DES NAVIRES. — 1re *Question*. — Le coût réel, par tonneau de jauge, d'un bâtiment construit en Algérie est d'environ 300 francs.

2e *Question*. — La durée ordinaire de ces bâtiments est d'environ 15 ans, et de 25 ans pour ceux construits en France et à l'étranger.

3e *Question*. — Le taux de l'amortissement annuel est d'environ 10 p. 0/0.

4e *Question*. — Le système de gréement algérien exige un nombre au moins égal de bras que celui des navires des marines étrangères.

5e *Question*. — Il n'existe pas de compagnies d'assurances pour les navires algériens.

6e *Question*. — C'est généralement à la part que les capitaux algériens entrent dans les opérations maritimes.

7e *Question*. — L'industrie des constructions navales en Algérie est subordonnée au développement du commerce.

8e *Question*. — Il conviendrait d'admettre en franchise les matières nécessaires à la construction ou à l'armement des navires algériens.

§ 2. CABOTAGE. — 1re *Question*. — Généralement les armements sont faits en Algérie par les négociants et les patrons.

2e *Question*. — L'habitude de faire concourir les capitaines, soit aux frais de construction, soit à l'achat du navire qu'ils commandent, est un avantage en Algérie.

3e *Question*. — Les marins du cabotage algérien naviguent à la part.

5e *Question*.— Le fret entre Alger, Oran, Bône et Philippeville est très-variable, il est en moyenne de 10 francs.

§ 3. ÉQUIPAGES. — 1re *Question*. — Il n'existe pas de patrons algériens, ils sont tous espagnols ou italiens.

2e *Question*.— Il n'y a aucun espoir à fonder sur l'élément indigène pour la composition des équipages.

M. LE PRÉSIDENT. Pourquoi n'y a-t-il pas plus de marins indigènes? Il y en avait cependant autrefois.

M. MENDÈS. Je me rappelle avoir vu encore quelques sandales indigènes, il y a fort longtemps; le peu de patrons qui restent ne naviguent plus; les indigènes ne veulent pas se plier aux difficultés de la navigation; ils ont peu d'aptitude et n'ont pas le goût de la mer.

M. LE PRÉSIDENT. Peut-être M. Ben Marabet pourra-t-il donner quelques renseignements à ce sujet.

M. BEN MARABET. Ce n'est pas dans leurs habitudes.

M. LE PRÉSIDENT. Les Kabyles des côtes ont-ils quelques dispositions?

M. MENDÈS. Quelques-uns, parmi ceux de Bougie, Collo ou Djidjelli, pourraient faire d'assez bons marins; mais ils ont à redouter une concurrence trop sérieuse.

M. LE BARON DE VIALAR. Les Kabyles sont très-travailleurs; mais on comprend facilement qu'ils ne puissent pas rester sur les bateaux avec des Espagnols ou des Italiens, généralement plus intolérants que les Français. Il y a antipathie, surtout entre les gens des basses classes.

M. LE GÉNÉRAL YUSUF. Il faut dire aussi que, indépendamment de la concurrence, les indigènes manquent de confiance, et se trouvent gênés à bord dans leur manière de vivre et dans leurs pratiques religieuses, lorsqu'ils sont avec des Européens.

4e *Question*. — Les frais de nourriture sont généralement plus onéreux en Algérie; il n'y a pas de frais de salaires; les marins naviguant à la part, les rations sont plus onéreuses sur un navire algérien que sur les navires italiens. Voilà la progression : navires français assez chers, Algériens moins, Toscans et Napolitains encore moins.

M. LE PRÉSIDENT. Pour quelle espèce de navigation êtes-vous armateur?

M. MENDÈS. Pour le cabotage sur les côtes, pas au-delà.

M LE PRÉSIDENT. Vos bateaux vont-ils aussi en Espagne et en Italie?

M. MENDÈS. Nous ne pouvons pas, les réglements nous le défendent.

M. LE PRÉSIDENT. Est-ce que cela est interdit aux navires algériens?

M. MENDÈS. Non, à la condition d'avoir moitié ou les trois quarts de marins francais et un capitaine français.

M. LE PRÉSIDENT. Est-ce que, avec un patron français et un équipage étranger, vous pourriez faire ce cabotage avec fruit en Espagne et en Italie?

M. MENDÈS. Oui, cela serait avantageux; la navigation serait fructueuse sur les côtes de la Sardaigne malgré la concurrence, mais avec un capitaine français et des marins étrangers on n'obtient qu'une mauvaise navigation. Du reste, nous n'avons que des navires d'un tonnage moyen.

M. LE PRÉSIDENT. Quels seraient vos chargements pour l'Espagne?

M. MENDÈS. Du bétail, des céréales, etc.

M. LE PRÉSIDENT. Pourquoi est-il défendu aux navires francisés algériens de faire le cabotage en Espagne et en Italie?

M. MENDÈS. Les réglements le défendent.

M. LE GÉNÉRAL YUSUF. On n'a pas voulu sans doute que notre pavillon soit placé sous la sauvegarde d'un étranger en dehors du territoire français.

M. LE PRÉSIDENT. Il est probable en effet que les règlements s'expliquent par la raison que vient de donner le général Yusuf.

§ 4. ÉLÉMENTS DIVERS DES FRAIS DE NAVIGATION. — 1re *Question*. Le tonnage moyen des navires et des bâtiments algériens armés pour le cabotage est de 70 tonneaux environ.

2e *Question*. — Le fret ordinaire pour Marseille, Cette, Bordeaux, le Hâvre, ne peut être évalué; les navires algériens ne font pas cette navigation.

§ 5. DES RÈGLEMENTS MARITIMES. — 1re *Question*. — Les capitaineries ou directions de ports doivent être maintenues; elles ont rendu et rendent encore de grands services à la navigation et surtout au cabotage.

2e *Question*. — Il convient de conserver aux navires français le privilège résultant de l'ordonnance royale du 16 décembre 1843.

3e *Question*. — Il convient de supprimer le droit de tonnage; les navires étrangers passent en vue d'Alger, mais n'y entrent pas à cause de ce droit. Beaucoup de navires italiens et espagnols, dont les capitaines sont en même temps traitants, pourraient venir faire des opérations si le droit de tonnage était supprimé. Ils sont effrayés par les droits à payer pour des opérations souvent sans importance.

M. Mercier-Lacombe demande si, au lieu de supprimer complètement le droit de tonnage, il ne suffirait pas de l'imposer seulement sur les marchandises débarquées ?

M. Mendès. Ce serait une amélioration insuffisante.

M. le Président. Quel est le fret entre l'Espagne, l'Algérie et l'Italie ?

M. Mendès, 12 ou 15 francs par tonneau.

M. le Président. Quelle est la nature des chargements ?

M. Mendès. Vins d'Espagne, légumes secs, céréales.

M. Duserech demande s'il ne faudrait pas remplacer le droit de tonnage par une surtaxe de navigation.

M. Mendès. Ce serait insuffisant.

M. le Président. Voyez-vous des inconvénients à ce que les navires anglais qui se rendent à Malte ou qui en viennent abordent à Alger en franchise de droit ?

M. Bosquet. Nous demandons la suppression du droit de tonnage dans l'intérêt de la colonie; il y aurait avantage à ce que les navires anglais pussent aborder à Alger.

M. le Président. Dans quelle proportion les navires français importent-ils la houille prise en Angleterre ?

M. Mendès. La moitié à peu près des navires sont français.

M. le Président. Sont-ils chargés de houille seulement ?

M. Mendès. Oui.

M. le Président. A quels ports appartiennent-ils ?

M. Mendès. Aux ports de Dunkerque, Nantes et le Hâvre.

M. le Président. Avec la suppression du droit de tonnage, la houille serait sans doute apportée par des navires anglais; ceux qui demandent le maintien du droit de tonnage voient là un préjudice pour le commerce français.

M. Bosquet. C'est comme Algériens que nous parlons.

6e *Question*. — Dans le cas où le droit de tonnage serait supprimé, il conviendrait d'interdire aux navires étrangers de faire le cabotage d'un port à l'autre de l'Algérie ; ce serait anéantir les bâtiments de construction algérienne.

7e *Question*. — Le régime quarantenaire n'exerce aucune influence sur les opérations maritimes.

§ 6. Législation douanière et traités de commerce. — 1re, 2e, 3e, 4e, 5e *Questions*. — Il faut maintenir en Algérie les dispositions actuellement en vigueur.

6e *Question*. — L'abolition du droit de tonnage devant réduire le prix du fret par pavillon étranger doit faciliter l'exportation des produits du pays.

8e *Question*. — Il y a lieu de modifier le décret du 7 septembre 1856 en ac cordant aux navires étrangers francisés la facilité avec le même armement de trafiquer dans la régence, celle du Maroc, les îles Baléares, les côtes d'Espagne et celles d'Italie.

§ 7. Pêche du corail. — 1re *Question*. — La législation actuelle laisse beaucoup à désirer.

2e *Question*. — Il faudrait exempter les bateaux construits en Algérie, du droit de pêche et admettre à un droit modéré les agrès de pêche. Actuellement nous payons un droit de 800 francs, plus un droit sur les agrès. Les matelots coûtent plus cher que ceux qui viennent d'Italie.

M. Mercier-Lacombe. Vous savez que tout individu possédant 3,000 francs en immeubles est exempté de ces droits.

M. Mendès. Si nous sommes obligés d'acheter des immeubles, c'est une condition rigoureuse, et de plus, quelle garantie cela offre-t-il?

M. le Président. Est-ce cette condition qui vous empêche de vous livrer à la pêche du corail?

M. Mendès. Oui, nous avons besoin de tous nos capitaux dans le commerce.

M. Mercier-Lacombe. Sous l'influence des dispositions en vigueur, le nombre des barques françaises a-t-il augmenté?

M. Mendès. Oui, mais les résultats n'ont pas été satisfaisants.

M. le Président. En résumé, vous demandez à être exemptés des conditions qui vous sont imposées?

M. Mendès. Oui, nous demandons seulement, comme condition, l'obligation d'avoir un domicile réel en Algérie et une modération sur les droits d'entrée sur les agrès.

3e et 4e *Questions*. — Il n'y a pas de marins français ni indigènes se livrant à la pêche du corail, à cause des droits dont sont frappés les bateaux.

§ 8. Pêche du poisson. — 1re *Question*. — La réglementation actuelle de la pêche côtière en Algérie n'est pas satisfaisante.

2e *Question*. Il convient d'abolir le décret du 10 mai 1862 sur la pêche côtière et d'accorder la plus grande liberté, seulement aux bateaux armés et attachés aux ports de la Colonie et dont les familles y seraient domiciliées. Il faut accorder surtout la faculté de pêcher au bœuf dans les eaux d'Alger.

M. Mercier-Lacombe. Cette question a été examinée par une commission spéciale qui a conclu, après les études les plus consciencieuses, à la suppression de la pêche au bœuf dont les engins détruisent le frai; l'administration a voulu attendre deux ans pour savoir si cette prohibition n'a pas apporté une amélioration. Une fois l'expérience terminée, on saura si la mesure prohibitive est de nature ou non à produire les effets salutaires qu'on en espère, et s'il y a lieu, dès-lors, de revenir sur la décision ou de la maintenir.

M. Saverio. — Depuis plus de trente ans j'ai pêché ou fait pêcher au bœuf dans la rade d'Alger, je ne me suis jamais aperçu d'une diminution dans la production. Le règlement qui interdit cette pêche a fait renchérir tous les vivres, et plus de 10,000 personnes qui trouvaient à vivre, pour quelques sous par jour en mangeant du poisson, se trouvent privées de cette ressource et souffrent beaucoup.

M. Mercier-Lacombe. La question est de savoir si l'engin appelé bœuf est ou non un empêchement à la reproduction.

M. le baron de Vialar. Il résulterait des explications données par M. Saverio qu'il y avait autant de poissons lors de l'interdiction de la pêche au bœuf qu'avant, ce qui semblerait prouver que les filets n'ont pas diminué la quantité de poissons.

M. Sarlande. Autrefois le poisson était à bon marché, maintenant on ne peut plus en manger à Alger; le peu qui arrive vient de 10 ou 15 lieues et, l'été, il est le plus souvent gâté, on est obligé de l'enterrer par cinquante et soixante corbeilles à la fois.

M. de Maisonseul. La pêche au bœuf fournissait le poisson à moitié prix, car les petits bateaux de pêche prennent moins de poissons depuis la suppression de la pêche au bœuf; cette prohibition aurait dû la faire augmenter et le relevé qui en a été fait indique, au contraire, qu'il y avait 149 bateaux armés pour la petite pêche en 1860, et que, après l'arrêté de 1861, il n'a plus été que de 143.

M. Saverio. Cela est facile à expliquer: avec la pêche au bœuf les filets ramenaient toutes sortes de petits poissons que l'on vendait pour rien aux pêcheurs à la ligne, qui s'en servent comme amorces; depuis la prohibition, il n'y a plus d'amorces et partant moins de pêcheurs; aussi la population des pêcheurs est-elle dans la plus grande misère.

M. Mercier-Lacombe. Les pêcheurs à la ligne pourraient cependant se procurer des amorces, puisque l'on pêche au bœuf à Tipaza. Le chemin de fer pourrait les apporter.

M. Saverio. Il faut que le poisson qui sert d'amorce soit frais, et il ne le serait pas s'il arrivait par le chemin de fer.

M. le baron de Vialar. Il semble qu'on a dépassé le but en interdisant la pêche au bœuf pendant toute l'année. Il suffirait de l'interdire pendant le frai. N'avez-vous pas dit qu'on pourrait l'empêcher pendant trois mois?

M. Saverio. Oui, cela suffirait parce que les petits pêcheurs peuvent alors pêcher sur la plage.

M. Mercier-Lacombe. Dans ces conditions, pendant quels mois faudrait-il maintenir la prohibition ?

M. Saverio. Pendant les mois de juin, juillet et août.

Ces Messieurs n'ayant plus aucune observation à présenter, se retirent. M. le Président les remercie des renseignements qu'ils ont donnés.

M. Saverio dépose sur le bureau du Président les réponses suivantes au questionnaire de l'enquête.

§ 1er. Des navires. — 1re *Question.* — Le coût réel par tonneau de jauge d'un bâtiment de commerce est de quatre-vingt-dix à cent francs, brut.

4e *Question.* — Les mêmes bras sont nécessaires pour les mêmes formes de navires.

5e *Question.* — Il n'existe pas d'assurance en Algérie pour nos navires.

7e *Question.* — L'industrie des constructions navales offre de très-grandes chances d'avenir en Algérie, vu la bonne et grande quantité de bois qui existe dans les forêts; mais les moyens de transport étant à des prix trop élevés, le bois revient trop cher pour qu'on puisse construire.

8e *Question.* — Il convient, tant dans l'intérêt des constructeurs que dans celui des armateurs, de laisser revivre les dispositions du décret du 17 octobre 1855.

§ 2. Cabotage. — 1re *Question.* — Les armements sont toujours faits par les armateurs : les patrons sont toujours à la part.

2e *Question.* — Il convient de ne jamais faire concourir les patrons, soit aux frais de construction, soit à l'achat du navire, afin de laisser l'armateur seul chef de sa propriété, et de faciliter, par ce moyen, le commerce qui sait alors à qui s'adresser pour l'exécution d'un transport ou d'une entreprise sérieuse.

3e *Question.* — Les marins du cabotage algérien naviguent tous à la part.

4e *Question.* — Supprimer aux bateaux à vapeur de l'État le droit de porter des marchandises, soit pour le commerce, soit pour le service des diverses administrations militaires, et faire payer aux diverses compagnies des bateaux à vapeur un droit de tonnage de 3 francs par tonneau de marchandises transportées.

5e *Question.* — Le fret généralement payé entre Alger, Oran, Bône et Philippeville, est de 10, 11 et 12 francs par tonneau.

§ 3. Des Équipages. — 1re *Question.* — Les maîtres au cabotage sont tous Italiens ou Espagnols, très-capables en théorie, et surtout en pratique.

2e *Question.* — Il n'y a aucun espoir à fonder sur l'élément indigène pour la composition des équipages; pas un Arabe n'a pu faire deux voyages de suite sur la côte, ni résister aux privations et aux fatigues de la vie de cabotage.

3e *Question.* — Ils sont plus robustes, mais moins exercés que les matelots italiens et espagnols; en général, ils sont apathiques, paresseux et méchants, lorsqu'ils sont astreints à un travail journalier. Ainsi, un bateau d'environ 60 tonneaux peut naviguer sur la côte avec 6 hommes, y compris le capitaine (Italiens ou Espagnols), tandis qu'avec les indigènes il faudrait le double d'hommes, et encore le capitaine ne pourrait-il s'y fier, s'il y avait un coup de main à donner dans un mauvais temps, chose assez ordinaire sur nos côtes algériennes.

4e *Question.* — Les frais de nourriture et les salaires ne sont point onéreux à l'armement; ils sont moindres que dans les autres pays.

§ 5. Des Règlements maritimes. — 1re *Question.* — Les règlements ou tarifs de pilotage, les taxes ou habitudes de certains ports, notamment les capitaineries ou directions de ports, ne peuvent exercer aucune influence sur le mouvement de la navigation en Algérie; elles sont très-restreintes et minimes.

2e *Question.* — Il ne convient pas de maintenir les dispositions de l'art. 1er de l'ordonnance royale du 16 décembre 1843, qui réserve aux seuls navires français les transports entre la France et l'Algérie, et réciproquement.
Il convient aussi de donner la libre entrée entre la France et Alger, et réciproquement, à tous les navires étrangers.

3e *Question.*— Ces dispositions ont eu pour effet de diminuer le fret, vu la concurrence qui pourrait se faire et développer l'agriculture et le commerce, et de faire revenir les transports à de très-faibles prix, tandis que, par leur maintien, tout restera dans le *statu quo.*

4e *Question.* — Il y a lieu de modifier ces dispositions dans le sens précité.

5e *Question.* — Il convient de supprimer, pour les navires étrangers, le droit de 4 fr. par tonneau de jauge imposé par l'art. 3 de l'ordonnance précitée, et de déclarer, comme par le passé, le port d'Alger franc, ce qui donnerait à Alger un débouché pour entretenir des relations commerciales avec tous les pays de l'Europe.

6e *Question.*— Le droit de tonnage étant supprimé, il ne convient pas d'autoriser les navires étrangers à faire le cabotage d'un port à l'autre de l'Algérie; ce serait supprimer les faibles ressources de dix mille personnes établies à Alger depuis vingt ans et tous bons marins connaissant bien le littoral algérien.

7e *Question.* — Le régime quarantenaire est de toute nécessité et ne peut exercer aucune influence sur les opérations maritimes en Algérie.

§ 7. Pêche du Corail. — 1re *Question.* — La législation actuelle sur la pêche du corail ne donne pas des résultats satisfaisants au point de vue des intérêts de l'Algérie; beaucoup de patrons et d'armateurs reculent devant les grands frais qu'il faut faire pour l'armement, augmentés des frais de douane, qui s'élèvent au chiffre énorme de 800 francs par chaque petit bateau de pêche.

2e *Question.*— Les mesures les plus efficaces seraient : 1° de supprimer la législation douanière pour les armateurs algériens qui désireraient faire armer pour la pêche du corail; 2° de maintenir les droits de 800 francs pour tout armateur ou patron étranger à la ville d'Alger.

3e *Question.* — Il n'existe pas de Français ni d'Indigènes qui se livrent à la pêche du corail; les Italiens, au nombre d'environ 4,000 et les Espagnols, au nombre de 2,000, sont les seuls qui exercent cette pêche, à Alger, comme à Bône et à Oran.

4e *Question.* — Ce qui empêche les marins français ou indigènes de participer à cette pêche dans une plus large mesure, ce sont les privations qu'il faut endurer, soit sous le rapport de la nourriture, soit sous le rapport du travail, qui est des plus pénibles, cette pêche se faisant le jour comme la nuit.

§ 8. Pêche du Poisson. — 1re *Question.* — La réglementation de la pêche côtière en Algérie n'est pas satisfaisante, car le poisson manque presque toujours, et la population est malheureuse.

2e *Question.* — Le seul moyen applicable en Algérie serait de laisser, comme par le passé, liberté pleine et entière à tout genre de pêche, et particulièrement à la pêche dite au bœuf; car quelles sont les conséquences fâcheuses qui sont survenues depuis la prohibition de ladite pêche? D'abord, l'absence du poisson, car si le marché est parfois approvisionné, nous le devons aux bateaux bœufs qui pêchent dans la baie de Sidi-Ferruch, sans dépasser le tombeau de la la Chrétienne, qui limite, à l'Ouest, la circonscription de l'inspection des pêches d'Alger; ce poisson, débarqué sur la plage, est amené en poste de Marengo à Blidah et vient de Blidah à Alger par le chemin de fer. Si cette pêche, que j'appellerai presque de contrebande, peut nous approvisionner dans cette saison, les chaleurs de l'été nous en priveront incontestablement. En second lieu, le renchérissement du poisson a privé et prive encore, non-seulement les classes pauvres, de cet aliment si nécessaire, mais enlève encore à une masse de familles leurs moyens d'existence. Aujourd'hui tout a renchéri; le boucher, qui vendait la viande 25 ou 30 centimes la livre, ne voyant pas venir de poisson, la vend 50 et 60 centimes; les jardiniers ont aussi augmenté leurs légumes, les épiciers leurs denrées, et le pauvre, qui autrefois achetait 20 centimes de poissons pour le repas de sa nombreuse famille, est obligé de payer aujourd'hui 1 franc la même quantité et qualité.

Enfin la classe pauvre et ouvrière est considérable à Alger, et des milliers de gens étaient nourris à peu de frais par le poisson pris, en très-grande quantité, par les balancelles italiennes qui faisaient la pêche dite au bœuf. Pourquoi cette prohibition si elle ne fait qu'augmenter la misère des malheureux?.... « Parce qu'en continuant cette pêche il y aurait destruction générale » des poissons dans les eaux d'Alger, a dit un rapport. » Mais, (je puis en parler savamment et en connaissance de cause, car, établi en Afrique depuis 1830, j'ai été le premier pêcheur qui ait organisé cette industrie, et j'ai fait faire la pêche jusqu'en 1860), je puis dire que tant que la pêche au bœuf a existé, le poisson n'a jamais manqué dans les eaux d'Alger ni sur nos marchés, et je n'en ai pas moins pris le jour où la prohibition est arrivée que je n'en prenais lorsque j'ai commencé.

Pourquoi n'a-t-on pas défendu cette pêche à Marseille, à Cette, dans les autres villes maritimes de France et sur la côte d'Alger? Je l'ignore, mais diverses mesures émanant de l'administration de la marine d'Alger, semblent indiquer qu'il y a un parti pris pour le maintien de cette prohibition; les gardes-pêche poursuivent les pêcheurs sans relâche, et sous le motif le plus futile, leur dressent procès-verbal, saisissent les bateaux et les amarrent pendant dix jours; ces bateaux qui sont peut-être le seul soutien de nombreuses familles restent là jusqu'à nouvel ordre, et le pêcheur malheureux ne peut plus vivre.

Si le pêcheur n'est pas fautif en mer, il n'échappe pas aux règlements de terre; les gardes-pêche arrivent au moment du débarquement et là, un mètre à la main, mesurent à un centimètre près les poissons, et tous ceux qui n'ont point la mesure réglementaire sont pris et jetés à la mer, ou envoyés dans les hôpitaux; ne serait-il pas plus charitable de les laisser à ces malheureux?

Est-il donc possible que le pêcheur qui se conforme aux règlements maritimes, qui paye ses invalides, son rôle, sa patente, et dont le filet a les mailles réglementaires, puisse mesurer tout le poisson qu'il prend, cela ne peut être? et cependant les ordres sont précis; aussi depuis la création des gardes-pêche n'existe-t-il pas la moitié des pêcheurs qu'il y avait avant.

Pourquoi ne serait-il pas permis à chacun de pêcher ou de faire pêcher sans craintes de poursuites, sans idées de pertes? Je puis le certifier, le poisson ne manquera pas dans les eaux d'Alger, celui qui y existe, étant presque tout de passage.

En autorisant cette pêche, on trouvera un grand avantage; c'est qu'en outre de toute la population algérienne cette pêche fera vivre trois mille pêcheurs, italiens, français ou espagnols, qui viendront s'installer à Alger pour toujours, avec leurs familles; par cela même, la colonie grandira et prospérera, et on aura des gens capables d'être employés, soit à la pêche du corail, soit aux travaux de l'agriculture, soit enfin au petit cabotage sur tout le littoral algérien.

3e *Question.* — Il n'y a pas de marins français qui exercent cette industrie; les pêcheurs italiens à Alger sont maintenant au nombre de deux mille, et les pêcheurs arabes au nombre de cent, encore sur ce nombre la plus grande partie ne se compose-t-elle que de petits pêcheurs à la ligne.

3e Groupe. — CONSTRUCTEURS DE NAVIRES.

MM. Recagno, Saura, } Constructeurs à Alger.

MM. Recagno et Saura ont adressé à M. le Président les réponses ci-après au questionnaire de l'enquête.

Observations de M. Recagno :

§ 1. Des navires. — 1re *Question.* — Un navire construit dans de bonnes conditions et de la jauge de 80 à 120 tonneaux, coûterait, savoir :
1o La coque 150 francs par tonneau ;
2o Le gréement coûterait un cinquième en moins, soit 120 francs.

2e *Question.* — Un navire construit en Algérie, dans de bonnes conditions et avec le bois du pays, durerait autant, sinon plus, que ceux construits en France ou à l'étranger.

3e *Question.* — Le taux d'amortissement d'un navire de la jauge de 100 tonneaux et du prix approximatif de 28,000 francs, serait :
La première année de 30 p. 0/0.
La deuxième année de 25 p. 0/0.
La troisième année de 20 p. 0/0.
La quatrième année de 15 p. 0/0.
La cinquième année de 10 p. 0/0.
Cette période de cinq années, pour l'amortissement de la valeur du coût d'un navire de 80 à 120 tonneaux, est considérée comme minimum, vu les grandes variations qui existent dans les frets et nolis.

4e *Question.* — Le système de gréement des navires algériens est exactement le même que celui des navires français, italiens et espagnols, sauf quelques légères modifications tendant à diminuer le personnel.

5e *Question.* — La prime d'assurance pour un navire construit en Algérie est la même que pour les navires construits en France ou à l'étranger, le bateau étant construit dans de bonnes conditions.

6e *Question.* — Les armateurs tiennent autant que possible à intéresser leurs capitaines, afin que ceux-ci aient intérêt à la conservation du navire.

7e *Question.* — La construction navale prendra de l'extension et offrira des chances d'avenir considérables en Algérie, lorsque des communications seront établies, de manière à pouvoir utiliser les ressources que présentent les nombreuses forêts que l'Algérie possède. Les bois des forêts algériennes ont une valeur beaucoup plus appréciable pour les constructions maritimes que ceux venant de France et de l'étranger.

8e *Question.* — Il conviendrait, dans l'intérêt des constructeurs maritimes algériens, de faire revivre les dispositions du décret du 17 octobre 1855, qui leur donnaient une grande facilité pour leurs travaux, en leur procurant en abondance et à bas prix les matières propres à la construction et à l'armement des navires.

Ces conditions favorables permettraient aux constructeurs algériens de pouvoir faire concurrence à leurs collègues de Livourne et de Naples.

Observations de M. Saura :

§ 1er. Des navires. — 1re *Question*. — Le coût réel moyen par tonneau de jauge d'un navire construit en Algérie, est de 300 francs; soit 155 francs pour la coque et 145 francs pour le gréement.

2e *Question*. — La durée ordinaire d'un bâtiment de 100 tonneaux, construit en France, est de 25 ans, dans les conditions ordinaires; en Algérie, elle ne serait que de 20 ans, c'est-à-dire 1/5me en moins. Cette différence s'explique par les difficultés de se procurer du bois de chêne pour les constructions, et, par suite, l'obligation d'employer des essences mélangées où le frêne domine.

La main-d'œuvre y est aussi bonne qu'ailleurs.

7e *Question*. — L'industrie des constructions navales offrira beaucoup de chances d'avenir, lorsque l'exploitation de nos immenses forêts algériennes se fera sur une grande échelle et que les voies de communication, surtout les voies ferrées, offriront des moyens de transports faciles et à prix réduits.

Les forêts de l'Algérie ne possèdent guère que des bois durs, chêne, orme, frêne, etc.; ces essences, au dire de tous ceux qui les ont employées, ont pour les constructions navales, une valeur au moins égale à celle des bois de toutes les contrées de l'Europe.

8e *Question*. — Il conviendrait, dans l'intérêt des constructeurs algériens, de faire revivre les dispositions du décret du 17 octobre 1855, mais en les modifiant de manière à ce que l'entrée en franchise ne porte que sur les bois que l'Algérie ne produit pas, par exemple, les pins dits du Nord; cette mesure donnerait pour ainsi dire un écoulement forcé aux essences dures du pays.

4e Groupe. — NÉGOCIANTS.

MM. Bouneviálle, Stucklé, Femenias, Pomata, Ravan.	Négociants.

M. Stucklé déclare parler tant en son nom qu'au nom de MM. Femenias et Ravan.

Je demande la permission de vous entretenir du droit de tonnage, qui fait l'objet du paragraphe 5 du Questionnaire de l'Enquête; j'aurai l'honneur de parler en mon nom et au nom de MM. Ravan et Femenias qui, empêchés de déposer, m'ont chargé de ce soin, étant en parfaite conformité d'opinion avec moi sur cette question.

L'influence prédominante des moyens de transports intérieurs et extérieurs sur le développement d'un pays est aujourd'hui incontestée. Ce fait reçoit une nouvelle consécration chaque fois qu'une colonie s'ouvre à la civilisation et au commerce.

La première condition pour le peuplement, indépendamment des voies de communications intérieures, est dans la création d'un système de navigation libre et capable de prendre une grande extension. C'est du contact multiplié et répété avec les pays voisins que la colonie tire ses premiers éléments d'existence. Toute combinaison qui, sous le prétexte de réglementer les rapports ou d'en faire l'objet d'un revenu gouvernemental, créerait une entrave à la circulation, est pernicieuse et réagit d'une manière désastreuse sur l'avenir. Après avoir provoqué l'immigration par la navigation libre, il convient d'assurer à la colonie naissante l'établissement dans les meilleures conditions possibles; que l'importation des matériaux de construction et des objets de première nécessité soit exempte de droits quelconques; que l'exportation des produits du sol soit encouragée par des mesures libérales; enfin, si la colonie comporte des industries spéciales, les marchés extérieurs doivent lui être réservés par des rapports réciproquement avantageux et sagement réglés.

En résumé : accroissement de population par la navigation libre, extension et prospérité de colonisation et du commerce par la facilité d'importation et d'exportation : voilà les problèmes qui constituent les bases fondamentales de l'établissement d'une colonie.

Permettez-moi, à présent, d'examiner le régime actuel de l'Algérie. Il s'agit de traiter les relations extérieures de notre colonie sous le rapport de la navigation seulement; approfondir la question des rapports commerciaux avec l'étranger est une étude autrement compliquée, qui ne doit pas me préoccuper en ce moment. Je dirai donc, en deux mots, ce qui a été fait, dans ce pays, pour ses relations maritimes, pour la navigation.

Au moment de la conquête, et pendant plusieurs années qui suivirent la prise de possession de l'Algérie par la France, la navigation a été parfaitement libre. Le premier arrêté administratif à citer est celui du 27 novembre 1834, lequel, en proclamant, à la fois, la souveraineté de la France sur la totalité du territoire anciennement soumis au Dey, défend, sous peine de confiscation et d'amende, l'importation de marchandises françaises ou étrangères ailleurs que dans les ports occupés par l'autorité française. Une année plus tard, l'ordonnance du 11 novembre 1835 vient jeter les bases d'un système complet de douane et de navigation.

Le pavillon français jouit d'avantages spéciaux, et un droit de tonnage sera, dorénavant, payé par la marine étrangère. Dès ce moment, la mère-patrie réclame ses privilèges : le pavillon national, affranchi de toute charge dans les ports de l'Algérie, conserve exclusivement le bénéfice de la navigation entre la France et la colonie et entre les différents ports. C'est une mesure qui découle du principe mis en pratique en France pour toutes les colonies, et qui devait naturellement recevoir son application en Algérie. Ces dispositions s'expliquent donc parfaitement, et il n'est pas question, ici, de les critiquer; mais il n'en est pas de même du droit de 2 francs par tonne, décrété contre le pavillon étranger par l'ordonnance du 11 novembre 1835.

La quotité de ce droit a été portée à 4 francs par l'ordonnance du 16 décembre 1843 actuellement en vigueur. Des traités spéciaux maintiennent l'ancien taux aux pavillons Sarde, Portugais, Russe et Belge, qui continuent à ne payer que 2 francs par tonne.

L'ordonnance de 1835, en instituant un droit de tonnage, avait déjà compromis l'effet que la colonie devait tirer du système qui avait inauguré ses relations extérieures, mais l'ordonnance de 1843 qui double l'importance du droit, éloigne à jamais les avantages que le principe libéral devait nous apporter. N'est-on pas péniblement surpris quand on compare la situation actuelle de notre commerce maritime avec ce qu'il a été, et ne se rappelle-t-on pas involontairement, à l'aspect du calme actuel, l'activité prodigieuse qui signala la période de la liberté. Consultez la statistique du peuplement, de la navigation, de notre commerce extérieur, et vous reconnaîtrez facilement par ses effets chacun des régimes qui se sont succédés.

Quelques optimistes diront vainement que le droit de tonnage n'a rien de commun avec l'émigration; mais il suffit de considérer la question dans son ensemble pour comprendre l'influence des rapports extérieurs d'une colonie sur son peuplement. Les États-Unis et d'autres pays nouveaux sont là pour témoigner avec autorité dans le même sens.

Le régime de l'ordonnance de 1843 a mis l'Algérie dans un état d'isolement qui étonne tout esprit sérieux. Notre navigation étrangère est réduite à sa plus simple expression. La colonie un instant mise en contact avec l'Espagne, l'Italie et les pays du Nord par le moyen d'une navigation active, affranchie de toute charge, a provoqué l'émigration qui lui a fourni largement son contingent; aujourd'hui l'état languissant, restreint, des relations tend à annihiler dans ces pays la cause de l'Algérie.

Lorsqu'on se demande dans quel but le droit de tonnage a été institué, on recherche vainement quelque motif d'économie politique. Ce droit ne produit dans toute l'Algérie que cent cinquante mille francs en moyenne par an. En effet, il ne peut s'agir ici sérieusement de protection à donner au pavillon national. La navigation entre la France et sa colonie est exclusivement réservée aux navires français par l'ordonnance du 16 décembre 1843. Ce n'est pas le droit de tonnage qui empêche le pavillon étranger de se livrer au cabotage : il ne le peut, cela lui est expressément interdit. D'un autre côté, le droit de tonnage algérien créerait-il une exception avantageuse en faveur des navires français qui voudraient, concurremment avec le pavillon étranger, nous apporter du Nord les matériaux de construction et le charbon? Il n'en est pas absolument ainsi : la statistique de la navigation est là pour le prouver. Ce sont toujours les navires du Nord qui exportent pour l'Algérie les bois et les fers. L'Angleterre nous envoie même par ses navires une partie des houilles qu'elle exporte, malgré le droit de 4 francs par tonne qu'ils acquittent dans nos ports. Ces faits démontrent une fois de plus que les droits protecteurs ne conduisent qu'à des déceptions : le pavillon national, malgré le bénéfice de toute franchise, est distancé par l'étranger grevé de toute charge.

Il est indubitable, d'après ce que je viens d'avoir l'honneur d'énoncer, que du moment où la marine étrangère n'aura plus de droit à payer dans nos ports, les frets diminueront d'autant. Ce point est surtout à considérer plus particulièrement quand il s'agit d'importations de marchandises telles que la houille, dont le fret forme un élément essentiel du prix de revient.

M. le Président. Quel est le fret entre l'Angleterre et l'Algérie?

M. Stucklé. Environ 25 francs.

M. de Maisonneuve. Quelle serait la diminution que ferait, par quintal, l'abaissement du fret?

M. Stucklé. A peu près 30 centimes.

M. Stucklé continue :

L'importation des houilles anglaises s'élève, pour le port d'Alger, à environ 15 ou 20,000 tonnes annuellement. On peut en compter au moins autant pour les deux autres provinces. Une économie de 3 à 4 francs par tonne, sur de pareilles quantités, constitue donc un encouragement sérieux donné à l'industrie du pays et à la navigation. Cette économie sera d'autant plus sûrement atteinte, que l'Algérie recevra les houilles par les navires étrangers qui, de l'Angleterre, se dirigent vers l'Orient, particulièrement à la mer Noire, pour y prendre charge.

Les navires français qui nous approvisionnent aujourd'hui de houille anglaise, font de ce transport une opération principale ; généralement ils se rendent sur lest des côtes de France en Angleterre pour y charger pour l'Algérie, tandis que les navires étrangers qui se trouvent dans les ports anglais et chargent de la houille pour faire échelle, dans un des ports de la Méditerranée, en se rendant en Orient, acceptent ces sortes de transports comme accessoires. Il est certain que celui qui opère accessoirement est dans des conditions plus avantageuses que celui qui doit faire de cette même opération l'objet principal de son gain. Les frets, par navires étrangers, pour l'Algérie, seront donc plus favorables que ceux par navires français. Tout cela est élémentaire.

M. de Maisonneuve. M. Stucklé demande la suppression du droit de tonnage, particulièrement au point de vue du commerce des houilles. Mais il ne faut pas perdre de vue, que si les houilles ont été affranchies de toute surtaxe de navigation en Algérie, c'est que la protection pour la marine nationale était suffisante avec le droit de tonnage. Ce droit supprimé, l'industrie maritime réclamerait une surtaxe de navigation qui pourrait être perçue en Algérie, attendu que le traité de 1826 n'est pas applicable à la colonie.

Je ne puis quitter cette question d'importation de houille, sans insister encore sur une raison toute spéciale, qui doit nous imposer l'obligation de faire tous nos efforts pour obtenir cette importation à bon marché. Tout-à-l'heure, quand je parlerai de l'influence du droit de tonnage sur les exportations, je démontrerai que le retrait de ce droit ouvrira nos ports à la navigation à vapeur étrangère qui sillonne la Méditerranée. Si nous parvenons à nous procurer la houille à bas prix nous pourrons approvisionner les nombreux vapeurs qui feront échelle dans nos ports; un nouvel élément surgira de cet état des choses, pour notre commerce; nous rivaliserons avec Malte, Gibraltar, Cadix, qui ont possédé jusqu'à présent exclusivement les entrepôts de houille de la navigation à vapeur étrangère; nos importations de ce combustible doubleront.

M. le Président. Vous pensez que si le droit de tonnage était supprimé, le commerce avec l'Angleterre augmenterait?

M. Stucklé. — Oui, mais surtout le commerce du pays.

M. le Président. L'Angleterre prendrait-elle des légumes frais en grande quantité?

M. Stucklé. Oui, les Anglais prendraient tout ce que nous avons de précieux à leur donner.

Je répondrai aussi à ceux qui se plaindraient de ce que l'abolition du droit de tonnage absorbe les transports de houille au profit de la marine étrangère, que, comme la quantité à importer doublera, le pavillon français, en ménageant d'avance des combinaisons d'affrétement pour la Méditerranée, trouvera plus souvent que précédemment l'occasion d'utiliser ces transports pour en tirer bon parti quand ses navires se trouveront dans des conditions avantageuses pour concourir.

Enfin, je crois encore répondre d'avance à une dernière objection souvent faite par les partisans exclusifs de la navigation française pour ces sortes de transports. On a énuméré les frais occasionnés au pavillon français en Angleterre pour conclure qu'aussi longtemps que ces frais pèseraient sur la navigation française en Angleterre, il ne serait pas équitable d'admettre, en franchise et sur le pied du pavillon national, les navires anglais dans nos ports. Il est parfaitement établi pour tous ceux qui connaissent la matière, que le gouvernement anglais ne perçoit pas de droit de navigation sur les navires étrangers. Les frais qui pèsent en Angleterre sur la navigation sont communs aussi bien au pavillon étranger qu'au pavillon national.

La meilleure réponse à faire, au surplus, c'est de citer le traité de navigation anglais conclu en 1826 par le gouvernement français, qui admet dans les ports français les navires anglais, dans leur intercourse directe, au droit d'un franc par tonne. S'il y eut eu des conditions de réciprocité à imposer à l'Angleterre, le traité de 1826 en fournissait la meilleure occasion.

Je passe à présent à l'exportation.

Ce qui nuit à l'importation, nuit également à l'exportation, avec cette différence que notre régime de navigation adapté à l'exportation, devient un véritable obstacle au progrès de la Colonisation. Le droit, en lui-même, appliqué aux navires étrangers qui prennent charge dans nos ports, constitue d'abord un prélèvement sur le produit de notre agriculture et de notre industrie. C'est une question qui a bien son importance. Vous fondez une Colonie à laquelle vous promettez pompeusement la destinée de devenir le grenier de l'Europe, vous voulez encourager la production, c'est au moins la première condition nécessaire pour réaliser le programme universel posé à l'Algérie, et au lieu de faire naître la progression dans la production par l'exportation libre, notre régime de douane impose des droits au pavillon étranger. Mais cela n'est pas tout : la mesure fiscale qui nous comprime, rend toute opération impossible lorsque, comme cela est le cas, surtout pour le moment, il s'agit de cargaisons partielles de navires. Ici l'absolu conduit à une négation complète.

Figurez-vous un navire étranger chargé partiellement de marchandises de lourd poids, s'arrêtant à un de nos ports pour enlever une partie de nos produits, je suppose des laines, auxquelles il s'agit d'ouvrir des débouchés nouveaux plus lucratifs. Il charge 50 tonneaux de laines, et comme la jauge du navire est de 400 tonnes, cette opération d'embarquement coûte, à raison de 4 francs par tonne, 1,600 francs, c'est-à-dire plus de 30 francs par tonne chargée.

Peut-on sérieusement espérer de voir la Colonie établir ses relations extérieures avec de pareilles dispositions douanières? Evidemment non. Et la preuve que ce que je viens d'avoir l'honneur de dire est exact, c'est l'état d'abandon, l'état d'isolement dans lequel est maintenue l'Algérie, en ce qui concerne ses relations avec l'étranger.

Nous avons tous applaudi, en 1859, à l'apparition d'un vapeur espagnol qui devait établir des relations régulières périodiques, entre la Colonie, l'Espagne et les îles Baléares. Cette entreprise a dû cesser bientôt, non parce que les éléments de transport manquaient, mais parce que le tonnage l'écrasait. Oui, ce droit est écrasant, surtout pour des proches voisins. Le fret est minime parce que la distance est courte, cela se conçoit, mais le moyen pour l'armateur, de faire entrer dans le prix du fret, calculé sur une petite distance, le droit fixe d'un tonnage; c'est une difficulté qui n'a pu être vaincue. Au début, les vapeurs espagnols apportaient peu de marchandises, mais en revanche, ils nous enlevaient nos produits, des bestiaux, ils nous laissaient leurs piastres et pour comble de l'incroyable, ce sont nos lois qui les chassent!

Une circonstance qui me fait d'autant plus espérer que la réforme sollicitée s'accomplira, c'est que les pavillons étrangers qui visitaient de préférence nos ports sous le régime de la liberté, jouissent de grandes prérogatives en France. Le pavillon espagnol entre en toute franchise dans les ports de France, par suite du traité du 15 août 1761, qui l'assimile au pavillon national. Les Pays-Bas (traité du 25 juillet 1840), la Russie (traité du 14 juin 1857), les Deux-Siciles et la Sardaigne (traités des 12 mai 1837 et 5 novembre 1850), jouissent, en France, de l'exemption des droits dans leur intercourse directe; les navires anglais, enfin, ne paient dans l'intercourse directe qu'un franc par tonne (traité du 16 janvier 1826).

Y a-t-il quelque chose de plus décourageant pour le producteur que de voir prélever sur le fruit de son travail un droit d'exportation? Le droit de tonnage exigé du pavillon étranger n'est, en effet, pas autre chose qu'un impôt qui frappe la production dans ses rapports avec l'étranger. Comment, au lieu d'appeler les nations voisines sur nos marchés, nos ports refusent l'entrée de leurs navires? Je maintiens le mot, car c'est presque un refus que de frapper la marine étrangère d'un droit de 4 francs par tonne. La loi du 10 octobre 1855, semblait corriger, au moins partiellement, la rigueur de l'ordonnance de 1843; mais en réalité ces dispositions n'ont jamais pu trouver d'application. Cette loi affranchit du droit de tonnage les navires du Nord, entrant chargés de bois dans les ports de l'Algérie et emportant ensuite des produits du pays. Le double problème à résoudre était en effet difficile, car comment faire coïncider l'opportunité d'envois de bois qui ont de grands parcours à traverser avec celle d'exporter, dans des moments donnés, pour l'étranger les récoltes de l'Algérie. Cette même loi affranchit également du droit de tonnage les navires étrangers arrivant sur lest et chargeant la totalité de leur tonnage en produits du pays; autre disposition dont il n'est pas plus facile de profiter, car obliger un navire à venir sur lest dans nos possessions c'est lui imposer des conditions exceptionnelles, désavantageuses, qui renchérissent le fret, au point que l'étranger ne trouve plus convenance de s'approvisionner sur nos marchés. Nous restons donc entièrement pour nos exportations en présence de l'obstacle créé par l'ordonnance de 1843. Je dois encore ajouter qu'indépendamment de l'avantage, que trouve la colonie dans l'admission libre dans nos ports des navires étrangers emportant nos produits, il importe également de tenir compte des conditions douanières favorables, que nos produits rencontrent dans les pays étrangers importés par les pavillons nationaux, quand il s'agit de les soumettre aux droits de conservation. Chaque nation favorise son pavillon lorsqu'il importe des marchandises de l'étranger, en diminuant souvent dans une proportion notable les droits de conservation. C'est un point qui mérite d'être considéré sérieusement.

J'arrive enfin à la navigation étrangère à vapeur, dont nous avons tant d'intérêt à attirer les navires. Nous n'avons aucune communication par vapeur ni avec l'Espagne, notre plus proche voisine, ni avec l'Italie et encore moins avec l'Angleterre et l'Orient. Voyez-vous passer fièrement au large de notre port les superbes pyroscaphes de la Compagnie orientale. Quelle excellente occasion de vous mettre en communication avec Malte et le Levant d'un côté, Gibraltar, Cadix et l'Angleterre de l'autre. Rien de plus simple. Vous voyez d'avance s'établir avec l'Angleterre de nouvelles opérations commerciales, que nous fait pressentir le récent traité de commerce, et Alger, dont les grands projets de constructions préparent aux touristes une réception qui surpassera celles qu'ils rencontrent en Europe, Alger fonde tout son espoir sur ce grand mouvement que produisent les moyens multipliés de transport et de circulation. Quel est donc le motif pour lequel des choses en apparence aussi simples ne se soient pas encore réalisées? C'est le droit de tonnage.

Ai-je besoin de reproduire à ce propos un calcul analogue à celui que je viens de faire. Voici un vapeur qui touche à notre port; ce navire ne jauge que 900 tonnes; il est trois fois moins grand que les bateaux de la Compagnie orientale; enfin, il arrive. Il voudrait débarquer quelques passagers et embarquer quelques colis de notre industrie algérienne et une centaine de paniers de primeurs et de fruits. La valeur de toutes les marchandises à embarquer est supposée devoir s'élever à 5,000 francs. Devinez combien coûterait au navire étranger ce modeste acte de commerce? 3,600 francs, c'est-à-dire le droit de 900 tonnes à 4 francs chaque. Cela n'est-il pas monstrueux, ou plutôt c'est tout bonnement dérisoire.

J'allais oublier d'ajouter que l'administration algérienne est depuis quelque temps disposée à appliquer pour le transport des passagers, la décision ministérielle du 13 mai 1832, qui régit en France cette matière, et aux termes de laquelle il est accordé aux bateaux à vapeur étrangers, spécialement affectés au transport des passagers et de leurs bagages, la faculté de débarquer et d'embarquer des voyageurs moyennant un droit de 4 francs par voyageur, mais à la condition que le navire ne fasse pas d'autre opération de commerce, c'est-à-dire qu'il ne transporte pas de marchandises. En l'état, cette décision n'a jamais pu trouver son application en Algérie, car tous les vapeurs qui déposent des voyageurs dans nos ports transportent en même temps des marchandises.

On se demande, si ce principe étant étendu sur le transport des marchandises, une réforme dans ce sens serait suffisante pour assurer à l'Algérie l'accès des marchés étrangers. Il s'agirait, dans cette hypothèse, de ne grever du droit de tonnage que les marchandises embarquées ou débarquées. L'inconvénient subsistera toujours, seulement la perception du droit, pour ce qui concerne certains cas, se ferait d'une manière plus rationnelle que précédemment.

Je crois, du reste, que le régime que nous traversons appelle une réforme radicale. Si l'on réduit le droit partiellement et si l'on change son application, le but ne sera pas atteint ; le mal est grand, le remède doit donc se graduer d'après l'importance de l'effet à produire, et cet effet ne sera jamais atteint si l'on procède par des demi-mesures.

Je me résume :

Les ordonnances de 1835 et 1843 réservent exclusivement au pavillon français le cabotage entre la France et ses possessions algériennes Loin de moi la pensée de demander le changement de ces dispositions. La seule réforme sur laquelle j'insiste réside dans l'abolition pure et simple du droit de tonnage imposé à la marine étrangère. Ce droit, ainsi que je crois l'avoir démontré, frappe d'un impôt les matières premières que nous importons, il empêche l'exportation de nos productions pour l'extérieur et réagit d'une manière tellement funeste sur nos relations étrangères, que celles qui avaient existé autrefois se sont presque éteintes, et que d'autres que l'on pourrait créer ne peuvent se réaliser ; enfin, notre régime de navigation actuel s'élève, à la fois, contre l'émigration, contre la colonisation, contre notre commerce, notre industrie, et paralyse ainsi le progrès et le développement auxquels ce pays peut légitimement aspirer.

M. LE PRÉSIDENT. Vous n'avez pas d'observations à présenter sur les autres questions ?

M. STUCKLÉ. Non, Monsieur le Sénateur.

M. LE PRÉSIDENT fait observer, qu'en raison de l'heure déjà avancée, il paraît difficile de recevoir aujourd'hui les dépositions de MM. les Courtiers maritimes. Il propose de les entendre demain, à une heure, et prie le Conseil de se réunir à cet effet.

MM. CHAPUIS, SAUNIER, NEILSON, KUHLMANN et GENTILI se retirent.

La parole est donnée à M. BOUNEVIALLE, qui fait les réponses suivantes aux questions de l'enquête.

§ 1er. DES NAVIRES. — 1re *Question*. — Le coût réel par tonneau de jauge par bâtiment de commerce construit en Algérie est de 180 à 200 francs.

2e *Question*. — La durée d'un bâtiment construit en Algérie est à peu près la même que celle d'un bâtiment de même force construit en France et à l'étranger. Les bois de construction sont, ici, assez bons.

3e *Question*. — Un navire algérien subit une dépréciation d'environ 10 0/0 tous les ans.

4e *Question*. — Les navires algériens portent la voile latine et non la voile carrée. En général, ils n'exigent pas un plus grand nombre de bras pour la manœuvre que les navires des marines étrangères.

5° *Question.* — Le taux de la prime d'assurance varie suivant la valeur du navire lui-même. On n'assure, d'ailleurs, le bâtiment, qu'en raison de ses certificats de visite.

M. le Président. Les bâtiments algériens sont-ils cotés au véritas?

M. Bouneviалle. Non, la coque n'est pas garantie; le capitaine, ayant une part dans le navire, a intérêt à sa conservation.

6° et 7° *Questions.* — Le développement de l'industrie des constructions navales en Algérie dépendra du développement des affaires, mais je ne crois pas que cela devienne jamais une industrie importante.

M. le Président. Cela dépendra de la facilité avec laquelle on pourra se procurer des bois à bon marché?

M. Bouneviаlle. Nous avons déjà en Algérie de bons bois pour la construction des navires. Ainsi, du chêne vert pour les membrures, du chêne blanc pour les bordages, du pin d'Alep.

M. le Président. En exporte-t-on?

M. Bouneviаlle. Je ne crois pas qu'on en exporte. L'administration de la marine a, du reste, fait des essais avec ces bois, et pourrait donner son appréciation.

M. de Maisonseul. La marine emploie, en effet, du chêne vert d'Algérie dans ses ateliers de construction.

8° *Question.* — Dans un sens absolu, il conviendrait de faire revivre les dispositions du décret du 17 octobre 1855; ce serait une manière de favoriser l'industrie des constructions navales; mais, à un autre point de vue, il faut se demander si, en dégrevant de tout droit les objets nécessaires à la construction, fers étrangers, cordages, etc., on ne lèsera pas les intérêts de la métropole. Ces deux questions se croisent et demanderaient à être examinées avec soin, avant toute décision.

§ 2. Cabotage. — 1re *Question.* — Les négociants qui arment pour le cabotage sont généralement propriétaires des bateaux.

2e *Question.* — D'habitude, on intéresse le capitaine et l'on n'assure pas le navire; la surveillance est ainsi mieux garantie.

3e *Question.* — Les marins du cabotage algérien naviguent à la part.

5e *Question.* — Le fret entre Alger, Oran, Bône et Philippeville, varie de 12 à 14 fr.; mais il faut remarquer que, l'importance des récoltes n'étant pas la même dans les trois provinces, le mouvement des grains varie et par suite, le taux du fret, suivant les saisons.

§ 4. Des éléments divers des frais de navigation. — 2e *Question.* — Le fret ordinaire d'Alger pour Marseille et Cette est de 10 fr.; mais, sur les autres points, il s'élève quelquefois à 14, 15, 16 et 17 fr.

M. le Président. Faites-vous beaucoup d'expéditions en Espagne et en Italie?

M. Bouneviale. Aucune en Espagne et peu en Italie ; j'ai quelquefois expédié à Naples à 20 et 21 fr. la tonne.

§ 5. Des Règlements maritimes :

Nous arrivons maintenant à la question de navigation et du droit de tonnage, qui est en quelque sorte la principale et la plus intéressante du questionnaire. Sur l'article 2 du § 5, les opinions ne doivent pas être divergentes, et il est rationnel de maintenir les dispositions de l'art. 1er de l'ordonnance royale du 16 décembre 1843. La navigation entre la France et l'Algérie n'est en réalité qu'un cabotage national, car l'Algérie et la France, bien que séparées par une mer, ne constituent, on peut le dire, qu'un même état. Cette situation ne saurait avoir d'influence sur l'élévation du fret; les moyens de transport sous pavillons métropolitains ne manqueront jamais pour les relations entre les deux contrées. Le fret n'est pas élevé, la moyenne du tonneau d'Alger à Marseille, par bâtiments à voiles, est de 10 à 11 francs, et, depuis assez longtemps, la navigation à vapeur ne fait pas payer plus cher que cela quand il s'agit de marchandises de poids et notamment des céréales. Pour les envois des divers ports de la province de l'Est, tout aussi bien que de ceux de l'Ouest, on n'a jamais payé au-delà de 18 francs, alors que les récoltes étant bonnes, les expéditions des côtes de l'Algérie sur les ports de France et de la Méditerranée étaient importantes.

Très-souvent, le fret pouvait se faire aux environs de 14 francs. Quant à celui d'Alger pour les ports de l'Ouest de la France, il varie de 24 à 30 francs, et quelquefois même il n'a pas dépassé 20 francs. Mais, dans tous les cas, c'est justice de ne pas admettre le pavillon étranger dans le trafic entre l'Algérie et la France à laquelle nous devons rester attachés toujours par les liens d'une intime sympathie.

Quant à la question relative aux droits de tonnage de 4 francs imposés aux navires étrangers à leur entrée dans les ports de l'Algérie, que soulève le second alinéa du paragraphe précité, c'est autre chose. L'opinion générale du commerce, depuis longtemps, en réclame la suppression, et ce n'est pas sans raison. Cette charge imposée à la navigation étrangère est un obstacle incontestable au développement des affaires dans ce pays, et réagit défavorablement sur la prospérité tant agricole que commerciale. Cet impôt, qui a paru avoir pour motif une protection en faveur du pavillon français, n'a présenté, en définitive, par ses résultats, qu'un avantage purement fiscal. Presque toutes les relations avec l'Étranger ne peuvent être entretenues qu'au moyen du pavillon étranger. Vous ne ferez jamais que le pavillon français aille en Espagne chercher les denrées que les Espagnols eux-mêmes veulent placer en Algérie, ni que nos navires aillent dans la Baltique, en Suède, en Norwège, y prendre les bois et les fers qui constituent les plus riches productions de ces pays-là. Avec leur bois et leur fer, leur chanvre et leur goudron, et le bas prix de la main-d'œuvre, ils construisent à bien meilleur marché que nous, et ces mêmes bois et ces mêmes fers constituent ensuite les cargaisons de sortie, au moyen desquelles leurs navires peuvent aller trafiquer partout.

Cette vérité que le droit de tonnage n'est pas une prime suffisante en faveur de notre navigation, ressort des chiffres que j'ai recueillis sur le mouvement de la navigation à Alger, pendant l'année 1862 qui vient de s'écouler, et que j'ai l'honneur de mettre sous vos yeux.

Je dirai cependant qu'en ce qui touche nos relations avec l'Angleterre, ce droit de tonnage de 4 francs par tonneau écarte, d'une manière très-sensible, le concours du pavillon anglais pour le transport en Algérie de la houille et du fer, qui sont à peu près les seules choses que l'Algérie ait intérêt à tirer du Royaume-Uni.

MOUVEMENT DE LA NAVIGATION A ALGER PENDANT L'ANNÉE 1862.

Il est entré dans le port d'Alger, pendant l'année 1862, 1,488 navires, qui se décomposent :

		Navires.	Tonneaux.		Tonneaux.		
PAVILLON FRANÇAIS. 1,112 navires, jaugeant ensemble 163,733 ton.	De France	440	115,390	171 vapeurs	78,480	de Marseille.	Marchandises de toute sorte.
				82 à voiles	11,419	de Marseille.	68 navires 9,463 Tx. March^ses. de toute sorte. / 14 id. 1,956 Houille.
				118 navires	13,014	de Cette	61 id. 7,752 Houille. / 44 id. 3,920 Vin. / 13 id. 1,342 Pierres à chaux.
				69 id.	12,477	de divers points (1).	
	De l'Étranger	100	16,146	89 id.	14,721	d'Angleterre	14,200 Houille. / 521 Rails.
				5 id.	670	de Civitâ-Vecchia, avec pouzzolane.	
				4 id.	389	de Ciudadella, avec pierres de taille.	
				2 id.	366	de Jaffa, avec orge.	
	Du littoral	572	32,197				
		1,112	163,733				
PAVILLONS ÉTRANGERS. 376 navires, jaugeant ensemble 32,590 ton.	Espagnols	283	8,623	141 de 20 à 29 / 142 de 31 à 75		Tous ces navires, provenant des ports du continent espagnol et des îles Baléares, notamment d'Alicante, Altéa, Santa-Pola, Palma, Mahon, Valence, Malaga, Barcelone, Tullera, Jabea, etc. Les cargaisons consistant généralement en vin et fruits, quelque peu de sparterie et de poterie. — Mahon a principalement importé des pierres de taille. — Bon nombre de navires venus de Barcelone et Valence sont venus sur lest, dans le but spécial de prendre des bestiaux.	
	Anglais	23	8,283	d'Angleterre, avec houille et rails			
	Autrichiens	10	3,259	de l'Adriatique, avec bois.			
	Italiens	27	2,935	de l'Italie, avec riz, légumes secs, salaisons, vins, paille de maïs, pouzzolane et charbon de bois, sauf pour un navire venu de Gothembourg avec bois.			
	Suédois et Norvégiens	21	6,261	de Suède et Norvége, avec bois et fers.			
	Belge	1	230	de Gothembourg, avec bois.			
	Prussiens	4	1,285	de Dantzig et Stettin, avec bois de chêne.			
	Grecs	4	1,162	de l'Adriatique, avec bois.			
	Ionien	1	200				
	Ottoman	1	75				
	Valaque	1	297				
		376	32,590				

RÉCAPITULATION :

	Navires.	Tonneaux.
Pavillon français	1,112	163,733
Pavillons étrangers	376	32,590
	1,488	196,323

NOTA.

HOUILLE	Par pavillon français	7,752	tonneaux	de Cette.
		1,056	—	de Marseille.
		14,200	—	d'Angleterre.
		23,908		
	Par pavillons étrangers	8,283	—	d'Angleterre.

(1) Provenance des 69 navires :

Bordeaux	18 navires,	avec bois pour traverses de chemin de fer.
Rouen	4 »	avec tissus et objets d'industrie française.
Dunkerque	5 »	avec légumes secs, pommes de terre, etc.
Hâvre	2 »	avec machines.
Boulogne	1 »	avec lest.
Cassis	16 »	avec pierres de taille.
Bône	6 »	avec pierres à chaux hydraulique.
Toulon	8 »	avec vin, farine et munitions.
La Nouvelle	3 »	avec vin.
La Ciotat et Golfe Jean	3 »	avec poteries.
Ajaccio	1 »	avec bois à brûler.
TOTAL	69	

Il résulte de l'état statistique qui est là sous vos yeux, que sur 22,483 tonneaux de houille qui sont venus d'Angleterre, le pavillon français en a apporté 14,200 tonneaux avec 89 navires, et que le pavillon anglais n'en a apporté que 8,283, avec 23 bâtiments. Il est incontestable que dans cette circonstance le droit de tonnage imposé aux pavillons étrangers, a été une prime pour le pavillon français; mais reste la question de savoir s'il est convenable que l'Algérie soit, en définitive, grevée d'un impôt sur une matière qui lui est si essentiellement utile. Sans doute, quand il s'agit de discuter une question au point de vue de l'intérêt général, il ne faut pas perdre complètement de vue les intérêts particuliers qui peuvent être contrariés par l'adoption d'une mesure générale, et dans la suppression du droit de tonnage généralement réclamée, il est évident que le pavillon anglais prendrait une part plus importante qu'il ne le fait aujourd'hui dans les transports de la houille d'Angleterre en Algérie, mais est-il bien indispensable d'accorder la préférence à une faible partie des intérêts de la France sur l'intérêt général de l'Algérie? C'est précisément sur les objets de moindre valeur et sur lesquels pèse, conséquemment, plus lourdement l'impôt du tonnage, que cette perception se fait.

Si ce n'est sur la houille, d'une part, et sur de la pouzzolane et des pierres de taille de l'autre, on verra par l'état précité, que le pavillon français n'a pas été employé à autre chose dans nos rapports avec l'étranger. D'un autre côté, on ne peut pas s'empêcher de reconnaître que, sous le titre du droit de tonnage, la houille paie en Algérie par pavillon étranger, un droit d'entrée plus fort qu'elle ne le paie en France, à Marseille, où le pavillon étranger est exempt de tonnage; la houille étrangère y est admise aux droits de douane de 0 fr. 15 centimes les 100 kilog., soit 1 franc 50 centimes le tonneau. Ajoutez encore que le fret étant plus cher d'Angleterre pour l'Algérie, où, de quelque temps encore, les navires ne trouveront pas de retours, qu'il ne l'est pour Marseille, d'où les navires peuvent toujours sortir utilement, on ne peut s'empêcher d'avouer que l'état des choses actuel est anormal et très-désavantageux pour le pays.

Le droit de tonnage, outre qu'il grève le pays par le fait du renchérissement des frets, lui porte encore un préjudice plus grand par l'isolement dans lequel il le laisse et qui arrête tout progrès d'émigration de la part des nations étrangères. On pourrait dire avec raison que, dans le siècle actuel, ce droit est un non sens.

Dans le principe, lorsqu'il fut établi, la navigation n'avait pour objet que des voyages pour une seule destination et les navires ne quittaient le port qu'entièrement chargés, alors même qu'ils étaient obligés de charger à la cueillette. Le droit de tonnage avait alors le caractère d'une perception sur le fret gagné; mais depuis l'invention de la vapeur, la navigation a pris un tout autre caractère, elle a donné naissance aux voyages par escales impraticables jusque-là pour les navires à voiles. Aussi l'obligation de payer sous le titre de droit de tonnage de fortes redevances, repousse les navires à vapeur des ports où cet impôt existe, et c'est ainsi que l'Algérie a la douleur de voir passer au large les navires à vapeur étrangers qui sillonnent la Méditerranée.

Au reste, il me semble que c'est une interprétation irrationelle que celle de faire la perception sur la capacité totale du navire, et qu'il est plus naturel de croire que, dans le principe, l'intention du législateur a été d'atteindre le profit fait par le navire. Tel n'est pourtant pas sous le régime actuel le résultat de la perception du droit, et l'on voit que la conséquence de cette perception est aujourd'hui pour un genre de navigation méconnue jadis, une vraie prohibition.

M. Duserech. C'est un droit *d'abord*.

M Bonnevialle. M le Directeur des Douanes vient de dire que le droit de tonnage est un droit *d'abord*, mais il me semble que cette interprétation est un peu forcée. Il existe des dispositions d'après lesquelles le navire à vapeur naviguant dans le but spécial de transporter des voyageurs pouvait les débarquer même individuellement, moyennant le paiement du droit de tonnage, à raison de un tonneau par voyageur débarqué. Voilà qui ne peut pas s'appeler un droit *d'abord*, puisque le droit n'est appliqué qu'en raison de l'opération faite. C'est donc la guerre à la marchandise?

L'abandon du droit de tonnage ne serait pas un grand sacrifice pour l'état, ou pour mieux dire, il n'en sera pas un, car les avantages indirects qu'il en retirerait par le développement et la prospérité du pays et même par des perceptions à d'autres titres, compenseraient et au-delà ce qu'il abandonnerait d'un autre côté.

Pour la navigation à vapeur, surtout, ce n'est pas seulement la suppression de ce droit de tonnage qu'il faudrait solliciter, il faudrait presque demander des faveurs pour les attirer. Un navire à vapeur est toujours la cause d'un accroissement du mouvement de la navigation à voile, dans les ports où il se présente; les bâtiments à voiles trouvent leur moteur partout, mais pour ceux à vapeur, il faut nécessairement leur transporter l'alimentation indispensable à leur locomotion.

Il y a donc tout intérêt à attirer la navigation à vapeur étrangère plutôt qu'à la repousser, comme nous le faisons aujourd'hui. Que penser, en effet, d'un régime qui soumet un navire à la perception d'un droit sur sa capacité totale, alors même qu'il ne fait dans le port qu'une insignifiante opération de commerce. Qu'on se figure un navire partant d'Anvers, par exemple, et faisant escale à sept à huit points différents avant d'arriver au terme de son voyage, et payant une somme considérable dans chaque port de relâche, parce qu'il y aurait déposé quelques tonneaux de marchandise. Le capital de l'armement serait bientôt dévoré. Mais les avantages ci-dessus ne sont pas les seuls à considérer. Quelles facilités et quels débouchés ne résulterait-il pas, même pour le développement et la prospérité de l'agriculture, de la fréquence des bateaux à vapeur étrangers dans nos ports. Sans avoir à attendre l'amoncellement de quantités propre à composer une cargaison des produits du pays, ce qui est toujours onéreux pour le commerce et préjudiciable aux producteurs, on pourrait, presque à tout moment, réaliser, par des expéditions fréquentes et partielles, tous les produits de l'agriculture, les cotons et les tabacs, surtout, qui tendent à devenir, aujourd'hui, la base d'un grand commerce, et tant d'autres produits qu'il est inutile d'énumérer, car l'Algérie est propre à fournir tout ce que peuvent donner les climats divers. Je ne veux pas passer sous silence le bien qu'en éprouverait la culture maraîchère qui, par ses développements, est de nature à fournir un grand aliment aux opérations d'exportation. Indépendamment des provisions que les vapeurs consomment en grande quantité, ils ne manqueraient certainement pas, en retournant dans leur pays du Nord, d'emporter, comme spéculation, des légumes frais de toute sorte, qui, par leur précocité en Algérie, ne peuvent manquer d'avoir une grande faveur, surtout en Angleterre. Et, à cette occasion, je ne dois pas oublier de citer un exemple de la culture maraîchère chez nous: pas plus loin que la semaine dernière, les trois bateaux qui font le service régulier d'Alger à Marseille, ont emporté, à eux trois, cent quarante tonneaux de légumes frais. Celui du mardi en avait trente-cinq tonneaux, celui du jeudi, vingt-cinq tonneaux et celui du samedi quatre-vingt. Qu'on se figure, dès-lors, ce que ce genre de culture peut procurer de richesse au pays.

D'un autre côté, combien de voyageurs ne déposeraient pas, en Algérie, les bateaux à vapeur, qui y viendraient directement. Jusqu'ici l'obligation de faire de grands détours pour nous arriver, ne nous amène que des gens déterminés à rester assez longtemps, car il faut presque transiter par la France, tant pour venir en Algérie que pour la quitter. Les nombreux bateaux qui parcourent la Méditerranée, de l'Ouest à l'Est, *et vice versâ*, s'ils touchaient en Algérie, déposeraient de nombreux visiteurs, qui seraient ainsi assurés de retrouver quelques jours après, d'autres navires pour se diriger du côté qui leur conviendrait le mieux. Ce que j'ai dit me paraît suffisant sans qu'il soit besoin d'insister davantage sur le bien qui résulterait de la suppression du droit de tonnage, en ce qui touche la navigation à vapeur.

Dès qu'il est démontré que le droit de tonnage est la cause d'une privation absolue de relations avec l'étranger, sauf cette rare exception résultant de la nécessité, pour l'Algérie, de tirer certaines choses qui lui sont indispensables en se grevant elle-même, des frais de droit de tonnage, tels que les bois du Nord et la houille, autant vaudrait-il dire que la suppression de ce droit, d'une manière absolue, sur la navigation à voile comme sur la navigation à vapeur, ne peut que lui être très-profitable, sans causer de préjudice à la France, si jalouse du privilége du pavillon national. D'après le relevé du mouvement de la navigation à Alger pendant l'année 1862, il est entré dans le port d'Alger 1488 navires; sur ce nombre, 1112 sous pavillon français, d'un tonnage de 163,733 tonneaux, et 376 sous pavillon étranger, ensemble 32,590 tonneaux. Ce total du tonnage étranger doit avoir produit, à raison de 4 francs, une somme de 130,000 francs. Voilà, sous le régime actuel, les seuls profits du fisc.

Je ne peux croire que ce soit une idée de fiscalité qui soit le mobile de l'impôt qu'on est si désireux de voir supprimer.

Au point de vue de la protection du pavillon français, l'existence de ce droit ne lui a pas rendu de grands services. Le pavillon français n'a pu avoir de relations absolument qu'avec l'Angleterre, et exceptionnellement avec l'Italie. Sur les cent navires qui sont venus de l'étranger sous pavillon français, formant ensemble un total de 38,179 tonneaux,80, ainsi que je l'ai déjà dit, sont venus d'Angleterre avec de la houille, et 9 avec de la pouzzolane prise en Italie. Les deux autres ont dû leur présence à Alger à une cause toute exceptionnelle, savoir, celle de la pénurie des grains dans notre province; ils nous ont apporté de l'orge de Jaffa.

Dans ceci, je dois reconnaître, comme je l'ai déjà dit précédemment, que le droit de tonnage a été une prime pour le pavillon français, dans nos relations forcées avec l'Angleterre par rapport à la houille; car il ne nous en est venu que 23 navires anglais, avec 8,283 tonneaux, sur lesquels une bonne partie consistait en rails pour la construction du chemin de fer d'Alger à Blidah, entrepris par une Compagnie anglaise.

En dehors de cela, toutes nos relations avec l'étranger ont eu lieu par pavillons étrangers et ne pourront guère avoir de changement, sous ce rapport, quelle que soit la législation du tonnage; mais, en définitive, serait-on bien fondé à jalouser au pavillon anglais le concours de sa part au transport en Algérie, des charbons, que, par la fréquence de ces venues en Algérie, il devrait consommer lui-même. Nul doute que tous les bateaux à vapeur venant toucher à Alger ne s'y approvisionneront en partie, afin de réserver le plus de place possible aux marchandises à transporter dans leur voyage.

Ce mouvement de l'étranger, sous pavillon étranger, avec le port d'Alger s'est fait par 376 navires, ensemble 32,590 tonneaux, ainsi que je viens de le dire, dont 283 sous pavillon espagnol, d'un tonnage total de 8,623 tonneaux, et 93 navires sous pavillon appartenant à des nations que notre pavillon ne peut pas suppléer pour le transport des objets qu'ils nous ont apportés, ainsi que je l'ai dit en commençant.

Ainsi, ces 93 navires étrangers, sauf pour les 23 venus d'Angleterre et qui en font partie, n'en seraient pas moins venus, quelle que fût la législation du tonnage; le droit, sous cette dénomination, fût-il même supérieur au taux actuel; mais il n'en est pas de même pour le pavillon espagnol; c'est ici que, par l'existence du droit de tonnage, l'Algérie éprouve un tort considérable. Nos relations avec l'Espagne doivent être encouragées et facilitées par tous les moyens possibles. C'est l'Espagne qui, jusqu'ici, a donné à l'Algérie la population agricole la plus laborieuse et reconnue la plus précieuse que nous possédions.

Tous nos efforts doivent tendre à rendre faciles nos relations avec l'Espagne et ses îles de la Méditerranée, et, pour cela, il est bien reconnu que le droit de tonnage est un très-grand obstacle. La liberté de la navigation serait la cause première d'une grande immigration d'auxiliaires très-précieux pour la prospérité de l'Algérie.

Le droit de tonnage pèse d'une manière très-lourde sur nos relations avec l'Espagne. Les navires sont, en général, petits, ils sont à la moyenne d'une trentaine de tonneaux, le voyage est très-court, et conséquemment le fret très-petit, et par cela affecté dans une proportion bien plus considérable par le droit de tonnage. Cependant, le débouché que ces trafiquants trouvent chez nous, de certaines denrées, et ensuite leurs habitudes de commerce interlope d'une part, et d'autre part la nécessité de s'approvisionner très-souvent de bétail, nous les amènent forcément, mais la navigation à vapeur reste dans une exclusion complète.

Les 383 barques espagnoles venues en 1862 et provenant, partie du littoral continental espagnol, et partie des îles Baléares, nous ont apporté principalement du vin, puis des fruits et quelque peu de sparterie ouvrée et de poterie. Leur retour a été généralement en bœufs et moutons. Les bâtiments partis de Barcelone et de Valence sont principalement venus en lest dans le but spécial de charger des bestiaux. Il y a deux ans, un essai de relations par bateaux à vapeur entre l'Espagne, les îles Baléares et Alger a été tenté, le premier mobile de cet essai était le besoin de bestiaux. Le bateau à vapeur mis sur cette ligne avait fait contrat pour un certain nombre de voyages et pour porter des bœufs. Malgré les avantages de ce contrat, la Compagnie a dû renoncer immédiatement, après avoir rempli ses obligations : le droit de tonnage la tuait.

En présence des traités commerciaux qui existent entre la Métropole et l'Espagne, je me suis demandé souvent pourquoi l'Algérie était exclue des conditions du traité de pacte de famille qui admet la liberté des relations maritimes entre les deux pays. L'application à l'Algérie des avantages du même traité ne saurait, en aucun cas, soulever les susceptibilités des autres nations. Le Gouvernement français me paraît entièrement libre d'en étendre les dispositions à l'Algérie, à qui personne ne peut contester sa qualité de terre à jamais française qu'elle a acquise aujourd'hui.

Dans l'état actuel des choses, on est fâcheusement impressionné des difficultés postales avec les pays les plus voisins. Il est plus facile et plus prompt de faire arriver la correspondance dans le nord de l'Europe qu'aux îles Baléares et en Espagne.

L'établissement d'une ligne de bateaux à vapeur aurait lieu immédiatement au moment où le droit de tonnage n'existerait plus, et nous amènerait une immigration considérable, qui a été d'autant plus retardée que les relations avec la mère-patrie sont plus difficiles.

Il est à désirer, en conséquence de ce que j'ai exposé, que le Gouvernement, entrant dans la voie la plus large de la liberté commerciale, surtout en faveur d'un pays nouveau, qui peut admettre toute expérimentation, supprime d'une manière complète le droit de tonnage. Dans le cas contraire, il me semble qu'il ne pourra pas résister au besoin de faire participer l'Algérie au bénéfice du pacte de famille avec l'Espagne, d'interpréter la loi sur le tonnage, si elle est maintenue pour les autres pavillons, de manière que ce droit soit perçu seulement en raison du tonnage utilisé, et non sur la capacité du navire, et qu'enfin le taux du tonnage soit ramené au chiffre le plus bas et uniforme pour tous les pavillons et de quelque provenance que viennent les navires.

J'aurais, maintenant, quelques observations à présenter sur le § 8, PÊCHE DU POISSON.

M. LE PRÉSIDENT. Voulez-vous être assez bon pour les remettre à demain : nous vous entendrons avec plaisir. Le Conseil vous remercie des renseignements intéressants que vous lui avez donnés aujourd'hui.

M. POMATA remet à M. le Président les observations suivantes :

Il n'y a pas, proprement dit, en Algérie, un chantier de construction maritime; il s'est cependant construit quelques navires sur le quai d'Alger, mais d'un faible tonnage et pour lesquels on a employé des bois du pays qui, selon moi, laissaient beaucoup à désirer.

Je crois que tant que le réseau du chemin de fer ne s'étendra pas jusqu'à Constantine, ce qui permettrait de faire descendre à peu de frais les bois de construction que renferme cette contrée, il n'y a pas à espérer que cette industrie puisse atteindre la prospérité qu'elle pourrait acquérir, dans cette branche commerciale.

Les modifications que l'on pourrait apporter au grand cabotage étranger par le dégrèvement du droit de tonnage, ne seraient, pour le pays, la source d'aucune amélioration, attendu le peu de produits d'exportation, et causeraient un préjudice à la navigation nationale.

Le nombre des petits bateaux qui font aujourd'hui le cabotage de la côte est suffisant; ils font un service assez régulier et à des prix réduits; il me semble qu'il ne serait pas juste de les mettre en concurrence avec les étrangers.

La propriété de ces bateaux est partagée entre des négociants établis en Algérie et les patrons; les équipages sont à la part, c'est le meilleur moyen d'avoir de bons équipages, lesquels sont presque tous des étrangers établis dans le pays et qui méritent d'être protégés.

La pêche du corail pourrait être une source de grands bénéfices pour la colonie, si l'administration laissait l'industrie privée libre d'agir sans obstacles : les bateaux pour la pêche du corail devraient être construits en Algérie; tous les appareils nécessaires à la pêche devraient être admis en franchise, et équipés par des hommes de n'importe quelle nation, pourvu qu'ils fussent établis dans le pays. Il serait même à désirer que l'on pût introduire dans ces équipages quelques indigènes, afin de les initier à la pêche.

La pêche aux poissons devrait être libre de toute entrave; car je vois que les dernières dispositions n'ont amené aucun bon résultat, n'ayant servi qu'à priver la population d'Alger d'une nourriture presque indispensable dans ce pays, et à faire élever le poisson à des prix inabordables.

Je crois qu'il n'y a pas lieu de craindre la destruction du poisson sur ces côtes, ayant tout près de nous le détroit de Gibraltar qui en fournit journellement des quantités supérieures à la consommation, de sorte que toute pêche devrait être permise. Ce serait une source de bien-être pour beaucoup de familles.

5e Groupe. — CONSTRUCTIONS CIVILES.

Sont introduits MM. Trouvé-Chauvel, représentant de la Compagnie sir Morton-Peto, et Curry, ingénieur anglais.

M. le Président. Avez-vous trouvé, dans les lois qui régissent la navigation en Algérie, des difficultés pour vos travaux du chemin de fer de Blidah et du boulevard de l'Impératrice?

M. Trouvé-Chauvel. M. Curry s'est, dans diverses circonstances, plaint du droit de tonnage; nous avons, du reste, entendu ce qui a été dit sur cette question par l'honorable M. Bouneviaille, et nous n'avons rien à y ajouter. Nous ne pouvons que faire des vœux pour la suppression totale de ce droit.

M. le Président. Avez-vous fait venir des fers anglais?

M. Trouvé-Chauvel. Oui, tous nos rails.

M. LE PRÉSIDENT. Et des fers français ?

M. TROUVÉ-CHAUVEL. Nous avons également fait venir de France des fers à T.

M. LE PRÉSIDENT. Quel nombre d'ouvriers avez-vous employé ?

M. TROUVÉ-CHAUVEL. Pour le chemin de fer de Blidah, nous avions environ 1,500 ouvriers, aujourd'hui, dans les travaux du boulevard, nous en employons à peu près 400. Quelques chefs d'ateliers sont Anglais, mais la majorité est indigène. Il y a peu de Kabyles ; en général, ce sont des Arabes ou des Marocains ; beaucoup sont de la province d'Alger.

M. LE PRÉSIDENT. Etes-vous satisfaits de ces ouvriers ; sont-ils dociles ; vous les procurez-vous facilement et combien les payez-vous ?

M. TROUVÉ-CHAUVEL. Ces ouvriers travaillent bien ; ils sont généralement obéissants, et nous nous les procurons facilement. Ils gagnent, l'été, de 3 à 4 francs, à peu près ce que les manœuvres gagnent en Angleterre.

M. LE PRÉSIDENT. Pensez-vous qu'ailleurs qu'à Alger on ait la même facilité pour se procurer des ouvriers ?

M. TROUVÉ-CHAUVEL. Je n'en sais rien, mais je crois que plus on s'éloigne d'Alger, moins les facilités sont grandes.

M. CURRY, par l'intermédiaire de M. Trouvé-Chauvel, et à propos de la nécessité de supprimer le droit de tonnage, cite ce fait, qu'un navire anglais chargé de rails, étant venu dans le port d'Alger, n'a pu prendre 50 tonneaux de marchandises qu'on voulait lui confier pour le Hâvre, et a dû repartir à vide.

M. LE PRÉSIDENT fait observer qu'il ne s'agit pas là d'une question de droit de tonnage, mais de navigation réservée.

M. LE PRÉSIDENT. Pensez-vous qu'il existe en Algérie des éléments de commerce avec l'Angleterre ? Quels seraient-ils ?

M. TROUVÉ-CHAUVEL. Il y en a certainement, tels que les fruits, la laine, le tabac, le crin végétal, en échange de houille et de fers. Si le droit de tonnage n'existait pas, tout le transit d'Angleterre en Orient profiterait à Alger, où les navires viendraient prendre des provisions.

M. LE PRÉSIDENT. Le Conseil vous remercie, Messieurs, de ces renseignements.

La séance est levée à cinq heures et demie et renvoyée au lendemain une heure.

Séance du mardi 24 mars 1868.

La séance est ouverte à une heure.

Tous les membres sont présents, à l'exception de M. MERCIER-LACOMBE, retenu à l'hôtel de la Préfecture pour les affaires de l'Administration.

M. DE PERRIGNY donne lecture du procès-verbal sommaire de la séance de lundi. Ce procès-verbal est adopté.

6e Groupe. — COURTIERS MARITIMES.

MM. SAUNIER,
CHAPUIS,
GENTILI,
KUHLMANN,
NEILSON,
} Courtiers.

Sur l'invitation qui lui est faite de prendre la parole, M. SAUNIER se réserve de présenter ses observations après celles de MM. CHAPUIS, KUHLMANN et NEILSON.

M. CHAPUIS n'a pas préparé de réponses écrites, il a le questionnaire sous les yeux et fera sa déposition verbalement.

§ 1er. DES NAVIRES. — 1re *Question.* — Il y a des chantiers de construction en Algérie, mais je ne pourrais dire le coût d'un navire par tonneau de jauge.

M. LE PRÉSIDENT. Combien y a-t-il d'ouvriers employés dans les chantiers de construction?

M. CHAPUIS. Environ de quinze à vingt.

M. LE PRÉSIDENT. Combien y a-t-il de constructeurs?

M. CHAPUIS. Deux, seulement : MM. Saura et Recagno. Ce sont plutôt de bons charpentiers que des constructeurs proprement dits.

Un des inconvénients, pour le développement des constructions navales, c'est qu'on ne puisse se procurer facilement les matières premières. Il y a de très-belles forêts en Algérie, mais qui ne sont pas exploitées faute de routes.

2e *Question*. — La durée moyenne d'un bâtiment est de quinze à vingt ans, en Algérie, et vingt-cinq ans en France. Cette moyenne diminue pour les navires construits en bois blanc.

3e *Question*. — Le taux de l'amortissement annuel pour un navire algérien est d'environ 6 à 7 0|0.

M. SAUNIER. L'amortissement, c'est-à-dire, la dépréciation chaque année est plus considérable qu'en France, car, en Algérie, on ne trouve pas d'argent au-dessous de 10 0|0.

4e et 5e *Questions*. — Les systèmes de gréement des bâtiments algériens et la prime de leur assurance sont les mêmes qu'en France ou à l'étranger.

7e *Question*. — L'avenir de l'industrie des constructions navales, en Algérie, dépend complètement de la possibilité de se procurer des matières premières à bas prix.

8e *Question*. — Il conviendrait de faire revivre les dispositions du décret du 17 octobre 1855, autorisant l'importation en franchise des objets nécessaires à la construction et au gréement des navires.

§ 2. — CABOTAGE. — 1re *Question*. — Les bâtiments appartiennent, généralement, aux négociants. Les patrons sont intéressés dans la proportion du 1|4 au 1|3, suivant les conventions.

2e *Question*. — En faisant concourir les capitaines aux frais de construction ou à l'achat du navire, on obtient plus d'avantages. Le capitaine, étant intéressé dans une partie de la propriété, a toutes les raisons possibles pour en avoir le plus grand soin.

3e *Question*. — Les marins du cabotage algérien naviguent tous à la part.

4e *Question*. — Les seuls moyens, pour faciliter les opérations du cabotage, seraient la prospérité de l'agriculture et des productions naturelles; cela donnerait des éléments de transport considérables et, selon les récoltes, on transporterait les céréales sur un point ou sur l'autre.

M. LE PRÉSIDENT. Le cabotage algérien peut-il faire des transports en Espagne et en Italie?

M. CHAPUIS. Non, nous ne pouvons transporter que d'une province à l'autre.

M. LE PRÉSIDENT. Qu'est-ce qui s'oppose à ce que ces transports se fassent?

M. CHAPUIS. Les règlements.

M. LE PRÉSIDENT. Sans doute à cause de la facilité accordée à la francisation des navires destinés au cabotage?

M. Chapuis. Oui, c'est la seule raison.

M. le Président. Mais il y a aussi des restrictions relatives aux personnes.

M. Chapuis. Il faudrait sur un navire français ou sur les bateaux francisés un capitaine français, avec un tiers au moins de marins français.

M. le Président. Il y a très-peu de maîtres au cabotage français?

M. Chapuis. Il n'y en a que deux, et encore ce sont des Français nés dans le pays, MM. Rogue et Marquis.

M. de Maisonneuve. Si, parmi les caboteurs qui existent en Algérie, il y en avait un qui fût monté par un tiers de marins français avec un capitaine français, pourriez-vous faire le cabotage avec l'Espagne et l'Italie?

M. Chapuis. Rien ne l'empêcherait.

M. le Président. Supposez qu'on permette aux navires francisés de faire le cabotage avec l'Espagne et l'Italie, et qu'on exige que le capitaine seulement soit Français, y aurait-il une plus grande tendance à avoir des capitaines français pour faire le cabotage?

M. Chapuis. Je le crois.

M. le Président. En résulterait-il du bien pour le commerce avec l'Espagne et l'Italie?

M. Chapuis. Certainement.

M. le Procureur général. Un capitaine français, commandant un navire étranger, rencontrerait-il une subordination complète?

M. Chapuis. Peut-être, mais il aurait des difficultés.

M. le Président. Qu'est-ce qu'un équipage étranger quand il n'y a que cinq ou six personnes?

M. de Maisonseul fait observer que le capitaine ne compte pas. Ainsi sur quatre hommes, il faut deux Français, deux étrangers et le capitaine français.

M. Duserech. Dans le cabotage algérien, c'est la moitié de l'équipage.

M. de Toustain. On ne distingue pas entre les étrangers domiciliés en Algérie et les étrangers qui n'ont ici aucun intérêt. Ne pourrait-on pas faire cette distinction et se montrer plus favorable pour les premiers? Cela existe déjà pour les conseils municipaux.

M. LE PRÉSIDENT. Ceci est un autre ordre d'idées qui se rapporte au droit civil et au droit constitutionnel.

M. DE VIALAR. Il n'est pas absolument nécessaire que le drapeau français soit entre des mains françaises. Un grand nombre d'agents consulaires ne sont pas Français et dans nos troupes, ici, nous avons vu souvent des officiers portant avec distinction les couleurs françaises sans être Français d'origine. L'étranger, fixé depuis longtemps en Algérie, pourrait défendre l'honneur du pavillon.

M. LE PRÉSIDENT. Ainsi, vous pensez que l'on pourrait permettre au cabotage algérien de faire le commerce avec l'Espagne et l'Italie avec un capitaine étranger?

M. DE VIALAR. Je le pense.

M. LE PRÉSIDENT. Quel est le fret payé pour le cabotage entre Alger, Oran, Bône et Philippeville?

M. CHAPUIS. Environ 10 francs; de Bône à Oran, à peu près 20 francs.

§ 3. ÉQUIPAGES. — 1re *Question*. — Les maîtres au cabotage algérien sont tous Italiens ou Espagnols, excepté deux. Ils sont généralement illettrés, surtout les Français et les Italiens. Cela vient de ce que les Français ne peuvent passer l'examen de maître caboteur.

M. CHAPUIS. Ils ne pourraient s'établir, étant sujets au service, tandis qu'en France, dès qu'ils ont un commandement, on ne les requiert pas.

M. DE MAISONSEUL. C'est une bienveillance de l'administration, mais elle pourrait s'étendre à l'Algérie.

M. LE PRÉSIDENT. Vous croyez que c'est la crainte des règlements qui les empêche?

M. SAUNIER. Les jeunes marins français ont peur de ne pas jouir, en Algérie, du bénéfice d'exemption de service accordé en France aux maîtres de cabotage; c'est là la principale cause.

2e *Question*. — Il n'est pas temps encore de se prononcer sur cette question de savoir si l'élément indigène pourra entrer dans la composition des équipages. Les Indigènes sont intelligents et formeraient de bons marins, s'ils étaient plus actifs et plus travailleurs; ils ne veulent pas s'adonner à la marine, à cause du contact forcé avec les étrangers.

M. LE PRÉSIDENT. La difficulté n'est-elle pas dans la cohabitation sur le même bateau?

M. Chapuis. Oui, la vie commune avec des chrétiens, à bord d'un bateau, leur est impossible.

§ 4. Éléments divers des frais de navigation. — 1re *Question*. — On ne fait en Algérie qu'une seule navigation, celle de la côte; le tonnage moyen des bâtiments algériens est de 60, 70 à 80 tonneaux.

2e *Question*. — Le fret pour Marseille, Cette, Bordeaux, le Hâvre varie suivant les saisons; pour Marseille, il est de 10 à 12 francs par navires à voiles.

M. le Président. Et des ports du Nord, vient-il beaucoup de navires?

M. Chapuis. En petit nombre.

M. Gentili. Ils viennent de Bordeaux, du Hâvre ou de Dunkerque; le fret est de 18 à 20 francs au retour.

3e *Question*. — Le fret entre les ports de l'Algérie et les principaux ports de la Méditerranée varie entre 15 et 18 francs.

4e *Question*. — L'organisation du commerce maritime dans les ports algériens est aussi favorable que possible.

M. le Président. Le commerce entre l'Espagne et l'Algérie se fait surtout par navires espagnols; à quoi attribuez-vous cela?

M. Chapuis. Les navires espagnols qui font le cabotage sont généralement d'un très-petit tonnage. Ce sont les patrons qui font les chargements et, suivant l'endroit où ils se trouvent, ils chargent des fruits, des légumes ou des vins.

M. le Président. Y a-t-il des surtaxes de navigation en Espagne?

M. Neilson. Les navires français venant de France payent des droits égaux à ceux des navires espagnols allant en France.

M. le Président. Et pour les navires venant de l'Algérie et allant en Espagne?

M. Neilson. Ils payent 50 c. par tonneau.

M. Chapuis. J'ai expédié un navire de 120 à 150 tonneaux pour prendre du minerai, il a dû payer 130 ou 150 francs de droits répartis entre diverses taxes pour jetées, ports, phares, etc.

M. le Président. Ainsi, ce n'est pas l'élévation des droits en Espagne qui empêche les transactions.

M. de Maisonseul. On a dit hier que les navires français ne pouvaient aller en Espagne sans être atteints par des droits considérables, tandis que les bateaux espagnols peuvent y porter nos marchandises.

Nos navires ne peuvent pas débarquer des produits français ni en prendre d'espagnols.

M. DE MAISONNEUVE. Il existe certainement en Espagne une surtaxe de navigation.

M. LE PRÉSIDENT. Plusieurs obstacles s'opposent au commerce entre les peuples, les droits de douane, les surtaxes de pavillon, droits de tonnage. En Espagne, il est probable que ce sont les droits de douanes. Il se pourrait qu'un navire français ne pût débarquer des marchandises françaises, mais qu'il pût prendre des marchandises espagnoles; savez-vous si les choses sont ainsi?

M. NEILSON. Je l'ignore.

M. GENTILI. Nos navires, partant de France et touchant à Valence, ne peuvent prendre aucune marchandise; partant d'Oran pour France, ils ne peuvent charger à Valence.

§ 5. DES RÈGLEMENTS MARITIMES. — 1re *Question*. — Tarif de pilotage, taxes de certains ports. Le pilotage, en Algérie, ne se pratique pas comme en France. Dans les ports du Nord, les pilotes ont de meilleurs bateaux qui peuvent aller plus loin; ils sont aussi plus actifs et gagnent en raison de leurs peines. En Algérie, au contraire, le droit est fixe, les pilotes par les mauvaises mers s'abritent derrière le môle et ne prennent les navires, que quand ils ont déjà passé les dangers qui avoisinent le port.

M. SAUNIER. Le grand vice, c'est la rémunération fixe. Au Hâvre, les pilotes ont plus de zèle et vont très-loin chercher les navires; c'est celui qui est le plus adroit qui gagne le plus. Ici, au contraire, beaucoup de navires ne prennent pas de pilote et, cependant, payent la taxe de 16 c. par tonneau, tant à l'entrée qu'à la sortie; les navires ne prennent jamais de pilote à la sortie.

Le port d'Alger est exempt de taxes spéciales. Les capitaines de marine marchande aimeraient mieux voir le directeur du port choisi parmi eux que parmi les officiers de la marine impériale.

M. GENTILI. Dans les grands ports, le directeur est un officier de la marine impériale, mais il y a un sous directeur choisi parmi les capitaines de la marine marchande. Les patrons préfèrent cette disposition qui permet d'assurer beaucoup mieux le service.

2e *Question*. — Il convient de maintenir les dispositions de l'ordonnance royale du 16 décembre 1843, qui réserve aux seuls navires français les transports entre la France et l'Algérie.

M. LE PRÉSIDENT. Les navires algériens francisés ne peuvent pas faire le commerce entre Marseille et Alger. Ils ne peuvent faire que le cabotage, les navires francisés auraient-ils des profits sérieux à espérer, s'ils étaient autorisés à faire la navigation entre la France et l'Algérie?

M. Chapuis. Oui, Monsieur le Président, il y aurait intérêt, sur ce point, à modifier l'ordonnance de 1843.

M. le Président. Vous pensez qu'il y aurait intérêt à ce qu'ils pussent faire cette navigation?

MM. Chapuis et Saunier. Il y aurait un grand avantage.

7e *Question.* — Le régime quarantenaire peut être simplifié; il est coûteux; il faudrait faire comme dans les principaux ports de France. Il y aurait, pour les opérations maritimes, avantage, économie et commodité.

§ 6. De la législation douanière et des traités de commerce. — 1re *Question.* — Il n'y a point de modifications à apporter au régime actuel des entrepôts.

2e *Question.* — Les traités de commerce et les modifications apportées, depuis deux ans, aux tarifs des douanes ont exercé une influence peu sensible sur les opérations maritimes en Algérie.

3e *Question.* — En ce qui concerne l'introduction en franchise par les frontières du Sud de toutes les productions du Soudan et du Sahara, c'est une question d'avenir qu'il convient de réserver. Le commerce avec ces contrées est actuellement très-peu important.

4e, 5e, 6e, 7e et 8e *Questions.* — Il est nécessaire que le Gouvernement français facilite le plus possible le développement de la colonisation et la francisation.

§§ 7 et 8. Pêche du corail et du poisson. — M. Chapuis, tant en son nom qu'au nom de ses commettants, déclare se rapporter, sur ces questions, à l'avis de M. Saverio, dont ils reconnaissent la compétence en matière de pêche.

M. le Président. Êtes-vous d'accord, Messieurs, sur la question du droit de tonnage?

M. Chapuis. M. Saunier, qui a étudié principalement cette question, va la développer en notre nom.

M. Saunier prend la parole et expose son opinion en ces termes:

Je déclare que l'exonération du droit de tonnage serait une erreur funeste à notre marine marchande.

Cette mesure aurait, pour première conséquence, l'exclusion à peu près complète de notre pavillon national de tous les ports de l'Algérie.

Voici pourquoi :

Tout le monde sait que les neuf dixièmes des navires du nord de la France, qui viennent en Algérie, n'y viennent qu'avec du charbon pris en Angleterre;

le trafic et le transport de ces charbons est la plus grande ressource et, surtout, la plus certaine pour notre navigation de grand cabotage.

Du jour où l'on aura supprimé le droit de tonnage, notre marine du commerce ne peut plus faire concurrence à la marine anglaise, puisqu'il est vrai que les lourdes charges qui l'accablent en Angleterre subsisteront chez eux, et que, pour le pavillon anglais, il n'y en aura aucune chez nous.

Sans avoir étudié la question qui nous occupe et sans se préoccuper de ce qui peut en résulter, beaucoup de gens ne la traitent que par ces deux mots : *liberté du commerce !* Ils se croient dispensés, après cela, de faire des frais d'argumentation.

Autant que qui que ce soit, je suis partisan de la liberté du commerce, mais c'est à la condition que, si nous la donnons aux autres, les autres nous la donneront à leur tour. Il ne s'agit pas ici de liberté, il s'agit d'un droit juste, équitable, qui sert à équilibrer des charges dont l'Angleterre ne peut ni ne veut nous exonérer ; au surplus, je n'ai jamais compris qu'on pût se donner tant de peine à faire des gracieusetés à des gens qui ne les ont jamais demandées, car, jusqu'à ce jour, je ne sache pas qu'aucun gouvernement ait demandé l'exonération du droit de tonnage à la France ; en cela, les autres sont plus raisonnables que nous, ils savent que ce serait injuste.

Je reviens aux conséquences de la suppression du droit. Eh bien ! quand on l'aura aboli en Algérie, — je dis en Algérie, car je ne pense pas qu'il puisse être question d'une pareille mesure à l'égard de la métropole, — il arrivera tout naturellement que nos navires français ne pourront plus aller chercher en Angleterre du charbon à destination de l'Algérie ; ce seront les navires anglais qui feront et opéreront ces mêmes transports, mais ils ne les feront que lorsqu'ils seront affretés pour aller prendre des grains dans le Levant. Alors, ce qui, pour notre pavillon, était une affaire principale, ne sera plus, pour le pavillon anglais, qu'un accessoire ; le navire chargé s'empressera de déposer son charbon en passant, et repartira ensuite le plus vite possible pour le point de charge.

Ce serait un tort de croire que la consommation profitera de la baisse du prix qui devrait être la conséquence d'un fret moins élevé, cette différence — car il y en aura une, — ne tournera jamais à son profit, ainsi que je me réserve de l'établir par la suite. Ce qu'il y a de plus certain, c'est que la facilité avec laquelle le pavillon anglais pourra faire nos approvisionnements de charbon, aura pour conséquence certaine d'éloigner le nôtre des côtes de l'Algérie ; et, quand on aura besoin d'exporter, on n'aura plus ni navires français, ni navires étrangers ; du même coup, non-seulement, on aura privé notre marine nationale des ressources qu'on aurait dû lui offrir, mais encore on se sera privé soi-même de celles qu'elle venait vous apporter, tout cela sans motifs, sans raison, sans besoin.

L'exonération du droit de tonnage serait un manquement aux règles ordinaires des relations internationales, puisqu'il n'y aurait plus réciprocité ni compensation.

Depuis que la question du droit de tonnage est à l'ordre du jour, j'ai été souvent interpellé et même mis en demeure de justifier mon opinion, comme partisan et défenseur de ce droit ; j'acquérais, par ce fait, les mêmes droits à l'égard de mes adversaires.

Voici les grands arguments produits à l'encontre de ma thèse :

Vous parlez, me disaient les plus fortes têtes, des frais énormes qui accablent notre pavillon du commerce dans les différents ports d'Angleterre.

De quoi vous plaignez-vous ? Est-ce que les navires anglais ne sont pas assujettis à ces mêmes frais ? Non, ai-je toujours répondu, les navires anglais trouvent le moyen d'en esquiver une partie, au moyen de certaines tolérances qu'on est toujours disposé à leur octroyer.

Et quand même les frais seraient exactement les mêmes pour les uns comme pour les autres, il y aurait toujours injustice pour le pavillon français, puisqu'il ne serait pas traité, en Angleterre, comme le pavillon anglais le serait en Algérie.

Dans un entretien que j'ai eu l'honneur d'avoir avec M. Cobden, à l'occasion du droit de tonnage, je lui disais que toute la marine du commerce, en France, signerait des deux mains l'abolition du droit, si on voulait nous accorder, en Angleterre, la même exonération jusqu'à concurrence d'un chiffre égal. — C'est impossible, me répondit-il, la situation n'est pas la même pour les deux pays. — En effet, la situation est loin d'être la même : en Angleterre, tous les frais inhérents à la navigation, tels que pilotage d'entrée, remorquages, droits de bassins, corporations de villes, bouées, quais, docks, etc., etc., sont mis en adjudication et entrepris par des compagnies qui, aux termes de leurs cahiers des charges, sont autorisées à percevoir une somme déterminée, par tonneau de jauge.

Le gouvernement n'a donc plus à s'occuper de tout cela.

M. LE PRÉSIDENT. Pas du tout. En Angleterre, on a fait disparaître en partie les droits locaux pour faciliter les opérations de commerce.

En France et en Algérie, il n'en est pas ainsi, c'est le Gouvernement qui, par des motifs que je n'ai pas mission d'apprécier ici, s'est chargé d'entretenir lui-même les quais, les phares, les bouées, et, enfin, tout ce qui est utile à la marine.

Il résulte de cette situation, que d'immenses sacrifices ont été faits, tant en vue d'une haute protection pour la marine du commerce, que pour encourager et multiplier les armements.

Serait-il juste, qu'en cet état, le pavillon étranger vînt profiter, chez nous, de tant de faveurs et de sacrifices?

Pensez-vous qu'il soit possible d'admettre que nous devions continuer à subir, en Angleterre, des charges aussi énormes, charges dont la moyenne s'élève à environ 800 fr. pour un navire de 200 tonneaux, par exemple, tandis qu'un navire anglais du même tonnage, ne payerait plus que 70 fr. en Algérie?

Montrez l'exemple, me disait, l'autre jour, un des zélés partisans de l'abolition; honteux de tant de générosité, les autres ne tarderont pas à en faire autant.

Singulière façon de traiter la question!

J'avoue que j'aimerais mieux ne pas commencer et dire, comme à Fontenoy, je crois: « A vous, Messieurs les Anglais.... »

Prêcher l'exemple est une belle chose, mais cela devient une duperie quand l'exemple n'est pas suivi. La France, Dieu merci, n'est jamais en arrière en pareille circonstance, mais il arrive souvent qu'elle reste seule sur le terrain des générosités.

J'ai dit aussi que la suppression du droit de tonnage serait une mesure antinationale.

En effet, il est certain que, par ses conséquences, elle serait aussi contraire aux intérêts généraux du pays, que préjudiciable au pavillon national.

Il faut convenir, cependant, qu'en dehors du point de vue commercial, notre marine marchande a bien quelques droits à la reconnaissance générale.

Quand la marine impériale a besoin de faire ses armements, où prend-elle son personnel?

Dans cette belle et bonne pépinière que nous appelons la marine marchande.

Là, elle trouve tous les éléments qui constituent sa force et font l'orgueil de la France.

Il n'est pas possible que l'on veuille sacrifier à de misérables spéculations de comptoirs, des trésors aussi précieux.

Les partisans de l'opinion que je combat ne savent, en vérité, ce qu'ils demandent. Ils n'ont jamais envisagé la question du droit de tonnage qu'au point de vue le plus étroit.

Si j'ai bonne mémoire, j'ai entendu dire quelque part que les ports anglais sont ouverts en franchise à nos navires; que, malgré cette faveur, et les charges élevées qui pèsent sur le pavillon anglais, chez nous, nous étions considérablement distancés par ces derniers, ce qui équivaudrait à dire que, quoique puisse faire la France pour protéger sa marine marchande, elle sera toujours inférieure à celle des autres nations.

Comment, oser dire que les navires français sont admis en franchise dans les ports d'Angleterre, quand, au contraire, ils ont à payer, en droits de pilotage (entrée et sortie), remorquages, canots d'aide; bassins de Douvres, Ramsgate, Trinité (bouées), corporations de villes, télégraphe (douane), vapeurs à la sortie, timbres, expéditions en douane, etc., dont la moyenne s'élève, comme je l'ai dit, de 8 à 900 fr. pour un navire de 200 tonneaux de jauge, tandis qu'avec l'abolition du droit de tonnage, le navire anglais de la même capacité ne payera, chez nous, que 0 fr. 16 c. par tonneau de jauge pour pilotage (entrée et sortie), soit 32 fr.; 0 fr. 10 c. par tonneau pour droits sanitaires, 20 fr.; expédition en douane, 25 fr.; ensemble, 77 fr. !

Je mets au défi que l'on trouve autre chose.

On voudra bien remarquer que si je m'attache surtout à traiter les relations entre l'Angleterre, la France ou l'Algérie, c'est parce que la question qui nous occupe aujourd'hui a pris naissance, à l'occasion de ces mêmes relations.

Quant à celles qui existent avec les autres puissances, sans parler des droits perçus à Elseneur, au passage du Sund, qui viennent d'être abolis récemment, pas plus que les frais en Russie et ailleurs, je ne formulerai qu'un vœu, qui est celui de toute la marine marchande française, armateurs et navigateurs, c'est que nous soyons traités chez l'Étranger, comme l'Étranger est traité chez nous : égalité et réciprocité complètes.

En résumé, il est parfaitement établi, dans mon esprit, que la suppression du droit de tonnage en Algérie sera préjudiciable aux intérêts de l'industrie, du commerce, de l'agriculture du pays et, surtout, à la navigation commerciale de la métropole qui, par les conséquences de cette mesure, sera exclue du littoral algérien.

Pour éviter un pareil malheur, je propose que les vapeurs étrangers et les navires à voiles, à quelque pavillon qu'ils appartiennent, soient autorisés à fréquenter tous les ports de l'Algérie, avec exonération du droit de tonnage, soit pour y faire du charbon, soit pour se ravitailler, soit pour y prendre des passagers; mais que, par contre, ils soient assujettis au droit de tonnage toutes les fois qu'ils feront acte de commerce.

M. le Président. Il y a réciprocité dans les transactions, et les navires qui viennent d'Angleterre apporter de la houille, emportent des céréales ou du tabac; ils n'ont pas intérêt à retourner à vide.

M. Saunier. Beaucoup de navires n'ont pas intérêt à avoir leur aller et leur retour assurés; ils aiment mieux prendre leur retour en route. Les navires qui viennent d'Angleterre apporter de la houille, sont enchantés de trouver un chargement pour le Nord, quel que soit le prix du fret.

M. le Président. Les navires français qui vont à Cardiff prendre des houilles appartiennent aux ports du Nord, Dunkerque, le Hâvre, etc.; si le droit de tonnage était supprimé, ce seraient des navires anglais qui, dans votre opinion, feraient ces transports.

M. Saunier. Les navires qui vont à Cardiff, viennent de faire la pêche, et ils font ces transports en vue de leur fret de retour, qu'ils peuvent compléter en faisant la cueillette.

M. LE PRÉSIDENT. Quel est le fret de Dunkerque en Algérie?

M. SAUNIER. On a transporté des marchandises à 17 francs la tonne; moi-même, j'ai affrété à 12 francs pour le Hâvre et Dunkerque.

M. LE PRÉSIDENT. Si les navires étrangers pouvaient venir à Alger en toute liberté, cela profiterait aux transactions.

M. SAUNIER. L'affrétement des navires est subordonné aux opérations commerciales.

M. LE PRÉSIDENT. Si les grands navires anglais qui font le voyage de Malte faisaient escale à Alger, ils prendraient ici des légumes frais ou d'autres marchandises en assez grande quantité, ce qui profiterait aux intérêts locaux.

M. SAUNIER. Cela reviendrait cher à l'État. Avec l'affranchissement du droit de tonnage, les navires anglais pourraient venir à Alger prendre des vivres, du charbon ou des passagers; mais un navire de 600 tonneaux restera au plus trois jours, et il enlevera le cabotage que feraient trois navires français, comportant 18 hommes, qui resteraient peut-être 15 jours. La différence de consommation serait donc plutôt à notre désavantage.

M. LE PRÉSIDENT. Le port de Marseille est libre, le droit de tonnage n'y existe pas; cette différence de situation n'est-elle pas préjudiciable au port d'Alger?

M. SAUNIER. Il n'y a pas d'analogie. Le port de Marseille n'est pas dans des conditions semblables à celles d'Alger; ni le port, ni le commerce d'Alger ne sont dans les conditions spéciales voulues pour profiter d'avantages exceptionnels. L'état général de la colonisation n'est pas assez florissant.

M. KUHLMANN présente, pour lui et pour M. NEILSON, les observations suivantes :

M. le Président a placé la question sur son véritable terrain, en disant que la suppression du droit de tonnage était une question algérienne et non une question de protection de la marine française. La marine française n'est nullement en jeu et les craintes exprimées au sujet de quelques caboteurs français, que l'on craint de priver de leur gain, ne sont nullement fondées. Qu'il me soit donc permis de considérer la question comme purement algérienne, et de ne parler que subsidiairement de la marine française.

Un pays placé dans de mauvaises conditions de prospérité, mais se trouvant au centre de nombreuses voies de communication et pouvant servir de point de relâche et de ravitaillement, doit forcément prospérer. Exemple : Malte, dont la population est la plus dense de l'univers. Alger se trouve dans les mêmes conditions de prospérité, mais ces communications nécessaires lui manquent pour tous les points autres que la France ; son port n'est fréquenté par aucun des navires à vapeur qui sillonnent la Méditerranée, de l'est à l'ouest.

C'est le droit de tonnage qui en est la cause, donc il faut le supprimer ; il faut ouvrir nos ports, et surtout celui d'Alger, aux vapeurs de tous les pavillons, et si cette liberté ne suffit pas pour attirer un grand nombre de navires, il faut y ajouter des primes ; car ces navires, qui toucheraient souvent à Alger, deviendraient la source de nombreux avantages : augmentation du commerce de la houille (dans lequel les navires français prendront part) ; importations et exportations de marchandises étrangères et algériennes ; consommation des produits algériens, surtout des produits maraîchers ; enfin, apports de capitaux par les voyageurs qui viendraient plus facilement passer, en Algérie, une partie de l'année. Qui dit communications faciles, dit moyens de progrès.

Quant à la question des navires à voiles, l'abolition du droit de tonnage n'ôterait pas aux navires français la possibilité de concourir avec les navires anglais. Si les navires français importent aujourd'hui la houille, ce ne sont pas les droits de tonnage imposés en 1843, aux navires étrangers, qui les y ont amenés, car, même après cette époque, les navires anglais continuèrent à en apporter ; mais, c'est la condition imposée aux fournisseurs des charbons de la marine d'employer des navires français. Ils connaissent maintenant le chemin et ils continueront ces transports ; ce n'était qu'une vieille routine qui les empêchait de le faire auparavant.

Les frets plus chers, payés pour les bois du Nord et les charbons, sont des effets inévitables du droit de tonnage, et c'est, en fin de compte, les consommateurs algériens qui paient ce droit, comme une prime de protection à la marine française, protection dont elle n'a pas besoin.

Dans le siècle où nous sommes, où tant de choses se déplacent, où tout change du jour au lendemain, un débouché s'ouvre sur un point, tandis qu'un autre se ferme ailleurs. Il faut donc de l'activité et beaucoup de circonspection, pour tirer parti de tout et employer ses forces là où elles sont nécessaires : ses navires là où ils sont utiles, ses capitaux là où ils sont fructueux.

La marine française peut toujours lutter avec la marine anglaise, seulement, les capitaines anglais ont une qualité précieuse qui consiste dans leur célérité, non de navigation, mais de transaction à terre. Un *quick dispatch*, c'est ce que demande le capitaine anglais.

Les craintes, une fois le droit de tonnage supprimé, de voir les navires manquer de nos produits pour l'exportation sont assez singulières. Il est peu probable qu'une mesure aussi libérale pourrait avoir un pareil résultat. On peut être assuré que là où il y aura quelque chose à expédier, les navires viendront aisément, amenés par des affrètements faits dans d'autres pays ; puisqu'ils ne manquent pas actuellement, ils manqueront encore moins avec la liberté.

Il faut donc, par tous les moyens, appeler ici des bateaux à vapeur étrangers. Ce qui a été dit relativement aux prohibitions qui frappent les marchandises françaises exportées en Espagne est plus sérieux, mais ne se rapporte en rien au droit de navigation et doit faire l'objet de traités internationaux.

Il convient d'ajouter que l'application des dispositions du décret du 17 octobre 1855, relatif à l'introduction en franchise des matériaux nécessaires à la construction des navires, serait très-nécessaire en Algérie, pour permettre aux navires ayant subi des avaries de se réparer. Alger est un port de refuge très-commode, mais il y manque tous les objets nécessaires pour les réparations.

Il est malheureux de voir notre port si peu fréquenté, malgré sa position excellente.

M. le Président. Vous nous avez parlé des navires anglais qui pourraient venir relâcher à Alger, savez-vous combien il en passe par semaine, venant de Malte et des îles Ioniennes ou s'y rendant !

M. KUHLMANN. Environ dix par semaine. Je pourrai vous donner, du reste, des renseignements plus précis.

M. LE PRÉSIDENT. Si le droit de tonnage était aboli, les navires anglais apporteraient des fers d'Angleterre ?

M. KUHLMANN. Ils amèneraient aussi des touristes qui laisseraient de l'argent dans la place, et il y en aura d'autant plus, qu'il y aura plus de courriers.

M. LE PRÉSIDENT Croyez-vous qu'il viendrait aussi à Alger des navires espagnols ou autrichiens ?

M. KUHLMANN. Je crois qu'il viendrait beaucoup de navires étrangers, surtout des bâtiments espagnols et italiens, et plus particulièrement ceux-ci, à cause du traité de commerce qui s'élabore en ce moment.

M. LE PRÉSIDENT. Vous avez dit que les navires qui apportent du bois paient 4 francs de droit de tonnage, plus un excédant de fret. Vous considérez que ce sont les Algériens qui supportent cette augmentation ?

M. KUHLMANN. Ce sont les Algériens, car ils sont obligés de payer plus cher aux bâtiments français et aux bâtiments anglais le prix du fret de leur charbon ; le droit de tonnage a une influence si fâcheuse, que lorsqu'on affrète à Alger, on paye plus cher.

M. le Baron DE VIALAR. Je dois signaler un fait. MM. Saunier et Kuhlmann ont-ils su, qu'il y a dix ans, une importante maison de Liverpool a fait proposer d'autoriser les bâtiments qui passent devant Alger à faire escale, si on les exempte du droit de tonnage ? Un mémoire a été remis à la Chambre de commerce, qui l'a accueilli avec faveur : le Conseil Supérieur le verrait sans doute avec intérêt.

M. SOLHAUNE. Je pourrai fournir ce document au Conseil, mais je crois qu'il sera mentionné dans les dépositions que feront les délégués de la Chambre de commerce.

M. LE PRÉSIDENT. Vous avez dit, Monsieur, qu'il serait nécessaire d'admettre en franchise tous les matériaux nécessaires à la réparation des navires. Quels sont les ports où un bâtiment chassé par la tempête peut venir se réfugier sur la côte d'Afrique, entre Gibraltar et Alexandrie ?

M. DE MAISONSEUL. Je connais toute la côte d'Afrique pour y avoir navigué longtemps. Il n'y a qu'un seul port qui puisse véritablement servir de refuge, et c'est Alger.

On a parlé tout-à-l'heure des Anglais qui pourraient débarquer en Algérie, si le droit de tonnage était supprimé. Il y a une autre considération qui milite en faveur de l'abolition de ce droit, c'est l'établissement probable, en Algérie, d'un grand nombre de familles anglaises des Indes.

Il y a une quinzaine d'années, je faisais de fréquents voyages en Égypte, et j'y appris une singularité assez curieuse sur le régime de la Compagnie des Indes à l'égard de ses employés; par suite d'un traité, intervenu entre le gouvernement anglais et les directeurs de la Compagnie, les employés attachés à ces établissements, ont droit, après quatre années de séjour, à un congé de trois ans, avec demi-solde, s'ils viennent en Europe, et avec solde entière, s'ils n'y viennent pas: aussi, voit-on bon nombre d'Anglais de l'Inde séjourner en Égypte et en Syrie pendant leur temps de congé. Les hauts fonctionnaires, dont les traitements dépassent souvent cent mille francs, se donnent le luxe de revenir en Europe, où leur demi-solde leur permet de vivre largement.

Le climat de l'Algérie, intermédiaire entre l'Inde et l'Angleterre, serait un lieu de repos et de plaisir, où ces fonctionnaires viendraient refaire leur santé, et où beaucoup d'entre eux, devenus propriétaires, fixeraient leur résidence à l'époque de leur retraite.

La famille anglaise prend plus facilement racine sur le sol étranger que la famille française, dont les aspirations sont toujours tournées vers la mère-patrie.

A la même époque, il était encore d'usage dans l'armée de l'Inde lorsqu'un officier, quel que fût son grade, avait atteint ses droits à la retraite et qu'il lui était facultatif, à cause de son âge, de prolonger ses services de plusieurs années, que tous les officiers de son régiment lui fissent, au moyen d'une collecte au prorata du traitement de chacun, une somme assez considérable pour l'engager à se retirer immédiatement du service. L'avancement, roulant exclusivement dans le corps et étant toujours donné à l'ancienneté, chaque officier avançait ainsi d'un rang sur le cadre.

J'ai connu un major d'infanterie qui avait reçu ainsi 45,000 francs de ses camarades, somme avec laquelle, me disait-il, il devait acheter un petit cottage en Angleterre.

Si tous ces consommateurs pouvaient être amenés en Algérie, ce serait un grand bien pour le pays, car, à leur tour, ils pourraient devenir producteurs.

M. Kuhlmann. Il suffirait, pour amener tout ce monde, d'abolir le droit de tonnage, et, au besoin il faudrait donner des primes : le sacrifice du Trésor serait compensé par le mouvement commercial.

M. le Président remercie MM. Chapuis, Saunier, Kuhlmann, Neilson et Gentili, des renseignements intéressants qu'ils ont fournis au Conseil. Ces Messieurs se retirent. M. Gentili remet à M. le Président les réponses suivantes au questionnaire dressé par le Conseil Supérieur d'enquête.

§ 1er. Des Navires. — 1re *Question.* — Le coût réel, par tonneau de jauge, des navires construits en Algérie est de beaucoup plus fort qu'en France et dans les pays étrangers ; cela provient de ce que l'extraction du bois et l'achat des matières premières est plus cher à Alger.

2e *Question.* — La durée ordinaire d'un navire construit en Algérie est de 12 ans environ; cela dépend de ce qu'en général ces navires, construits sur de trop faibles échantillons, supportent généralement, dans les voyages, de grands poids sur le pont.

4e *Question.* — Le gréement algérien, étant en voiles latines et en goëlette, offre plus de facilité pour la manœuvre qu'un navire à voiles carrées.

7e *Question.* — L'industrie des constructions navales offre des chances d'avenir alors que l'on pourra exploiter, avec économie de frais, les forêts de l'Algérie, surtout si l'on faisait revivre les dispositions du décret du 17 octobre 1855.

§ 2. Cabotage. — 1re *Question.* — Les conditions de l'armement se font à moitié entre les capitaines et les négociants.

3e *Question.* — Les marins du cabotage algérien naviguent tous à la part.

4e *Question.* — Bien que le nombre des bateaux faisant les voyages de la côte soit de 52, jaugeant ensemble 2,439 tonneaux et portant environ 3,500 tonneaux, cette quantité est insuffisante dans une année de bonne récolte ; il est des saisons surtout où un navire reste deux mois pour effectuer un voyage qu'il fait, en temps moyen, en 48 heures. Pour obvier à ces inconvénients, il faudrait établir un service de vapeurs, faisant en même temps les courriers. Il y aurait alors sécurité et certitude, tant pour le commerce que pour les voyageurs.

5e *Question.* — Le fret a été, cette année, dans le gros de l'hiver, en moyenne, de 10 francs le tonneau, entre Alger, Oran, Bône et Philippeville, tandis que, sur les bateaux à vapeur qui, par hasard, ont fait quelquefois les voyages de l'Est, il n'a pas été au-delà de 13 francs. Ce dernier mode offre donc économie de temps et je dirais même d'argent, car l'assurance est de 75 0|0, moins cher que sur navires à voiles.

§ 3. Des Équipages. — 1re *Question.* — Il n'existe pas, à Alger, de maîtres au cabotage algérien; les seuls qui commandent les bateaux de la côte sont Italiens ou Espagnols, presque tous établis à Alger, avec leur famille. Ils sont, en général, illettrés, à part quelques exceptions; mais ils sont très-bons praticiens pour la côte.

2e *Question.* — Il n'y a pas d'espoir à fonder sur l'élément indigène pour composer les équipages des navires, par la raison que, nés dans la Colonie, ils sont exempts de l'inscription, et qu'en se faisant marins, ils aliéneraient leur liberté jusqu'à l'âge de 50 ans, ainsi que le veulent les règlements maritimes.

3e *Question* — Les Indigènes sont robustes et généralements intelligents. Quelques-uns qui sont embarqués sur nos navires de commerce nous ont fait reconnaître qu'ils pourraient être bons marins.

4° *Question*. — Les frais de nourriture, pour les Indigènes, seraient moins onéreux, en ce sens qu'ils sont plus sobres que les marins européens.

§ 4. Des Éléments divers et des frais de navigation. — 2° *Question*. — Le fret d'Alger à Marseille et Cette se paye, depuis deux ans environ et par navire à vapeur, en moyenne 12 francs par tonneau ; quant à celui de sortie pour Bordeaux, le Hâvre et Dunkerque, il est, en moyenne, par navires à voiles, de 18 à 20 francs. Le fret de retour de ces trois ports ne peut être évalué d'une manière sérieuse. La marchandise prend la voie des chemins de fer et des canaux du Midi, pour s'embarquer sur les vapeurs à Marseille et à Cette. Il y a, en cela, une grande économie de temps et d'argent.

3° *Question*. — L'année dernière, alors que l'Italie avait besoin de blés durs, il fut fait quelques affrètements, qui ont été payés, pour Gênes, Livourne, Civita-Vecchia, Naples et la Sicile, environ 15 à 16 francs le tonneau ; aujourd'hui, dans le même cas, le fret serait de 12 à 13 francs.

4° *Question* — L'organisation du commerce est, à Alger, presque la même qu'à Cette, en France, et à Civita-Vecchia en Italie.

§ 5. Des Règlements maritimes. — 1re *Question*. — Le règlement du tarif de pilotage, à Alger, laisse beaucoup à désirer, soit que les bateaux dont se servent les pilotes soient trop petits, soit à cause de leur apathie. On a vu, particulièrement la nuit, les navires entrer dans le port, sans pilote à bord, surtout par les mauvais temps.

Quant aux capitaineries ou directions de port, il serait à désirer que ces places fussent données à des capitaines au long cours, plus aptes à connaître les besoins des navires de commerce, qu'à des officiers de la marine de l'État, qui s'attachent moins aux petits détails de leur service, quelquefois très-utiles.

2° *Question*. — Il convient de maintenir les dispositions de l'art. 1er de l'ordonnance royale du 16 décembre 1843, qui réserve aux seuls navires français les transports entre la France et l'Algérie, et réciproquement. Voici pourquoi :

La marine française a une telle quantité de navires, que les frets sont excessivement minimes. Ainsi, un navire charge du charbon à Marseille, Cette, Agde, port de Bouc, à raison de 9 francs le tonneau ; à peine l'a-t-il débarqué, qu'il fait son lest et part pour Bône, Cagliari, La Garucha ou l'île d'Elbe, pour charger du minerai à 10 ou 11 francs le tonneau.

5° *Question* — L'art. 3 de l'ordonnance précitée a quelque raison d'être pour ce qui a trait au droit de tonnage de 4 francs par tonneau de jauge sur les navires étrangers. En effet, qu'attendons-nous de l'étranger? Si c'est de l'Italie, les navires italiens sont assimilés, par le nouveau traité de commerce, aux navires français, et ne payent que 2 francs par tonneau de jauge.

Si c'est pour les navires du nord de l'Europe, avec des bois de construction, on n'a qu'à se reporter au décret du 10 octobre 1855.

Si les navires étrangers de tous pavillons arrivent à Alger sur lest et repartent chargés aux 14|15, ils sont exempts. (Loi du 11 janvier 1851.)

Il ne resterait donc que les navires anglais, autrichiens et espagnols. Pour les premiers, qui apportent des charbons, il me semblerait de la dernière injustice de les exonérer, alors que nos navires payent, dans leurs ports, des droits exorbitants, et attendu qu'ils priveraient notre colonie de navires pouvant faire le transport de nos tabacs, laines et céréales, pour le nord de la France. Quant aux Espagnols, je crois que l'on pourrait appliquer le droit de 2 francs, ce qui serait insignifiant comparativement aux frets que font ces navires, lesquels sont de 30 à 35 francs le tonneau.

6ᵉ *Question*. — Ce serait retirer les moyens d'existence à 7 ou 800 marins étrangers, tous établis en Algérie avec leurs familles, que d'autoriser le cabotage de l'Algérie par navires étrangers, en les dégrevant des droits de tonnage; il me semble que l'on doit respecter les droits acquis, alors que l'on pense qu'à Alger, seulement, un capital de deux millions est engagé par les négociants et les patrons dans les bateaux qui font le cabotage de la côte.

§ 7. De la Législation douanière et des traités de commerce. — 6ᵉ *Question*. — Il y aurait à apporter, ce me semble, pour les steamers anglais qui vont du Levant en Angleterre, une modification au tarif du droit de tonnage, en rendant ce droit proportionnel.

8ᵉ *Question*. — Il faudrait modifier aussi, en rendant ses dispositions plus libérales, le décret du 7 septembre 1856, relativement à la francisation, en Algérie, des navires étrangers, à leur armement et à leur équipement.

M. le Président donne la parole à M. Bounevialle, sur la question de la pêche du poisson :

Avant d'entrer en explication au sujet de l'arrêté prohibitif de la pêche au bœuf, il me paraît convenable et juste de rendre hommage à l'intention qui a dicté la mesure et qui était basée sur la sollicitude de l'administration en faveur de la population. On a pensé que cette mesure devait avoir pour conséquence la conservation du poisson dans la baie, et une plus grande abondance sur le marché public.

L'expérience a malheureusement démontré que le résultat a été en sens inverse de celui que l'on recherchait. En effet, depuis la suppression des bateaux *bœufs*, la quantité de poisson mise en vente a toujours été de beaucoup inférieure à celle qui avait été présentée auparavant, et l'alimentation publique a, sous ce rapport, souffert sensiblement, et le manque de poisson suscite des plaintes de la part de la population, et surtout de celle la moins fortunée. Si l'on examine attentivement les mœurs des diverses espèces de poissons, on reconnaît bien facilement que tous n'habitent pas la même localités, et que tous ne peuvent se prendre sur les mêmes parages ni avec les mêmes engins. Les filets traînants, dont se servent les bateaux bœufs, labourent, en effet le fond de la mer et y causent une certaine perturbation; mais il ne s'en suit pas que cette perturbation soit une cause de destruction des espèces. Le poisson, qui est pris par ces engins, n'est pas à demeure dans les endroits mêmes; il voyage, et est même attiré par les appâts que mettent à découvert ces mêmes engins en fouillant le sol, et par ceux abandonnés au même endroit par la pêche même, de telle sorte, qu'une journée abondante de pêche peut être suivie d'un nombre d'autres journées, par le fait du passage et de l'arrivée au même lieu de poissons qui n'y ont pas pris naissance. Chaque espèce d'engin et chaque manière de pêcher s'exerce dans des conditions différentes et, en quelque sorte, sans se nuire réciproquement. Il en est pour la pêche, de même que pour la chasse : telle ou telle nature de gibier ne se trouve que dans telles ou telles localités. Or, la suppression du bateau bœuf n'a pu être remplacée par aucun autre pêcheur, pour les espèces de poissons dont les premiers approvisionnaient le marché. C'est ainsi qu'on ne voit presque plus les rougets de fond qui se trouvaient en si grande abondance, ni le merian, ni la sole, ni la rascasse, ni le pajot, ni les crevettes, ni les seiches (sépia-sépion), ni les autres poissons rouges de la nature de la galinette, etc., tous poissons qui ne se pêchent qu'à distance et par de certains fonds qui ne peuvent être que du domaine du bateau bœuf.

Le marché n'en est pourtant pas complétement déshérité, mais ce qui est apporté nous vient de fort loin et à grands frais.

Il y a, dans les parages de Cherchell, quelques bateaux de dimension inférieure qui se livrent là à ce genre de pêche, et le produit de leur pêche est expédié voie de terre, soit de Cherchell, soit de Tipaza, d'abord à dos de mulet, jusqu'à Blidah, puis de là, par le chemin de fer jusqu'à Alger.

Ce poisson, qui revient fort cher par le transport, ne coûte pas, terme moyen, moins de 40 à 50 centimes le kilogramme et n'est pas à la portée de tous les consommateurs, mais cette ressource disparaît avec l'apparition des chaleurs. Le long trajet que le poisson a à faire, pour être présenté à la vente, ne lui permet pas dans l'été d'arriver dans un état de fraîcheur suffisante, et le propriétaire peut se trouver encore exposé, après avoir fait une dépense sensible, à voir une partie de sa denrée jetée à la mer dans l'intérêt de l'hygiène publique. C'est une erreur de croire que les bateaux bœufs seraient la destruction du poisson, en attaquant les espèces dans le principe de leur reproduction, soit en anéantissant les œufs, soit en prenant le poisson trop jeune : ce serait plutôt ceux, pêchant le plus près de la côte, ceux plus particulièrement autorisés qui seraient dans le cas d'amener cette destruction, si cette destruction était possible, mais, si l'on considère qu'un seul sujet dépose ses œufs par milliers et quelques-uns par million, on verra que les eaux de la mer ne suffiraient bientôt plus si tous les poissons arrivaient à l'état adulte.

Les poissons, d'ailleurs, se multiplient pour se servir mutuellement de pâture, et certaines espèces sont en quelque sorte vouées à l'alimentation des autres. Le poisson, par cet instinct que la nature a départi à tous les êtres, cherche, pour déposer son frai, les endroits où la température offre une chaleur suffisante pour l'éclosion, et cette température se trouve généralement dans les fonds les moins bas, près de terre. Les bateaux bœufs pêchent ordinairement à des profondeurs de 4 à 500 mètres, où la froideur de la température est loin de convenir à l'éclosion du frai.

Le poisson est essentiellement voyageur et, sauf quelques rares familles toutes particulières, c'est-à-dire, celles qu'on appelle plus communément poissons de roche, aucune autre ne reste dans les lieux où elle a pris naissance. Ce sont ces petites familles sédentaires qui alimentent, plus particulièrement, les pêcheurs à la ligne. Il est même à remarquer que la pêche, avec les petits bateaux et les petits engins, c'est-à-dire les pêcheurs de côte, souffrent de l'absence des bateaux bœufs, car ce sont ceux-ci qui approvisionnent les autres des appâts convenables et nécessaires, de telle sorte qu'au lieu d'y avoir concurrence entre tous, il y a aide mutuel, au plus grand profit des populations. D'ailleurs, la côte, en Algérie, n'offre pas un nombre d'habitants aussi considérable qu'en Europe, par exemple, et, en admettant qu'il y eût un dommage quelconque de la part des pêcheurs, dans le voisinage des ports, la reproduction se faisant tranquillement sur une longue étendue de côtes, les grands fonds sur lesquels s'exerce la pêche aux filets traînants n'en sont pas moins parcourus par tous les poissons dont les habitudes sont de fréquenter ces fonds.

La suppression des bateaux bœufs n'a eu, en effet, d'autre résultat que de priver le pays des espèces les plus abondantes et non de les conserver au profit de la consommation publique.

L'exactitude de ces observations ressort, surtout, des faits eux-mêmes.

Il ne faut pas plusieurs années pour que le poisson arrive à l'état adulte, il le devient dans le courant de l'année elle-même. Or, voilà deux ans que la privation de la pêche au bœuf a lieu, et, cependant, non-seulement le marché public a vu, dans son ensemble, une grande réduction sur le poisson offert en vente, mais encore, ainsi que je l'ai dit déjà, les pêcheurs qui sont restés en possession de la pêche n'ont pas apporté, ou du moins n'ont apporté qu'en quantités plus qu'insignifiantes, des poissons appartenant aux familles pêchées par les bateaux bœufs.

Il est donc désirable que la prohibition actuelle prenne fin. Il serait même à désirer encore que l'on pût consentir à éviter tous les inconvénients de la réglementation. Il arrive fréquemment que, par le fait de cette réglementation, les pauvres pêcheurs sont atteints, comme délinquants, tantôt pour avoir apporté sur le marché des poissons qui, suivant leur espèce, n'ont pas atteint la grosseur voulue, et cette démonstration leur est souvent prouvée, au moyen de petits instruments de mesure, ce qui, dans d'autres circonstances, 'pourrait paraître ridicule, tantôt parce qu'ils ont pêché sur des points qui seraient réservés, tantôt parce qu'ils n'auraient pas le permis de pêcher, ou que le permis ne serait pas en règle.

Toutes ces choses sont bien de nature à dégoûter de cette profession, déjà si pénible et si difficile en elle-même, la classe si intéressante qui s'y livre.

Il faut reconnaître, en effet, que lorsque des règlements existent, il y a lieu de créer des agents ayant mission de les faire observer. Mais, tout en étant strictement dans l'exercice de leur devoir, il n'en résulte pas moins, pour ceux qui, quelquefois sans le savoir, se trouvent en contravention, une existence hérissée de motifs de crainte.

Tout en désirant, cependant, le rétablissement des bateaux-bœufs, il faudrait le faire dans des conditions telles, qu'elles rattachassent au pays, d'une manière permanente, les pêcheurs qui l'exerceraient.

Jusqu'à l'époque où ils ont été supprimés, les bateaux-bœufs étaient montés par des Napolitains, à qui ces bateaux appartenaient; qui, même, apportaient leurs provisions pour toute la campagne, et qui, une fois cette campagne terminée, s'en retournaient avec beaucoup d'écus, sans autre avantage, pour le pays, que celui d'avoir approvisionné la population d'un aliment indispensable, et d'autant plus indispensable, que la cherté de la viande, des légumes et autres, destinés à le remplacer, rendent la vie beaucoup trop chère, si ce n'est pour la classe aisée.

M. DE MAISONSEUL demande la parole et s'exprime en ces termes :

Non-seulement, je pense que la pêche dite au bœuf doit être pratiquée sur tout le littoral algérien, mais encore ma conviction est que cette pêche peut être pratiquée impunément, pendant toute l'année, à une distance convenable du rivage.

Quelques personnes craignent que, pendant les mois où le poisson dépose son frai, les filets qui labourent les grands fonds ne le détruisent. Il est, ce me semble, impossible que des œufs de poisson, déposés dans des profondeurs de 100 à 500 mètres, puissent venir à éclosion.

Tout le monde sait comment s'opère la reproduction du poisson; mais beaucoup de gens semblent ignorer les conditions physiques de cette reproduction. Chez tous les animaux dont les œufs n'arrivent pas à maturité par l'incubation de la femelle, l'éclosion s'effectue par ce grand agent qui régit l'univers, *la chaleur*. Il est indiscutable qu'à cent mètres de profondeur seulement, la température de la mer est uniforme pour toute l'année. La nature a donc dû donner aux poissons, qui vivent par de grandes profondeurs, l'instinct de se déplacer à l'époque du frai, et de chercher des fonds d'une température plus élevée pour y déposer leurs innombrables portées.

Si certaines parties des côtes de la mer devaient être protégées dans l'intérêt de la reproduction, ce sont indubitablement les rivages et les plages où la température étant plus élevée que nulle autre part, les poissons de toute espèce doivent venir déposer leurs œufs. Tout filet traînant, pendant cette période de temps, devrait être interdit, et les filets fixes devraient seuls être autorisés.

Le Créateur, dans ses admirables lois, a donné à tous les êtres qui peuplent notre globe un organisme spécial pour les différents milieux dans lesquels ils sont appelés à vivre. Or, dès que les poissons des grands fonds, arrivés à éclosion, se sentent une certaine vigueur, ils doivent forcément rejoindre les lieux habités par leurs congénères, surtout en raison de leurs organes doués d'une résistance de 3, 5, et même 10 atmosphères.

J'ai souvent entendu citer comme abus de la pêche au bœuf la grande quantité de menu fretin que ramènent les filets de ce genre de pêche et qui était rejeté mort à la mer. C'est malheureusement un mal nécessaire; mais que peuvent représenter, sur la masse des poissons de nos côtes, quelques quintaux de fretin, à côté de l'effroyable ravage causé par les poissons eux-mêmes, dont toute la vie se passe à dévorer leurs semblables, jusqu'à ce qu'ils le soient eux-mêmes? Ce même fretin, mort et rejeté, ne sert-il pas de pâture aux autres poissons, et ne rentre-t-il pas, par ce fait, dans l'ordre normal de la création?

J'ai entendu des défenseurs de la pêche établir un parallèle avec la protection si justement accordée à la chasse. Je ne pense pas que la plus belle couvée de perdrix dépasse neuf ou dix petits : la femelle de l'esturgeon dépose, à elle seule, près de trois millions d'œufs.

La séance est levée à trois heures et renvoyée au lendemain, mercredi, à une heure.

Séance du Mercredi 25 mars 1863.

La séance est ouverte à une heure. Tous les Membres sont présents. Le procès-verbal de la séance précédente est lu par M. de Perrigny, secrétaire, et adopté.

M. DE CÈS-CAUPENNE, Commissaire général, fait connaître au Conseil que plusieurs déposants, convoqués pour la séance de ce jour, se sont excusés de ne pas comparaître.

M. LE PRÉSIDENT donne la parole à M. FAVEREAU, Commissaire ordonnateur de la marine.

1re *Question*. — C'est une question à laquelle il est difficile de répondre, *le coût* devant varier nécessairement, en raison de la nature des matériaux employés, du fini du travail, du tonnage du navire, etc.

Il y a lieu de supposer, toutefois, que le prix de revient est plus élevé en Algérie qu'en Espagne ou en Italie, puisque, sur 70 bâtiments qui font le cabotage, 49 ont été francisés, et 2 ont été construits en France. Ce qui revient à dire que les armateurs trouvent un avantage à faire construire à l'étranger, même en payant un droit de 40 fr. par tonneau de jauge.

Ce qui se produit pour les bâtiments affectés au cabotage, a lieu également pour les barques employées à la pêche du corail et du poisson frais.

2e *Question*. — Il ne peut y avoir de réponse positive à cette question. Toutefois, si l'on admet comme concluants un ou deux exemples, qui seront, sans doute, cités à la Commission, il y aurait lieu de s'arrêter à cette opinion que les navires construits avec des bois de l'Algérie auront une durée plus grande, s'ils naviguent sur les côtes de l'Algérie, que ceux construits avec d'autres bois. Mais, ce ne peut être qu'une supposition ; rien, que je sache, du moins, n'a démontré que les chênes d'Algérie soient supérieurs à ceux de France, de l'Italie ou de l'Amérique du Nord, que l'on emploie généralement dans les constructions en France.

M. LE PRÉSIDENT. Les essais faits par la marine avec les bois de ce pays ont-ils été satisfaisants?

M. FAVEREAU. Les bois provenant de la forêt de l'Edough ont donné de bons résultats; mais l'exploitation en est très-chère à cause des moyens de transport qui manquent.

Les bois pris dans cette forêt reviennent à 95 ou 98 francs le stère.

M. LE PRÉSIDENT. A quelle distance la forêt de l'Édough est-elle de la mer?

M. FAVEREAU. A 12 ou 15 kilomètres.

3e *Question*. — Le taux de l'amortissement annuel pour un navire algérien demeure subordonné à l'espace de matériaux employés à la construction, au fini du travail, à l'affectation du navire à tels ou tels transports.

4° *Question.* — On peut dire qu'il n'y a pas de système propre de gréement algérien, et que les navires armés au cabotage ou à la pêche, étant presque tous montés par des étrangers, sont, par suite, gréés suivant les modes et usages suivis par ces étrangers.

7° *Question.* — Le développement de l'industrie des constructions navales dépend certainement des facilités d'exploitation et de transport, mais moins, à mon sens, que des conditions économiques dans lesquelles on pourra obtenir la main-d'œuvre.

Pour que l'industrie des constructions puisse se développer, il faut qu'elle obtienne la matière première à des prix inférieurs à ceux qu'elle coûte en France ; il faut aussi que la différence entre le prix de mise en œuvre d'un stère de bois, par exemple, soit inférieur au prix que coûterait le transport de ce stère de bois du lieu d'embarquement en Algérie au point où il devrait être travaillé en France.

M. LE PRÉSIDENT. Ces questions soulèvent un point sur lequel je vous prierai de donner quelques explications. Il est une autre cause qui doit favoriser le développement de l'industrie des constructions navales, c'est la réparation des navires venant se réfugier à Alger. On nous a dit hier que, depuis le Maroc jusqu'à l'Égypte, le port d'Alger était le seul, sur les côtes d'Afrique, qui pût servir de refuge à un navire désemparé. Voulez-vous nous dire votre opinion à ce sujet ?

M. FAVEREAU. Je ne connais que les ports de l'Algérie ; je ne sais pas si Tanger ou Tunis ont des chantiers de constructions suffisants.

M. LE PRÉSIDENT. On nous a dit qu'Alger était le seul port de refuge jusqu'à Alexandrie ?

M. FAVEREAU. Oui, je crois que c'est le seul pour les grosses réparations, mais il n'y a pas encore les moyens suffisants pour les navires d'un fort tonnage.

M. DE MAISONSEUL. Alger est le seul port où un navire puisse se réparer.

M. FAVEREAU. Dernièrement un bateau espagnol ayant eu des avaries à Stora, a demandé à être remorqué jusqu'à Alger pour pouvoir s'y réparer.

M. LE PRÉSIDENT. Les navires étrangers viendraient, sans doute, se ravitailler à Alger, si les objets de gréement et de réparation y étaient à bas prix et s'il y en avait des approvisionnements ?

M. FAVEREAU. Quelques-uns sont venus ; ils ont payé les objets de réparation 1/5° en plus. Je ne crois pas que le commerce puisse avoir de grands approvisionnements, surtout pour les navires d'un fort tonnage. Du reste, les prix de la marine, même avec le 1/5° en plus, sont encore inférieurs aux prix du commerce, qui vient quelquefois se fournir chez nous.

M. le Président. Parce que la marine a des approvisionnements. Le $1/5^e$ en plus serait donc alors la différence entre le commerce en gros et celui en détail ?

M. Favereau. Le $1/5^e$ en plus a toujours été imposé; on ne le demande jamais quand ces fournitures sont pour les navires français.

M. le Président. Savez-vous si beaucoup de navires étrangers viennent se réparer à Alger ?

M. Favereau. Je crois qu'il en vient peu. Les navires anglais vont se réfugier à Gibraltar.

8e *Question*. — L'intérêt des constructeurs de navires en Algérie serait, évidemment, d'avoir les matières qu'ils emploient au plus bas prix possible, et leur industrie aurait d'autant plus de chances de succès, que les constructeurs de France, par exemple, ne jouiraient pas des mêmes avantages. Mais la question ne semble pas pouvoir être résolue par cette seule considération. L'intérêt de l'industrie française, en général, ne saurait être sacrifié à celui du constructeur de navires. On comprend l'introduction en franchise lorsque les matières sont entrées dans la confection d'un objet destiné à la réexportation, mais lorsqu'il s'agit d'objets devant rester dans le pays, le doute est au moins permis. Le décret du 17 octobre 1855 n'était pas spécial à l'Algérie; si ses dispositions n'ont pas été maintenues pour la France, pourquoi le seraient-elles pour l'Algérie ?

M. le Président. Tout-à-l'heure vous avez reconnu que les navires qui font le cabotage sont des navires francisés. Croyez-vous que, si l'on faisait revivre les dispositions du décret de 1855, il y aurait moins de navires francisés, et plus de navires construits à Alger ?

M. Favereau. Oui, parce que l'Algérie produit des bois.

M. le Président. Pour les intérêts algériens, vaut-il mieux acheter les navires à l'étranger que de construire en Algérie ?

M. Favereau. Il faut savoir si les matières entrées en franchise seraient bien employées aux constructions.

M. Duserech. Si l'on permet l'admission en entrepôt, le décret de 1855 ouvre beaucoup d'abus: beaucoup de fers introduits comme matériaux de construction de navires seraient ensuite livrés au commerce.

M. le Président. Le décret de 1855 a été rendu pour faciliter les constructions navales, au moment de la guerre d'Orient, où il y avait de grands besoins de navires. Ce décret a été abrogé depuis que les besoins sont moins grands. Mais nous remarquons que les bateaux algériens sont uniquement des caboteurs et, pour les $9/10^{es}$, des étrangers : ces bateaux ne sont pas, cependant, meilleurs que les nôtres. L'emploi de navires étrangers est-il aussi important parce qu'il y a économie à acheter à l'étranger, malgré le droit de francisation, ou vient-il des droits de tonnage et autres qui pèsent sur les matériaux de construction ?

M. Duserrech. Il y aurait à craindre qu'en facilitant beaucoup les constructions à Alger, cela ne fît concurrence à Marseille.

M. le Président. La modestie des constructions navales en Algérie n'aurait jamais à effrayer Marseille.

La seule objection à faire serait celle-ci : les objets de construction introduits en Algérie sont francisés, on pourrait les réexporter en France, ce qui ferait tort à l'industrie des fers. Mais la douane ne pourrait-elle pas l'empêcher ?

M. Duserech. Il n'y aurait pas d'inconvénient à admettre les marchandises étrangères en entrepôt; elles seraient considérées comme réexportées, lorsqu'elles auraient servi à la réparation des navires étrangers ou à la construction de navires algériens. Si on autorisait leur entrée en franchise, il y aurait assurément moins de francisation de navires étrangers.

M. le Président. On pourrait étendre cette faculté de l'entrepôt à l'importation des objets destinés à la construction des navires.

M. Favereau. C'est une question de douane spéciale.

M. Warot. Tout à l'heure vous craigniez que les approvisionnements ne fissent encombrement et que les marchandises entrées en franchise ou avec une diminution de droit ne rentrassent en France facilement. La douane surveille bien. Autrefois on admettait les fers en entrepôt moyennant un demi-droit, jamais on n'a pu les réexporter sans payer l'autre demi-droit.

M. Sarlande. Quand on prend une mesure en faveur de l'Algérie, la France réclame pour ses intérêts. Jusqu'en 1851 on ne pouvait pas exporter les blés. La France craint toujours qu'on lui fasse concurrence. Il en est de même pour les vins de l'Algérie. Si l'on admet les matériaux de construction en Algérie, cela facilitera l'industrie des constructions navales.

M. de Maisonneuve. Vous demandez pour l'Algérie une faveur, une prime.

M. le Président. Actuellement la faveur porte sur la francisation des navires étrangers : on demande, aujourd'hui, qu'elle porte sur la construction des navires.

M. de Maisonneuve. Que l'on construise dans les mêmes conditions qu'en France.

M. Sarlande. Nous sommes ici pour défendre les intérêts de l'Algérie; la France est assez forte pour défendre les siens.

M. le Président. Je ne vois pas pourquoi la France se plaindrait de voir l'Algérie construire, puisque l'Algérie est obligée d'acheter des bateaux étrangers et de les franciser, qu'on accorde pour cela des facilités particulières, et que, d'un autre côté, ces navires étrangers francisés ne peuvent pas faire le cabotage avec l'Espagne ou l'Italie.

§ 2. CABOTAGE. — 1re *Question*. — A l'exception d'un ou deux patrons qui sont propriétaires des bateaux qu'ils commandent, tous les bateaux caboteurs appartiennent à des négociants. D'après ce qui m'a été dit, presque tous les patrons ont un intérêt dans l'armement.

2e *Question*. — Cette habitude de faire concourir les capitaines dans les frais de construction ou d'achat, offre des avantages, car il est hors de doute que plus un capitaine est intéressé au succès d'une opération, plus il y a de chances qu'il y donne tous ses soins.

Le nombre des marins ayant les qualités requises pour commander étant en Algérie toujours supérieur à celui des bâtiments armés,

Nombre des bâtiments.................... 70
Id. des patrons..................... 216

il est évident que les armateurs peuvent choisir dans les conditions qui leur semblent les plus avantageuses.

3e *Question*. — Les marins du cabotage algérien naviguent tous à la part.

4e *Question*. — Je ne vois pas quels seraient les moyens à prendre pour faciliter les opérations du cabotage; au point de vue de la marine, je n'en aperçois aucun, car je suis loin de partager l'opinion de certaines personnes qui demandent :

La suppression de l'inscription maritime(1);

La suppression des garanties d'aptitude exigées pour commander, soit au long cours, soit au cabotage;

La suppression des commissions de visite;

La suppression de la réglementation de la ration, etc., admettant que l'intérêt des armateurs auxquels liberté pleine et entière serait donnée, suffirait pour sauvegarder la vie et le bien être des équipages et les intérêts des chargeurs.

La réfutation de ces idées ne me paraît pas rentrer dans le cadre du travail à faire en Algérie, quoique la question y semble conduire nécessairement.

Il y aurait peut-être lieu de rechercher s'il serait possible de diminuer certaines formalités de douane, ainsi que l'ont demandé plusieurs chambres de commerce, mais je ne suis pas compétent pour émettre un avis quelconque sur ce point.

§ 3. DES ÉQUIPAGES. — 1re *Question*. — Le nombre des patrons français ou indigènes qui font le cabotage en Algérie est fort minime, comparé à celui des patrons étrangers.

(4 français, 16 indigènes, 196 étrangers, inscrits sur les matricules).
(2 id. 4 id. 71 id. naviguant).

Ceux de ces derniers qui ont un brevet de leur pays, ne paraissent pas supérieurs en capacité à ceux qui en ont obtenu un en Algérie, après avoir subi l'examen mentionné en l'article 6 du décret du 7 septembre 1856, bien que cet examen ne soit pas rigoureux.

Au reste, le petit nombre de sinistres qui ont lieu sur les côtes de l'Algérie, peuvent être attribués plutôt à des cas de force majeure qu'à l'insuffisance des patrons.

(1) L'inscription maritime n'existe pas en Algérie, mais les marins français qui y résident, continuent à être passibles de la levée.

2e et 3e *Questions*. — La question de création d'une marine indigène a été fort controversée; j'ai été en relations intimes avec l'un de ses partisans les plus prononcés, j'ai entendu l'opinion de la plupart des officiers qui ont eu des Indigènes à bord des bâtiments sur lesquels ils étaient embarqués; et de toutes ces conversations, il m'est resté l'impression que les Indigènes sont généralement considérés comme impropres à faire de véritables marins, non pas que l'intelligence et l'agilité leur fassent défaut, mais parce que leurs mœurs, leurs habitudes s'y opposent, parce que leur religion rend le mélange avec des Européens difficile, et surtout parce qu'ils sont indolents, mous et inconstants.

M. le Gal Yusuf. C'est moins par inconstance qu'ils s'éloignent de la marine que parce que, dans les essais qui ont été faits jusqu'à ce jour, on les a obligés à revêtir le costume européen. Ils ont certainement le goût de la navigation, mais outre qu'ils ont à subir une concurrence de gens plus exercés, il y a encore des règlements spéciaux qui sont une entrave à leurs mœurs et à leurs habitudes.

M. le Président. A-t-on fait quelques essais de spécialisation? Y a-t-il eu des bateaux montés exclusivement par des Indigènes?

M. Favereau. Aucun essai de ce genre n'a été fait encore. Mais je pense, d'après les faits que je vais indiquer ci-après, qu'il y a peu d'espoir à fonder pour la marine, sur l'élément indigène.

Sur 201 Indigènes inscrits sur les matricules à Alger, comme devant naviguer au cabotage ou au commerce :

Il n'y en a pas, en ce moment, un seul qui navigue au cabotage sur les côtes de l'Algérie.

36 seulement sont embarqués en France, mais il est à remarquer que la plus grande partie de ces hommes, très-inconstants, n'exercent pas d'une manière suivie le métier de marin. Ils naviguent pendant deux, trois ou quatre mois, reviennent à Alger passer à terre un an, dix-huit mois, puis ils se remettent de nouveau à naviguer.

Ces hommes sont généralement peu estimés de leurs coreligionnaires.

J'en avais un l'an dernier à mon service; il se plaisait chez moi, mais pendant le Ramadan, il me dit qu'il ne resterait plus jamais à Alger à cette époque, afin de se soustraire à cette pratique religieuse. Il est parti.

On n'a pas inscrit, sur les matricules d'Alger, les Indigènes qui se sont fait porter sur les rôles des bateaux de pêche, mais on peut affirmer que depuis quelques années, le nombre en a été de plusieurs centaines.

Aujourd'hui, 42 Indigènes seulement, se livrent à l'industrie de la pêche *en bateaux*.

7, sur deux bateaux, font la pêche avec un filet appelé Battudo, qui leur donne peu de peine. Cette pêche se pratique à l'embouchure des égoûts et sert à prendre le poisson dit des Juifs.

2 sont embarqués sur deux bateaux montés par des étrangers et font la pêche à la Palancre et au Trécneil.

33 enfin, montés sur 18 bateaux, font exclusivement la pêche à la ligne.

Les Indigènes s'éloignent de toute pêche fatigante.

L'un d'eux, qui m'a paru faire exception à cette règle et que j'ai suivi avec intérêt, possédait un bateau, des filets et d'autres engins (Paniers, Palancres, etc.); peu à peu, il a été obligé de vendre ses filets, ses autres engins, puis son bateau, ne pouvant trouver, parmi les autres indigènes, un équipage qui consentît à faire une pêche un peu active et un peu pénible.

Voici un autre fait qui porte aussi son enseignement :

A la suite d'un rapport qui lui fut présenté par un officier qui préconisait la marine indigène, et qui proposait de fonder des villages de *pêcheurs indigènes*, S. Exc. le Ministre de l'Algérie, considérant « qu'il ne suffit pas, pour former » une population maritime indigène, d'embarquer des hommes sur des bâtiments » de guerre, en les initiant au métier de la mer, mais qu'il faut encore leur » assurer les moyens de continuer à terre ce genre de vie, » prescrivit, par une dépêche du 19 juin 1860, l'achat de deux chaloupes fournies de filets et d'engins de pêche, afin de former les Arabes à ce métier. A cet effet, deux maîtres de pêche devaient être adjoints à l'équipage du bâtiment qui recevrait les chaloupes.

Cet essai n'a pas réussi; les indigènes ont montré une extrême répugnance pour aller à la pêche; forcés d'obéir aux ordres qu'ils recevaient, ils opposaient la force d'inertie aux indications que leur donnaient les maîtres de pêche. Les exhortations n'ont pas même réussi; enfin, on en est venu, sans plus de succès, à faire vendre les produits de la pêche à leur profit.

Pas un indigène ne se livre à la pêche du corail.

Après ces indications relatives à la navigation commerciale, au cabotage et à la pêche, voici maintenant les résultats obtenus pour l'embarquement sur les bâtiments de l'État et à l'École des mousses indigènes, du 1er décembre 1855 au 15 mars 1863 :

	MATELOTS.	NOVICES.	MOUSSES.	TOTAL.	OBSERVATIONS.
Présents.........	14	12	70	96	Ne sont pas compris, dans les chiffres ci-contre, les Indigènes employés sous le titre de marins dans les Directions de port, parce que ce ne sont pas des marins naviguant, mais bien de simples journaliers qui se feraient congédier immédiatement, si on voulait les faire naviguer ou simplement les faire changer de port. Ils sont au nombre de 115.
Congédiés.......	69	144	121	334	
En désertion....	4	21	9	34	
Morts...........	1	3	3	7	
En prison.......	3	2	»	5	
TOTAUX....	91	182	203	476	
A retrancher des 96 présents le personnel actuel de l'École :					
	8	7	58	73	
Il reste donc, embarqués sur les bâtiments de la station :					
	6	5	12	23	

L'École des mousses coûte plus de 60,000 fr. par an :

M. le général Yusuf attribue ce résultat peu satisfaisant à ce que l'on oblige les indigènes à s'habiller comme les autres marins de l'État, ce qui est contraire à leur religion, et qui fait que, lorsqu'ils se présentent chez eux dans ce costume, on les met à la porte. Il ajoute que, dans l'armée, on leur a donné un costume à peu près semblable à leur costume indigène.

On peut répondre à cela que, dans l'armée, on n'a pas admis d'indigènes dans les régiments français, ce qui eût été, d'ailleurs, contraire à l'article 1er de la loi sur le recrutement, et qu'on a créé des régiments spéciaux d'indigènes.

Peut-être, aurait-on mieux réussi si on eût armé des bâtiments de l'État exclusivement avec des indigènes. Mais la question de costume ne peut être invoquée contre la non-participation des indigènes au cabotage, à la pêche du corail et à la pêche du poisson.

4° *Question.* — Après avoir démontré plus haut que les Français et les Indigènes ne prennent qu'une part extrêmement faible à la navigation et à la pêche sur les côtes de l'Algérie, cette question n'a plus d'intérêt.

M. le Président. Savez-vous combien le cabotage algérien emploie de marins?

M. Favereau. Sur les 70 bateaux caboteurs qui font les transports sur la côte, il y a environ 450 à 500 marins, presque tous étrangers.

M. le Président. Et c'est la même chose pour la pêche?

M. Favereau. Pour la pêche, comme pour la navigation, ce sont toujours des étrangers.

§ 4. Des éléments divers des frais de navigation. — 1re *Question.* — A l'exception de quelques bateaux lesteurs d'un faible tonnage, les autres bâtiments algériens sont exclusivement affectés au cabotage. Leur tonnage moyen est de 53 tonneaux.

§ 5. Des Règlements maritimes. — 1re *Question.* — Le pilotage est une institution d'utilité publique, qui rend de très-utiles services, et qui, j'en suis profondément convaincu, prévient la perte de valeurs très-considérables, et sauve la vie à un grand nombre de navigateurs.

Cependant, cette institution a été attaquée par des armateurs de navires faisant certaines navigations qui les ramènent souvent dans les mêmes ports.

La pratique de leurs capitaines rend peu nécessaire, il est vrai, le service des pilotes, et ils voudraient, pour ce motif, s'affranchir de cette redevance, qui ne laisse pas d'être onéreuse.

Mais, s'il était fait droit à leurs demandes, l'institution ne pourrait pas subsister. Ainsi, il est à ma connaissance que des pilotes qui, dans la Manche, dans l'Océan, vont chercher les navires à 12, 15 et 20 milles en mer; qui, en hiver, passent fréquemment des nuits à la mer au-devant des navires, ne gagnent pas plus de 4 à 600 francs par an.

Il est évident que, si leurs services pouvaient être refusés, ils devraient renoncer à une profession qui les nourrit à peine maintenant. Certains même ne pourraient pas vivre, s'ils n'étaient autorisés à se livrer à la pêche.

Les navires au-dessous de 80 tonneaux ne sont pas tenus à prendre des pilotes (art. 24 du décret de 1806).

Le décret du 16 juillet 1852, qui a institué le pilotage en Algérie, dispense également (art. 11) les navires au-dessous de 25 tonneaux et les bâtiments inscrits comme caboteurs, de l'obligation de prendre des pilotes.

Le pilotage n'est organisé qu'à Alger, et il n'existe de tarif de pilotage que pour ce port.

Sur plusieurs autres points, La Calle, Bône, Stora, Mostaganem et Oran, on a établi un service provisoire de pilotage. Dans chacun de ces ports, un marin, nommé *par le préfet* et payé par l'État sur les fonds affectés aux ports de commerce, remplit les fonctions de pilote.

Cette organisation pourrait, en cas de sinistre arrivé par la faute d'un de ces marins, créer des embarras à l'administration, et donner lieu à des réclamations de la part des armateurs ou des compagnies d'assurances; car ces marins qui se présentent comme pilotes n'ont pas subi d'examen, et ne remplissent pas les conditions exigées par les décrets de 1806 et 1852, et les réclamants pourraient dire qu'ils ont été trompés en les prenant pour des pilotes.

Quant au tarif de pilotage qui, ainsi que je viens de le dire, n'existe que pour Alger, il a été établi, conformément à l'article 5 du décret de 1842, par l'administration de la marine, de concert avec la Chambre de Commerce; examiné au Conseil du Gouvernement et sanctionné par un décret du 16 juillet 1852.

On ne saurait lui reprocher d'être trop élevé, car il suffit à peine à couvrir les dépenses.

En 1861, les dépenses ont été supérieures aux recettes de 2,431 fr. 71 c.

La caisse du pilotage a mis en réserve, depuis 1852 jusqu'au 1er janvier 1863, une somme de 33,933 fr. 73 c., qui est destinée, conformément aux dispositions de l'article 6 du décret :

A l'entretien du matériel qui aura prochainement besoin d'être renouvelé;

A couvrir des dépenses imprévues (une embarcation peut se perdre, être coulée, défoncée, etc.);

Enfin, à des allocations de secours aux pilotes malades, infirmes, aux veuves et aux orphelins.

D'après ce qui précède et ce qui a été dit en réponse à d'autres questions, les règlements et tarifs de pilotage qui n'atteignent pas les navires au-dessous de 25 tonneaux, ni les caboteurs de la côte algérienne, *ne sauraient exercer une influence sur le mouvement de la navigation en Algérie.*

L'organisation des Directions de port, telle qu'elle existe en Algérie, n'a pas d'analogue en France; une Commission présidée par M. le Contre-Amiral commandant la marine, a été nommée par décision de S. Exc. le Gouverneur-Général, du 16 août 1862, à l'effet d'examiner s'il conviendrait de maintenir cette organisation ou de se conformer à ce qui existe en France, pour tous les ports du littoral.

La Commission a adressé, le 21 mai 1862, à S. Exc. le Gouverneur-Général, un rapport complet appuyé d'annexes, dans lequel elle a exprimé l'avis qu'il y avait lieu de supprimer les Directions de port, sauf celle d'Alger.

Je ne puis que me référer à ce travail.

2e, 3e et 4e *Questions*. — L'acte de navigation et le traité de commerce avec l'Italie, qui ont été signés le 12 juin 1862 et 17 janvier 1863, mais qui ne sont pas encore promulgués, vont porter atteinte à ce qui a été établi par l'article 1er de l'ordonnance du 16 décembre 1843, en permettant (article 12) aux navires à vapeur italiens de faire « soit la navigation d'escale, soit la navigation *de côtes ou de cabotage* dans tous les ports français de la Méditerranée, *y compris ceux de l'Algérie*, sans être assujettis à des droits autres ou plus forts que ceux qui sont imposés aux navires nationaux. »

Cette disposition sera nécessairement étendue aux autres nations qui doivent, d'après les traités de commerce, être traitées comme la nation la plus favorisée.

Au point de vue des intérêts du commerce algérien qui pourrait obtenir, *peut-être*, des transports à un prix moins élevé par une concurrence sans limite, la suppression des dispositions de l'article 1er de l'ordonnance du 16 décembre 1843 serait avantageuse, mais je crois qu'elle serait funeste à la navigation française et aux industries qui s'y rattachent.

M. LE PRÉSIDENT. Pourquoi croire que la navigation française sera inférieure à la navigation italienne?

M. FAVEREAU. Je parle de l'Algérie où la navigation française est peu importante.

La navigation française subira en Algérie une forte diminution, si le droit de tonnage est supprimé, car on recevra à Alger, par navires étrangers, des objets qui viennent aujourd'hui de Marseille.

La concurrence que les chemins de fer font au cabotage, celle que font aux navires à voiles les bâtiments à vapeur qui se livrent à cette navigation, ont déjà diminué considérablement le nombre des caboteurs à voiles et des marins qui y étaient employés et qui formaient une pépinière d'excellents marins. Il faut craindre de diminuer encore le nombre des navires français au cabotage. Je pense donc qu'il convient de maintenir les dispositions de l'ordonnance royale du 16 décembre 1843.

Cette question, au reste, ne saurait être résolue autrement qu'elle le sera en France.

5e *Question*. — L'article 14 de l'acte de navigation du 13 juin 1862 dispose que les navires italiens faisant l'intercourse entre les ports italiens et l'Algérie, jouiront dans les ports de l'Algérie, d'une réduction de 50 pour cent sur le taux général des droits de tonnage.

Cette disposition s'appliquera aussi probablement aux autres nations qui, d'après leurs conventions, doivent être traitées comme les nations les plus favorisées.

La suppression du droit de tonnage serait sans aucun doute avantageuse au commerce algérien. Reste à savoir si le préjudice, que cette suppression occasionnera au commerce de la métropole et à la navigation française, ne doit pas être un obstacle à l'adoption de cette mesure. Les intérêts de Marseille seront évidemment en opposition avec ceux d'Alger.

Il me semble que la mesure devrait se trouver dans la modification de l'ordonnance et qu'il conviendrait de rendre le droit proportionnel aux opérations de commerce.

6e *Question*. — Le décret du 7 septembre 1856 concernant la francisation des navires étrangers a, ainsi que je l'ai dit dans une réponse précédente, mis presque exclusivement le cabotage entre les mains des étrangers; l'acte de navigation du 13 juin 1862 autorise les navires *à vapeur* italiens à faire le cabotage sur les côtes de France et d'Algérie; d'autres nations auront droit par leur traité au même privilège; or, je ne mets pas en doute que la navigation à vapeur pour les courtes traversées, se substituera partout aux navires à voiles; conséquemment la solution de la question, dans un sens ou dans un autre, présente un mince intérêt; quoiqu'il en soit, je suis d'avis qu'il conviendrait d'adopter une solution analogue à celle qui sera prise pour la métropole.

7e *Question*. — Le régime quarantenaire ne donne lieu à aucune gêne qui puisse avoir une influence sur les opérations maritimes.

Les dépenses qu'occasionne l'organisation sanitaire en Algérie, ont été signalées comme n'étant pas en rapport avec les services qu'elle rend (1); la Commission, instituée par décision de S. Ex. le Gouverneur-Général du 16 août 1862, appelée à exprimer son opinion sur la fusion de ce service avec un autre service, a émis l'avis que le service sanitaire devrait être fusionné avec celui des ports de commerce et ne devrait pas conserver d'agents spéciaux.

§ 6. De la législation douanière et des traités de commerce. — 5e *Question*. — Diverses ordonnances ou décrets ont été rendus en exécution de la loi des 5-16 juillet 1836. Le plus récent porte la date du 15 février 1862.

Cette législation a été examinée récemment (*Moniteur* du 6 mars 1863) à l'occasion d'une pétition du Sénat.

Il ressort de la discussion, que toute introduction en franchise de matières qui doivent être réexportées après avoir subi une main-d'œuvre, doit être considérée comme un avantage, puisqu'elle est l'occasion d'un travail que nos ouvriers n'auraient pas, si cette franchise n'existait pas.

Mais, j'ignore si, en Algérie, où la main-d'œuvre est généralement plus élevée pour une somme de travail moindre que dans beaucoup de pays, les dispositions de la loi du 5 juillet 1836 pourraient trouver leur application.

8e *Question*. — Il serait à désirer certainement que les Français et les Indigènes prissent une part plus active aux opérations de cabotage, mais en présence des faits qui se produisent, du droit qui vient d'être concédé aux bâti-

(1) Conseil Supérieur du Gouvernement, Session de 1861, page 27.

ments à vapeur italiens de faire le cabotage, droit qui devra être octroyé probablement à d'autres nations, je pense qu'une restriction aux facilités accordées par ce décret aurait pour effet de priver le Trésor des droits de francisation, d'éloigner de la colonie des marins qui y résident avec leurs familles, sans procurer un bénéfice réel à l'industrie des constructions navales.

§ 7. PÊCHE DU CORAIL. — 1re *Question*. — La pêche du corail se fait presque exclusivement par des bateaux italiens. Tout ce qui concerne cette pêche ou se rattache à sa surveillance rentre dans les attributions du service dont je suis chargé.

J'ai été nommé Président d'une Commission qui a pour mission d'étudier les modifications qu'il conviendrait d'apporter à la législation actuelle, en vue de faire profiter la Colonie des bénéfices de tous genres que devrait lui procurer l'exercice de la pêche du corail sur ses côtes.

De nombreux documents ont été mis à la disposition de la Commission, qui a reconnu (d'accord, en cela, avec d'autres Commissions qui, à diverses époques, avaient été chargées d'étudier les mêmes questions) que, pour atteindre le but proposé il conviendrait, comme base de toutes les autres mesures qui pourraient être proposées, de demander une protection plus efficace pour les armements qui se font dans la Colonie, en frappant les armements faits à l'étranger d'un droit de patente beaucoup plus élevé que celui qu'ils paient aujourd'hui.

Mais la Commission, informée qu'un traité de commerce et de navigation avec l'Italie devait paraître prochainement, dut suspendre ses séances et attendre que les dispositions de cet acte relatives à la pêche du corail lui fussent connues.

Récemment, l'Administration supérieure de la Colonie a donné connaissance à la Commission que le traité de commerce et de navigation avait été signé le 13 juin 1862, et qu'il disposait (article 14), que le droit de patente actuellement imposé aux pêcheurs de corail italiens sur les côtes de l'Algérie était réduit de moitié.

Cette communication, qui renversait la base sur laquelle devaient s'appuyer la plupart des mesures que la Commission avait l'intention de proposer, fut aussitôt portée à la connaissance des membres résidant à Alger, qui se réunirent immédiatement pour aviser. Des communications furent faites aux autres membres résidant à Bône, à la Calle ou en France, en vue de provoquer l'expression de leur opinion.

Diverses propositions ont été transmises, mais elles n'ont pu encore être discutées, je ne pourrai donc en parler à la Commission d'enquête, au nom de la Commission que je préside, et les renseignements que je vais avoir l'honneur de lui fournir ne sont que l'expression de mon opinion personnelle ou le résultat des documents officiels que je possède, comme chargé du service de surveillance de la pêche du corail et de la pêche côtière.

La législation actuelle sur la pêche du corail ne protège pas suffisamment les intérêts de l'Algérie.

Un décret du 10 avril 1861, a établi certaines immunités pour développer le nombre des armements qui se font dans la Colonie, mais, bientôt, l'autorité supérieure reconnut que les deux mesures (1) contenues dans ce décret étaient insuffisantes, et elle nomma la Commission dont j'ai parlé plus haut.

Le but du décret du 10 avril 1861 était de favoriser l'industrie des constructions navales et celles qui s'y rattachent; de faire résider dans la Colonie les pêcheurs étrangers et leurs familles, qui y dépenseraient ainsi les produits de leur industrie, tandis que les pêcheurs qui arment à l'étranger apportent avec eux, non-seulement leur armement complet et leurs filets, mais encore leurs rechanges,

(1) § 1. Bateaux construits en France ou en Algérie, armés même avec des étrangers à défaut de Français ou d'Indigènes, 400 francs.

§ 2 Sans application — mêmes conditions et, de plus, propriété d'un immeuble de 3,000 francs. Obligation de résider en Algérie et d'y faire résider l'équipage pendant cinq années consécutives.

leurs vivres, etc., de sorte qu'ils ne dépensent et ne laissent rien dans la Colonie.

Dans l'état actuel des choses, les pêcheurs qui arment à l'étranger paient une patente de 800 francs, tandis que ceux qui arment en Algérie, *des bateaux construits en Algérie, ne paient que* 400 *francs*.

Il semblerait donc que le décret du 10 avril 1861 a favorisé de pareille somme les armements algériens, mais il n'en est pas ainsi, car, comme je l'ai dit plus haut, les pêcheurs venant de l'étranger apportent avec eux, *en franchise de droit*, tout ce qui leur est nécessaire pour leur campagne de pêche.

Or, les cordages et les filets, que nos armateurs de la Colonie font venir de l'étranger comme y étant à des prix inférieurs à ceux qui seraient fabriqués en Algérie, acquittent des droits de Douane qui ne peuvent être évalués à moins de 300 francs.

Au paragraphe 1er *des Navires*, Question 8, j'ai dit d'une manière générale qu'il ne me paraissait pas qu'on dût faire revivre le décret du 17 octobre 1855, relatif à l'admission en franchise des matières nécessaires à la construction et au gréement des bâtiments de mer, si ce décret, fait en vue de la France, y a été abrogé; mais je crois que l'un des moyens les plus efficaces de protéger les armements algériens *pour la pêche du corail*, serait d'admettre en franchise de droit tous les cordages, filets, etc., nécessaires à cette pêche. Toutefois, avant de faire une pareille proposition, il y aura lieu d'examiner quelles pourraient être les conséquences de cette mesure, au point de vue des intérêts généraux du commerce et des industries que l'on voudrait créer en Algérie (culture du chanvre, corderie, fabrique de biscuit, etc.)

Si l'on considère, en outre, que les constructions de bateaux qui se font en Algérie, reviennent à des prix plus élevés qu'en Italie, par exemple, (voir ce j'ai dit plus haut à cet égard; j'ajoute ici que le tableau des armements au corail prouve que des armateurs de la Colonie préfèrent payer le droit de patente de 800 francs et se servir d'embarcations construites à l'étranger (1), il demeurera acquis que le décret du 10 avril 1861 ne protège nullement les armements algériens, ou, en d'autres termes, qu'il sert à les mettre à peine sur le pied de l'égalité avec les armements étrangers.

Maintenant que, par le traité de navigation avec l'Italie, la patente de 800 francs va être réduite à 400 francs, il faudra de toute nécessité, pour maintenir l'état de choses actuel, abroger le décret du 10 avril 1861, et affranchir de tout droit de patente les armements algériens.

Mais cela ne suffira pas pour augmenter le nombre des armements algériens, puisque cette immunité que compte proposer la Commission, si elle est admise, n'aura d'autre effet que de replacer les armements algériens dans la situation où ils étaient après le décret du 10 avril 1861 et avant le traité de navigation de 1862, situation reconnue insuffisante par l'autorité supérieure et par la Commission.

2e *Question*. — Il faudra donc rechercher quelles sont les autres mesures qu'il conviendrait d'adopter, pour faire profiter la Colonie des bénéfices de tous genres que devrait lui procurer l'exercice de la pêche du corail qui se fait sur ses côtes.

L'administration supérieure a déjà pris l'initiative de l'une de ces mesures par un traité passé avec un sieur Cahn, en vue d'encourager, dans la Colonie, l'industrie de la fabrication du Corail (Voir *Résumé de la Législation.—Pêche du Corail.*)

Jusqu'ici je n'entrevois pas bien quelles pourront être les mesures que l'on croira devoir proposer sans entrer plus profondément dans un système de primes qui grève le Trésor, au lieu d'y faire entrer des sommes qui proviendraient

(1) Sur 125 barques armées en Algérie, 62 sont venues de l'étranger, et le nombre en serait plus grand si ce n'était la difficulté de faire venir des barques trop faibles pour naviguer seules, ou trop fortes pour être embarquées sur des balancelles.

des droits et des surtaxes que le Gouvernement ne paraît plus vouloir imposer aux étrangers, en entrant, au contraire, autant que possible, dans la voie d'abolition du système protecteur.

Cependant, je ne crois pas pouvoir me dispenser de dire quelques mots de deux propositions, non encore discutées, faites par trois membres de la Commission et de les apprécier à mon point de vue, pour faire ressortir quelles vont être pour le Trésor et pour les armements algériens, les conséquences de l'article 14 du traité de navigation.

Ces deux propositions consisteraient :

1° A faire délivrer gratuitement par l'administration des Eaux-et-Forêts, le bois nécessaire aux constructions pour la pêche du corail ;

2° A accorder une prime de 20 francs par 100 kilog. à ceux qui monteraient des fabriques de fils de chanvre destinées pour l'approvisionnement des barques corallines.

La première de ces propositions présente quelques difficultés d'exécution; mais en admettant qu'elles puissent être levées, la mesure ne procurerait qu'un avantage bien minime, presque insignifiant à nos armements, car on peut évaluer de 2 à 4 stères le bois dur nécessaire à la construction d'une barque de 4 à 14 tonneaux, et la plus petite dimension est généralement celle qui est en usage pour les armements qui se font dans la Colonie. Or, le bois sur pied, en forêt, n'est généralement pas vendu plus de 10 à 15 francs le stère, ce ne serait donc qu'une économie de 20 à 30 francs sur le prix de construction.

Quant à la deuxième proposition, elle constituerait une protection qui paraîtra exorbitante (50 fr. par 100 kil.(1)), si l'on considère que les fils en cordages de chanvre, provenant de l'étranger, paient un droit d'importation de 30 francs par 100 kilogrammes, décimes compris.

Les conséquences, pour le Trésor, du traité de navigation seront, en établissant mes calculs d'après le nombre des armements de la campagne dernière, une perte de la moitié du produit sur les armements étrangers; soit pour 172 bateaux... 68,800 fr.

Abandon de la patente de 400 francs que payaient les armements faits en Algérie avec des barques construites dans la Colonie, pour 1863... 25,200

Prime accordée au sieur Cahn, pour 1863.................. 15,000

Évaluation du montant de la prime *demandée* sur les cordages. 20,000

Total.......................... 129,000 fr.

La situation pour le Trésor deviendrait donc la suivante :

RECETTES.

Droits de patente à payer pour 172 corailleurs étrangers...... 68,000 fr

DÉPENSES.

Frais de surveillance de la pêche par les deux balancelles *le Corail* et *l'Algérienne*..................	33,600 fr.	79,907
Prime au sieur Cahn..............................	15,000	
Prime pour les cordages..........................	20,000	
Droits à payer au Bey de Tunis (Convention du 24 oct. 1842).	11,307	

Excédant de dépense sur la recette... » 11,107 fr.

C'est-à-dire que l'enlèvement du corail sur les côtes de l'Algérie coûterait à l'État une somme d'environ 11,107 francs.

(1) La valeur peut être calculée de 100 à 120 francs les 100 kilogrammes.

3e *Question*. — La pêche du corail, soit que les armements aient lieu à l'étranger ou dans la Colonie, est presque exclusivement entre les mains des étrangers.

Sur 239 bateaux corailleurs, 235 ont été armés au titre étranger, 4 au titre français, ce qui ne veut pas dire que ces derniers étaient exclusivement montés par des Français.

Les Indigènes n'y ont pris aucune part.

M. le Président. Quel est le tonnage moyen des bateaux étrangers employés à la pêche du corail?

M. Favereau. 14 tonneaux environ.

M. le Président. Savez-vous quel est le nombre de marins employés sur ces bateaux?

M. Favereau. Je l'ignore.

M. le Président. Le corail se travaille surtout en Italie; croyez-vous que ce soit pour cette cause que les Étrangers aient accaparé le monopole de la pêche du corail? c'est en Italie qu'ils vendent le produit de leur pêche.

M. Favereau. On a cherché à favoriser ici la fabrication du corail. Les Étrangers emportent tout le produit de leur pêche et le vendent dans les entrepôts de l'Italie. Les quelques bateaux algériens qui font cette pêche vendent le corail brut à Bône.

M. le Président. Quel serait, en Algérie, le principal marché du corail?

M. Favereau. Il n'y a que Bône. Il s'est produit ce fait : des pêcheurs des côtes de l'Ouest sont allés vendre leur pêche de corail dans cette ville.

M. Mercier-Lacombe. Nous avons cherché à protéger la fabrication du corail dans la Colonie pour développer la pêche. Je ne doute pas que cette industrie ne finisse par prendre de l'importance, car on pourrait aisément y employer la main-d'œuvre indigène.

M. Favereau. Je crois que le meilleur moyen de favoriser cette pêche, serait d'admettre en franchise tous les matériaux servant à la construction des bateaux qu'elle emploie.

4e *Question*. — La pêche du corail est extrêmement pénible. Les indigènes sont trop mous, trop indolents pour la pratiquer. Ce fait se trouve justifié par ce que j'ai dit plus haut.

Quant aux Français, ils demandent une solde beaucoup plus élevée que les étrangers, il leur faut aussi une nourriture meilleure.

On évalue la ration de l'étranger sur les corailleurs à 0 franc 50 centimes par jour; celle des Français coûterait plus d'un franc.

§ 8. Pêche du poisson. — 1re *Question*. — La pêche côtière, en Algérie, a été réglementée par un arrêté du 25 septembre 1856.

Dès le 25 juin 1857, ce règlement était officiellement reconnu défectueux, avant même qu'il eût été été rendu exécutoire.

Il n'a jamais été exécuté dans la majeure partie de ses dispositions.

J'ai signalé ce fait à diverses reprises, notamment dans une lettre du 23 juin 1861, dans laquelle j'exprimais l'avis qu'il conviendrait, pour éviter les erreurs dans lesquelles étaient tombés les auteurs du règlement, de faire des études prépatoires sur les différentes parties de l'Algérie, et même sur certains points, en France, où des procédés nouveaux sont expérimentés en grand, tant pour la reproduction des huîtres que pour celle du poisson.

Une dépêche de S. Exc. le Gouverneur-Général, en date du 20 juillet 1861, m'a chargé de préparer les éléments de la révision de l'arrêté du 25 septembre 1856.

A cet effet, j'ai recueilli, sur tous les points du littoral de l'Algérie, pendant une mission d'inspection dont j'ai été chargé, tous les renseignements nécessaires pour accomplir la tâche qui m'avait été confiée.

Dans un rapport, en date du 30 avril 1862, j'ai fait connaître à M. le Contre-Amiral commandant alors la marine, pour qu'il en informât M. le Gouverneur-Général, que j'avais poussé, aussi loin que possible, les études que j'avais été chargé de faire, sur les modes et procédés de pêche employés en Algérie, les usages des pêcheurs, le mode de vente des produits, les débouchés existants et ceux qu'on pourrait espérer dans l'avenir, les gisements d'huîtres, etc.; et que le moment paraissait venu, pour compléter ces études, d'aller, en France, consulter les travaux de la Commission qui venait de parcourir tout le littoral de la France, et voir, sur les lieux, les nouvelles méthodes employées, les conditions d'établissement, ainsi que les résultats obtenus, afin de faire profiter l'Algérie de l'expérience faite et des connaissances acquises.

2e *Question*. — M. le Gouverneur-Général, dans une lettre adressée à M. le Contre-Amiral commandant la marine, le 14 juin 1862, lettre qui contient des considérations très-remarquables, a exprimé l'opinion qu'il n'y a pas lieu de rendre applicable à l'Algérie le décret du 10 mai 1862, et de rapporter son arrêté du 24 juillet 1861, qui a supprimé la pêche au bœuf dans les quartiers d'Alger et de Stora.

Je partage entièrement cette opinion.

Depuis l'arrêté du 24 juillet 1861, des démarches de toute sorte ont été faites, tant à Alger qu'à Philippeville, pour obtenir que cet arrêté fût rapporté, et je suis convaincu que vous entendrez plus d'une déposition, plus d'une opinion dans ce sens. On vous dira, sans doute, que le prix du poisson a considérablement augmenté, que le poisson est devenu rare, qu'il ne suffit plus aux besoins, etc. Il sera d'autant plus facile de parler ainsi, qu'effectivement, le prix du poisson a augmenté. Ce fait était prévu, du moins, dans l'une de ses causes (la collusion des intéressés à la pêche au bœuf et des revendeurs), par la Commission, sur le rapport de laquelle S. Exc. le Gouverneur-Général a pris son arrêté, rapport auquel elle a voulu donner la plus grande publicité en le faisant insérer dans le journal l'*Akhbar*, des 25 et 27 août 1861. Il suffit, pour se convaincre des bénéfices exagérés (1) que font les revendeurs, d'assister à la vente à la criée et de voir ensuite le prix au détail. Je n'exagère rien en affirmant que ce qu'ils achètent 50 francs, ils le revendent 100 ou 120 francs (2).

Une autre cause du renchérissement du poisson, c'est le renchérissement général de toutes les autres choses de la vie, et l'on semble pourtant ne vouloir en tenir aucun compte.

Quant à dire que le poisson est devenu rare et insuffisant, c'est un fait inexact; je ne nie pas que la production ait diminué depuis la suppression des filets bœufs, mais cette diminution qui s'explique d'elle-même, puisqu'on a supprimé des

(1) Le *Courrier de l'Algérie*, numéro du 14 octobre 1862, signale les causes de l'élévation du prix du poisson.

(2) L'état général des produits de la pêche pour 1862 confirme ce renseignement.

engins très-puissants et que le nombre des petits bateaux de pêche *ne s'est accru que dans de faibles proportions*, ne va pas jusqu'à rendre la quantité de poisson insuffisante.

Si l'accroissement du nombre des pêcheurs n'a pas été aussi considérable qu'on devait s'y attendre, cela tient à l'inquiétude qu'entretiennent parmi les petits pêcheurs, les démarches incessantes des intéressés à la pêche au bœuf pour obtenir que l'arrêté du 24 juillet 1861 soit rapporté; aux bruits qu'ils font courir à chaque instant qu'il va être rapporté. Comment, dans une pareille situation, des pêcheurs qui ne possèdent qu'un petit avoir pourraient-ils l'absorber complètement pour augmenter leur matériel ou pour en créer un, alors qu'ils savent que la concurrence des bateaux-bœufs entraînerait inévitablement leur ruine ?

L'enquête même à laquelle vous vous livrez, Messieurs, en remettant en quelque sorte en question l'arrêté du 24 juillet 1861, ne sera-t-elle pas un obstacle à l'accroissement du nombre des petits bateaux?

Depuis la promulgation de l'arrêté du 24 juillet 1861, on a jeté à la mer du poisson *non gâté* qu'on n'avait pas trouvé à vendre; d'autres fois on a donné jusqu'à trois corbeilles d'alachs pesant environ 30 kilogrammes.

Sans doute les alachs, les sardines, les anchois ne sont pas des poissons recherchés, mais enfin ils servent à l'alimentation publique et lorsqu'on peut, *généralement*, se procurer ces sortes de poissons aux prix de 0 franc 10 centimes le kilog. des premiers, de 0 franc 20 centimes pour les seconds et de 0 franc 30 centimes pour les autres, on est mal fondé à dire que le poisson manque.

Dernièrement, si je suis bien renseigné, on payait à Marseille les sardines 1 franc 50 centimes le kilog., alors qu'on les vendait 0 fr. 20 centimes à Alger.

Depuis l'arrêté, on a jeté bien des fois du poisson gâté à la mer, les revendeurs ayant préféré laisser perdre leur poisson plutôt que de diminuer leurs prix.

La nocuité des filets traînants ne saurait être niée, elle a été reconnue à toutes les époques (1), et même dans la circulaire ministérielle du 12 *mai* 1862 qui a fait l'envoi du décret du 10 *mai* 1862.

M. le Président. Cependant, s'il est vrai que cette pêche se fasse à des profondeurs de 500 mètres, avec des bateaux assez forts pour aller loin, avec de grands filets et des cordes ayant 3 ou 4 kilomètres de longueur, on se demande si le traînement du filet peut causer de graves préjudices?

M. Favereau. Le filet bœuf ramène tout ce qu'il rencontre; il prend tout ce qui se trouve au fond de la mer. On estime que sur 300 kilog. de poissons, environ, ramenés par le filet, il y a au moins 200 kilog. de frétin.

M. le Président. La pêche au bœuf est-elle permise dans les ports de Cette, Marseille, Port-Vendres?

M. Favereau. Oui, mais on a reconnu depuis longtemps les effets désastreux des engins *bœufs*. M. Coste, Inspecteur général des pêches maritimes et fluviales, s'est exprimé ainsi dans l'ouvrage qu'il a publié en 1861 (introduction, page xxiii).

« Le but ne serait qu'incomplètement atteint, si, après avoir réprimé le

(1) Voir à ce sujet :
Le Rapport de la Commission qui donne des détails circonstanciés à cet égard;
Le Sémaphore de Marseille du 16 mars 1861.

« colportage et la vente d'une marchandise prohibée, on laissait subsister
» les pratiques désastreuses à l'aide desquelles, pour se procurer les générations
» adultes, on fait périr les générations naissantes : je veux parler, Monsieur le
» Ministre, de ces instruments de dévastation qui, au mépris des plus formelles
» prescriptions de la loi, portent encore le trouble dans tous les lieux où les
» animaux marins trouvaient un abri pour déposer leur frai, et où une aveugle
» industrie ne leur laisse plus maintenant ni le temps de grandir, ni les
» moyens de se multiplier. J'ai vu, comme je l'ai dit ailleurs, ces immenses
» filets traînants, tirés par deux tartanes accouplées, labourer le golfe de Foz,
» déraciner et engouffrer dans leur vaste poche, les plantes marines auxquelles
» sont attachés les œufs des espèces comestibles, et broyer, sous la pression de
» leurs étroites mailles, tous les jeunes poissons, tous les jeunes crustacés,
» auxquels ces plantes servaient de refuge. C'est un spectacle profondément
» triste que celui de voir cette œuvre de destruction consommée par les bras
» mêmes de ceux dont elle prépare la ruine. Le Gouvernement ne saurait
» donc tolérer plus longtemps un abus qui, s'il se prolongeait, finirait par tarir
» la source de toute production. »

M. LE PRÉSIDENT. Cela n'est pas précis, et si, près du rivage, on détruit beaucoup avec les filets dont on se sert, cela n'a pas lieu quand on pêche à de grandes profondeurs. Ne pourrait-on pas autoriser ces engins, en Algérie comme en France, à une distance de trois milles des côtes?

M. FAVEREAU.

M. le Sénateur fait observer que, puisque l'usage du filet bœuf est permis en France à la distance de trois milles, on ne voit pas pourquoi il ne le serait pas en Algérie dans les mêmes conditions.

Je crois savoir, et je sais que beaucoup de personnes sont de cet avis, que la conservation des filets traînants et du filet bœuf en particulier, est une concession faite à de grands intérêts engagés dans cette pêche (1), mais, du moins, le danger de voir enfreindre la limite tracée est bien moindre en France qu'il ne le serait en Algérie, car le système de surveillance exercé par des gardes-pêche nombreux, qui forment des divisions navales, des commissaires de l'inscription maritime, des syndics des gens de mer, des gardes maritimes, etc., est bien mieux organisé qu'il ne peut l'être en Algérie.

Je le déclare, si la pêche au bœuf était permise en Algérie à une certaine distance, je n'aurais pour ainsi dire aucun moyen d'empêcher que cette limite fût enfreinte.

Le passé fait prévoir ce qui adviendrait. Déjà même, on paraîtrait disposé, pour faire disparaître un grave reproche contenu dans le rapport au sujet des armements étrangers, à faire en Algérie les armements pour cette pêche avec des bateaux d'un bien moindre tonnage que les balancelles qui armaient en Italie. Mais, dans ce dire même, j'aperçois le danger que je signale, car, il est évident, que si les bateaux qui seraient employés à la pêche au bœuf sont d'un faible tonnage, ils n'auront pas la force nécessaire pour traîner leurs filets par de grands fonds, et ils seront, dès-lors, sollicités d'une manière irrésistible, par un intérêt puissant, à enfreindre la limite qui leur aura été assignée.

M. LE PRÉSIDENT. La pêche n'a pas pour but la destruction du poisson. Il suffit d'en prendre pour la consommation, et à Alger on ne pêchera jamais que pour les besoins de cinquante mille habitants. Du

(1) Un pareil fait s'est déjà produit en 1849, l'usage du filet bœuf a été maintenu contrairement à l'avis exprimé par M. Clapier, membre du Conseil général du département des Bouches-du-Rhône, dans son rapport adressé à la Commission des Pêches. (Brochure publiée à Marseille, à la typographie Barlatier-Feissat, rue Canebière, 19.)

reste, la permission de la pêche au bœuf n'a d'intérêt qu'au point de vue de cette seule question : nuit-elle à la reproduction du poisson ? et dans quelle proportion? Si l'on pêche à une certaine distance du rivage, je ne comprends pas comment, sur une étendue de 250 lieues de côtes, quelques barques seulement peuvent faire d'aussi grands dégâts. La proportion me paraît être bien peu de chose en Algérie entre les moyens de destruction et les causes de reproduction. A Alger, combien y a-t-il d'individus exerçant l'industrie de la pêche?

M. Favereau. Il n'y a aucun marin français. Le nombre des Indigènes est de 42, pratiquant tous la pêche à la ligne : la véritable pêche est faite par 174 étrangers.

M. de Toustain. On nous a dit que les filets-bœufs ne pouvaient pas labourer sur les rochers; ils devaient donc pêcher à une certaine distance de la côte.

M. Favereau. Ils pêchaient tout près d'Alger et dans la rade. Ils ne pouvaient pas pêcher plus loin, afin de pouvoir revenir avant le jour.

M. Mercier-Lacombe. Je prends la question dans les termes où vient de la poser M. le Président : La pêche au bœuf nuit-elle à la reproduction du poisson? M. le Président résoud cette question négativement; il pense que le poisson, ayant toute la surface du lit des mers pour déposer son frai, l'emploi de tels ou tels filets, dans une zône relativement restreinte, ne saurait diminuer d'une manière appréciable sa reproduction.

Je crois que raisonner ainsi, c'est aller trop loin; dans tous les cas, c'est résoudre la question contrairement à l'opinion des personnes les plus compétentes. Vous avez entendu M. Saverio, l'ancien syndic des pêcheurs, il ne va pas jusque-là. Il demande qu'on rapporte la prohibition du filet-bœuf, mais pendant neuf mois seulement, afin de laisser trois mois à la reproduction du frai. Il reconnaît donc que la pêche au bœuf est nuisible. Or, si elle est nuisible durant l'époque du frai, elle l'est en tout temps. Si le filet-bœuf, comme on l'a constaté, ramène tout le fond, comme une drague, il ramènera le fretin produit du frai, comme le frai lui-même. Alors se produira ce résultat déplorable qu'un seul coup de filet fera périr, sans profit pour personne, des quantités incalculables de poisson microscopique qui, si on lui avait donné le temps de grandir, aurait été une ressource pour la consommation.

On conteste l'appauvrissement de la rade; cet appauvrissement est un fait. Depuis plus de vingt ans que je connais l'Algérie, j'entends réclamer la réglementation de la pêche; mais les mêmes personnes qui ont reconnu la nécessité de la mesure, sont quelquefois les premières à crier quand elle est prise. Alors, il faut une certaine résolution pour tenir ferme. Quant à nous, qui avions le désir de résoudre les questions essentielles, comment avons-nous procédé? Nous avons formé une Commission composée de représentants de tous les services, et nous lui avons soumis la question. L'honorable M. Favereau, son Président, qui, dans cette circonstance, n'a pas seulement fait preuve d'expérience, mais encore de courage, a voulu se livrer à une enquête sévère. Comme il nous le disait tout à l'heure, il a commencé par la théorie, et quand l'étude de tous les documents mis sous ses yeux a eu éclairé la Commission, il a procédé à des expériences. La Commission a assisté à des pêches au bœuf, et elle a constaté la dévastation qui en était la conséquence. Le filet-bœuf, en effet, ramène à la surface, non-seulement le plus petit fretin, mais encore le fond même sur lequel repose le frai, avec les plantes marines qui alimentent ces jeunes générations. A la suite de ces études et de ces expériences, la Commission fut unanime à demander la suppression de tous les filets traînants. L'administration n'alla pas si loin, elle ne prohiba que l'engin le plus destructeur, et encore dans les seuls parages où d'autres moyens de pêche existaient et pourraient, en se multipliant, le remplacer avec avantage.

Aujourd'hui, l'expérience se fait, et elle se poursuivra jusqu'à ce qu'elle soit concluante, sauf à substituer aux dispositions de l'arrêté du Gouverneur-Général, celles du décret rendu depuis pour la France. Ce n'est pas sans difficulté qu'on accomplit de telles réformes, et il serait regrettable que ces discussions prolongées rendissent notre tâche plus difficile encore.

M. LE B^on^ DE VIALAR. Dans mes excursions matinales, j'ai remarqué que le beau poisson manque au marché et devient nécessairement plus cher pendant la période de juin à septembre. On a dit que le petit poisson suffisait et que cette denrée n'avait pas plus enchéri que les autres. On s'est trompé. La preuve que le poisson manque, c'est qu'on est obligé d'aller pêcher à de grandes distances pour approvisionner Alger. Cette denrée de grande consommation revient donc plus cher que si le poisson était pêché dans les environs d'Alger. L'opinion s'est égarée en voyant la quantité considérable de frai détruit par le filet bœuf; mais qu'est-ce que cette portion en comparaison des myriades de menu fretin qui peuplent l'immensité de la mer. D'ailleurs, morts aussi bien que vifs, ces petits poissons servent de pâture aux gros, et je crois, pour ma part, que cette expérience dont on a parlé est dès maintenant plus que concluante.

M. PIERREY. Admettez-vous que le poisson, amené à Alger par la voie de terre, soit le produit de la pêche au bœuf faite en dehors des limites de l'interdiction?

M. FAVEREAU. Oui, cela ne peut être autrement.

M. PIERREY. Alors, l'arrêté de 1861 n'a fait que déplacer le mal.

M. FAVEREAU. Les lieux où s'abrite le poisson ne se repeuplent pas du jour au lendemain. La baie d'Alger ne l'est pas encore, mais elle le sera un jour, et l'interdiction qui frappe aujourd'hui la pêche au bœuf ne doit pas durer constamment.

M. LE PRÉSIDENT. Combien y a t-il de *paires de bœufs* employées à Marseille?

M. FAVEREAU. 70 environ à Port-Vendres.

M. LE PRÉSIDENT Si on continue à faire cette pêche dans la Méditerranée, c'est qu'elle est lucrative et qu'elle ne détruit pas autant que vous pensez. Les lois naturelles de la reproduction du poisson sont bien puissantes. Je suis convaincu, pour ma part, que la consommation augmente de jour en jour et que la production ne diminue guère puisque, depuis 20 ans, il est indubitable que l'on consomme plus de poisson et plus de viande. Je pense donc que, sur une côte aussi vaste et aussi peu peuplée que la côte d'Afrique, le temps n'est pas venu de mettre en doute la fécondité de la mer, que l'expérience ne l'a pas démontré, et que la pêche diminuerait d'elle-même le jour où elle ne procurerait plus à ceux qui la font les bénéfices qu'ils en retirent.

M. FAVEREAU exprime le regret de ne pas pouvoir donner de plus amples renseignements sur cette matière et de ne pas pouvoir réfuter par des chiffres ou par la production de documents officiels les allégations erronées qui peuvent être présentées au Conseil sur la question de la pêche.

M. le PRÉSIDENT remercie M. FAVEREAU des intéressantes communications qu'il a faites.

M. FAVEREAU se retire.

7e Groupe. — RÉGIME COMMERCIAL ET DES ENTREPOTS.

MM. DUVALLET, directeur des docks algériens,
COSTE, négociant.

M. DUVALLET s'excuse de ne pouvoir comparaître devant le Conseil, sa qualité de juge au tribunal de commerce l'obligeant à assister à l'audience qui se tient aujourd'hui même ; il adresse à M. le Président les observations ci-après sur quelques questions de l'enquête.

Observations de M. DUVALLET :

Il faut à l'Algérie une plus grande liberté commerciale :

1° La suppression du droit de tonnage;

2° La suppression des droits résultant de la différence de pavillon ;

3° Un régime d'entrepôt plus libéral.

Tout cela se résumant en ces mots : Les libertés du port de Marseille, ses prérogatives.

L'Algérie est digne de ces aspirations :

Par sa situation géographique, ses 200 lieues de côtes sur la route des navires voyageant entre l'Océan et les divers états qui entourent le bassin de la Méditerranée jusqu'à l'isthme de Suez, bientôt le passage obligé des Grandes-Indes ;

Par ses produits, ses minerais, ses bois, par les trésors plus nombreux encore qui n'attendent que la main de l'homme pour surgir du sol.

Aussi, pour exploiter toutes ces richesses nous demandons que nos ports soient ouverts à tout le monde.

N'avons-nous pas Alger, avec son port pouvant contenir des centaines de bâtiments ;

Ses bassins de radoub ;

Ses quais larges et spacieux !

Ces grandes choses qui ont coûté des millions ne peuvent devenir utiles qu'au moyen de la mesure mille fois proposée :

La liberté du port d'Alger ; les mêmes prérogatives que celles dont jouit la ville de Marseille.

L'activité que ces mesures amèneront et le grand développement d'affaires qui en sera le résultat offriront au petit comme au grand cabotage, une large compensation au dommage causée aux quelques navires qui nous viennent, de temps à autre, apporter des houilles d'Angleterre, et dont le soucieux intérêt demande le maintien de l'ordre de choses actuel.

M. Coste, membre de la Chambre de commerce depuis une quinzaine d'années, n'a personnellement aucune observation spéciale à soumettre au Conseil, il s'excuse de ne pouvoir se rendre à la convocation qui lui a été faite et se réfère aux dépositions des délégués de la Chambre, qui doivent être entendus dans la séance de vendredi.

8e Groupe. — COMMERCE.

MM. Herpin, quincaillier,
Limozin, frères, marchands de fers,
Alphandéry, négociant,
et Chapuis, négociant.

M. Herpin est malade et ne peut se présenter pour cette cause.

MM. Limozin, frères ont présenté, par écrit, sur le questionnaire, les observations suivantes :

§ 1. Des Navires. — 8e *Question*. — Oui, il conviendrait, dans l'intérêt des constructeurs algériens, de faire revivre les dispositions du décret du 17 octobre 1855, qui avait autorisé l'importation en franchise complète de tous les objets nécessaires à la construction et au grèement des bâtiments de mer.

§ 2. Cabotage. — 1re *Question*. — En général, les bateaux armés pour le cabotage appartiennent aux patrons qui les commandent.

§ 5. Des Règlements maritimes. — 4e *Question*. — Il faut apporter de grandes modifications à l'article 3 du 16 décembre 1843, si l'on veut obtenir en Algérie des arrivages fréquents.

§ 6. De la Législation douanière et des Traités de commerce. — 1re *Question*. — Les régimes actuels des entrepôts sont suffisants et conviennent en Algérie.

2e *Question*. — L'influence des nouveaux traités de commerce a été heureuse pour l'Algérie.

3e *Question*. — On n'a pas encore eu l'occasion d'apprécier les avantages du décret du 25 juin 1860, qui autorise, par les frontières du Sud de l'Algérie, la libre introduction, en franchise, de toutes les productions du Soudan et du Sahara.

5e *Question*. — Il y a convenance d'appliquer, en Algérie, les dispositions de la loi des 5-16 janvier 1836, qui autorise l'importation temporaire de certains produits étrangers destinés à être fabriqués.

7e *Question*. — Les modifications à apporter dans le régime commercial actuellement en vigueur, afin de développer l'agriculture, le commerce et l'industrie de l'Algérie, sont : la suppression totale du droit de tonnage et l'admission, en Algérie, des pavillons étrangers avec un faible droit pour la protection du pavillon national.

M. le Président donne la parole à M. Alphandéry.

M. Alphandéry. J'avais l'intention de développer devant le Conseil Supérieur quelques observations au sujet de notre commerce avec le Soudan et le Sahara, mais un autre point me paraît devoir être traité avant celui-là, c'est la prohibition dont sont frappés, en Algérie, les sucres et les cafés de provenance étrangère.

Aux termes des dispositions du tarif général des douanes, particulières à l'Algérie, les marchandises suivantes d'origine étrangère et de grande consommation, telles que les *cafés*, les *sucres bruts*, et les *tabacs*, ne peuvent être importés en Algérie que des entrepôts de France.

Leur importation directe d'origine et des entrepôts étrangers les soumet à un excédant de droit qui équivaut à une interdiction absolue.

Cet excédant de droit est indépendant de la surtaxe de pavillon qui existe toujours.

Les cafés payent en Algérie 12 francs les 0/0 kilog. lorsqu'ils sortent des entrepôts français; 15 francs, s'ils viennent d'origine ou des entrepôts étrangers par navires français; 16 francs 50 centimes, s'ils viennent par navires étrangers.

Les sucres bruts étrangers payent en Algérie 18 francs 75 centimes les 0/0 kilog. venant des entrepôts français; venant des entrepôts étrangers ou d'origine, ils sont soumis aux droits du tarif général de 30 francs les 0/0 kilog. par navires français, 32 francs par navires étrangers; enfin les tabacs payent 20 francs par 0/0 kilog., s'ils sortent des entrepôts français; 25 francs, s'ils viennent des entrepôts étrangers ou d'origine par navires français; 27 francs 50 centimes, si leur importation se fait par navires étrangers.

Ces dispositions particulières à l'Algérie sont pour elle la privation absolue de relations commerciales, autres que celles qu'elle a avec les ports français du bassin de la Méditerranée.

On conçoit aisément quel intérêt immense le consommateur peut avoir à aller chercher directement, dans les pays d'origine, les marchandises qu'il consomme, au lieu de les demander à des intermédiaires qui prélèvent un bénéfice auquel viennent encore s'ajouter les frais supplémentaires, que la marchandise subit forcément en n'arrivant au pays de consommation que par des voies indirectes.

Enlever au consommateur le droit ou la faculté de prendre cette marchandise, lorsqu'il ne peut l'aller chercher en origine, dans les entrepôts qui lui offrent le plus d'avantage, c'est encore le charger inutilement et sans aucun intérêt d'un surcroît de prix qui est souvent considérable.

Enfin ne pouvoir rien demander aux entrepôts nombreux qui nous avoisinent, c'est par là même nous priver de leur rien offrir, si nous ne pouvons rien prendre en échange.

Nous croyons donc fermement que la conséquence forcée de la suppression du droit de tonnage doit être la suppression des interdictions dont il vient d'être parlé, c'est-à-dire des droits différentiels qui frappent en Algérie les cafés, les sucres bruts étrangers et les tabacs, lorsqu'ils sortent d'entrepôts autres que ceux de France, ou d'origine.

Si les résultats généraux de l'enquête, qui se poursuit en ce moment, démontraient la nécessité de maintenir une protection en faveur de notre marine, nous pensons que l'on pourrait, en maintenant la surtaxe du pavillon, admettre l'égalité de droit, que l'importation se fît des entrepôts étrangers ou français, ou des pays d'origine.

Nous croyons que la question que nous soumettons au Conseil Supérieur d'enquête mérite toute son attention, car si le nombre des marchandises qui sont soumises à l'anomalie que nous signalons se réduit à trois, il ne faut pas perdre de vue que ces marchandises sont de grande consommation.

M. de Maisonneuve. Le tarif algérien, en ce qui concerne les denrées coloniales, a été combiné de manière à réserver, non-seulement au pavillon national, mais aussi au commerce français, l'approvisionnement de la Colonie. On avait considéré, jusqu'à présent, que le commerce local n'était pas en mesure de s'approvisionner directement dans le pays de production ; de plus, les droits de douane avaient été suffisamment abaissés pour que les marchandises dont il s'agit pussent être livrées à la consommation à des prix modérés.

Quant à la faculté que demande M. Alphandéry d'aller chercher des approvisionnements dans les entrepôts étrangers, tels que Livourne, sans avoir à payer des surtaxes considérables, elle aurait des conséquences très-fâcheuses, tant pour notre commerce extérieur que pour la navigation française.

M. le Président. Ainsi, la marchandise venant de Livourne ou de Gênes va à Marseille en entrepôt, et venant de là, elle paye moins que si elle arrivait directement de Livourne ; est-ce ainsi que cela a lieu ?

M. Alphandéry. Oui, c'est ainsi pour toutes les marchandises de production étrangère.

M. le Président. Qu'avez-vous à demander, Monsieur, relativement au commerce avec le Soudan ?

M. Alphandéry. Le Gouvernement se préoccupe depuis longtemps d'ouvrir au commerce français les débouchés du Soudan. Une mission a été envoyée à Ghadamès dans ce but ; mais une des mesures propres à faciliter ce commerce serait plutôt l'introduction en entrepôt des produits fabriqués et des marchandises anglaises, que les populations sont dans l'habitude de consommer. La route directe du Soudan n'est pas, comme on le pense, par Tripoli ou par le Maroc; ces deux routes ne sont fréquentées actuellement qu'à cause des transactions commerciales avec l'Angleterre, lesquelles s'effectuent par ces deux points. Il est une autre route bien plus directe pour se rendre dans ces contrées, et c'est dans la province d'Alger même qu'on en a retrouvé toutes les traces; il faudrait donc détourner le courant suivi par les marchandises anglaises et en faire profiter le commerce de l'Algérie.

M. le Président. Espérez-vous qu'il se fera un jour avec ces contrées un commerce important?

M. Alphandéry. Je le crois, car il y a, dans le Soudan, de nombreux consommateurs.

M. le Président. Quels sont les produits du Soudan qui pourraient être échangés?

M. Alphandéry. L'ivoire, la poudre d'or, et aussi le coton, qui y vient à l'état brut.

M. le Président. Les prix de transport seraient-ils considérables?

M. Alphandéry. Actuellement, c'est surtout dans les contrées qui avoisinent la mer que les frais de transports sont élevés; on paye deux fois plus cher dans cette région que pour traverser tout le Sahara. — Une question nous préoccupe encore, celle de la pêche du corail, et nous constatons avec peine l'infériorité des corailleurs français sur les étrangers; il serait utile de développer en Algérie l'industrie de la fabrication du corail.

M. Mercier-Lacombe. Croyez-vous que cette industrie puisse progresser en Algérie et qu'elle puisse utiliser la main-d'œuvre indigène?

M. Alphandéry. Je le pense, car, autrefois, il y avait ici des ouvriers corailleurs.

M. Salmon. Cela se pourrait d'autant mieux que nous avons ici les consommateurs; Alger est un centre important pour l'écoulement de ces produits.

M. Mercier-Lacombe. L'entrepreneur de corail fabriqué avec lequel l'Administration a passé un traité, s'est engagé à faire venir des Italiens pour former ici des ouvriers indigènes. Nous pensons que ces dispositions peuvent développer cette industrie en Algérie.

M. le Président remercie M. Alphandéry de ses communications.

M. Chapuis, étant en France, ne peut comparaître devant le Conseil Supérieur.

9e Groupe. — INDUSTRIE.

M. Castelbou, fondeur.

M. le Président. Vous avez, Monsieur, une fonderie à Alger; vous fondez le minerai de fer?

M. Castelbou. Non, Monsieur le Président, nous ne faisons que la seconde fusion.

M. le Président. Vous n'avez pas de hauts fourneaux?

M. Castelbou. Nous n'en avons pas.

M. le Président. Veuillez présenter vos observations sur le questionnaire.

§ 5. Des règlements maritimes. — 5e et 6e *Questions*. — Je demanderai que le droit de tonnage soit entièrement supprimé et le cabotage permis par navires étrangers.

§ 6. De la législation douanière et des traités de commerce. — 1re *Question*. — Les affaires, en Algérie, sont sujettes à des influences si variables que les délais d'entrepôt fictif ne sont pas toujours suffisants.

Dans l'intérêt de l'industrie comme pour le développement de l'agriculture, il conviendrait que les matières premières et les produits fabriqués fussent admis en pleine franchise.

M. le Président. Pouvez-vous utiliser les fontes de Bône?

M. Castelbou. Non, elles sont trop aciéreuses.

M. le Président. Quelles pièces fabriquez-vous principalement?

M. Castelbou. Des moulins, des instruments pour l'agriculture.

M. Mercier-Lacombe. En mélangeant les fontes de Bône, pourriez-vous les employer?

M. Castelbou. Non, elles sont trop fortes.

M. de Vialar. On pourrait en faire, alors, des socs de charrues.

M. le Président. Achetez-vous beaucoup en Angleterre?

M. Castelbou. Environ 150 tonnes par an.

M. le Président. Si on autorisait l'introduction en franchise de la fonte anglaise, à charge de réexportation, pourriez-vous réexporter pour l'étranger?

M. Castelbou. Non, monsieur le Président.

M. Castelbou remet à M. le Sénateur, Président du Conseil, la note ci-après, sur l'introduction en franchise, en Algérie, de toutes les machines exportées de France.

Le décret du 6 octobre 1862, qui autorise l'admission en franchise de tout droit de douane, dans les ports de l'Algérie, des machines et autres produits exportés de France, nous place dans des conditions d'infériorité vis-à-vis des constructeurs de la métropole. En effet, nous tirons comme eux nos matières premières de l'étranger, et tandis qu'ils sont exonérés de tous droits, nous qui fabriquons en Algérie et pour l'Algérie, nous sommes tenus de payer ces mêmes droits.

Notre établissement est cependant d'une importance qui mérite d'être remarquée; il rend journellement des services à la marine de l'État et du commerce, à toutes les administrations civiles ou militaires qui dirigent les travaux publics, à l'industrie privée et à l'agriculture. Notre consommation annuelle moyenne est de 200,000 kilogrammes de fonte brute, 2,000 kilogrammes cuivre, bronze et étain, et 25,000 kilogrammes fers en barres. Depuis 1846, outre divers travaux importants accomplis sous la direction des ingénieurs des Ponts-et-Chaussées, des architectes ou des officiers du Génie, nous avons construit pour l'industrie privée :

59 moulins à farine complets formant un effectif de 122 paires de meules; 2 moulins à huile; 2 moulins à sorgho à vapeur; environ 300 pompes et norias de tout système et diverses machines pour l'agriculture.

Dans le courant de l'année 1862, le nombre des fontes pour charrues complètes, livrées à des constructeurs d'Alger et des différentes localités de la Mitidja et du Sahel, a atteint le chiffre de six cents.

Nous croyons donc qu'il ne serait pas indifférent de maintenir l'industrie dans la Colonie, au moins sur un pied d'égalité avec celle de la métropole, et cela avec d'autant plus de raison que nous avons, à des intervalles assez fréquents, des crises très-violentes à endurer. Nous avons vu, depuis notre installation à Alger, six établissements du même genre, fondés à des époques différentes, forcés de renoncer à leur entreprise dans ces moments difficiles; ce n'est qu'à force de persévérance et d'abnégation que nous avons pu nous-mêmes en triompher jusqu'à ce jour.

M. le Président remercie M. Castelbou de ses communications.

10e Groupe. — INDUSTRIE.

MM. Giraud, Dulioust, Ganzin, Dupuis, — Minotiers.

M. Dupuis, tant en son nom qu'au nom de MM. Giraud, Dulioust, et Ganzin, présente les observations suivantes :

§ 3. Des règlements maritimes. — 2e *Question*. — Le bon marché du fret étant subordonné au plus ou moins grand nombre de navires disponibles dans les ports, il convient d'établir la concurrence de navigation entre tous les pavillons, seul moyen d'agrandir le cercle de nouveaux débouchés aux produits de la Colonie.

3e *Question.* — L'influence de l'ordonnance du 16 décembre 1843 aurait eu des suites désastreuses pour la Colonie, si la restriction de l'art. 1er n'avait pas été atténué, dans ses conséquences d'immobilité, par la loi du 11 janvier 1851, qui a ouvert à nos produits le libre accès de la Métropole. De cette époque seulement, date l'œuvre de la colonisation par la culture des terres et par la création de nombreuses usines se rattachant à la manipulation et transformation des produits du sol.

4e *Question.* — Une modification de ladite ordonnance serait insuffisante, c'est son abrogation pure et simple qu'il faudrait. Le régime de la liberté commerciale est le seul qui puisse développer promptement toutes les forces vitales de l'Algérie.

5e *Question.* — La suppression du droit de tonnage sur les navires étrangers qui entrent dans les ports de l'Algérie, est de toute nécessité, si l'on veut développer notre production agricole et industrielle et accroître le commerce de l'Algérie avec les nations étrangères.

Cette suppression est indispensable, si l'on veut attirer dans la Colonie les bras et les capitaux européens, et donner le mouvement et la vie à nos ports.

De toutes les questions commerciales, celle-ci est la plus importante; de sa solution dans le sens le plus large dépend l'avenir et la prospérité de l'Algérie.

La suppression de ce droit de 4 francs par tonneau serait, en réalité, une diminution de prix d'autant sur le fret; par conséquent, diminution dans la vente de nos produits bruts ou fabriqués qui, dans ces conditions pourront aborder avec avantage les marchés les plus importants d'Europe.

L'abrogation du droit de tonnage et de l'art. 1er de l'ordonnance royale du 16 décembre 1843, amènera dans les ports de l'Algérie un plus grand nombre de navires étrangers à voiles. Les navires à vapeur venant du Nord ou du Levant feront escale soit à Oran, Alger ou Bône, les uns opérant des chargements ou déchargements complets, d'autres partiellement, mais tous laissant dans la Colonie un capital plus ou moins important qui, du port, ira vivifier l'intérieur.

L'arrivage de ces nouveaux navires, venant augmenter le nombre actuel, ne peuvent que produire une diminution dans le fret. Ce résultat, si désirable et depuis si longtemps espéré, sera tout au profit de la Colonie et de sa population, car il dégrèvera d'autant la valeur des marchandises importées, et augmentera d'autant sur les marchés étrangers la valeur des marchandises ou produits que nous exporterons.

Ce sera double bénéfice pour l'Algérie; plus nos produits trouveront des débouchés, plus ils seront recherchés et plus leur valeur sera augmentée.

Étant reconnu aujourd'hui, par les hommes les plus compétents en économie politique, que le progrès commercial, industriel et agricole ne peut s'accomplir que par la plus grande liberté possible dans ses mouvements, toutes entraves et barrières fiscales doivent disparaître, surtout pour une Colonie qui, pour grandir, a plus besoin d'expansion que de restriction.

Dans cette conviction, nous demandons l'abrogation des art. 1er et 3 de l'ordonnance royale du 16 décembre 1843.

M. le Président. Les minoteries suffisent-elles à la consommation en Algérie?

M. Dupuis. Oui, nous ne travaillons même que pendant quatre mois de l'année, mais nous n'avons pas la possibilité d'exporter à Marseille, pendant l'été, parce que nous sommes astreints à un droit de 5 francs, tandis que, pendant l'hiver, Marseille nous encombre.

M. le Président. Qui vous empêche d'exporter en Espagne?

M. Dupuis. Nous ne pouvons pas le faire à cause des droits à acquitter.

M. le Président. Le droit de 5 francs que vous acquittez à Marseille est-il un droit de douane?

M. Dupuis. C'est un droit de consommation.

M. le Président. Et l'industrie de la minoterie est assez forte pour vous permettre d'exporter?

M. Dupuis. Oui, pour la consommation locale nous ne pouvons pas travailler toute l'année; en été, nous sommes obligés de renvoyer nos ouvriers.

M. de Toustain. M. Giraud m'a dit qu'on ne pouvait pas exporter de farines de blé dur, parce qu'elles s'échauffaient.

M. Dupuis. La farine de blé dur peut très-bien s'exporter, il suffit de prendre plus de soin pour sa fabrication.

M. le Président. Exportez-vous quelquefois pour Bône et Oran?

M. Dupuis. Oui, j'ai expédié récemment trois cents balles pour Oran.

M. le Président. Si c'est un droit de consommation que l'on paye à Marseille, les farines françaises y sont soumises comme les farines algériennes.

M. Dupuis. Je demande la même chose en faveur de l'Algérie.

M. le Président. Est-il importé beaucoup de farines de Marseille?

M. Dupuis. Oui, trente milles balles cette année.

M. le Président. Avez-vous essayé à faire le commerce avec l'Espagne?

M. Dupuis. Non, je n'ai pas de relations en Espagne.

M. le Président. Pourriez-vous nous donner des renseignements sur le prix des blés en Espagne et en Italie?

M. Dupuis. Je ne pourrais pas en donner.

M. le Président. Vous êtes d'accord pour demander la suppression du droit de tonnage?

M. Dupuis. Oui, nous espérons par ce moyen pouvoir exporter des quantités assez importantes de farines.

M. Dupuis se retire.

11e Groupe. — INDUSTRIE.

MM. Chazel, Filateur.
Vallier, Égreneur de cotons.
Barbier, Marchand de Tabacs.

MM. Chazel et Barbier, membres de la Chambre de Commerce, déclarent s'en rapporter aux observations qui seront présentées vendredi par les délégués de la Chambre.

M. Vallier a préparé des réponses sur quelques questions spéciales de l'enquête, il les développe ainsi :

§ 2. Cabotage. — 4e *Question*. — Il serait très-utile d'occuper et de coloniser tous les petits ports naturels qui existent le long de la côte.

Jusqu'à présent on a tout fait pour les grands ports du pays et avec juste raison.

Mais si aujourd'hui on s'occupait d'ouvrir à la navigation beaucoup de petits ports de la côte et de les relier avec l'intérieur du pays, on donnerait plus d'aliments au cabotage et on procurerait l'écoulement de produits qui, faute de routes, ne peuvent arriver sur les marchés ou n'y arrivent que grevés de frais considérables.

Ainsi, Tipaza a reçu déjà un commencement de travaux, et des balancelles y accostent volontiers.

Mais si on ouvrait la route qui doit relier Tipaza à Marengo, tous les produits de cette partie de la plaine des Hadjoutes, tous ceux des Beni Menad et des montagnes voisines pourraient s'écouler par Tipaza, et les caboteurs les transporteraient à Alger à bien meilleur marché.

Dans l'Est, aux Issers, il existe Mers-el-Djadje, Mers-Djinnet qui, avec peu de frais, offriraient un abri aux petits caboteurs, et ouvriraient des débouchés aux produits de ces pays, si on y établissait des populations.

Le fret pour Marseille, par bateaux à vapeur, est peut-être élevé, mais ce qui nuit à l'exportation pour France des produits agricoles, ce sont les tarifs des chemins de fer, ou, pour mieux dire, *la lenteur de la petite vitesse*. La petite vitesse met autant de temps, de Marseille à Paris, que l'ancien roulage ordinaire en mettait jadis.

On comprend que cette lenteur est un calcul de la part des compagnies, afin d'obtenir plus de transports par la grande vitesse, qui se fait payer deux et trois fois davantage et qui ne coûte pas aux compagnies cinq centimes en sus. Mais cela nuit aux affaires. Les consommateurs de France en souffrent, ainsi que les cultivateurs de l'Algérie.

Pendant les vingt-deux jours que des cotons mettent pour arriver au Hâvre, les cours peuvent varier considérablement et les intérêts de l'expéditeur se trouvent lésés.

Il semble que les délais de petite vitesse pourraient, sans aucun inconvénient, être réduits de moitié; cela faciliterait beaucoup d'affaires, et par suite, donnerait de l'élément au grand cabotage.

§ 4. Des éléments divers des frais de navigation. — 2e *Question*. — On ne charge pour le Hâvre que les tabacs de la Régie, et le peu de coton que produit encore le pays. Par suite, le fret est tellement élevé (90 à 100 *francs le tonneaux pour le coton)*, qu'on préfère les acheminer au Hâvre par Marseille et voies ferrées. Le transport est un peu plus cher, mais il n'y a pas d'assurance à payer, soit 1 et demi pour cent de la valeur; on gagne encore 1 demi pour cent par le moins de temps en route. Cela fait 2 pour cent d'économie.

M. le Président. Quelle quantité de cotons avez-vous expédiée cette année?

M. Vallier. Peu de chose, soixante balles en tout; en 1852, 1853 et 1854, la culture du coton a pris beaucoup de développement, mais il était mal cultivé; il n'y avait pas plus de 2, 3 ou 4 quintaux à l'hectare. Quand on a retiré la prime de 20 francs par 20 ares, cette culture est tombée. En 1860, on avait fait quinze mille kilog. de coton longue-soie, mais les prix sont tombés tout d'un coup. En 1861, on a fait du coton en grande quantité, les prix se sont relevés. Cette année il est fort cher, et la culture semble reprendre. Il faut dire qu'elle a moins progressé dans le département d'Alger que dans celui d'Oran, parce que les eaux d'irrigation y sont moins nombreuses et que la nature du sol, étant moins consistante, s'échauffe plus difficilement aux rayons du soleil.

D'un autre côté, la culture du tabac, qui a pris beaucoup de développement, avait envahi les terres les plus propres à produire du coton; aussi cette dernière plante qui, en 1854, avait couvert 700 hectares, en couvrait à peine 30, en 1861.

A cette époque, l'administration n'achetait plus les cotons, et moi, qui me présentais pour la remplacer, je ne pouvais pourtant pas acheter aux mêmes prix, c'est-à-dire avec perte. Néanmoins pour ne pas décourager les planteurs, j'ai dû acheter le plus cher possible et je me suis trouvé dépassé : car la campagne s'est terminée pour moi par une perte de 1,700 francs, environ.

Mais la culture n'a pas été abandonnée à Alger, comme elle l'a été à Constantine, et l'an dernier les plantations couvraient environ 80 hectares.

L'année 1862 a été très-sèche, contraire aux cotonniers non arrosés; mais une culture plus rationnelle et plus conforme au climat, a été adoptée par les planteurs et leur a fait obtenir, par hectare, des rendements inespérés.

Les événements d'Amérique ont fait augmenter la valeur du coton, et les prix élevés auxquels j'ai pu les acheter ont donné du courage aux cultivateurs.

Aussi en 1863, les plantations paraissent devoir couvrir plus de 500 hectares.

M. le Président. Quel peut être le produit de 500 hectares?

M. VALLIER. Aux prix actuels, cela porterait la valeur approximative de la récolte à environ 600,000 francs. En Algérie, le coton longue-soie rapporte plus que le coton courte-soie, c'est le contraire aux États-Unis.

§ 5. DES RÈGLEMENTS MARITIMES. — 5e *Question*. — Tout ce qui fera connaître à l'Étranger les ressources de l'Algérie et procurera de l'écoulement à ses produits doit être adopté, toutes les fois que cela ne nuit pas aux intérêts de la Métropole : les sommes acquittées par le droit de tonnage sont peu importantes, pour qu'en diminuant ou supprimant ce droit, le revenu public en souffre.

§ 6. DE LA LÉGISLATION DOUANIÈRE ET DES TRAITÉS DE COMMERCE. — 3e *Question*. — Par les frontières du Sud de l'Algérie, la libre introduction en franchise de toutes les productions du Soudan et du Sahara ne peut présenter des résultats appréciables du jour au lendemain.

Les relations ne font encore que chercher à s'établir. Il y a des antipathies à vaincre à l'intérieur, des craintes à calmer, et ce n'est qu'à la longue qu'on y arrivera.

La voie est bonne, il convient de la suivre.

Puisque des caravanes de plusieurs milliers de chameaux peuvent se rendre au Soudan, l'eau ne manque donc pas d'une manière absolue; il s'agit seulement de la ménager, et de recueillir toute celle qui existe.

D'un autre côté, dans le pays de la soif, celui qui *est maître des sources* est maître du pays.

Il existe trois routes adoptées principalement par les caravanes qui se rendent au Soudan.

Celle de droite, qui emprunte le territoire du Maroc, aboutit à Tombouctou.

Elle est suivie par les caravanes du Maroc et c'est par elle que revint René-Caillé, en 1828.

La route de gauche part de Tripoli, passe à Ghadamès, Ghat, et se dirige sur le lac Tchad, pour pénétrer dans le Bournou et le Haoussa.

La Commission présidée par le commandant Mircher a pris cette route de Tripoli à Ghadamès; mais, de cette dernière ville, il a fallu, pour rejoindre Alger, passer par de vastes étendues de sable et traverser l'Algérie entière, de Ouargla à la mer. Il est donc impossible que des marchandises, parties d'Alger, puissent suivre cet itinéraire avec avantage, car d'Alger à Ghadamès il y a près de 300 lieues, dont 150 lieues de désert et de pays peu sûr, tandis que de Tripoli à Ghadamès, la sécurité existe, et il n'y a guère plus de 150 lieues.

La route centrale est celle que prenaient, avant 1830, les caravanes qui arrivaient directement du Soudan à Alger.

Elle passait par Laghouat, Metlili, El-Goléah, traversait, à Insalah, le Touat, oasis peuplée, assure-t-on, de 250,000 habitants, et couvert de ksours nombreux.

De la ville d'Insalah, dans le Touat, il y aurait 22 jours de marche pour arriver à Tombouctou, en passant par El-Arouan et traversant des pays de Touaregs.

En novembre dernier, une caravane composée, assure le *Mobacher*, de 2,900 chameaux, de 1,900 moutons et plus de 2,000 individus des Hameyane, cercle de Sebdou, est partie de Géryville et s'est rendue à Timimoun, dans le Gourara, à 500 kilomètres, pour y commercer. Elle a été bien accueillie des habitants.

L'eau ne manque donc pas sur la route pour qu'une caravane de cette importance ait pu entreprendre un voyage aussi long.

Le point essentiel est de réunir les eaux et de les aménager : peut-être qu'avec quelques travaux on parviendrait à créer, aux environs de ces sources et puits, des oasis qui se peupleraient et assureraient la sécurité des caravanes.

Le rétablissement de cette route centrale, qui a été abandonnée seulement du jour où on n'a plus reçu d'esclaves, semble donc préférable parce qu'elle est plus directe et qu'elle n'emprunte aucun territoire étranger, si ce n'est le Sahara. — Au sujet d'émigrations de travailleurs libres du Soudan, on a paru craindre que les nègres ne pussent s'habituer au climat de l'Algérie. Je ferai remarquer qu'aux États-Unis, il existe des pays, le Maryland, la Virginie, le Tenessée, etc., pays situés sous la même latitude qu'Alger et dont une des principales industries est ce qu'on peut appeler l'*élevage des nègres*, puisque, en effet, ce sont eux qui fournissent aux états du Sud les nègres esclaves dont ils ont besoin.

A mon avis, il serait important de prendre les mesures suivantes, pour faciliter les échanges avec le Soudan :

1° Retrouver la route centrale qui, de l'Algérie, conduit directement au Soudan et semble être celle suivie dernièrement par la caravane qui, de Géryville, s'est rendue dans le Gourara;

2° Curer les anciens puits, en creuser de nouveaux partout où il sera possible, créer des abreuvoirs spacieux;

3° Établir un système de caravansérails ou de Ksours, avec des postes armés assurant le service des eaux, et en interdisant l'usage aux coupeurs de route.

Avec une organisation semblable, les caravanes, certaines de trouver eau à boire et protection efficace, reprendront le chemin de l'Algérie, y apporteront les denrées de leur pays pour les échanger contre les produits français, et peut-être, un jour, des travailleurs libres nous viendront de ces pays presqu'inconnus aujourd'hui.

§ 8. Pêche du poisson. — Ce que j'ai dit à la *question* 4 (Cabotage) peut accroître également les ressources de la pêche. — La côte d'Alger est très-poissonneuse, et quand on la suit par terre, on remarque souvent des barques de pêcheurs qui se mettent à l'abri dans les anses et petits ports naturels; mais lorsqu'il n'existe aucun établissement européen, les pêcheurs craignent d'y rencontrer des Indigènes, et s'éloignent dès que la mer le permet; tels sont Schreub-ou-Eureub (bois et sauve-toi), Mers-el-Djadje, Mers-Djinnet, etc.

M. le Président. Avez-vous quelque raison de croire que les côtes d'Alger soient très-poissonneuses?

M. Vallier. Oui, mais il n'y a pas moyen de les exploiter faute de facilités de communication. Au contraire à Sidi-Ferruch et à Fouka, les pêcheurs pourraient alimenter Marengo et Milianah, mais il n'existe pas de route à l'intérieur.

Telles sont les observations qui m'ont paru présenter quelque utilité au point de vue du commerce de l'Algérie.

Il serait à désirer qu'une enquête pareille fût faite sur l'État agricole de l'Algérie : car la Colonie ne deviendra *commerçante* qu'avec un état agricole bien constitué qui, alors, fournira au commerce ses véritables éléments.

M. le Président remercie M. Vallier de ses intéressantes communications.

La séance est levée à 5 heures 3/4 et renvoyée au vendredi 27 mars, à une heure.

Séance du vendredi 27 mars 1868.

La séance est ouverte à une heure.

Tous les membres sont présents, à l'exception du général Yusuf, qui s'est excusé.

M. de Perrigny, secrétaire, donne lecture du procès-verbal sommaire de la séance de mercredi. Ce procès-verbal est adopté.

12e Groupe. — COMMERCE AVEC L'INTÉRIEUR DE L'AFRIQUE.

MM. Mircher, Lieutenant-Colonel d'État-Major, aide-de-camp de M. le Général de Division Sous-Gouverneur.

de Polignac, Capitaine d'État-Major, attaché au bureau politique.

M. le Président. Vous n'avez sans doute, Colonel, aucunes observations spéciales à présenter sur les premiers paragraphes du Questionnaire, et le commerce avec le Soudan et le Sahara paraissent rentrer presqu'exclusivement dans les renseignements que vous êtes prié de fournir. La mission dont vous avez été chargé récemment vous donne, mieux qu'à personne, la possibilité de fournir au Conseil Supérieur d'enquête des renseignements utiles sur cette question. Nous vous entendrons avec beaucoup d'intérêt.

M. le Colonel Mircher donne lecture de la note ci-après, sur la possibilité d'ouvrir des relations au commerce français avec les populations du Soudan.

Messieurs, Votre programme contient ces deux questions :

« Le décret du 25 juin 1860, qui autorise sur les frontières du Sud de l'Algérie, la libre introduction en franchise de toutes les productions du Soudan et du Sahara, a-t-il produit tous les effets qu'on en espérait ? »

« Quelles seraient les autres mesures qui pourraient favoriser le passage des caravanes à travers l'Algérie et le développement des échanges avec le Soudan ? »

M. le Sénateur a pensé que la mission qui m'a été confiée, à la fin de l'année dernière, par M. le Gouverneur-Général, me mettrait à même de vous fournir quelques renseignements sur ces questions, et je viens avec empressement répondre à son désir.

Il y a longtemps, vous le savez, que la question du commerce avec le Soudan préoccupe le Gouvernement Général de l'Algérie, et les missions qu'il a successivement confiées au capitaine de Bonnemain, à Ghadamès; à l'interprète Bouderba, à Ghat; à M. Henry Duveyrier, dans le pays des Touaregs et la Tripolitaine; au commandant Colonieu et à M. Cusson, sur la route du Touat; celle que j'ai récemment remplie, avec la collaboration du capitaine de Polignac, de l'ingénieur des mines Vatonne, du docteur Hoffman et de l'interprète Bouderba; toutes ces missions, dis-je, témoignent de la sollicitude du Gouvernement Général pour la satisfaction des intérêts commerciaux.

Ces différents explorateurs ont mis progressivement en lumière un grand nombre de points essentiels de la question vers laquelle convergeaient leurs efforts.

Ils l'ont dégagée de toutes les inconnues qu'il pouvait être au pouvoir de mandataires officiels d'en éliminer, mais il en reste d'autres qui, par leur spécialité, rentrent dans le domaine des hommes spéciaux; aussi nous paraît-il que le commerce doit comprendre que c'est à lui qu'incombe désormais le soin, oserai-je dire le devoir, de chercher ces hommes et aussi de les soutenir dans l'entreprise de l'achèvement de l'œuvre.

Nous allons essayer de vous dire quelle serait leur tâche; elle ne serait pas sans gloire, mais aussi ne serait-elle ni sans difficultés ni sans périls, et n'exigerait pas moins de sagesse que d'habileté.

Les cartes du continent africain nous montrent l'étendue des régions soudaniennes. Les récits des voyageurs européens qui les ont parcourues nous font connaître combien les villes y sont peuplées, les campagnes fertiles. Enfin, dans le désert même, partout où le sol n'est pas de sable, il garde l'empreinte profondément creusée des caravanes qui autrefois, et pendant de longs siècles, se dirigèrent des contrées devenues aujourd'hui nos possessions algériennes vers le Soudan.

Ces premières sources d'information conduisent donc, comme les traditions historiques, à fonder cette persuasion que nul obstacle naturel ne s'opposerait à ce qu'un courant commercial se rétablit sur ces antiques voies.

Les marchandises Européennes pénètrent bien au Soudan mais elles y arrivent par des routes qui ne sont pas nôtres, celles du Maroc et de la Tripolitaine.

A vrai dire, dans l'état présent des choses, on ne saurait retrouver là rien de comparable à ces grands courants d'échanges qui relient, entre elles, les nations commerçantes du monde civilisé, ou les rattachent à leurs grandes colonies de l'Inde, de l'Amérique ou de l'Océanie.

Dans cet ordre de faits, tout semble donc à créer, et mieux vaut certes le reconnaître que le dissimuler. Cependant, ce n'est pas seulement de détourner vers nous quelques épaves des transactions actuelles qu'entretient le Soudan, qu'il doit s'agir.

Se renfermer dans des limites aussi restreintes pourra suffire pour les débuts, mais c'est à de plus larges résultats qu'il faut viser pour l'avenir.

Toutefois, les transactions qu'entretient la routine musulmane seront des exemples à imiter d'abord, à imiter longtemps peut-être, et s'il nous était permis de conseiller, nous dirions au Commerce de ne sortir de ces voies qu'avec la plus grande réserve, et à mesure qu'il se sentira en confiance avec les indigènes.

Les négociants anglais, qui tiennent au Maroc et à Tripoli les têtes des routes commerciales aboutissant à Tombouctou, à Kano, et autres marchés du Soudan, ne parcourent pas eux-mêmes ces routes.

Les voyageurs européens qui ont pénétré dans le pays des Nègres avaient davantage en vue les intérêts de la science que ceux du commerce, et leurs récits ne nous disent pas plutôt que nous n'avons pu le trouver dans nos conversations avec les voyageurs indigènes, quels produits naturels les vastes régions soudaniennes pourraient offrir comme base d'un grand courant commercial avec l'Europe.

Et, cependant, c'est là le point essentiel du problème économique qui nous occupe, car, nous ne saurions prendre et vous présenter, pour base d'un commerce sérieux, les rares articles soudaniens que nous avons énumérés dans nos rapports officiels : l'ivoire, la poudre d'or, les dépouilles d'autruches, etc. Je ne vous parle pas des produits manuels de l'industrie soudanienne, que rapportent les caravanes arabes et dont elles trouvent l'écoulement dans les oasis ; sans doute, quelques-uns pourraient exciter pendant quelque temps une certaine curiosité en Europe, mais il n'y aurait pas là non plus lieu à d'importantes transactions.

Voilà, de bonne foi, Messieurs, où nous en sommes, et, après ce qui a été fait, ce qui reste encore à faire.

Des explorateurs spécialement commerciaux réussiraient-ils à découvrir au Soudan quelque produit naturel, inconnu ou dédaigné aujourd'hui, et qui serait d'un fructueux placement sur les marchés européens.

Nous ne savons, mais ce que nous pouvons prédire, d'après ce qui s'est présenté ailleurs, dans des conditions analogues, c'est qu'une telle découverte serait la source d'une rénovation sociale de la race noire, rénovation dont la France recueillerait la gloire et les profits.

Ce qui s'est présenté ailleurs, le voici : lorsque les rivières de la côte occidentale de l'Afrique, qui formaient les anciennes possessions portugaises, furent effectivement fermées aux négriers par les actives croisières anglo-françaises, elles s'ouvrirent d'elles-mêmes aux navires de tous les pays, venant offrir l'échange de produits manufacturés contre les productions naturelles du sol, nul ne pouvait plus acheter d'esclaves, même à vil prix. Les chefs indigènes cédèrent à l'influence de quelques traitants, et consentirent à faire travailler à la terre tout ce bétail humain venu de l'intérieur, et dont ils ne trouvaient plus l'habituel emploi. Ce fut surtout à la culture de l'arachide qu'il fut destiné.

Les premiers essais de cette culture, qui ne remontent qu'à une vingtaine d'années, produisirent quelques milliers de boisseaux seulement ; aujourd'hui, le mouvement commercial de cette côte dépasse 8,000,000 de francs ; aussi, la traite y serait-elle désormais impossible, moins encore parce que la vigilance de nos croiseurs est restée active, que parce que les chefs comprennent mieux, de jour en jour, les richesses qu'assure le travail.

Il me reste à vous montrer, Messieurs, quel est l'ensemble des conditions morales et matérielles qui s'offriraient à nos explorateurs, et, puisque l'examen de la question vous est déféré, il vous appartiendra d'apprécier si ces conditions sont telles que l'entreprise doive être encouragée et soutenue.

Déjà les Chambres de Commerce de Marseille et de Lyon ont promis leur concours matériel, et M. le Ministre du Commerce, lui-même, a témoigné du vif intérêt qu'il prend à cette œuvre. Permettez-nous d'espérer que vos sympathies pour elle ne seront pas moindres.

Le décret du 25 juin 1860 a levé une barrière devant laquelle se seraient certainement retirées toutes les caravanes du Sahara et du Soudan ; ses dispositions libérales sont connues de toutes les populations de ces régions et des convoyeurs Touaregs, les intermédiaires nécessaires des transactions à ouvrir.

La convention signée à Ghadamès assure à nos négociants français ou indigènes toutes les garanties de sécurité, compatibles avec l'état social et politique du pays, et nous pensons qu'ils pourraient, ainsi que nous l'avons fait nous mêmes, prendre entière confiance dans la sincérité des mandataires qui ont signé cet acte avec nous.

La population de Ghadamès, la première escale de la route du Soudan, nous a fait un accueil sympathique, qu'elle a également promis à tous ceux de nos compatriotes qui viendraient la visiter.

La population de Ghat, la seconde escale de la route, est moins bien préparée à de telles relations ; elle n'a jamais admis d'Européens chez elle. Toutefois, grâce à l'efficace protection des Touaregs, plusieurs voyageurs ont séjourné sous les murs de l'oasis, et c'est là, d'ailleurs, que se tient le marché annuel d'octobre et de septembre.

Les chefs Touaregs ont promis leurs bons offices pour conduire nos explorateurs au-delà de cette ville, et nous espérons recevoir d'ici au moment où il conviendrait de les faire partir, l'assurance du bon vouloir de toutes les populations que nous n'avons pas visitées nous-mêmes, mais avec lesquelles ces chefs sont, depuis des siècles, en intimes relations d'intérêts.

Peut-être jugera-t-on suffisant d'assigner le marché de Ghat comme limite d'une première entreprise commerciale. Ce serait bien déjà, et ce serait un moyen d'affermir, parmi ces populations, la confiance en nos intentions pacifiques. Mais, par contre, ce serait se résigner à laisser encore dans l'ombre les points essentiels du problème : la connaissance précise des produits de retour susceptibles d'assurer aux relations commerciales un développement réellement avantageux.

En tous cas, les chefs de l'expédition devront avoir à prendre conseil en temps opportun, et d'eux-mêmes et des chefs Touaregs, sous le patronage desquels ils se seront placés.

D'ici, et dès aujourd'hui, on ne saurait fixer avec une complète précision d'aussi délicates questions.

Je vous ai parlé de la route par Ghadamès et Ghat, ce n'est pas le chemin direct de l'Algérie au Soudan ; mais celui du Touat, à la fois plus commode et plus court, n'est pas aujourd'hui accessible à nos caravanes.

D'ailleurs, il est probable qu'il s'ouvrirait pour nous, le jour où les méfiantes populations de ces oasis verraient un courant commercial sérieux s'établir parallèlement à elles.

L'instinct de l'intérêt ferait taire alors les scrupules du fanatisme.

M. Mercier-Lacombe. Quelles sont les circonstances qui empêchent la route de Touat d'être suivie par les caravanes?

M. Mircher. Le fanatisme seulement. Dernièrement, un explorateur civil a voulu tenter l'entreprise de pénétrer au Soudan par cette route, mais il a été obligé d'y renoncer; les populations qu'il était obligé de traverser sont jalouses de notre domination.

M. le Président. Croyez-vous qu'il y ait une diminution entre l'importance du commerce, fait anciennement avec les peuples de la Méditerranée, et les transactions qui ont lieu aujourd'hui ?

M. Mircher. Il n'y a plus, comme autrefois, un grand courant de relations; actuellement, le principal commerce se fait avec le Maroc. Tous les ans, les caravanes, partant du Maroc, vont jusqu'à Tombouctou, mais ces caravanes se composent de petits groupes, partis de différents points, et qui se réunissent pour traverser les grands espaces qu'il y a à franchir. Il n'y a plus, comme autrefois, de transactions importantes avec Tripoli; et ce sont les marchandises anglaises qui alimentent les transports faits par le Maroc.

M. le Président. Ainsi, vous croyez que le commerce du Soudan a diminué beaucoup par ces trois causes : parce que la Tripolitaine n'a plus avec nous de relations aussi suivies; parce que le Maroc est en décadence; et enfin, parce que l'Algérie s'étend maintenant jusqu'au désert et que les populations sont jalouses de notre domination. La cherté des frais n'exerce-t-elle pas aussi une certaine influence?

M. MIRCHER. Oui, il faudrait n'envoyer là-bas que des objets d'une certaine valeur, qui pussent supporter, sans trop grande augmentation de prix, l'élévation des frais de transport.

M. LE PRÉSIDENT. Actuellement le commerce avec l'Algérie est presque nul?

M. MIRCHER. Il est sans importance aucune. Le seul commerce se fait avec Tunis; on importe annuellement pour environ 20,000 francs d'ivoire, 20,000 francs de poudre d'or, et quelques dépouilles d'autruches.

M. LE PRÉSIDENT. Ne pourrait-on pas attirer ici la population nègre, cela ferait de bons travailleurs?

M. MIRCHER. Les populations ne sont pas du tout au courant. Elles ignorent ce que c'est que l'émigration et les avantages qu'elle peut procurer.

M. LE PRÉSIDENT. A-t-on quelques données sur la fertilité de ces contrées? La population y est-elle considérable, et, ce qui est plus important, produit-elle et consomme-t-elle beaucoup?

M. MIRCHER. Il y a certainement beaucoup d'habitants. Du temps de Léon l'Africain, on comptait 100,000 habitants à Tombouctou; il y en a moins aujourd'hui, mais la population doit être encore considérable. On sait qu'ils produisent en assez grande abondance, car tous les voyageurs ont fait mention de la fertilité du sol, et on sait aussi, par le courant d'exportation des marchandises anglaises, que la consommation peut y être considérable. Du reste, ces peuples ne sont pas, comme ceux du Sahara et des oasis, complètement étrangers au bien-être et à la civilisation. Ils se nourrissent mieux, ils ont de riches habits et sont très-amateurs de fêtes.

M. LE PRÉSIDENT. Au-delà de Tombouctou, y a-t-il des centres aussi importants?

M. MIRCHER. Il y a des villes beaucoup plus peuplées. Kano, par exemple, dans le Haoussa, et qui ne compte pas moins de 200,000 habitants, à peu près. Cette ville est sous le méridien de Constantine. Il y a une route plus directe qui y mène, et si elle était ouverte à notre commerce, on trouverait assez d'oasis pour alimenter les caravanes qui voudraient l'entreprendre.

M. LE PRÉSIDENT. Il y aurait encore à combattre le fanatisme des populations?

M. MIRCHER. C'est surtout dans les environs de Tombouctou que le fanatisme est le plus difficile à vaincre, jusque là on pourrait aller sans peine, si les indigènes des oasis et du Sahara, qui ne vivent que par les transports qu'ils font pour le Soudan, puisqu'ils ne produisent exactement rien et qu'ils ne consomment que fort peu de chose, étaient convaincus de nos bonnes intentions à leur égard. Ce qui empêche les voyageurs d'arriver jusqu'à la ville, ce sont les populations qui l'entourent. Il a quelque temps, un lieutenant indigène du Sénégal a voulu venir en Algérie en traversant Tombouctou : après plusieurs années de luttes inutiles, pendant lesquelles il avait vainement cherché à pénétrer dans la ville, il a été obligé de renoncer à son entreprise.

M. MERCIER-LACOMBE. Cependant il vient déjà quelques nègres de l'intérieur. Il y en a environ 400 à Constantine.

M. MIRCHER. C'est bien peu comparativement à l'importance de ce peuple. Les Soudaniens vendraient une grande quantité de nègres si on voulait les leur acheter.

M. LE PRÉSIDENT. Monsieur de Polignac, avez-vous quelques explications à ajouter à celles que vient de nous donner M. le colonel Mircher ?

M. DE POLIGNAC. Si le Conseil n'est pas fatigué, je dirai quelques mots.

Messieurs, après les paroles que vous venez d'entendre, je n'aurais rien à ajouter, si la question, qui vient de vous être exposée, ne méritait pas d'être examinée sur toutes ses faces, comme étant destinée, une fois débarrassée des obscurités qui la voilent encore, à prendre rang parmi les plus importantes questions commerciales de l'Algérie et même de la France.

A ce titre, permettez-moi de fixer encore un instant votre attention sur les trois principales données du problème, qui consiste à rendre le Soudan tributaire de notre commerce.

Ces données sont :

1° L'importance de la question et de la situation de nos possessions algériennes par rapport à elle ;

2° La voie où, désormais, guidés par l'expérience, il faut marcher résolument au but.

3° L'exiguïté des sacrifices que le commerce ou le Gouvernement aura à faire pour arriver à une solution affirmative ou négative.

J'ai dit d'abord, l'importance de la question et de la situation de nos possessions algériennes.

L'importance de la question, peut-on en douter ? Elle captive depuis un demi-siècle l'attention de l'Europe. C'est comme un instinct, un signe du temps. Or, lorsqu'on voit surtout la France, l'Angleterre, l'Allemagne, les trois nations les plus éclairées du globe, poursuivre, avec une si active persévérance, la solution d'un problème, on peut être assuré que cette solution sera prochaine, complète, intéressante.

Depuis cinquante ans, que d'explorateurs sur ce vaste continent Africain ! que de victimes aussitôt remplacées! mais, aussi, que de découvertes! Dans ce laps de temps, il a été fait plus de progrès qu'il n'en avait été fait pendant les vingt siècles précédents. Or, quel est le résultat de ces explorations? Je ne vous dirai pas que le pays des Nègres est une région plus vaste que l'Europe, densement peuplée, riche en productions exotiques. Tout le monde l'a entendu rapporter. Mais, ce qui est moins connu et non moins important pour nous, c'est que, pour arriver à cette vaste étendue, riche et peuplée, une seule route est favorable, et cette route, le hasard l'a placée au sud même de nos possessions algériennes.

Cette route est comme la ligne de partage entre le Sahara ou Grand-Désert et le désert de Lybie.

A droite, à l'Occident, c'est la ligne du Touat, par Insalah, celle du Maroc par les Aribs. Là, le commerce de ce grand empire ferme la route à nos explorateurs, il arme le fanatisme pour les frapper. Au début du siècle, plusieurs hardis voyageurs ont payé de leur vie cette triste vérité. Naguère, MM. Duveyrier, Colonieu, Cusson, s'engageant successivement de ce côté, ont été arrêtés dès les premières étapes et ont dû rétrograder pour éviter l'effusion du sang.

A gauche, à l'Orient, c'est la ligne de Benghazi, où l'Européen ne trouve pas de guide pour le conduire. M. Bayermann vient d'en faire l'expérience. Cette route d'ailleurs, comme celles du Nil, aboutit à de grands états organisés à la musulmane, le Ouaday, le Darfour, jaloux de leur pouvoir, qui écartent les Européens, ou, s'ils parviennent à y pénétrer, les détiennent indéfiniment ou les tuent. Ainsi vient de mourir Vogel.

Je ne parle pas des routes de l'Abyssinie, qui aboutissent à la même impasse, ni des débouchés du Sénégal. Ils se sont ouverts toujours très-difficilement à nos voyageurs, mais aujourd'hui ils sont impraticables, depuis que l'insurrection foullane a mis le comble à l'anarchie de ce côté et qu'un ennemi de notre occupation du Fouta-Dialon, El-Hadj Omar, est parvenu à la royauté, étendant son influence hostile depuis le Bambouk (Haut-Sénégal) jusqu'à Timbouctou.

Les côtes de l'Afrique, au Sud de l'équateur, sont encore plus inaccessibles. Les Anglais y ont pénétré, il est vrai, par deux directions, la côte de Zanzibar, et le bassin du Zambèze, mais ils se sont encore convaincus que, dans ces régions, la conquête commerciale ne peut venir que du Nord.

Ainsi est établi à la fois, par d'immenses efforts, l'importance de la question, et celle que nos possessions algériennes doivent à leur position à la tête de la ligne unique qui conduit au cœur du Soudan. Sur cette ligne, il y a six mois, nous avons fait aisément un traité de passage.

Je passe à mon second point, à la marche que l'expérience acquise nous trace pour arriver au but.

Devant nous, ai-je dit, est donc la route unique. Je dis plus, cette route, nous la dominons du prestige de notre puissance. Demain, si nous voulons, nous la posséderons.

Aujourd'hui, comme toutes les routes du désert, elle est aux mains des Touaregs. Les Touaregs vivent des oasis dont ils convoyent le commerce : ces deux races sont profondément distinctes, mais elles sont liées par la plus étroite solidarité d'intérêts. Sans le commerce, les oasis meurent; le terrain de la plus riche ne produit pas 1/6me de la nourriture de ses habitants. Sans le commerce aussi, les Touaregs n'auraient pas un lambeau de vêtement; mais si l'intérêt qui lie ces deux races se déplaçait, la séparation serait bientôt faite. Le Touareg ne nous est hostile que par l'intérêt qui l'attache à l'oasis. Il sera à nous, dès qu'il nous verra établir un courant commercial qui le fasse vivre, et il vit de peu.

L'oasis nous est fatalement hostile : c'est le représentant de la routine commerciale musulmane que notre commerce doit tuer.

On a parlé de la concurrence de l'Angleterre, sur la route que je signale et qui aboutit à Tripoli. Mais l'Angleterre n'a pour elle que l'oasis. Elle ne peut porter ses marchandises plus loin que Tripoli; là, elle ne peut les remettre qu'aux agents correspondants des oasis. Le Touareg ne remonte jamais qu'à 100 lieues de la côte. Ainsi, l'Angleterre est condamnée à la routine inféconde du commerce arabe.

Mais nous, nous touchons au Touareg; aussi est-il venu déjà plusieurs fois à Alger visiter cette puissance qui s'étend jusqu'à lui. L'an dernier, on a vu, pour la première fois depuis que cette race habite le désert, des Touaregs saluer un souverain. Et c'était à Paris, aux Tuileries, qu'on a vu ce spectacle. Plus récemment, et pour la première fois aussi, on les a vu signer un traité pour introduire chez eux des Français.

A nous donc, de fonder de nouveaux errements commerciaux directement par cette race.

J'ai dit plus : j'ai dit que la route serait à nous demain si nous le voulons. C'est que nos populations sahariennes sont nombreuses, soumises, reconnaissantes de notre autorité, sous laquelle elles ont goûté un bien-être inconnu jusqu'alors, la paix. Elles vivent de la vie du désert, comme le Touareg sur lequel elles ont la supériorité numérique et celle des armes. Un mois nous suffirait pour rassembler un goum qui boirait en maître à toutes les sources du désert. Quelques centaines d'hommes suffiraient. Le voyage de Clapperton, en 1827, accompli à travers le désert avec 200 hommes armés, a mis en entière évidence cette importante vérité.

Je dis vérité importante. Car il est bon, s'il y a lieu d'établir un courant commercial sérieux, de savoir que les intérêts engagés sont appuyés d'une force matérielle prépondérante au désert. C'est ce que jamais l'Angleterre n'aura sur cette voie, quelque étroite que soit son alliance avec Constantinople.

Mais d'abord, acceptons l'alliance des Touaregs, qui nous la donnent, parce qu'ils comprennent mieux que nous, que nous pouvons l'imposer. Cette alliance nous assure d'ailleurs une grande prise sur le Soudan, car les Touaregs exploitent, dans leurs solitudes, toutes les mines de sel qui approvisionnent la Nigritie.

La question ainsi ramenée à sa vraie mesure, l'alliance touareg, le troisième point que je tenais à faire ressortir s'établit de lui-même. Un sacrifice de 15 mille francs du Gouvernement pour payer des guides, donner les cadeaux d'usage aux chefs touaregs ou nègres, etc.; un même sacrifice de 15 mille francs du Commerce pour risquer des marchandises dans une caravane sur le Soudan, voilà à quoi tient la solution du problème intéressant, dont j'ai l'honneur d'entretenir le Conseil. Voilà à quel prix, peut-être, l'Afrique centrale deviendra notre marché, et le nègre émigrera, sans crainte de l'esclavage, dans nos possessions algériennes.

Ai-je besoin d'ajouter que ces sacrifices doivent être faits sans retard? La situation nous est aujourd'hui favorable; mais le temps est de l'argent, dit un adage anglais. Craignons que cette puissance, qui sait si bien calculer ces deux éléments de la richesse, ne parvienne à renverser les barrières qui lui ferment ailleurs le passage. Craignons que ces tristes mots « il est trop tard » ne viennent un jour frapper nos oreilles comme un reproche d'avoir passé tant de temps à calculer nos chances, sans nous être jamais décidé à en courir une seule.

Voilà les réflexions que je me permets de soumettre à la sagesse du Conseil, dans le sein duquel j'ai eu l'honneur d'être appelé à déposer.

M. le Président. Dans le voyage que vous avez accompli, aviez-vous une escorte importante?

M. de Polignac. Nous n'avions que quarante hommes armés à pied et 12 ou 15 cavaliers. C'est l'escorte traditionnelle.

M. le Président. L'accueil qui vous a été fait a-t-il été sympathique ou froid?

M. DE POLIGNAC. Il a été sympathique, dans la forme tout au moins. On nous a reçus avec honneur; mais, pendant que nous étions à Ghadamès, il a été envoyé une adresse à Tripoli, dont cette ville est tributaire, pour exprimer des craintes au sujet de notre venue.

M. MIRCHER. En 1856, le capitaine de Bonnemain a été à Ghadamès; il a été obligé de se cacher pendant tout le temps de son séjour : nous, au contraire, nous y étions en grand appareil avec une escorte. Les chefs de la ville sont venus au devant de nous et nous ont reconduits avec cérémonie, et cependant nous n'avons pas cessé de porter notre uniforme. Voilà un progrès réalisé.

M. LE PRÉSIDENT. Quelles marchandises pourrait-on échanger avec le Soudan?

M. DE POLIGNAC. On ne peut guère avoir de données que par les errements du passé. Nous avons réuni à Ghadamès tous les échantillons possibles et nous nous sommes convaincus que l'on y fait, maintenant, pour environ trois millions d'affaires par an.

M. LE PRÉSIDENT. Les habitants de cette oasis sont-ils producteurs?

M. DE POLIGNAC. Non, ils échangent des étoffes européennes contre des denrées soudaniennes. Ils sont obligés d'acheter les 5|6e de ce qui sert à leur existence. Il n'y a environ que 5,000 habitants à Ghadamès. On n'y remarque aucun monument. Les maisons de construction mauresque sont faites en pisé et n'ont généralement qu'un rez de chaussée, quelquefois un étage; leur seule richesse provient d'une source artésienne naturelle, qui sert à leur alimentation et à l'entretien de leurs jardins. Ils ont beaucoup de palmiers, quelques grenadiers et autres arbres fruitiers; ils ne cultivent que très-peu de légumes.

M. LE PRÉSIDENT. Importent-ils d'Europe des viandes salées?

M. MIRCHER. Ils ne mangent, en fait de viandes, que quelques moutons engraissés avec des detritus de végétaux, des noyaux de dattes, et des chameaux.

M. DE POLIGNAC. Dans le Soudan, au contraire, ils aiment le bien-être.

M. LE PRÉSIDENT remercie M. le colonel MIRCHER et M. le capitaine DE POLIGNAC des renseignements très-intéressants qu'ils viennent de fournir sur ces contrées peu connues.

13e Groupe. — DÉLÉGUÉS DE LA CHAMBRE DE COMMERCE D'ALGER.

MM. GUGENHEIM, Banquier.
SAULIÈRE, Entrepreneur de transports.
GARRO, Négociant, industriel.
MAZET, Commerçant en vins.

M. MAZET développe, ainsi qu'il suit, les observations des délégués de la Chambre de commerce sur le questionnaire de l'enquête :

§ 1er. DES NAVIRES. — 1re *Question*. — Le coût, par tonneau de jauge, d'un bâtiment de commerce construit en Algérie, est d'environ 200 à 220 francs.

M. LE PRÉSIDENT. Emploie-t-on des bois algériens dans la construction des navires faits ici?

M. MAZET. Presque tous les navires construits en Algérie sont faits avec du bois algérien, pour tout ce qui concerne la coque et les membrures. Le plancher du pont et les mâts sont fabriqués avec des bois venant du Nord.

M. MERCIER-LACOMBE. De quelle partie de l'Algérie viennent les bois employés?

M. SAULIÈRE. De Boghar et de Médéah.

M. LE PRÉSIDENT. Y a-t-il en Algérie des bois propres aux mâtures?

M. SAULIÈRE. Je ne crois pas qu'il y en ait.

2e *Question*. — La durée moyenne d'un bâtiment est, en Algérie, de 20 à 25 ans; en France, et à l'étranger de 18 à 20 ans.
Cette différence s'explique par la qualité des bois d'Algérie reconnue supérieure.

3e *Question*. — Le taux de l'amortissement annuel pour un navire algérien est d'environ 8 pour 0/0.

4e *Question*. Le système de grèement algérien exige le même nombre de bras, que dans la marine française ou étrangère, les navires comparés se trouvant dans les mêmes conditions de grèement.

5e *Question*. La prime d'assurance est égale à l'égard des bâtiments algériens qu'à l'égard des bâtiments d'origine française ou étrangère.

6e *Question*. Les capitaux entrent assez volontiers dans l'industrie des constructions navales en Algérie, moyennant un intérêt de 8 à 10 pour 0/0.

7e *Question*. L'industrie des constructions navales en Algérie offrira des chances d'avenir, si les constructions peuvent se procurer, aisément et à de bonnes conditions, les essences de bois propres aux constructions navales que produisent plusieurs forêts de l'Algérie. — La question gît donc :

1° Dans l'adoption d'un système de concession qui favorise l'exploitation des forêts, au point de vue dont il s'agit;

2° Dans l'ouverture de voies et chemins qui assurent aux produits forestiers une facile circulation.

8° *Question*. Il conviendrait de faire revivre les dispositions du décret du 17 octobre 1855, qui autorise l'importation en franchise complète de tous les objets nécessaires à la construction et au gréement des navires. Les armateurs algériens seront d'autant plus stimulés à multiplier les constructions, qu'ils pourront se procurer, à de meilleures conditions de prix, les objets nécessaires au gréement des navires.

Toutefois, il ne suffit pas de construire des navires, même à très-bon marché, il faut encore leur trouver de l'emploi et un emploi lucratif. L'étendue des relations et l'abondance de la matière transportable seront toujours les plus efficaces encouragements donnés aux constructions navales.

M. le Président. Pourriez-vous donner quelques renseignements sur ce point : Alger peut-il devenir un bon port de ravitaillement? On a dit que c'était le seul port sur la côte d'Afrique, entre Tanger et Alexandrie, qui pût servir de refuge aux navires chassés par la tempête.

M. Mazet. Je crois, en effet, qu'il n'y a que le port d'Alger qui puisse offrir des moyens suffisants de réparations. Il y a aussi le port de Bône, mais il n'y a pas, à proprement parler, de chantiers de construction; on n'y fait encore que de petits bateaux servant plutôt à la pêche qu'au cabotage.

M. le Président. Le port de Bône est-il appelé à devenir important?

M. Mazet. Comme exportation, il a déjà une importance plus grande que le port d'Alger.

M. le Président. Croyez-vous que, si l'on autorisait l'introduction en franchise des objets nécessaires à la construction des navires, les bâtiments étrangers viendraient se réparer à Alger?

M. Gugenheim. Certainement, Monsieur le Président. Cependant les bâtiments anglais se réparent à Gibraltar, les bâtiments espagnols à Carthagène, les italiens en Italie; il n'y aurait donc que les navires du Nord qui pourraient se réfugier à Alger.

M. Mazet. Les navires algériens surtout viendraient à Alger, mais cependant, si les bâtiments étrangers trouvaient à se réparer à bon marché, ils y viendraient aussi, surtout si la législation leur permettait d'entrer en franchise.

§ 2. Cabotage. — 1re *Question*. — Les armements sont généralement opérés par les négociants armateurs, qui intéressent les patrons dans la proportion d'un quart ou d'un tiers.

2° *Question*. — Cette habitude offre un avantage incontestable; le patron, aux soins duquel sont confiés le sort du navire et le succès de l'entreprise, s'y trouvant plus sérieusement intéressé.

3e *Question.* — Les marins du cabotage algérien naviguent généralement à la part.

4e *Question.* Il s'agit bien moins de faciliter les opérations actuelles du cabotage, que d'aviser aux moyens d'en élargir le cercle. Le décret du 7 septembre 1856 a lié la marine algérienne aux côtes de la colonie. Il conviendrait de modifier les dispositions restrictives du décret, et de concéder à nos caboteurs la faculté d'opérer les transports directs entre les ports algériens et les ports étrangers de la Méditerranée ; ceux, par exemple de l'Espagne et des États barbaresques, transports auxquels le pavillon national ne prend qu'une part insignifiante, du moins en ce qui concerne l'Espagne.

En retour de l'abolition du droit de tonnage, si cette abolition doit se réaliser, le Gouvernement pourrait négocier auprès de ces puissances, à l'effet d'obtenir la libre admission dans leurs ports des navires algériens naviguant à l'intercourse.

La Chambre de commerce ne fait pas, de la réciprocité de traitement, une condition *sine quâ non* de la suppression du droit de tonnage, attendu que ce n'est point dans l'intérêt de l'étranger, bien qu'elle doive lui profiter, mais dans l'intérêt de l'Algérie, que cette mesure est sollicitée.

M. le Président. Si le cabotage est restreint actuellement aux côtes de l'Algérie et ne s'étend ni à l'Espagne, ni à l'Italie, c'est que vous avez, en général, des équipages et des patrons étrangers, ce qui soulève alors cette question politique, de laisser à l'étranger le pavillon français entre des mains étrangères. Ces capitaines au cabotage sont-il domiciliés en Algérie depuis longtemps ?

M. Mazet. Oui, pour la plupart. Quelques-uns y résident depuis 15 ou 20 ans.

M. le Président. Alors ce sont plutôt des Algériens ; ce sont des Espagnols ou Italiens devenus algériens, et s'il intervenait une loi plus favorable sur la naturalisation des étrangers en Algérie, les obstacles signalés disparaîtraient, puisque les navires seraient alors commandés par des étrangers devenus Français.

M. Saulière. Cela donnerait satisfaction aux intérêts du commerce.

M. le Président. Il paraît établi qu'il y a environ 500 marins caboteurs, domiciliés depuis au moins 5 ou 10 ans en Algérie, et un nombre égal de corailleurs qui retournent dans leur pays. M. de Maisonseul pourrait-il nous fournir, à ce sujet, quelques renseignements officiels sur la durée du séjour, en Algérie, des capitaines au cabotage ?

M. de Maisonseul s'engage à fournir ce document (1).

M. de Maisonseul. Ces Messieurs disaient que les navires algériens ne

(1) Sur 106 patrons au cabotage inscrits aux matricules du bureau de l'inscription maritime d'Alger,

	24 patrons ont plus de	20 ans de séjour en Algérie.		
	35	Id.	de 15 ans	Id.
	23	Id.	de 10 ans	Id.
	22	Id.	de 5 ans	Id.
Total	104			

Il n'y a donc que 2 patrons n'ayant pas au moins 5 ans de séjour en Algérie.

pouvaient pas faire le cabotage sur les côtes étrangères ; ils peuvent prendre des chargements pour l'Espagne, à charge d'acquitter les droits ; seulement, le bateau perd le bénéfice de la francisation pendant tout le temps qu'il est à l'étranger : quand il revient, il reprend sa francisation sans aucun nouveau frais.

M. le Président. Quel tonnage jaugent en moyenne les bâtiments francisés algériens ?

M. Mazet. 70 à 80 tonneaux.

M. le Président. Si on autorisait ces navires, dans les conditions actuelles, à faire le cabotage avec l'Espagne, la navigation française pourrait peut-être se plaindre, et, en ce qui concerne le cabotage avec la France, feriez-vous mieux le commerce avec vos capitaines étrangers que les capitaines français ne peuvent le faire ?

M. Garro. A égalité de prix nous aurions chance d'avoir des chargements.

M. le Président. Savez-vous combien de navires espagnols font le commerce avec Oran et Gibraltar ?

M. de Maisonseul. En 1861, presque toute l'importation s'est faite par navires espagnols.

M. le Président. Je remarque, en effet, dans le tableau que j'ai sous les yeux, que le commerce avec l'Espagne s'est fait pour la province d'Oran, par les ports de Nemours, Mers-el-Kebir, Oran, Arzew et Mostaganem, par 546 navires. Il conviendra de joindre, au procès-verbal de cette séance, le tableau du mouvement d'entrée et de sortie que j'ai sous les yeux. Il y a donc, entre Oran et l'Espagne, un mouvement de navigation considérable. Je prie aussi M. Duserech de vouloir bien fournir une note indiquant ce mouvement pendant les années 1859 et 1860. (M. Duserech promet de fournir cette note, qui sera annexée au présent procès-verbal). Le commerce entre l'Espagne et l'Algérie est certainement susceptible d'un grand développement. Savez-vous quelles sont les conditions imposées aux navires français à leur entrée dans les ports espagnols ?

M. Mazet. Ils ont à acquitter un faible droit de tonnage.

M. le Président. Il faut des renseignements plus précis. Y a-t-il en Espagne des droits de douane élevés ?

M. Saulière. Je crois que les navires français ne peuvent pas débarquer des marchandises en Espagne, sans acquitter des droits considérables.

M. le Président. Quel est l'obstacle qui s'oppose à ce que les navires français puissent fréquenter les ports espagnols ?

M. Saulière. Le seul obstacle à cela est le décret du 7 septembre 1856. — Les patrons des navires francisés demandent tous, avec instance, l'autorisation définitive de naviguer librement et d'aller, soit au Maroc et à Tunis, pays limitrophes, soit dans les ports d'Espagne, d'Italie, etc.

M. le Président. Il serait nécessaire d'éclaircir ces points. Il faudra demander, par la voie administrative, des renseignements précis aux Consuls de France à Malaga, Valence et Carthagène sur les conditions de navigation et autres taxes imposées dans ces ports aux navires algériens francisés. En résumé, il y a trois motifs qui s'opposent à la navigation avec l'Espagne : la nationalité des marins, la francisation des navires, les droits payés en Espagne.

M. de Toustain. La situation est la même pour le cabotage avec Tunis et le Maroc.

M. le Président. Je remarque cependant qu'il n'y a que cinq navires français qui ont fait le commerce avec l'Espagne en 1861.

M. Mazet. Ce sont des cas exceptionnels. Ces navires appartiennent à la métropole.

M. le Président. Le commerce de l'Algérie avec l'Espagne est donc complètement entre les mains des étrangers. Il me paraît en être de même pour le commerce de Bône avec l'Italie et avec les États barbaresques ; et cependant, d'après le mouvement de la navigation, il y aurait en Algérie des éléments de relations et d'échange avec les peuples voisins de la Méditerranée. Il y a une question très-importante et très-sérieuse, tant pour la navigation que pour le commerce et les armateurs. J'appelle sur ce point toute votre attention.

M. Mazet. La seule difficulté, c'est parce que nos navires ne peuvent pas aller à l'étranger. Ce n'est pas la surtaxe que nous avons à payer qui fait obstacle; mais nos navires francisés ne peuvent pas aller en Espagne et les navires espagnols peuvent venir en Algérie.

M. le Président. Les navires espagnols font une navigation régulière et un commerce direct.

M. Mazet. Oui, puisque le cabotage est autorisé par navires espagnols.

5e *Question*. — Le fret payé entre Alger, Oran, Bône et Philippeville est de 12 francs le tonneau en moyenne.

§ 3. Des équipages. — 1re *Question*. — Les maîtres au cabotage algérien sont tous Espagnols ou Italiens.

M. le Président. Ces patrons auraient-ils le désir de devenir Français ?

M. Saulière. Tous les patrons interrogés par moi à ce sujet partagent ce désir, et sans l'inscription maritime qu'ils redoutent tous, ils en auraient déjà fait la demande. Nous avons vu des exemples de patrons qui, après avoir dépassé l'âge assujetti à l'inscription maritime, ont demandé leur naturalisation et l'ont obtenue.

Voici, du reste, quelques renseignements sur les patrons qui commandent mes navires.

M. *Cervera*, commandant la *Marie-Antoinette*, d'origine italienne, âgé de 35 ans, marié et père de famille, habite Alger depuis 25 ans et est patron de navire depuis 14 ans.

M. *Scale*, commandant l'*Hirondelle*, aussi d'origine italienne, âgé de 42 ans, marié et père de famille, habite Alger depuis 17 ans, est patron depuis 16 ans.

M. *Bosch*, commandant *Michel et Fanny*, d'origine espagnole, âgé de 45 ans, marié et père de famille, habite Alger depuis 15 ans, est patron depuis 7 ans.

M. de Maisonseul. Je ne crois pas qu'il soit dans l'intention de tous les capitaines étrangers de demander la naturalisation française. Je connais un certain nombre de ces patrons. Je leur ai dit plusieurs fois que leur simple déclaration suffisait pour donner à leurs fils, âgés de 18 ans, la qualité de Français : jusqu'à ce jour, pas un seul ne l'a fait.

M. le Président. A cause de l'inscription maritime. L'honneur d'être Français est intimement lié à l'obligation de servir dans la marine française.

M. de Maisonseul. Ce que la loi a de plus terrible, c'est la perspective d'être requis à un moment donné ; en moyenne, les marins ne font pas un temps de service plus long que les soldats de l'armée de terre.

M. de Vaulx. L'inscription maritime existe-t-elle en Algérie ?

M. de Maisonseul. Non, pas plus que la conscription.

M. le Président. Alors, ce qui empêche ces étrangers de nationaliser leurs fils, c'est la crainte de voir l'inscription maritime instituée en Algérie.

M. Saulière. Je demande la permission de formuler un vœu, tant en mon nom personnel qu'au nom d'autres armateurs : ce serait d'obtenir la permission, pour les navires construits à Alger, de naviguer librement avec des capitaines et équipages étrangers. Cette autorisation encouragerait l'industrie des constructions navales en Algérie et nous permettrait de conserver constamment, quelle que fût la destination du navire, le même personnel de marins.

2e *Question.* — L'élément indigène tend à disparaître, il n'entre que dans une proportion insignifiante dans la composition des équipages. L'exonération de l'inscription maritime pourrait peut-être avoir pour résultat de ramener les indigènes à la navigation.

3e *Question.* Les marins indigènes, en général, n'ont ni l'habileté, ni l'énergie, ni l'activité des marins étrangers, et, par conséquent, des équipages composés exclusivement de matelots maures, coulouglis ou arabes, s'il était possible d'en former, exigeraient une augmentation de bras.

4e *Question.* — Les prix de nourriture sont généralement, en Algérie, un peu moins onéreux que dans les autres pays.

§ 4. Des éléments divers des frais de navigation. — 1re *Question.* — Le tonnage moyen des bâtiments en Algérie est:

De 70 à 80 tonneaux pour le cabotage;
De 4 à 6 tonneaux pour la pêche du corail;
De 2 à 3 tonneaux pour la pêche du poisson.

2e *Question.* — Le fret ordinaire pour Marseille, Cette, Bordeaux, le Hâvre, est de:

Pour le voyage d'aller:
10 à 12 francs le tonneau pour les ports de la Méditerranée;
25 francs pour ceux de l'Océan.
Pour le voyage de retour:
14 à 15 francs le tonneau des ports de la Méditerranée;
30 francs des ports de l'Océan.

Ces moyennes concernent uniquement les bâtiments français. L'on sait que les algériens ne peuvent naviguer hors des eaux de la Colonie.

3e *Question.* — Le fret entre les principaux ports de la Méditerranée est de:
8 à 10 francs le tonneau pour les ports de l'Espagne;
14 à 15 francs pour ceux de l'Italie;
15 à 18 francs pour ceux des États barbaresques;
18 à 20 francs pour ceux du Levant.

4e *Question.* — L'organisation du commerce maritime en Algérie est celle que comportent les dispositions du décret du 7 septembre 1856.

Elle se rapproche beaucoup, ou même se confond avec celle des navires espagnols et italiens du même tonnage.

§ 5. Des règlements maritimes. — 1re *Question.* — L'institution du pilotage est une garantie de sécurité pour la navigation et, par conséquent, exerce une influence heureuse sur son mouvement. Toutefois, des règlements défectueux, des tarifs exagérés, l'incapacité des pilotes peuvent exercer une influence inverse.

Le tarif du port d'Alger est modéré, mais le service actif laisse à désirer dans son exécution, et a motivé des plaintes de la part des navigateurs: on reproche aux pilotes leur incurie, leur indolence, leur lenteur à prendre la mer, pour y aller aborder les arrivages.

Si les pilotes d'Alger ne remplissent pas leurs fonctions à la satisfaction des intéressés, la faute en est peut-être au système de communauté de leur organisation; la concurrence stimulerait bien autrement leur zèle et tiendrait leur vigilance en éveil.

Le tarif est modéré, avons-nous dit, mais il soumet à l'acquittement des taxes, tous les navigateurs, sans distinction entre ceux qui emploient et ceux qui refusent ou voudraient refuser le service des pilotes; il y a lieu d'examiner si, au système du tarif obligatoire, il ne conviendrait pas de substituer celui du tarif libre ou facultatif. La Chambre de Commerce inclinerait pour ce dernier mode et pour la concurrence des pilotes.

De même que les ports militaires sont régis par des officiers militaires, la direction des ports marchands doit être également confiée à des officiers de l'ordre civil et relevant, soit de l'autorité civile, soit des commissions nautiques.

Les ports d'Algérie, bien qu'exclusivement commerciaux, sont encore placés sous le régime des capitaineries militaires. Le commerce et la navigation se trouvent bien, pense la Chambre, de l'application du droit commun aux ports algériens. En effet, des capitaines ou directeurs de port, institués au titre commercial, se préoccuperont exclusivement, dans l'exercice de leurs fonctions et dans l'application des mesures de police que cet exercice comporte, des intérêts, des besoins du commerce et de la navigation, intérêts qu'ils sauront mieux servir, les connaissant et les appréciant mieux.

Au surplus, une Commission de personnes compétentes, instituée par les soins de S. Exc. M. le Gouverneur-Général, après une étude approfondie de cette question, a fait un rapport concluant à la transformation des capitaineries des ports algériens, dans le sens indiqué par la Chambre de Commerce. Que cette transformation, réclamée par l'intérêt général, s'accomplisse donc!

M. MERCIER-LACOMBE. Déjà cette mesure a reçu une première exécution; on ne pourvoie pas aux vacances qui se produisent parmi les capitaines de port de la marine.

2e *Question*. — Le privilége du pavillon national, à l'égard des transports directs entre la France et l'Algérie, est une atteinte au principe de la liberté commerciale; de plus, en éliminant un élément de concurrence, il a pour effet de renchérir le coût de ces transports. Malgré ces considérations, la Colonie, comme témoignage du prix qu'elle attache à ses relations commerciales avec la métropole, doit demander le maintien des dispositions de l'ordonnance royale du 16 décembre 1843; tel est, du moins, le point de vue sous lequel la Chambre croit devoir envisager cette question.

Il n'est pas inutile cependant de faire observer, ici, qu'en vertu du décret du 3 juillet 1861, nos colonies des Antilles et de la Réunion jouissent de la faveur d'effectuer, par navires étrangers, à l'importation comme à l'exportation, leurs transports directs avec la Métropole.

3e *Question*. — Le défaut de concurrence influe toujours sur les prix de toutes choses, dans le sens de l'élévation; vu le bas prix général des frets, l'influence de ces dispositions sur le développement de l'agriculture, du commerce et de l'industrie du pays, est peu appréciable aujourd'hui.

4e *Question*. — Il n'y a pas lieu de modifier les dispositions ci-dessus rappelées.

5e *Question*. — Il conviendrait de supprimer le droit de tonnage établi par l'art. 3 de l'ordonnance précitée, ou d'appliquer aux principaux ports de l'Algérie le régime d'immunités dont jouit exceptionnellement celui de Marseille, en vertu de l'ordonnance du 10 septembre 1817.

Ce régime exceptionnel excite, en France, la jalousie des ports et plus particulièrement des ports de la Méditerranée qui, voisins de Marseille, sont plus froissés dans leurs intérêts par une concurrence inégale.

L'application de ce régime à l'Algérie ne soulèverait aucune opposition de ce genre.

Quant au droit de tonnage, l'utilité de sa suppression a été soutenue dans un rapport de la Chambre de Commerce, en date du 22 janvier 1861, auquel la Chambre se réfère (1).

M. LE PRÉSIDENT. N'y a-t-il pas certaines marchandises qui ne peuvent venir à Alger sans passer par Marseille?

M. MAZET. Il y a les marchandises de provenance étrangère, telles que les cafés et les sucres. Sur deux chargements de ces derniers, faits en Amérique, l'un pour Marseille, et à défaut, pour Alger, l'autre directement pour Alger, le fret sera le même et le coût de la marchandise le même aussi. Cependant le second des navires portant ces chargements devra payer à Alger 7 francs 50 de plus, que celui qui sera allé à Marseille pour revenir à Alger.

M. LE PRÉSIDENT. Alors, on a intérêt à faire venir par Marseille certaines marchandises, telles que les cafés du Brésil, le sucre brut et les tabacs.

M. MAZET. On les fait toujours venir à Alger par Marseille.

M. DE MAISONNEUVE. La différence existe, que la marchandise soit transportée par navires français ou étrangers. Il y a là un droit différentiel, ainsi que je l'ai expliqué, lorsque cette objection a été soulevée dans la déposition de M. Alphandéry.

M. LE PRÉSIDENT. Voilà le fait précisé : la législation actuelle empêche le commerce entre l'Algérie et les pays producteurs.

M. MAZET. Il y a pourtant ici une consommation considérable de ces denrées, et pour les trois produits, sucre, café et tabac, il est préférable de faire passer les marchandises par les entrepôts de Marseille, plutôt que de les faire venir des pays producteurs. On évite ainsi le droit de tonnage.

6e *Question*. — Dans l'intérêt de la marine algérienne, le cabotage par navires étrangers, d'un port à l'autre de l'Algérie, devrait être provisoirement interdit.

7e *Question*. — Le régime quarantenaire exerce en Algérie une influence fâcheuse. Ce régime, d'ailleurs, n'a plus sa raison d'être : il fonctionne rarement, c'est un outil rouillé ; il s'ensuit que le service sanitaire, qui en dérive et dont l'entretien est aussi coûteux qu'inutile, doit être supprimé.

M. LE PRÉSIDENT. Le régime quarantenaire est plus utile que vous ne paraissez le croire, et on a eu à déplorer des exemples fâcheux d'épidémies introduites par des bateaux venant de l'étranger. Il s'est produit, notamment à Nantes, il y a quelques années, des cas assez nombreux de fièvre jaune, communiqués par l'équipage d'un navire venant des Antilles.

M. DE MAISONSEUL. Il existe un traité international, et nous ne sommes pas libres, je pense, de supprimer complètement, en Algérie, le régime quarantenaire.

(1) Un extrait de ce rapport est inséré à la suite du présent procès-verbal.

M. Mercier-Lacombe. On peut le modifier, s'il est trop rigoureux, mais non pas le supprimer.

M. le Président. Exige-t-on une longue quarantaine des navires venant des contrées éloignées?

M. de Maisonseul. Si la patente du navire est brute, c'est-à-dire indiquant des cas de maladies épidémiques à bord, les navires sont obligés de faire trois ou cinq jours de quarantaine, à moins qu'il ne mentionne des décès, auquel cas elle est prolongée; si, au contraire, la patente est nette, tous les hommes et toutes les marchandises peuvent être débarqués immédiatement.

§ 6. De la législation douanière et des traités de commerce. — 1re *Question*. — Les modifications apportées au régime de nos entrepôts par la décision ministérielle du 7 février 1862, suffisent aux besoins actuels du commerce.

On ne peut en dire autant du local affecté à l'entrepôt réel de la ville d'Alger, qui n'est point assez spacieux, et où se détériorent prématurément les marchandises qui y sont déposées.

Le commerce réclame d'urgence un bâtiment et des magasins d'entrepôt plus spacieux et mieux appropriés à leur objet.

2e *Question*. — Le traité de commerce du 23 janvier 1860, comme toutes les mesures prises en vue d'ouvrir ou de développer les relations internationales, est et sera de plus en plus favorable à l'Algérie. Mais le mouvement d'affaires qu'il a fait naître, paralysé, d'un côté, par la crise cotonnière, et de l'autre, par le manque des récoltes de céréales dans la Colonie, n'a pas acquis une grande importance.

En outre, pour porter tous ses fruits, le traité de commerce franco-britannique doit se combiner avec le traité de navigation du 26 janvier 1826, dont il est le complément et l'auxiliaire. Or, l'Algérie, où l'on a appliqué le traité de commerce, se trouve privée du bénéfice de la convention maritime surmentionnée.

Il en résulte que les produits britanniques, tels que fers, tissus, ciments et autres, importés en Algérie sous pavillon de la même nation, y sont assujettis, outre les droits du tarif conventionnel ou du tarif général, à des surtaxes de navigation. En ce qui concerne le ciment, par exemple, la surtaxe, qui s'élève à 1 franc les cent kilog., non compris les décimes, est considérable, eu égard à la minime valeur du produit. (1)

Il y aurait, sous ce rapport, une grande utilité à ce que le traité du 26 janvier 1826, fût appliqué à l'Algérie, et la Chambre de commerce insiste sur cette application, alors même que le droit de tonnage serait supprimé à titre général. Ce surcroît de précaution est nécessité par la prévision de ce fait que l'affranchissement des droits de navigation, à l'égard du navire étranger, découlant de la législation spéciale de l'Algérie, et non de l'assimilation des pavillons, prévue par les conventions, pourrait bien laisser intactes les surtaxes sur la marchandise.

3e *Question*. — Le décret du 25 juin 1860 constitue une excellente mesure dont les résultats ne peuvent se dégager que lentement et avec l'aide du temps. Les portes du Sud sont ouvertes, mais il faut considérer qu'elles s'ouvrent sur des contrées mystérieuses, dont l'accès est non-seulement difficile, mais dangereux. Il s'agit, en outre, de détourner deux grands courants commerciaux, qui

(1) MM. Mostayer et Delauney, négociants, ont adressé, à ce sujet, et à l'appui de la déposition du délégué de la Chambre de commerce, une note spéciale qui se trouve insérée à la fin du présent procès-verbal.

prenant leurs points de départ à Tripoli et à Mogador, se dirigent, l'un par l'Est, l'autre par l'Ouest, dans le centre de l'Afrique, où ils répandent les produits de la manufacture britannique. Ces voies sont, à ce qu'il paraît, les plus courtes et les plus sûres : il faut en frayer de nouvelles, ou se décider à suivre les anciennes, concurremment avec les négociants anglais et leurs habiles agents. Le commerce algérien, même avec le concours de l'industrie métropolitaine, n'est point encore placé dans d'assez bonnes conditions, pour entamer une lutte commerciale de cette nature, contre des rivaux bien munis, et occupant, de longue date, les meilleures positions; il ne possède pas les assortiments de produits d'importation indispensables pour l'échange; peut-être même, la notion exacte et précise de ces produits lui manque-t-elle. Ce qui lui manque aussi, ce sont des relations sûres dans les oasis et escales intermédiaires. Néanmoins, des études se poursuivent, des essais se font ou se préparent. Des hommes hardis et aventureux offrent leur concours pour former des caravanes de marchandises à destination des marchés de l'intérieur. Sera-t-il possible de coordonner ces éléments un peu incohérens et d'organiser une expédition sérieuse? On ne saurait le dire. Les hommes de bonne volonté et d'action ne manquent pas, mais il faut le concours d'autres facultés pour s'engager avec quelques chances de succès en de telles entreprises.

4e *Question*. — Au point de vue douanier, il n'apparaît pas qu'il y ait de nouvelles dispositions à prendre pour faciliter le passage des caravanes à travers l'Algérie et le développement des échanges avec le Soudan. Au point de vue politique, l'action du gouvernement local s'est utilement exercée. Par l'envoi, à Ghadamès, d'officiers intelligents et dévoués ayant reçu et accompli la mission de conclure un traité d'amitié avec quelques-uns des chefs influens de la nation Touareg, Son Exc. M. le Gouverneur-Général et M. le Sous-Gouverneur, ont témoigné de l'intérêt qu'ils portent à la solution de cette question difficile et complexe. Les voies ont été préparées, la sécurité assurée dans la mesure du possible. Il appartient aux commerçants, aux industriels, de s'y engager, lorsque le moment leur paraîtra opportun, et qu'ils croiront pouvoir le faire avec succès. En un mot, c'est aujourd'hui affaire d'initiative privée.

5e *Question*. — Oui, il y a lieu d'appliquer à l'Algérie les dispositions de la loi des 5-16 janvier 1836 qui autorise, à des conditions déterminées, l'importation temporaire de certains produits étrangers destinés à être fabriqués. La fabrication des cigares, entre autres industries, profiterait aussitôt de cette bonne mesure. Le produit fabriqué, pouvant être vendu à des prix réduits, par suite de l'exemption des droits de douane et d'octroi, dont la matière première est aujourd'hui grevée, trouverait au dehors un débouché qui lui fait défaut sous le régime actuel. L'Algérie produisant elle-même du tabac en abondance, il a été objecté, contre l'application de la loi en question, les difficultés qu'éprouverait la douane pour empêcher la fraude et contrôler la sincérité des déclarations d'entrée et de sortie. Il a été et il est répondu à cette objection : la France produit des céréales, des graines oléagineuses, des fers, des tissus de coton, etc., et néanmoins, sous le bénéfice de l'admission temporaire, des décrets y autorisent la mouture des céréales exotiques, la trituration des graines oléagineuses étrangères, la construction des machines, l'impression des calicots étrangers, etc. Et si la mesure est praticable en France, pourquoi, dans des conditions identiques, ne le serait-elle pas en Algérie?

6e *Question*. — Cette législation a été modifiée par la décision ministérielle du 7 février 1862, dans un sens trop étroit. Il y aurait lieu de ramener à 15 tonneaux le minimum de tonnage des navires qui pourront charger en réexportation des marchandises prohibées.

7e *Question*. — Il y a lieu d'apporter quelques modifications au décret du 7 septembre 1856 relatif à la francisation, en Algérie, des navires étrangers, notamment :

1° Le décret du 11 février 1860 a classé prématurément, au nombre des produits naturels de l'Algérie, auxquels la franchise est accordée à leur entrée en France, les bois communs, le zinc, l'étain, les fers en barre, les fers blancs et les cuivres. Et comme contre-coup de cette nouvelle classification, réputée favorable, les similaires exotiques de ces mêmes produits ont été soumis, à leur importation dans la colonie, au droit du tarif de la métropole.

La loi du 11 janvier 1851, dont les dispositions ont été modifiées à cet égard, admettait ces similaires, les uns en franchise, les autres au demi droit du tarif métropolitain.

Or, voici le bilan de la situation faite par le nouveau régime :

L'Algérie ne produisant et ne pouvant produire, ni aujourd'hui ni prochainement, aucun des articles en question, la faculté de les importer librement en France est, pour elle, sans utilité et comme non avenue. Mais si l'Algérie ne produit ni bois communs, ni métaux, elle en consomme et acquitte pour ceux qui proviennent de l'étranger le droit plein, au lieu du demi-droit, ou de la franchise. D'où il suit, qu'à l'égard des produits spécialement dénommés plus haut, le décret du 11 février 1860, décret excellent, du reste, et fort libéral dans toutes ses autres dispositions, en retour d'une faveur nominale et fictive, cause à l'Algérie un préjudice réel.

Dans un rapport du 17 avril 1860, la Chambre de commerce d'Alger a exposé ce préjudice. Ce rapport, dont un extrait est joint à la présente déposition (1), renfermant tous les développements que comporte le sujet, rend superflu, ici, de plus amples explications. La Chambre se borne donc à demander derechef que les bois communs, les fers en barre, les fers blancs, le cuivre, l'étain, le zinc, de provenance étrangère, soient replacés sous le régime de la loi du 11 janvier 1851.

2° La Chambre demande aussi que le ciment, matière nécessaire aux constructions et d'un fréquent emploi en Algérie, soit ajouté à la nomenclature du tableau 3 de la même loi.

3° Notre régime commercial soumet à une surtaxe certains produits étrangers ou coloniaux (sucres bruts, cafés, tabacs, etc.), lorsqu'ils sont importés en Algérie, directement de l'étranger, au lieu d'être extraits des entrepôts de France.

Cette disposition tend à restreindre les relations de l'Algérie avec l'étranger ; la Chambre en demande la suppression.

4° La Chambre croit devoir émettre ici un vœu au sujet de l'application d'une mesure vivement et itérativement sollicitée par elle depuis de nombreuses années, et qui a pour objet de substituer la marine marchande à la marine militaire, pour le service de la correspondance sur le littoral algérien.

Cette question, vu son caractère purement administratif, ne se rattache pas directement au questionnaire, mais, en raison de son importance majeure, il n'est pas sans utilité qu'elle y soit traitée.

Si le Conseil Supérieur désirait entrer dans les détails de cette affaire, il serait aisé, pour satisfaire à son désir, de joindre au présent travail les documents qui s'y rapportent, et, notamment, la supplique adressée, le 22 septembre 1858, à S. A. I. le Prince Napoléon, alors Ministre de l'Algérie.

M. Mercier-Lacombe. Différents obstacles se sont présentés au sujet de la substitution des navires de commerce à ceux de l'État pour le service de la côte, notamment le chiffre considérable de la dépense qui en résulterait pour l'État, et qui ne s'élève pas à moins de 1,500,000 francs. Le Ministre de la marine, auquel on a proposé souvent cette modification, n'a pas encore donné satisfaction à ces demandes. Ne pouvant opérer un changement complet du système actuel, l'Administration prend

(1) Voir à la fin du procès-verbal de la séance de ce jour.

des mesures pour donner au moins une solution partielle à cette question, qui n'a pas cessé d'être l'objet de ses préoccupations ; on étudie, en ce moment, un projet d'ouverture d'une ligne de correspondance qui ferait le service entre Alger et Cadix deux fois par mois et *vice versâ.*

8ᵉ *Question.* — La marine algérienne, cela a déjà été constaté dans le cours de ce travail, est renfermée dans des limites étroites. Il faut les reculer et lui procurer en même temps les moyens de naviguer jusque dans les ports étrangers de la Méditerranée, si cela est possible. C'est la seule modification qu'il paraisse utile aux yeux de la Chambre d'apporter au décret du 7 septembre 1856. Les autres dispositions de ce décret constituant un régime de faveur, il importe de les maintenir.

§ 7. Pêche du corail. — 1ʳᵉ *Question.* — La législation qui régit la pêche du corail donne des résultats satisfaisants depuis la décision impériale du 10 avril 1861, qui accorde certains avantages aux bateaux corailleurs construits en France ou en Algérie ; néanmoins, cette décision n'a pas eu pour résultat de faire revivre, par nos nationaux, la pêche du corail sur les côtes africaines, et il paraissait nécessaire pour atteindre ce but, au moins en partie, d'élever la redevance de 800 francs, fixée par l'ordonnance de 1844.

La convention de navigation passée, le 13 juin 1862, entre la France et l'Italie, stipulant, par son article 14, que « le droit de patente actuellement imposé aux » pêcheurs de corail italiens, sur les côtes de l'Algérie, sera réduit de moitié, » aura pour résultat évident d'annihiler les quelques avantages offerts en ce moment à notre Colonie.

2ᵉ *Question.* — En présence du traité ci-dessus mentionné, il n'est plus possible de penser que nos nationaux trouveront un avantage quelconque à se livrer à la pêche du corail. Dans l'intérêt de la Colonie, il convient de faire une distinction entre les étrangers et de favoriser leur établissement en Algérie. Il suffirait, pour atteindre ce but, de dégager la décision impériale du 10 avril 1861 des dispositions sévères qu'elle impose et de la remplacer par une disposition unique, conçue à peu près en ces termes :

« Tout bateau corailleur français ou algérien, même monté par des étrangers, » sera affranchi de la prestation lorsque le propriétaire, résidant en Algérie, » justifiera que l'armement de son bateau a eu lieu dans un des ports de » l'Algérie. »

Il est, en effet, à remarquer que les obligations imposées au propriétaire d'un bateau corailleur voulant jouir de l'affranchissement complet de la prestation, étaient autant d'empêchements manifestes, soit à cause de la difficulté de composer un équipage soumis à des conditions difficiles à remplir par le propriétaire, soit encore parce que celui-ci n'est ordinairement pas dans une position de fortune de nature à le rendre possesseur d'immeubles. La condition, insérée dans la modification proposée ci-dessus, peut seule être suffisante pour obtenir la résidence et la fixation dans la Colonie des marins étrangers.

Du reste, par l'exonération entière de la prestation, aujourd'hui réduite à 400 francs, l'État ne ferait même pas un sacrifice, ou ce sacrifice serait insignifiant. Par le fait de l'armement en Algérie, les filets et engins que l'on y embarque ont déjà acquitté des droits de douane qui doivent compenser le prix de la redevance.

3ᵉ *Question.* — Les ports de l'Algérie ont armé, en 1862, environ 80 bateaux corailleurs, dont 60 au droit de 400 francs et une vingtaine au titre étranger, ces derniers ne pouvant justifier leur origine française ou algérienne. Tous ces bateaux sont montés par des marins, presque tous étrangers, résidant en Algérie avec leurs familles.

4ᵉ *Question.* — Les causes de l'abandon par nos nationaux de la pêche du corail sont anciennes. Elles existaient avant la conquête; elles existaient aussi sous l'empire de l'arrêté du 31 mars 1832, qui soumettait les corailleurs étrangers à un droit de patente de 1,500 francs.

Ce délaissement est attribué au mouvement général des affaires et des transports maritimes qui, depuis 35 à 40 ans, à pris un développement progressif de nature à porter l'activité des armateurs français dans des voies plus larges que celles des opérations de la pêche du corail qui, à leurs yeux, ne présentaient plus qu'une infime importance. Disons, en passant, que Marseille qui, avant 1830, comptait plusieurs établissements prospères s'occupant, avec une activité remarquable, de la manufacture des coraux, a subi, sous ce rapport, une certaine décroissance. Les grandes fabriques d'Italie, Livourne, Gênes et Naples, par suite de leurs rapports plus immédiats avec les pêcheurs, ont, pour ainsi dire, le monopole de l'industrie manufacturière du corail.

Toutefois, la cause principale de l'abandon de la pêche du corail trouve sa raison d'être dans ce que notre marine marchande se trouve placée, relativement aux marines étrangères, dans des conditions onéreuses qui ne lui permettent pas de soutenir la concurrence dont elle est l'objet de la part des Italiens et des Espagnols.

Les armateurs étrangers trouvent des marins qui se contentent de salaires moindres que ceux exigés par nos matelots, et les dépenses d'entretien et d'alimentation des équipages sont considérablement moins dispendieuses.

De ce qui précède, il est permis de conclure qu'il sera désormais difficile, sinon impossible, d'attirer en Algérie les armements de la métropole pour la pêche du corail; il faut donc tourner ses regards sur l'armement des étrangers et faire en sorte d'attacher cet élément à notre sol.

M. le Président. Il y a 80 bateaux armés pour la pêche du corail dans les ports de l'Algérie, quelle est la moyenne de leur tonnage?

M. Mazet. Les bateaux algériens jaugent de 4 à 6 tonneaux; les bateaux étrangers, de 6 à 14.

M. le Président. Y-a-t-il une raison pour que les bateoux étrangers soient d'un plus fort tonnage?

M. Mazet. Il faut qu'ils puissent traverser la Méditerranée.

M. de Maisonseul. Ces bateaux assez forts offrent encore un autre avantage, c'est qu'ils permettent de s'approvisionner de vivres pour la campagne et de tenir plus longtemps la mer.

M. le Président. Quelle somme peut rapporter, en une saison, la pêche d'un de ces bateaux?

M. de Maisonseul. Cela varie entre 20 et 25,000 francs bruts.

M. le Président. Par quelle profondeur pêchent-ils?

M. de Maisonseul. Les bancs de coraux se trouvent à des profondeurs qui varient entre 80 et 200 mètres.

§ 8. Pêche du poisson. — 1re *Question*. — La réglementation actuelle de la pêche côtière en Algérie a eu pour résultat de renchérir excessivement le poisson, au grand préjudice de la population.

2e *Question*. — Oui, il conviendrait d'appliquer en Algérie le décret du 6 mai 1862.

3e *Question.* — La pêche est exploitée en Algérie par des étrangers et un très-petit nombre d'indigènes. Les marins français n'y concourent pas.

M. le Président. Vous n'avez plus rien à ajouter, Messieurs, au nom de la Chambre de Commerce, sur les questions de l'enquête?

Monsieur Garro, vous êtes propriétaire d'une usine à huile en Kabylie, pourriez-vous nous donner quelques renseignements sur le produit des oliviers dans cette contrée?

M. Garro. Le produit des huiles en Kabylie ne s'élève pas à moins de 15,000,000 francs, dont 10,000,000 sont consommés sur place, ce qui permettrait d'exporter 5,000,000.

M. le Président. Quel est le prix moyen de l'huile par litre?

M. Garro. Elle vaut environ 1 franc le litre dans la Kabylie de la province d'Alger. Pour ma part, j'ai vendu des huiles qui pouvaient entrer en concurrence avec les meilleures de Nice.

M. le Président. Monsieur Mazet, vous faites le commerce des vins. Vendez-vous des vins d'Algérie?

M. Mazet. La production est encore très-peu importante; les vins se consomment généralement sur place.

M. le Président. L'industrie de la tonnellerie a-t-elle quelque chance d'avenir?

M. Mazet. Cette industrie est nulle en Algérie.

M. le Président. Cependant, n'exporte-t-on pas des futailles en Espagne?

M. Mazet. Les Espagnols apportent en Algérie beaucoup de vins, mais ils ne vendent que le contenu que l'on transvase ici, et ils remportent leurs tonneaux.

M. le Président remercie les délégués de la Chambre de Commerce de leurs dépositions.

14e Groupe. — BANQUES ET INSTITUTIONS DE CRÉDIT.

MM. Robert, ancien Banquier, ancien Président de la Chambre de Commerce d'Alger.
Barny, Conseiller à la Cour Impériale, et membre du Conseil Général d'Alger.

M. le Président donne la parole à M. Robert, en l'invitant à présenter au Conseil les observations qu'il a pu préparer sur quelques points spéciaux du questionnaire, notamment sur les institutions actuelles de crédit.

M. ROBERT prend la parole :

Le crédit est un besoin de la société humaine, une nécessité aussi impérieuse que l'alimentation, disait un célèbre économiste. Si cette maxime est vraie pour les pays civilisés, à plus forte raison l'est-elle pour ceux où l'agriculture et le commerce ne font que naître.

En Algérie, Messieurs, il n'existe véritablement ni crédit, ni établissement propre à le développer, d'où il résulte, pour notre Colonie, des entraves au développement de l'agriculture et du commerce.

J'ai dit que l'Algérie ne possédait aucun établissement de crédit; la loi du 4 août 1851 a créé, cependant, la Banque de l'Algérie, mais ses moyens sont limités, parce que ses priviléges sont exclusifs et absorbants. Loin de concourir au développement des forces vives du pays, elle exerce sur sa condition financière une prépondérance qui la laisse stationnaire et inféconde. En un mot, elle paralyse, dans le présent et pour l'avenir, la prospérité de la Colonie.

Une succursale de la Banque de France serait la clé de voûte du Crédit national algérien.

Quelle est la garantie du billet fiduciaire émis par la Banque de l'Algérie, et qu'elle remet en échange des effets de commerce qu'elle accepte? Évidemment, c'est la valeur de son portefeuille. Or, si ce portefeuille se vide entre les mains des comptoirs de France, si le produit de ce réescompte est à son tour transformé en papier, qui ne restera pas davantage dans le portefeuille, et que l'opération se renouvelle une ou plusieurs fois, il est clair que la responsabilité de garantie de la Banque de l'Algérie portera sur un chiffre énorme, hors de proportion avec ses ressources, et qui devra diminuer singulièrement le gage du porteur de ses billets.

Les encaissements et escomptes sur l'intérieur devraient être interdits comme contraires au maintien du crédit d'un établissement autorisé à battre monnaie. En effet, il est évident, qu'obligée d'envoyer, souvent longtemps à l'avance, et toujours à découvert, des remises importantes, la Banque de l'Algérie est en état permanent de pertes; de telle sorte que, contrairement à ce qui a lieu pour la Banque de France, son actif intégral n'est jamais à sa disposition pour les besoins du commerce.

M. LE PRÉSIDENT. Malgré tout l'intérêt qui s'attache à cette question, je vous ferai observer, Monsieur, qu'elle ne rentre pas spécialement dans le programme de l'enquête dont nous nous occupons.

M. ROBERT :

Je dois me préoccuper, avant de proposer aucune modification, M. le Président, de faire ressortir clairement les conséquences fatales du fonctionnement actuel de notre Banque. En conséquence, se trouvant dans l'indispensable nécessité où elle est de repousser les escomptes proposés, afin de maintenir un encaisse suffisant pour parer aux remboursements :

1° Des effets réescomptés par elle et qui auraient dû rester en portefeuille;

2° De ses propres billets fiduciaires;

Je considère l'institution de la Banque de l'Algérie comme vicieuse et nuisible au progrès agricole et commercial de la Colonie, mais cependant aucune de mes observations ne s'applique aux hommes qui la dirigent, et je ne regrette qu'une chose, c'est de ne pas la voir plus soucieuse de nos véritables intérêts.

Le crédit est le principal agent de développement de l'agriculture, du commerce, de l'industrie et de la marine; je demande donc, au nom de l'intérêt général, un établissement de crédit mieux approprié aux besoins de la Colonie que ne l'est actuellement la Banque de l'Algérie; je demande que, dans notre intérêt comme dans le sien, la Banque de France établisse, en Algérie, trois succursales : à Alger, Oran et Constantine.

M. LE PRÉSIDENT. Avez-vous quelques raisons de croire que la Banque de France soit disposée à entrer en négociation avec la Banque de l'Algérie, pour racheter son privilège et établir les succursales dont vous parlez?

M. ROBERT. Je ne pourrais rien préciser de positif à cet égard, j'ai seulement soumis mes idées à ce sujet à S. A. I. le Prince Napoléon, lorsqu'il était Ministre de l'Algérie.

M. LE PRÉSIDENT. Vous savez sans doute que la Banque de France n'accorde l'escompte que sur trois signatures et que ses règlements sont, sous plusieurs autres rapports, plus sévères que ceux de la Banque de l'Algérie. La Banque de l'Algérie a déjà rendu des services incontestables. Les escomptes se sont développés sensiblement depuis dix ans. Elle a cependant à lutter contre les difficultés qui résultent des répugnances de la population indigène à recevoir des paiements en papier. La Banque de France rencontrerait les mêmes répugnances, et je doute beaucoup qu'elle soit disposée à entrer dans vos idées, tant que la circulation fiduciaire sera aussi peu développée en Algérie. Il serait peut-être prudent de ne pas trop critiquer une institution locale utile, lorsqu'on n'a encore rien de mieux à mettre à la place.

M. ROBERT continue :

Le commerce algérien reçoit du dehors des quantités considérables de houille, fers, bois de construction, denrées alimentaires, etc., et pour solder ces marchandises, il remet aux expéditeurs, sur Paris, Marseille, ou toute autre place, des valeurs qui atteignent annuellement, au moins trente millions de francs. Puis, pour assurer le payement régulier des valeurs qu'il a souscrites, il lui faut envoyer à l'avance et à grands frais, de nouvelles remises, traites ou numéraires, d'où il résulte que pendant un certain temps, il se trouve engagé pour une somme double du prix des marchandises reçues, qu'il paye en transports, commissions et intérêts, des frais considérables, sans compter les risques qu'il court et les inquiétudes qui l'obsèdent. Donnez au commerce algérien des succursales de la Banque de France, et tous les inconvénients disparaissent; nous acquitterons sans peine et sans frais, nos engagements sur toutes les places où la banque possèdera une Caisse, et cela à toutes les époques de l'année, sans nous occuper de savoir si l'on peut ou non obtenir des traites du Trésor. Remarquons, en outre, que ces succursales algériennes pouvant délivrer à notre commerce tous les mandats dont il a besoin (sans commission, à vue et non à dix ou trente jours de vue), reçoivent en échange tout le numéraire que la Banque de France garde en caisse pour le besoin des escomptes. La Banque de l'Algérie, au contraire, obligée d'envoyer en France une grande partie de son encaisse, pour couvrir les maisons qui acquittent ses mandats ou qui lui remettent des valeurs à encaisser, ne peut accepter qu'une partie des effets qu'on lui présente à l'escompte, au grand dommage de notre commerce, qu'elle entrave souvent, au lieu de lui venir en aide.

Quelle que soit l'importance de la circulation que comporte aujourd'hui le mode d'opération de la Banque de l'Algérie, il est facile d'établir que son remplacement par la Banque de France donnerait immédiatement un excédant de circulation d'au moins *cent millions*, et voici comment :

1° L'Algérie doit à des capitalistes français environ quatre cent millions de dettes hypothécaires qui, au taux variable de 7 à 10 p. 0/0, produisent un intérêt de trente millions qu'elle doit servir en espèces;

2° La Colonie doit aussi à divers rentiers de France pour locations d'immeubles, à payer également en espèces, une somme qu'on ne peut évaluer à moins de dix millions;

3° Enfin, la différence existant entre les importations et les exportations se solde aussi, pour la plus grande partie, par des envois de fonds qui atteignent environ *soixante millions*.

Soit, en totalité, cent millions en espèces que, dans les circonstances actuelles et chaque année, nous sommes obligés d'enlever à la circulation dans la Colonie, au profit de la métropole. Que de services tout le numéraire ainsi exporté, par suite d'une organisation insuffisante, ne rendrait-il pas au commerce et à l'industrie de notre pays !

En l'état des choses, combien rapporte au Trésor l'application à l'Algérie de la faculté d'expédier des billets au porteur, en payant 10 centimes par 100 francs en outre du port de lettre et du droit fixe de chargement ? Fort peu de chose, assurément. Il en serait tout autrement si nous avions ici à volonté, tout en conservant nos espèces, des billets de la Banque de France pour payer nos créanciers de la métropole. Au lieu de dépenser peut-être 300,000 francs et plus, en frais de transport de numéraire, l'administration des Finances en gagnerait au contraire, assurément, plus de 100,000 par le service de la poste.

En résumé, Messieurs, avec la Banque de France, notre capital monétaire reste continuellement à notre disposition, notre crédit s'accroît dans une proportion illimitée, et rien ne s'oppose plus au développement de toutes les forces vives du pays.

Je ne terminerai pas sans proclamer aussi, avec d'autres voix plus autorisées que la mienne, la nécessité de supprimer le droit de tonnage. Mais je suis profondément convaincu que, le Gouvernement nous accordât-il toutes les immunités commerciales réclamées, la Colonie n'en ressentira réellement le bienfait qu'autant qu'il nous aura, d'abord et avant tout, doté de succursales de la Banque de France.

M. le Président remercie M. Robert des renseignements qu'il vient de donner au Conseil, tout en exprimant le regret que le programme spécial de l'enquête ne permette pas d'examiner, dans leurs détails, les questions spéciales soulevées par le déposant

M. Barny s'exprime en ces termes :

On ne cesse de dire qu'il faut à l'Algérie des bras et des capitaux : avec les capitaux on a les bras; il faut donc, avant tout, des capitaux. En Algérie, l'argent est à un taux élevé, il n'en peut être autrement dans les conditions du pays. Pour combattre ce mal, il faut établir des institutions de crédit.

Depuis 1851, le commerce jouit d'une banque, l'agriculture demande le même bienfait. L'Algérie est encore plus agricole que commerçante !

Est-ce possible ?

En soi, l'agriculture, à mon avis, peut, tout aussi bien que le commerce et l'industrie, offrir des garanties au crédit. — Dans le commerce, on prête à la probité et à la solvabilité présumée. Pourquoi n'en serait-il pas de même pour l'agriculture? Les opérations de l'agriculture se font au grand jour et elles se circonscrivent dans un cercle connu et appréciable par tous.

En Algérie, il est tout aussi facile, plus facile, peut-être, de se renseigner sur la moralité et la solvabilité de l'agriculteur que sur celles du commerçant.

De même que le commerçant, l'agriculteur a besoin d'un fonds de roulement; c'est ce besoin que le crédit agricole doit satisfaire. — En Algérie, l'achat et la vente des bestiaux, qui se pratiquent pendant toute l'année, les récoltes successives de foins, céréales, tabacs, cotons, etc., qui embrassent une période de huit mois, constituent une série d'opérations à l'aide desquelles l'agriculteur peut solder son billet à l'échéance.

L'escompte du papier agricole me paraît donc aussi possible, en Algérie, que l'escompte du papier commercial.

Un comptoir agricole pourrait escompter les billets *à deux signatures*, comme le fait la banque de l'Algérie; ou, *à une seule*, mais avec une garantie, telle que celles exigées, soit par le Crédit agricole de France, soit par les Banques coloniales. — Ainsi, *avec remise de récépissés de denrées ou produits déposés :* en neuf mois, le Crédit agricole de France a prêté de cette manière plus de 20 millions; — *avec remise de connaissements de produits exportés; — avec cession de récoltes :* les Banques coloniales ont, dans la dernière année, avancé par ce moyen plus de 5 millions; — *avec affectation hypothécaire, en compte-courant :* le Crédit agricole de France a aussi prêté plus de 8 millions en moins d'un an.

Quant aux échéances, on les organiserait de manière à ce qu'elles pussent s'échelonner de cent jours à trois ans, avec faculté de renouveler les crédits ouverts.

En résumé, les dispositions générales adoptées par les grandes institutions de crédit existant actuellement dans la métropole, combinées avec les dispositions du Crédit agricole de France et celles des Banques Coloniales, me sembleraient répondre à toutes les données du problème pour l'Algérie. Je les crois essentiellement praticables en principe.

En fait, je pense, qu'en Algérie, on peut faire confiance à l'agriculteur comme au commerçant, et que le crédit agricole y existe tout aussi bien que le crédit commercial.

En 1851, lorsqu'il s'est agi d'établir la Banque de l'Algérie, les critiques n'ont pas manqué. Cependant, on a osé, et on a bien fait. — La Banque d'Algérie escompte près de 70 millions par an.

Je suis convaincu qu'un comptoir agricole, au capital de 3 millions, avec des succursales à Oran et Constantine, rendrait les plus grands services aux Européens, aux Indigènes, aux syndicats, aux sociétés qui ont pour but l'amélioration du sol et l'accroissement de ses produits, et que cette institution aurait toutes chances de réussite.

M. le Président remercie M. Barny, en lui faisant toutefois remarquer que cette question spéciale ne rentre pas dans le programme de l'enquête et ne pourra être utilement discutée par le Conseil.

15e Groupe. — TRAVAUX PUBLICS.

M. Vial, Ingénieur, Chef de l'exploitation des Chemins de fer, s'excuse de n'avoir pu, pour cause de maladie, se rendre à la convocation qui lui a été faite.

16ᵉ Groupe. — PROPRIÉTÉS URBAINES.

MM. Sarlande aîné, propriétaire;
Roux (Adolphe), propriétaire.

M. Sarlande a adressé à M. le Président du Conseil Supérieur, les réponses ci-après sur le questionnaire de l'enquête :

§ 1. Des navires. — L'Algérie étant dépourvue des matériaux nécessaires à la construction des navires, et la main-d'œuvre devant y être encore longtemps plus chère qu'en France, elle ne peut et ne doit pas songer à cette industrie. Les forêts manquent de bois sain et les minerais de fer de combustible pour leur fusion.

§ 3. Des règlements maritimes. — Tout ce qui entrave le libre accès des navires étrangers dans les ports de l'Algérie doit être supprimé, ou, au moins largement modifié. Ainsi, relativement au droit de tonnage, pourquoi imposer un droit par tonneau de jauge sur chaque navire entrant dans les ports, et ne pas se borner à percevoir ce droit sur chaque tonne de marchandises débarquées ou embarquées ? Ce dernier procédé serait juste et rationnel; les navires étrangers feraient escale dans les ports de l'Algérie, y alimenteraient le commerce de leurs produits nationaux, et en permettraient l'échange avec ceux du pays; double avantage pour la Colonie, sans nul préjudice pour le Trésor, puisque, sous l'empire de la législation actuelle, ces échanges ne peuvent avoir lieu.

3ᵉ *Question*. — Le droit de tonnage produit environ 150,000 francs par an, dans lesquels les denrées et matériaux du Gouvernement du pays entrent au moins pour moitié. Ce ne serait donc que pour un bénéfice de 75,000 francs que toutes les entraves qui suivent le droit de tonnage seraient maintenues, et c'est pour une aussi faible somme qu'on hésiterait à supprimer un droit qui écarte de nos ports les navires étrangers passant en vue de nos côtes, tels que ceux de Southampton à Alexandrie, et autres, quand, sous un autre régime, il y viendraient renouveler leurs approvisionnements de charbon et de vivres frais. Les échanges qu'ils ne manqueraient pas d'y faire profiteraient au commerce algérien, tandis que, faisant escale à Gibraltar, Malte, etc., ces ports en profitent à notre préjudice.

C'est encore le droit de tonnage qui empêche l'établissement d'une ligne de bateaux à vapeur entre l'Algérie, les îles Baléares et le continent espagnol, et nous prive ainsi de communiquer et d'échanger, par une voie sûre, avec un grand pays voisin.

Le droit de tonnage, en élevant artificiellement le prix des denrées et matériaux nécessaires à la prospérité de l'Algérie, paralyse en même temps les efforts de nos agriculteurs, en ce sens qu'il contribue à déprécier la part de ces produits qui ne se consomment pas sur place, et qui, devant s'écouler au dehors, subissent, pour être transportés sur les marchés extérieurs, un fret surélevé. Ainsi, par le droit de tonnage, la Colonie achète plus cher ce qu'elle consomme et retire un moindre prix de ses propres produits.

L'ordonnance du 16 décembre 1843 est très-préjudiciable au commerce, à l'industrie et à la prospérité de l'Algérie. En effet, le monopole des transports étant réservé aux navires français, ceux-ci, sans crainte de concurrence, exigent des frets très-élevés sur les marchandises et les voyageurs. Les consommateurs payent les frais de ce monopole, et le pays se voit privé des visiteurs qui lui viendraient en bien plus grand nombre, si les prix de passage étaient moins considérables.

Par tous ces motifs, je conclus à ce que l'ordonnance du 16 décembre 1843 soit rapportée, et à l'abolition de tous droits de tonnage dans les ports de l'Algérie.

§ 6. Législation douanière. — La prospérité et l'avenir de l'Algérie dépendent du plus ou moins de libertés commerciales et municipales dont elle sera appelée à jouir. Les traités de commerce et les modifications apportées aux tarifs des douanes ont été favorables aux opérations commerciales et agricoles du pays, mais les résultats sont restés beaucoup au-dessous de ceux qu'on pourrait atteindre sous un régime mieux entendu et plus libéral. Ainsi, l'ouverture en franchise pour les marchandises des frontières du Sud algérien ne produira de bons résultats, que si les produits européens peuvent être livrés en échange de ceux du Soudan dégrevés de tout droit de douane, car les Sahariens ne prendront évidemment les routes de l'Algérie que lorsqu'ils y trouveront un avantage pour leurs échanges; il faut donc dégrever les marchandises des frais et droits qui en élèvent le prix, et en permettre le transit sur le territoire algérien. De bonnes voies de communications, l'ouverture de grandes foires à Laghouat ou autre point central, sont les meilleurs moyens d'habituer les Sahariens à des opérations d'échanges avec nous.

5e *Question*. — L'Algérie, pays essentiellement agricole, ne peut pas avoir la prétention de devenir un pays industriel et de se mettre en concurrence avec les manufactures du nord de la France et de l'Angleterre; elle peut donc réunir dans ses entrepôts tous les produits de l'industrie européenne, sans se nuire à elle-même, et profiter ainsi du commerce européen, dont elle deviendra le centre par l'accumulation de tous les produits étrangers dans ses docks.

Alger, centre des possessions françaises de l'Algérie, peut, par son magnifique port et par les immenses magasins que la construction du boulevard de l'Impératrice va mettre à la disposition du commerce, devenir facilement l'entrepôt de tous les produits européens, et par suite, une grande place de commerce et d'échange; mais, pour obtenir ce résultat, il faut déclarer la complète franchise de son port. Ce grand acte donnera à Alger le spectacle d'un magnifique encombrement de navires dans sa rade, et son commerce prendra un essor considérable, de même qu'on l'a déjà vu pour Saint-Thomas, île du Danemarck, moins favorisée qu'Alger par sa position. Au point de vue simplement algérien, la franchise du port favorisera l'accroissement de son agriculture, tant pour la consommation sur place, que pour les débouchés qui lui seront ouverts par les navires stationnant dans le port.

J'ai conclu à la suppression de tous droits de tonnage dans les ports de l'Algérie, et touchant la question de la législation douanière, je conclus de même à la complète franchise de tous droits de douane et de port à Alger, sans préjudice pour les droits qui, avec modification, peuvent être maintenus pour les autres ports de l'Algérie.

Sous l'empire de la législation actuelle, le port est condamné à rester vide, de même que sont restées en friche les concessions immenses de terres faites à des gens qui n'avaient ni la volonté ni les moyens de les faire cultiver, et la Colonie est en droit de craindre qu'on trouve un jour son port inutile et qu'on lui en fasse un reproche; tandis que si le Gouvernement consent à ouvrir les portes, fermées jusqu'à présent au commerce, on verra bientôt de vastes magasins encombrés de toute sorte de marchandises, apportées aussitôt par les navires de toutes les nations, et les navigateurs de long-cours trouveront encore une nouvelle occasion de relâcher à Alger, en présence des magnifiques bassins de radoub, qui sont maintenant en voie très-avancée de construction et qui ne tarderont pas à être achevés.

Avec la libre entrée et la franchise du port d'Alger, la colonie verra s'établir de grandes foires annuelles et un commerce d'échange considérable; le mouvement remplacera l'atonie, la prospérité succédera à la détresse, et l'Algérie donnera des preuves de sa vitalité à tous ses détracteurs.

Sous le régime actuel, au contraire, on continuera à accuser le pays d'impuissance au point de vue commercial, comme on le fait déjà au point de vue agricole, sans se rendre compte des lois fiscales qui semblent interdire l'entrée des ports, comme les terres restent incultes, faute de soins apportés dans le choix des concessionnaires et dans l'examen des ressources qu'il leur était indispensable de posséder pour mettre en culture leurs propriétés.

M. Roux est invité à présenter ses observations :

M. le Président. Vos observations, Monsieur, doivent-elles porter sur tout le questionnaire, ou se restreignent-elles à quelques points spéciaux?

M. Roux. J'ai examiné plus particulièrement la question du drawback pour la fabrication des cigares.

Je demande, en faveur des tabacs étrangers fabriqués dans la Colonie, la restitution du droit perçu à leur importation.

L'Europe, et l'Amérique même, viendraient s'approvisionner en Algérie. Déjà cela existe en partie, que sera-ce lorsque le droit de 35 p. 0[0 qu'on paye à l'entrée sur les tabacs sera restitué à la sortie? Et surtout quand la France fera ici, sur place, des achats en cigares de toutes qualités? Évidemment, la fabrication prendra une extension considérable. Elle se perfectionnera, elle provoquera la production des qualités supérieures, ce qui sera plus facile qu'on ne pense.

Stimulé par l'espoir de bénéfices plus considérables, le colon cherchera à perfectionner ses moyens de production, il améliorera les qualités de ses plants, on fera produire à un hectare de terre six fois plus qu'il n'obtient aujourd'hui. Il est important de constater que les tabacs algériens sont recherchés dans le Levant, et se vendent jusqu'à 6 et 7 francs la livre à Smyrne et à Constantinople. Or, pourquoi ne ferions-nous pas, en Algérie, des tabacs Havane, des Manille, des Porto-Rico, ou mieux encore. L'Algérie possède des terres et du soleil, seules conditions pour obtenir des qualités supérieures.

L'Algérie possède déjà un assez grand nombre de fabriques de cigares, dont les qualités sont appréciées, même en Amérique. Paris, loin de les dédaigner, les accepte avec empressement, pourvu, toutefois, qu'on ne dise pas que ce sont des produits de l'Algérie.

La routine admet difficilement les produits nouveaux, et ce n'est pas seulement pour les tabacs, mais indistinctement pour tous les produits qui sont sortis de chez nous : viandes, grains, pâtes, fruits et primeurs, ont subi cette loi d'exclusion.

Cependant j'ai fait, moi-même, une expérience sur la valeur des cigares algériens; j'en ai importé en France une certaine quantité, pour lesquels j'ai acquitté les droits de douane. Ces cigares me revenaient, rendus à Paris, à environ 0 fr. 15 cent. la pièce.

J'en ai fait distribuer une certaine quantité dans les différents cercles de Paris où je savais trouver non-seulement des amateurs, mais encore de véritables connaisseurs. Mes cigares furent si bien appréciés, que les propriétaires de ces établissements ne voulurent plus continuer à les débiter, parce qu'ils étaient plus recherchés que les cigares prétendus de la Havane, et qu'ils faisaient payer 40 et même 50 centimes.

Or, si à Paris même on a été satisfait, ne le serait-on pas à l'étranger, et pourquoi hésiter à faire un essai qui, peut-être, sera fructueux et donnera alors à l'industrie et à la production des tabacs en Algérie un développement considérable et une grande importance?

M. le Président. Croyez-vous que l'on trouve en Algérie de bons ouvriers pour la fabrication des cigares?

M. Roux. Oui, des femmes surtout; il y a déjà, dans les fabriques qui existent, beaucoup de bonnes cigarières.

M. le Président. Êtes-vous d'avis que l'on supprime le droit de tonnage sur les navires étrangers?

M. Roux. Oui, Monsieur le Président.

M. le Président. Avez-vous encore d'autres observations à présenter?

M. Roux. Oui, en ce qui concerne la navigation avec l'Espagne.

Le cabotage entre l'Espagne et l'Algérie, par navires espagnols, me semble devoir être protégé et favorisé; la navigation française ne pourrait s'accommoder d'un commerce spécial qui, ordinairement, ne donne à l'importation que des produits sans valeur, tels que navets, pastèques, pommes, piments et limaces, et nous prend en retour beaucoup de tissus, de tabacs, etc.

La fréquence de nos relations avec l'Espagne, au moyen de ces caboteurs, est une cause qui nous procure le plus de bras espagnols; or, s'ils ne sont pas tous bien employés dès le début, ils deviendront précieux dans l'avenir. Nous en avons déjà des preuves. Ils deviendront de plus de vaillants citoyens français. Il est impossible qu'ils ne subissent pas cette loi irrésistible de l'assimilation, mêlés qu'ils seront avec nous, et concourant tous à l'œuvre que nous poursuivons ici.

J'ai encore à demander au Conseil la permission de lui soumettre quelques observations au sujet de la pêche du poisson.

La suppression des filets-bœufs a soulevé de nombreuses réclamations. Une notable diminution de l'approvisionnement du marché aux poissons et l'augmentation qui en est naturellement résultée dans le prix expliquent, sans les justifier au fond, ces réclamations, car il n'est pas douteux que, si l'on eut plus longtemps toléré l'usage de ces engins destructeurs, notre rade et celles près desquelles sont établis nos grands centres de population maritime, eussent bientôt été complètement dépeuplées.

J'ai fait partie de la Commission qui avait été chargée d'étudier la question, et l'opinion que j'ai émise, alors, dans le sens de la mesure adoptée, est restée la même, nonobstant l'inconvénient qui s'est produit et qu'on devait nécessairement attendre.

Mais au lieu d'y mettre un terme, en rétablissant l'ancien état de choses, c'est-à-dire, en perpétuant le mal auquel il s'agissait de porter remède, pourquoi n'a-t-on pas cherché à assurer, par d'autres moyens, l'approvisionnement des marchés? Pourquoi, notamment, ne s'est on pas occupé d'établir des madragues qui offriraient un moyen sûr et facile d'avoir, pendant sept mois de l'année, beaucoup de bons poissons pour la consommation journalière, indépendamment de ce que, par la salaison, on décuplerait, et au-delà, l'exportation qui déjà commence à s'opérer? Ce serait, d'ailleurs, un attrait nouveau à l'immigration, et en facilitant aux entrepreneurs concessionnaires un établissement stable, on réaliserait, avec certitude, l'existence jusqu'ici rêvée de quelques villages maritimes.

Un essai de ce genre a déjà eu lieu à Arzew et a donné des résultats qui, sans nul doute, se fussent développés, si la mort n'était venu frapper celui qui l'avait tenté.

Sidi-Ferruch, très-favorablement situé pour l'installation d'une madrague, a été le point de mire de quelques spéculateurs; malheureusement, ceux en faveur desquels l'administration en avait consenti la concession, n'avaient pas personnellement les moyens d'en faire partie, et ces hommes pratiques, qui pouvaient seuls la mettre en valeur, se sont retirés devant l'exigence des titulaires du privilége.

Le Cap Matifou est un point préférable encore. Des demandes avaient été faites pour cette localité. Des motifs, puisés dans la crainte de gêner la navigation, ont dicté un premier refus, mais j'ai lieu de croire qu'une plus sérieuse exploration de cette partie de la côte permettrait de tout concilier.

J'ai la conviction que, si l'administration reprenait ses projets primitifs, si elle appelait par des affiches la concurrence et présentait la perspective de certains avantages, nous verrions, dès l'année prochaine, surgir de ces entreprises un nouvel élément de prospérité.

M. le Président remercie M. Roux des observations qu'il vient de présenter.

MM. Gimbert, Bastide, Chabert-Moreau, Bourlier, Bordet et Valladeau, propriétaires agriculteurs, composant le 17e groupe, qui devaient être entendus dans la séance de ce jour, sont priés, vu l'heure avancée et en raison des explications qu'ils peuvent être appelés à développer, de vouloir bien remettre leurs dépositions à mardi prochain, 31 mars.

M. Gimbert fait connaître qu'il est désigné, ainsi que M. Bordet, pour déposer devant le Conseil, au nom des agriculteurs, et qu'ils consentent avec empressement à déférer au désir de M. le Président.

La séance est levée à 5 heures 1/2.

ANNEXES.

EXTRAIT DU RAPPORT *de la Chambre de commerce, en date du 22 janvier 1862, sur la suppression du droit de tonnage.*

« L'ordonnance du 16 décembre 1843 et la loi du 11 janvier 1851 soumettent les navires étrangers, entrant dans les ports de l'Algérie, à un droit de 4 francs par tonneau de jauge.

» Sont seuls exemptés :

» 1° Les navires venant sur lest et repartant chargés de produits français;

» 2° Les navires entrant en relâche forcée ou librement, et qui n'y feront aucune opération de commerce;

» L'ordonnance précitée réserve au pavillon français, exclusivement, les transports entre la France et l'Algérie.

» La France et l'Algérie sont donc régies, en matière de navigation, par des lois différentes, et les traités de commerce conclus entre la Métropole et les puissances étrangères ne sont pas applicables à la Colonie.

» Ainsi, tandis qu'en vertu de ces traités, le pavillon napolitain, le pavillon espagnol et le pavillon anglais sont admis dans les ports français, les deux premiers en exemption de tout droit, le troisième, au droit de 1 franc, ces mêmes pavillons sont tenus de payer 4 francs en Algérie.

» Si le droit de tonnage est réduit à 2 francs à l'égard des pavillons russe, sarde et toscan, c'est par l'effet de clauses expresses, insérées dans les conventions commerciales existant avec ces puissances, conventions dans lesquelles l'Algérie n'a été admise qu'à titre onéreux.

» Ces droits de tonnage sont dûs et acquittés par le navire, en raison de sa jauge totale, quelle que soit l'importance de sa cargaison, et si infime que puisse être l'opération effectuée.

» Telles sont les principales dispositions de notre code maritime.

» Avant de constater son influence et ses effets, il est nécessaire de se rendre compte des vues du législateur qui a édicté ce code, de rechercher le but qu'il s'est proposé.

» Les taxes douanières, qu'elles atteignent la marchandise ou le navire qui la transporte, ont un double objet : elles sont instituées en vue de la recette, du produit fiscal, ou en vue de la protection.

» Le droit de tonnage, en Algérie, est-il fiscal, sérieusement fiscal ? Examinons. (V. page 32, le tableau présentant le mouvement de la navigation de 1852 à 1859.)

» Afin d'apprécier sainement l'ordre de faits qui nous occupe et d'en tirer une conclusion juste, il importe d'établir une distinction bien tranchée entre les chiffres de ce tableau, distinction que nous allons justifier.

» Les années 1855 à 1859 correspondent aux campagnes de Crimée et d'Italie, pendant lesquelles, à cause de la guerre et pour les besoins de la guerre, la navigation étrangère s'est développée dans des proportions inaccoutumées : il s'agissait, en effet, de transporter des troupes, des chevaux, des vivres, des munitions, etc., sur le théâtre de la guerre, et c'est le Gouvernement qui était le moteur de ce mouvement exceptionnel ; ces années doivent donc être éliminées.

» Les chiffres des années 1852, 1853, 1854 et 1860 expriment, seuls, le mouvement réel et normal du commerce de l'Algérie ; seuls, aussi, ils doivent concourir à former la moyenne du produit de la taxe qu'il s'agit d'apprécier, si l'on veut conclure une moyenne exacte et fidèle. Eh bien ! la moyenne des années 1852, 1853 et 1854 est de 154,000 francs, somme ronde ; quant à l'année 1860, il y a lieu d'admettre, eu égard au mouvement connu des navires entrés, que son produit, dont le chiffre exact nous est encore inconnu à cette heure, ne dépassera pas la moyenne sus-indiquée, c'est donc 154,000 francs que produit annuellement le droit de tonnage.

» Si maintenant l'on considère que l'État lui-même, pour une bonne part et sous des formes diverses (1), contribue à l'acquittement de cette somme perçue par le Trésor public, à titre d'impôt douanier, l'on est bien forcé de reconnaître et d'avouer que le droit de tonnage du tarif algérien, vu la modicité de la recette qu'il procure au Trésor, est dépourvu du caractère de fiscalité qui pourrait le recommander sous ce rapport.

» Si le droit de tonnage fonctionne mal comme institution fiscale, examinons s'il se présente plus avantageusement comme instrument de protection, en suppo-

(1) La marine, le génie, la guerre, les divers services civils et militaires achètent et emploient des quantités considérables de houille, de fers, de bois de construction, de matériaux de toute sorte arrivant en Algérie, presque totalement par navires étrangers. Or, le fret de ces navires, qui ont charge d'un droit de 4 francs, est naturellement surélevé d'autant, et, par voie de conséquence, la surélévation du fret réagissant sur la marchandise transportée, en renchérit le prix proportionnellement.

sant que la protection, désormais condamnée en principe, puisse être défendue dans son usage et dans ses applications.

» La Colonie ne possède pas de navires armés pour la grande navigation.

» Afin de faciliter les transports de marchandises entre les ports du littoral algérien, des navires français et francisés ont été autorisés à composer leurs équipages presque entièrement de marins étrangers, domiciliés dans le pays; ainsi armés, ces navires, dits *balancelles*, ne peuvent se livrer à la navigation internationale, à laquelle ils sont d'ailleurs impropres.

» Donc, point de navigation algérienne à protéger.

» Quant aux navires français armés en France, ce sont eux qui transportent tous les produits échangés directement entre la Métropole et la Colonie, attendu que ces transports leur sont exclusivement réservés; mais, malgré le droit protecteur, ou prétendu tel, on ne les voit figurer que pour une très-petite part dans l'intercourse de l'étranger avec l'Algérie. Ainsi, les houilles et les fers anglais, les bois de construction de la Baltique, nécessaires à notre consommation, sont importés, sauf exception, par navires anglais, danois ou suédois.

» Mais ce n'est pas seulement de la navigation océanique que le pavillon français est exclu, ou plutôt s'exclut lui-même; on le voit encore s'abstenir dans les relations de la Colonie avec les ports étrangers de la Méditerranée. Ainsi, le transport des produits réciproquement échangés entre l'Algérie et l'Espagne est effectué en totalité par des balancelles espagnoles, et il en est à peu près de même, en ce qui concerne les autres puissances. La pêche du corail, elle-même, est délaissée par les armateurs et marins français, et ce riche produit de nos côtes serait perdu si les Sardes, les Espagnols, les Napolitains surtout, ne le recueillaient, malgré une prestation annuelle de 800 francs, à l'acquittement de laquelle chaque bateau de pêche étranger se trouve soumis, et dont sont affranchis les armements de la Métropole.

» Ainsi donc, sous quelque rapport qu'on l'envisage, soit comme fiscal, soit comme protecteur, le droit de tonnage est un impôt décevant : il produit peu et ne protège pas davantage, mais en revanche il nuit beaucoup.

» Vu les tendances actuelles du gouvernement de l'Empereur, la Chambre ne doute pas que le droit de tonnage ne fût supprimé d'emblée, s'il ne s'agissait que de la question de protection, alors même que cette protection serait plus sérieuse et plus efficace qu'elle ne l'est. Mais le côté fiscal du droit peut faire surgir des oppositions à sa suppression : il convient, dès-lors, en regard du faible produit de cet impôt, d'en exposer les nombreux inconvénients, les effets pernicieux.

» En vertu de la loi du 11 janvier 1851, les houilles, les bois de construction, presque toutes les matières propres à la construction, les fruits frais et toutes les denrées alimentaires de provenance étrangère sont admis en franchise dans les ports de la Colonie. Mais le bienfait de cette disposition est détruit ou amoindri par la mesure que nous attaquons. C'est qu'en effet, dans le prix de revient des marchandises encombrantes et dont la valeur première est modique, figure le fret du navire qui les transporte, et le prix du fret s'établit, s'élève ou s'abaisse, toutes autres circonstances, d'ailleurs, demeurant égales, en raison des taxes que doit acquitter ce navire dans le port de destination. Il est incontestable, dès-lors, que cette surélévation du prix du fret doit renchérir notablement les prix naturels des bois, des charbons, des plâtres, etc. S'il était nécessaire d'appuyer ce raisonnement sur des faits, nous dirions que la houille anglaise, bien qu'acquittant un droit d'entrée dans les ports français, est à meilleur marché sur la place de Marseille que sur la place d'Alger, où ce combustible est admis en franchise. Pourquoi cela? Évidemment à cause du droit de tonnage.

» C'est également ce droit, ou son action sur le renchérissement artificiel des marchandises, qui empêche les bateaux à vapeur français passant en vue de notre littoral, et ceux même que des échanges appellent dans nos ports (par exemple les steamers de la Compagnie générale maritime de Paris, ligne d'Anvers à Marseille), d'y faire ou d'y renouveler leur approvisionnement de combustible; Gibraltar, Malte et autres points intermédiaires leur offrant meilleure convenance, il leur arrive parfois de faire escale dans ces ports, uniquement pour y effectuer cette opération, au préjudice de nos propres ports.

» C'est encore le droit de tonnage qui fait obstacle à l'établissement d'un service régulier de bateaux à vapeur entre Alger, les îles Baléares et le continent de l'Espagne; c'est lui qui a fait échouer tous les essais tentés dans ce but. Ainsi, l'Algérie est privée de communiquer et d'échanger, par une voie rapide et sûre, avec un littoral voisin, le pavillon espagnol ne pouvant, et le pavillon français ne voulant desservir ces communications (1).

» Les armateurs qui exploitent la ligne de Southampton à Alexandrie, désirant faire relâcher leurs pyroscaphes dans les ports algériens, en vue desquels ils passent, avaient demandé la faveur de n'y acquitter qu'un droit de tonnage proportionnel, au lieu du droit plein qui, pour des échanges de quelques tonneaux, eut occasionné, à chacun de ces magnifiques navires, un surcroît de dépense de 5 à 6,000 fr. Cette concession leur a été refusée, malgré l'appui et la recommandation des Chambres de commerce, et les paquebots anglais passent au large de nos côtes, et l'Algérie perd, de par le droit de tonnage, les occasions que lui offrait le génie entreprenant des armateurs anglais de faire connaître son sol et ses produits aux riches touristes de notre puissante alliée.

» Le droit de tonnage, en élevant artificiellement le prix des objets nécessaires à l'alimentation, à l'habitation, à la confection des outils de l'ouvrier, paralyse, avons-nous dit, les efforts de l'agriculture. Ce renchérissement ne constitue qu'une demi-paralysie, la paralysie du côté droit, si l'on veut; mais à cela ne se borne pas le mal, l'impôt en question paralyse également et du même coup le côté gauche de l'agriculture, en ce sens qu'il déprécie la part de ses produits qui, ne se consommant pas sur place, et devant s'écouler au dehors, subira, pour être transportée sur les marchés extérieurs, un fret surélevé. Ainsi, d'une part, l'agriculture paye plus cher les choses qu'elle achète, et vend, d'autre part, à meilleur marché les choses qu'elle produit.

» Nous savons bien que la loi du 11 janvier 1851, art. 8, exempte *du droit de tonnage les navires étrangers, s'ils viennent sur lest en Algérie, et s'ils repartent chargés des produits français ou algériens*. Mais cette exemption est dérisoire, attendu que le fret peut varier du simple au double, ou dans la proportion de 1 à 2, selon que le navire loué se rend, chargé ou sur lest, au port de destination. Le voyage de tout navire comprend l'aller et le retour. Étant donné le nombre 100 comme représentant la dépense totale (profit compris) d'un voyage quelconque, il demeure évident que si le navire qui entreprend le voyage va ou revient sur lest, la dépense sera supportée en entier par une seule cargaison, ou soit par le fret de cette unique cargaison; tandis que si le navire trouve charge à l'aller aussi bien qu'au retour, la même dépense se répartira sur deux cargaisons, et le fret de chacune d'elles, pouvant dès-lors être réduit de moitié, sera représenté par 50 au lieu de 100. D'où il suit que les produits algériens ne profitent pas, ne peuvent pas profiter de la faveur, purement apparente, qui leur est concédée par l'art. 8 de la loi du 11 janvier 1851, et que, par suite, les marchés étrangers de l'Europe leur étant fermés, ils subissent, contrairement aux vues du législateur, la loi du marché de la métropole.

» Nous savons aussi qu'en vertu du décret du 10 octobre 1855, *les navires*

(1) Il convient de faire remarquer qu'une taxe de 4 fr. par tonne, qui à la rigueur peut être supportée dans une navigation lointaine par un fret élevé, n'est pas tolérable s'appliquant à de courts voyages et à des frets réduits, comme le sont, par exemple, ceux des bateaux qui trafiquent entre la côte d'Espagne et celle d'Algérie.

étrangers qui auront importé des pays du nord de l'Europe dans les ports de l'Algérie des bois de construction dans la proportion des trois-quarts de leur tonnage, et qui ensuite repartiront de ces mêmes ports avec des cargaisons composées de produits français ou algériens, seront affranchis du droit de tonnage.

» Cette concession est aussi illusoire que la précédente, attendu que les importations de bois dans la Colonie, effectuées pour ses besoins, ne coïncident pas avec les exportations de ses propres produits, lorsqu'elle a des produits à exporter.

» Le décret du 10 octobre 1855, dont les dispositions trouvent rarement l'occasion d'être appliquées, n'a donc de valeur que comme manifestation d'un sentiment de bienveillance, mais de bienveillance impuissante envers l'Algérie.

» La Chambre terminera cet exposé par l'articulation d'un grief qui la touche plus directement. Nous, commerçants, nous reprochons au droit de tonnage de gêner nos mouvements, de limiter nos relations, de nous isoler à l'égard de l'Etranger, de réduire l'importance de notre trafic au niveau des débouchés locaux, de nous priver des bénéfices du commerce de transit et de réexportation, commerce que les gouvernements s'efforcent de favoriser, même au prix de subventions et de sacrifices de toute sorte, attendu qu'il est, pour les peuples qui savent se l'attirer, une abondante source de richesse.

» L'Algérie ne peut entreprendre ce commerce et espérer d'y réussir qu'à la condition d'être pourvue des immunités que son exercice comporte, et dont jouissent les ports rivaux. Parmi ces immunités figure, au premier rang, la libre entrée des navires étrangers, mesure dont l'effet immédiat sera d'exonérer la marchandise expédiée dans nos entrepôts d'une surcharge de 8 francs par tonneau, savoir : 4 francs du fait de l'importation, 4 francs du fait de l'exportation.

» Par les motifs qui précèdent, la Chambre conclut à la suppression du droit de tonnage. »

EXTRAIT DU RAPPORT de la Chambre de Commerce sur l'introduction des fers étrangers dans la colonie.

17 avril 1860.

« La Chambre de commerce d'Alger a souvent demandé l'extension des tableaux annexés à la loi de 1851, mais elle s'est toujours bornée à réclamer l'admission pour les produits existants dans la colonie, au fur et à mesure que les besoins s'en sont fait sentir. Les demandes qui ont pu être formées à l'endroit des produits de l'industrie métallurgique n'émanent pas d'elle, et elle n'a pas été consultée sur leur opportunité.

» Le préjudice causé à l'Algérie par cette modification dans les tarifs douaniers a une certaine importance.

» Les fers étrangers, par exemple, payaient à l'entrée :

Fers carrés de	22mm et au-dessus.............	F. 5 0/0 k.
—	15 à 22......................	6
—	moins de 13.................	7

» Aujourd'hui, en vertu du décret du 11 février, nous payons fr. 10, 12 et 14, plus les deux décimes.

» La douane nous répond, il est vrai : Le traité de commerce avec l'Angleterre, applicable à l'Algérie, dispose que le droit sur les fers sera réduit, au 1er octobre prochain, de 10 à 7 francs les 100 kil. Mais l'Algérie ne consomme pas de fers anglais, nous en trouvons la preuve dans les tableaux du commerce général; ainsi, malgré les relations assez suivies que nous avons avec l'Angleterre, d'où nous retirons la houille nécessaire à nos besoins, il n'a été importé en 1858 que 1,115 kil. de fers anglais, et, en 1859, 35,156 kil.

» Les qualités que la colonie demande à l'étranger sont destinées à la confection des instruments d'agriculture; ce sont presque exclusivement des fers de Suède, plus doux et plus malléables que les fers anglais.

» Il résulte des dispositions du décret du 11 février, combinées avec le traité de commerce du 23 janvier :

» 1° Que jusqu'au 1er octobre 1860 les fers étrangers de toute provenance paieront le droit du tarif général, soit, y compris le double décime :

Par navires français.	De 22mm et au-dessus, fr.	12
	15 à 22	14 40
	Au-dessous de 15	16 80
Par navires étrangers.	De 22mm et au-dessus, fr.	13 20
	15 à 22	15 84
	Au-dessous de 15	18 48

Au lieu de 5, 6 et 7 francs qu'ils ont payé jusqu'à ce jour, et déjà la douane applique ce nouveau tarif.

» 2° Que, postérieurement au 1er octobre, les droits sur les fers anglais, venant directement avec origine dûment justifiée, seront réduits à 7 francs, ce qui constituera, dans tous les cas, une élévation de 2 francs par 100 kil. sur l'ancien tarif.

» Mais le traité de commerce du 23 janvier est spécial, il n'accorde des modérations de droits que pour les produits anglais, les droits du tarif général subsisteront donc vis-à-vis de toutes les autres puissances, avec lesquelles nous n'avons pas de traité de commerce, et particulièrement vis-à-vis de la Suède; les provenances de ce pays continueront donc, à moins qu'il en soit autrement ordonné, à payer les droits ci-dessus relatés, soit deux fois et demie l'ancien droit, ce qui vaut une prohibition.

» Il est à remarquer que ces élévations de droits frappent plus particulièrement l'agriculture, et qu'elles se produisent précisément au moment où la métropole entre dans la voie des réformes douanières et de l'abaissement de ses tarifs.

» Nous pourrions répéter les mêmes arguments en faveur de tous les autres produits, atteints par l'art. 2 du décret, les aciers d'Allemagne, admis au droit de 15 francs les 100 kil. paieront à l'avenir 36 fr., etc.

» Il est à peine utile d'ajouter que, dans un pays nouveau où les constructions manquent, où tout est à créer, où l'agriculture a des besoins, les bois, les fers, les aciers, sont de première nécessité, et qu'il paraît au moins inopportun d'en élever le prix.

» La loi du 11 janvier a admis en principe que les produits, nécessaires aux constructions urbaines et rurales, devront être admis en franchise de droits en Algérie, que d'autres articles, dont la nomenclature se trouve relatée au tableau V, seront admis au demi-droit. L'Algérie n'est assurément pas encore en position de se passer de ces quelques facilités, et le tarif des fers, moins que tout autre, devrait être modifié, en ce moment, dans un sens onéreux pour la Colonie.

» Nous n'hésitons donc pas à vous proposer de solliciter de Monsieur le Ministre le retrait des bois communs, des fontes brutes non aciéreuses, des fers étirés en barres, des fers platinés ou laminés, des aciers, des cuivres purs ou alliés de zinc, des étains, des zincs bruts ou laminés, du tableau A, annexé au décret du 11 février, qui y ont été inutilement mentionnés, et le rétablissement du tableau V, annexé à la loi du 11 janvier, implicitement abrogé par l'article 2 du dernier décret; de remettre enfin ces divers articles, sous la réglementation édictée par la loi de 1851.

OBSERVATIONS DE MM. MESTAYER ET DELAUNEY

Au sujet des surtaxes dont sont passibles, en Algérie, certaines marchandises anglaises et, notamment, les ciments.

Dans les derniers jours de l'année 1861, nous avons passé avec MM. Lesca, Villenave et Cie, à Alger, entrepreneurs des travaux du port d'Alger, un traité, aux termes duquel nous nous sommes engagés à fournir les ciments nécessaires aux besoins de l'entreprise pendant les années 1862 et 1863.

Avant de prendre cet engagement, nous avons eu le soin de nous mettre d'accord sur le prix de la marchandise et le coût de l'assurance avec la maison White et Brothers, de Londres, et d'obtenir de M. Wigdahl, courtier de commerce, également établi à Londres, la promesse de noliser, pour leur compte, moyennant un prix uniforme et invariable de 25 francs par tonne, tous les navires à effectuer le transport des ciments à Alger, au fur et à mesure des demandes de MM. Lesca, Villenave et Cie et de nos propres demandes.

M. Wigdahl qui, à une époque antérieure, avait déjà eu l'occasion de nous expédier des ciments *par navires français*, a, d'abord, procédé de la même façon.

Plus tard, par une innovation regrettable et non autorisée, il a cru pouvoir affréter deux clippers anglais, *la Esmeralda* et *le Royal-Tar*, qui, porteurs de deux chargements de ciment, comprenant ensemble 476,840 kil., sont arrivés à Alger le 13 mai dernier.

Malgré les démarches officieuses faites dans l'intérêt de M. Wigdahl, nous avons dû payer, *à titre de surtaxe de pavillons*, pour avoir la libre disposition de nos marchandises, une somme de 5,722 francs 08 centimes, montant du droit de 1 franc 20 centimes par 100 kilogrammes, réclamé par l'Administration de la douane, à Alger.

Les lettres écrites par M. Wigdahl, depuis l'affrétement des clippers, démontrent, jusqu'à l'évidence, qu'il avait l'intime conviction que les ciments voyageant sous pavillon anglais, devaient, en vertu du traité de commerce du 23 janvier 1860, jouir de la franchise de droits accordée aux ciments voyageant sous pavillon français.

Il n'avait pas même un instant conçu la pensée que ce qui était vrai pour la France, pût ne pas l'être pour l'Algérie.

C'est pourtant ce qui a lieu, s'il faut en croire, du moins, l'interprétation que donne la douane à ces documents si nombreux, dont se compose la législation sur la matière, et qui forment une sorte de dédale, dans lequel les habitués eux-mêmes ont, quelquefois, de la peine à s'orienter.

Successivement consultés par nous, les Inspecteurs et le Directeur de l'Administration ont émis, sur la question intéressant M. Wigdahl, des opinions tout-à-fait contradictoires.

Selon l'usage, l'avis le plus fiscal a prévalu.

Sans avoir l'intention de discuter, ici, au point de vue du droit, le mérite de la jurisprudence douanière, nous nous bornons, dans notre assurance que cette tâche sera remplie par d'autres plus compétents et plus autorisés que nous, à signaler l'anomalie du fait.

Lorsque l'Algérie a été proclamée une terre à jamais française, est-il admissible qu'elle puisse être traitée commercialement comme un pays étranger?

Conçoit-on que, séparés seulement par la Méditerranée, ce lac français, les ports échelonnés sur le littoral africain soient placés, à l'égard des ports de Cette et de Marseille, dans une situation d'infériorité aussi radicale?

Que M. Wigdahl se soit ou non trompé dans son appréciation, il faut reconnaître que bien d'autres se seraient trompés comme lui, et, qu'en définitive, on est grandement excusable d'avoir tort, lorsqu'on a pour soi la logique et le bon sens.

Ce n'est pas, du reste, la première fois qu'une pareille erreur, si erreur il y a, a été commise, et la Chambre de commerce d'Alger était naguère saisie d'un précédent semblable.

La Métropole est trop directement intéressée à la prospérité de la Colonie, pour laisser subsister plus longtemps un état de choses préjudiciable autant qu'anormal.

Il faut que, désormais, au point de vue commercial du moins, il y ait assimilation complète de la France et de l'Algérie.

Nous n'hésitons pas à exprimer ce vœu, persuadés que nous sommes d'avoir des imitateurs, et de rencontrer dans la sollicitude éclairée du Conseil et dans celle de Monsieur le Sénateur, Président, cet appui bienveillant qui est assuré aux causes justes.

PÊCHE DU CORAIL.

MM. Hayman, Garaudy père et fils, et Bonfort, manufacturiers de corail et négociants à Marseille et à Oran, ont présenté un mémoire sur la pêche, l'industrie et le commerce du corail.

Voici, d'après les auteurs de ce mémoire, l'historique de cette pêche depuis le 15e siècle jusqu'en 1830 :

15e Siècle. — L'usage du corail remonte au 15e siècle, sous François Ier. Dès cette époque il fût pêché sur les côtes algériennes.

Sous Charles IX, Thomas Linchès et Carlin Didier, tous deux Marseillais, achetèrent cette pêche sur les côtes du Nord de l'Algérie ; il y formèrent l'établissement nommé *Bastion de France*. Les premiers chercheurs réussirent, mais une autre Compagnie française les remplaça ; elle pêcha au cap Roux, à Bône, à Collo, à Djijelli, à Bougie, et en 1594 se créa l'établissement central de la Calle.

1614. — En 1614 les Deys d'Alger réservèrent aux Français le droit exclusif de la pêche du cap Roux au cap de Fer (Ras el-hadid).

En 1619, Louis XIII acheta la concession de la pêche.

En 1628, La France y donna plus d'extension, sous Richelieu on tenta l'établissement de Stora. On payait en ce moment pour droit de pêche 8,000 écus au Dey d'Alger.

1694. — Louis XIV donnait une subvention annuelle de 40,000 francs à une compagnie qui prit la pêche pour dix ans, en payant une redevance de 105,000 francs au gouvernement algérien.

1719. — La Compagnie des Indes remplaça la Compagnie française.

1741. — Une société marseillaise (Cie d'Afrique) reprit le commerce quelque temps interrompu forcément par les Français.

1750. — La redevance fût portée à 43,000 francs.

1790. — id. id. à 60,000 francs.

1794. — La Convention anéantit les efforts des nationaux sous le prétexte de détruire ce qu'elle appelait un monopole. Elle eût ainsi le tort d'appeler des étrangers à concourir à cette pêche, au grand détriment des intérêts français.

1798. — Par suite de guerre avec Alger, les Européens furent chassés de la Régence. — Nos nationaux furent mis en captivité et obligés d'abandonner ce commerce.

1805. — Les Génois et les Napolitains qui avaient apprécié à nos dépens, en 1794, les richesses de cette industrie, s'empressèrent de reprendre la pêche, quelques rares Français y purent prendre part.

1806. — L'Angleterre s'empara bien vite de la pêche en payant au Dey 267,500 francs, elle fixa un impôt de 90 piastres et 3 rotoli de corail par bateau-pêcheur (le rotolo vaut 0 kilog 89), le corail valait à cette époque de 7 à 21 ducats le rotolo.

1817. — La France reprend possession de la pêche à 60,000 francs

1820. — Elle est forcée de payer le privilège à 200,000 francs.

La France, on le voit, paya cher le tort qu'elle avait de laisser en 1794 les étrangers participer à une industrie qu'elle avait créée. En effet les redevances sont :

En 1750, 40,000 francs. En 1817, 60,000 En 1821, 200,000	On verra plus loin que malheureusement le tort se continua à nos dépens.

1822. — Le privilège de la pêche fut donné à une Compagnie marseillaise. En ce moment le gouvernement imposa les corailleurs français, mais il ne tarda pas à les indemniser par des primes. Les Italiens avaient pris le dessus, parceque leurs équipages, leurs armements se font à bon marché.

Leurs marins s'étaient rompus à ce travail qu'ils n'avaient jamais cessé de suivre; les nôtres avaient à se former de nouveau, et on sait trop ce que nos tarifs de douane mettent d'entraves au développement de nos armements qui n'ont jamais pu lutter contre la concurrence étrangère; aussi à cette époque l'industrie corraillère déserta la France pour enrichir, à notre détriment, les étrangers; car nous continuions à payer la redevance au Dey d'Alger, et nos navires ne pêchaient pas. On songea alors au moyen d'exclure les étrangers, en imposant à nos marins de vendre leur pêche en France; mais on se bornera à statuer en principe que la pêche française recevrait une prime d'encouragement. On continua à recevoir les étrangers, quoiqu'en 1826 on supprima les droits sur les Français, en maintenant les droits sur les étrangers.

1830. — La guerre amena la destruction de notre établissement de la Calle, et ne permit pas d'apprécier les effets de la mesure de 1826.

Les auteurs du mémoire exposent ensuite l'état actuel de la pêche du corail :

« Aujourd'hui, en Afrique et en Corse, 450 bateaux environ et plus de 3,000 marins se livrent à la pêche du corail; mais les étrangers seuls en profitent. Pas un marin du pays, pas un bateau français n'y participent, et cela se conçoit : nos pêcheries ayant été détruites, il faudrait, pour les réorganiser, une puissante compagnie. On récolte à peu près, chaque année, 8 à 9 millions de corail, et pour 400,000 francs à peine qu'elle reçoit, défalcation faite de la surveillance et des droits de perception, la France néglige une pêche fructueuse qui lui est propre, et qui se fait sur son territoire exclusif.

» Des manufactures de corail, occupant un grand nombre d'ouvriers, existent à Marseille; mais ces manufactures, devenues tributaires de l'étranger, sont obligées d'aller chercher, à Livourne et à Naples, les matières premières, matières que le sol français a produites et qui ont été ailleurs se dénaturer. Il n'est pas inutile de remarquer que les exportations d'Europe du corail travaillé, s'élèvent à 15 millions. Toutes les manufactures réunies de Marseille ne participent que pour deux millions environ dans ce chiffre, et il est évident pour tout le monde que, si notre industrie nationale qui a fait de grands progrès pour la perfection des produits, est restée stationnaire, quant à l'importance de sa production, elle doit cette situation défavorable à la nullité de la pêche du corail en France.

» Pourquoi notre pays ne redeviendrait-il pas le principal marché de ce produit précieux? Tenter de rendre cette richesse à l'Afrique française, c'est apporter une pierre de plus à l'édifice colonial. Des essais isolés ne sauraient aboutir; on verrait se produire des efforts plus ou moins heureux, mais qui seraient impuissants à déplacer cette industrie des mains étrangères pour la ramener dans les nôtres. Ce but ne peut être que l'œuvre d'une société forte et riche. . . . .

» Nous demandons au Gouvernement le droit exclusif de pêche française, concédé par le décret du 1er Consul, du 23 nivôse an IX. Toutefois, en vue des idées nouvelles de droit international, nous ne demandons pas pour notre Compagnie l'exclusion des étrangers, mais seulement une immunité pour le pavillon français, et la suprématie de cette pêche. »

Un état commercial de la pêche du corail en Afrique et en Corse accompagne cet exposé. Puis viennent les conditions du privilége que sollicitent les auteurs du mémoire :

Concession, pendant 90 ans, du droit de pêche sur les côtes algériennes, moyennant une redevance annuelle de 500,000 francs;

Droit de percevoir des étrangers admis à faire la pêche une prestation égale à celle que l'État perçoit aujourd'hui;

Concession de terres cultivables pour les villages pêcheurs.

En échange de ces immunités, la Compagnie prendrait l'engagement :

D'armer les bateaux nécessaires à la pêche, en élevant leur nombre chaque année, jusqu'à ce qu'il ait atteint celui de 200 bateaux en 10 ans;

De faire concourir l'élément indigène dans la composition des équipages;

De tenter en grand le peuplement des fonds;

De créer des villages pêcheurs, et d'établir des ateliers de fabrication à Marseille, à Ajaccio et en Algérie.

Les sieurs Pellerano, Gazzolo, Costa et Viola, propriétaires et patrons de bateaux corailleurs à Mers-el-Kebir, ont envoyé de leur côté des observations écrites sur la législation actuelle régissant la pêche du corail, et notamment sur la décision impériale du 10 avril 1861, qui affranchit de la prestation « toute » barque coralline française ou algérienne, lorsque le propriétaire peut justifier » qu'il possède dans la colonie un ou plusieurs immeubles d'une valeur de 3,000 fr. » et ce, moyennant soumission cautionnée portant engagement, à peine d'une

» amende de 1,000 francs, de résider en Algérie et d'y faire résider son équipage
» pendant cinq années consécutives. »

Les propriétaires et patrons dénommés ci-dessus exposent que l'Algérie ne peut retirer aucun avantage de la disposition précitée, car on doit craindre que propriétaires et équipages, en partant après cinq années, n'emportent dans leurs pays respectifs les bénéfices de la pêche. Ils demandent que l'affranchissement de la prestation ne soit accordé qu'aux propriétaires et aux équipages justifiant qu'ils sont domiciliés et résident au port d'armement *depuis plus de cinq années consécutives*; qu'ils y sont mariés et que leurs familles y habitent également depuis 10 ans, conditions tendant à faire présumer l'intention de se fixer définitivement en Algérie : pour le plus grand nombre d'entre eux, cette intention se réaliserait certainement.

Les marins de la catégorie dont il s'agit, s'ils étaient affranchis de la prestation, se livreraient à la pêche du corail d'une manière permanente, ce qui leur permettrait de supporter les chances des années bonnes ou mauvaises. Ils auraient aussi en perspective une rémunération équitable de leur travail. Le tableau de leurs familles, vivant dans une aisance relative, serait un encouragement à cette rude profession qui se localiserait. Et si elle arrivait à un certain degré de prospérité, il se pourrait même que des ouvriers en corail vinssent s'établir sur les lieux de pêche pour se livrer à leur industrie.

PÊCHE DU POISSON.

M. Callamand *a fourni sur les pêcheries de thons les observations suivantes* :

« La pêche du thon est une industrie à créer en Algérie. L'opinion des personnes compétentes est que cette pêche serait très-abondante sur nos côtes.

» Arzew possède une petite madrague qui, quoique établie dans des proportions fort modestes, donne de très-beaux résultats. Tout récemment, on y a pêché dans une seule journée, la quantité de 300 thons; un tiers de ces poissons, à peu près, a été transporté et vendu à Alger. Les journaux ont signalé ce fait. Les bateaux espagnols achètent aussi très-souvent des parties de 30 à 40 quintaux métriques de thons ou de bonites provenant de la madrague d'Arzew.

» Les deux localités qui présentent les conditions les plus favorables, dans les environs d'Alger, pour l'établissement d'une madrague paraissent être Sidi-Ferruch et le cap Matifou. La pêche du thon, si elle était introduite à Alger, procurerait du travail à bien des familles. Elle pourrait occuper 4 à 500 personnes. On estime qu'une madrague, établie à Sidi-Ferruch ou au cap Matifou, donnerait, pendant toute la saison de la pêche et à chaque levée des filets (opération qui peut se renouveler plusieurs fois dans la semaine), 3 ou 400 thons, pesant depuis 30 jusqu'à 300 kilog.

» La consommation locale étant évaluée à un 1/5e environ, on pourrait exporter les quatre autres cinquièmes en France ou à l'étranger. On sait que Marseille manque souvent de poisson; la pêche sur la côte est aujourd'hui insuffisante. Non-seulement on y exporterait de grandes quantités de thon salé ou mariné, mais, ce poisson se conservant à l'état frais pendant plus de huit jours, on pourrait même, au moyen des bateaux à vapeur, en approvisionner le marché de Marseille pendant la saison de la pêche.

» Toute industrie qui commence n'admet pas une réglementation trop sévère; elle a besoin d'une certaine liberté d'action qui lui permette de se développer. Il en est surtout ainsi pour la pêche du thon. On a prétendu que le stationnement des filets pouvait être un obstacle à la navigation côtière. C'est une erreur : les filets sont toujours placés à une distance assez voisine de la côte; des bouées indiquent également aux navires les endroits où les filets se trouvent tendus, et pendant la nuit des fanaux sont allumés sur ces bouées. D'ailleurs, la pêche du thon ne se pratique que dans une saison où l'état de la mer permet habituellement de naviguer avec une grande liberté (mars, avril, mai, juin).

« Il importerait aussi que des facilités fussent accordées, en ce qui concerne la main-d'œuvre, et que le Gouvernement autorisât l'introduction, en franchise de droits, des filets, engins et autres apparaux de pêche, cordages, ancres et barils : il est imposible de se procurer ces divers objets à Alger.

« On trouverait facilement à Alassio, dans la rivière de Gênes, des marins et des ouvriers pour la pêche, la préparation et la conservation du poisson. Les habitants de cette petite ville, qui vivent de cette spécialité, émigrent volontiers pour les pays où cette industrie s'exerce. Les filets et les cordages, généralement confectionnés en sparterie, seraient tirés de l'Espagne. Suivant la convenance, on ferait venir de France ou de l'étranger les ancres nécessaires pour retenir les filets, ainsi que les canots et les barques. Par suite de la cherté de la main-d'œuvre et du manque de bois, on serait également obligé de faire venir du dehors les barils où l'on conserve les produits fabriqués : dans la rivière de Gênes, un baril pouvant contenir de 55 à 60 kil. de poisson, ne coûte que deux francs; à Alger, le même baril reviendrait à 5 ou 6 francs. Quant aux barques et canots, on les construirait sur nos chantiers, ce qui contribuerait à donner du travail aux ouvriers du port.

« Il est à désirer que le Gouvernement favorise l'établissement des madragues sur nos côtes. Un certain nombre de notables habitants d'Alger, convaincus que l'industrie de la pêche du thon aurait pour la Colonie de très-féconds résultats, sont prêts à se former en société par actions pour établir une madrague, dès que la réalisation de ce projet paraîtra possible. »

NAVIGATION. — ANNÉE 1861.

ÉTAT DE DÉVELOPPEMENT D'ENTRÉE ET DE SORTIE

PAR LES PORTS ALGÉRIENS

DÉNOMMÉS AU TABLEAU D'AUTRE PART.

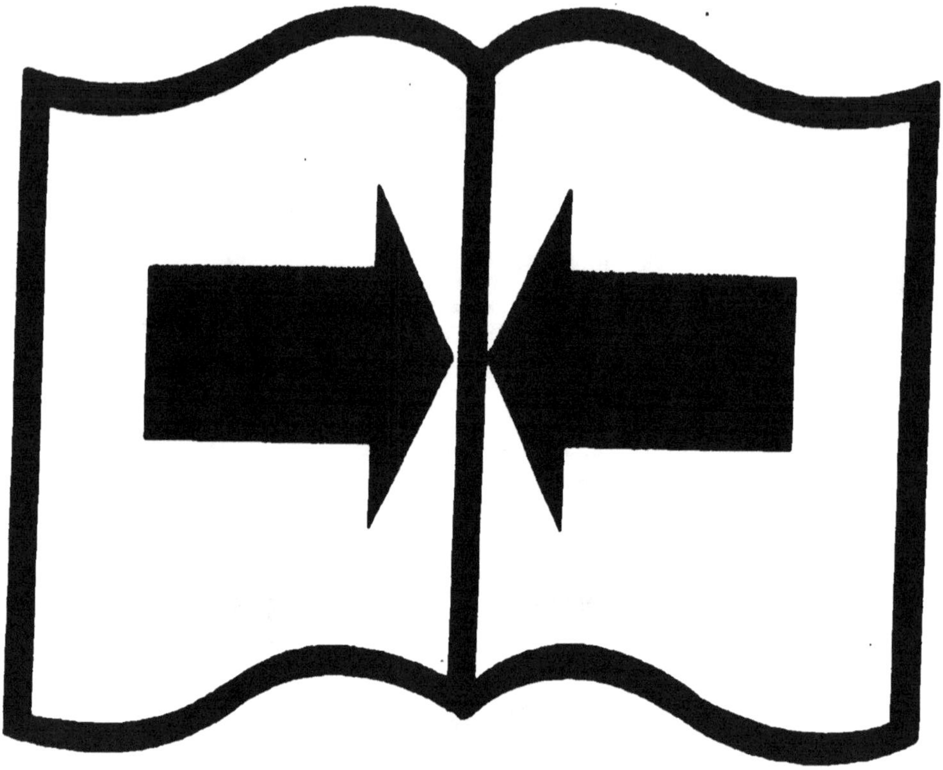

Reliure serrée

NAVIGATION. — ANNÉE 1861.

ÉTAT DE DÉVELOPPEMENT PAR PORT ALGÉRIEN D'ENTRÉE ET DE SORTIE.

ENTRÉE.

PAYS DE PROVENANCE.	Navires chargés. Français. Nombre de navires.	Tonnage.	Équipage.	Étrangers. Nombre de navires.	Tonnage.	Équipage.	Total. Nombre de navires.	Tonnage.	Équipage.	Navires sur lest. Français. Nombre de navires.	Tonnage.	Équipage.	Étrangers. Nombre de navires.	Tonnage.	Équipage.	Total. Nombre de navires.	Tonnage.	Équipage.	Total des navires chargés et sur lest. Nombre de navires.	Tonnage.
ORAN.																				
Angleterre	16	2,284	113	8	470	56	24	2,754	179	»	»	»	9	467	68	9	467	68	33	[illegible]
Espagne	5	440	32	304	8,411	2,496	309	8,851	2,528	4	584	78	36	971	236	40	1,555	314	349	[illegible]
Autriche	»	»	»	2	719	24	2	719	24	»	»	»	»	»	»	»	»	»	2	719
Royaume d'Italie	1	192	10	3	374	27	4	566	37	»	»	»	»	»	»	»	»	»	4	566
États Barbaresques	1	72	7	5	120	27	6	192	34	1	83	7	6	165	34	7	248	41	13	440
Pêche à la morue	1	196	15	»	»	»	1	196	15	»	»	»	»	»	»	»	»	»	1	196
	24	3,187	185	322	10,094	2,630	346	13,281	2,815	5	667	85	51	1,601	408	56	2,268	443	402	[illegible]
MERS-EL-KÉBIR.																				
Suède	»	»	»	5	1,688	61	5	1,688	61	»	»	»	»	»	»	»	»	»	5	1,688
Angleterre	11	1,715	86	5	205	38	16	1,920	124	»	»	»	1	40	7	1	40	7	17	1,960
Espagne	1	101	7	14	174	77	15	275	84	1	149	8	13	276	107	14	425	115	29	700
Autriche	»	»	»	2	1,319	37	2	1,319	37	»	»	»	»	»	»	»	»	»	2	1,319
Côte occidentale d'Afrique	1	185	10	»	»	»	1	185	10	»	»	»	»	»	»	»	»	»	1	185
Indes anglaises	1	402	15	»	»	»	1	402	15	»	»	»	»	»	»	»	»	»	1	402
Mexique	1	247	11	»	»	»	1	247	11	»	»	»	»	»	»	»	»	»	1	247
	15	2,650	129	26	3,390	213	41	6,040	342	1	149	8	14	316	114	15	465	122	56	[illegible]
ALGER.																				
Suède	»	»	»	8	2,432	95	8	2,432	95	»	»	»	»	»	»	»	»	»	8	2,432
Angleterre	75	12,303	742	10	1,867	82	85	14,170	824	»	»	»	»	»	»	»	»	»	85	14,170
Association allemande	»	»	»	1	328	12	1	328	12	»	»	»	»	»	»	»	»	»	1	328
Belgique	4	1,477	104	»	»	»	4	1,477	104	»	»	»	»	»	»	»	»	»	4	1,477
Espagne	»	»	»	206	9,239	1,635	206	9,239	1,635	4	589	41	59	3,589	440	63	4,178	481	269	[illegible]
Autriche	»	»	»	5	1,772	63	5	1,772	63	»	»	»	»	»	»	»	»	»	5	1,772
Royaume d'Italie	2	198	14	24	1,863	244	26	2,061	258	»	»	»	»	»	»	»	»	»	26	2,061
États Romains	5	339	22	3	443	31	8	782	53	»	»	»	»	»	»	»	»	»	8	782
Turquie	»	»	»	1	163	9	1	163	9	»	»	»	»	»	»	»	»	»	1	163
États Barbaresques	1	199	9	2	155	13	3	354	22	»	»	»	1	316	13	1	316	13	4	670
Pêche à la morue	1	199	17	»	»	»	1	199	17	»	»	»	»	»	»	»	»	»	1	199
	88	14,703	908	320	18,202	2,281	408	[illegible]	3,189	4	589	41	60	3,905	433	64	4,494	474	470	[illegible]
STORA (PHILIPPEVILLE).																				
Suède	»	»	»	3	367	33	3	367	33	»	»	»	»	»	»	»	»	»	3	367
Angleterre	20	3,913	385	6	486	47	26	4,399	432	»	»	»	»	»	»	»	»	»	26	[illegible]
Espagne	»	»	»	41	1,556	278	41	1,556	278	3	459	24	2	266	16	5	725	40	46	[illegible]
Autriche	»	»	»	2	573	19	2	573	19	»	»	»	»	»	»	»	»	»	2	573
Royaume d'Italie	»	»	»	21	813	149	21	813	149	»	»	»	2	28	14	2	28	14	23	[illegible]
États Romains	»	»	»	1	311	11	1	311	11	»	»	»	»	»	»	»	»	»	1	311
États Barbaresques	53	20,756	2,018	2	60	13	55	20,816	2,031	»	»	»	»	»	»	»	»	»	55	[illegible]
Algérie (Ports non occupés)	3	117	18	»	»	»	3	117	18	»	»	»	»	»	»	»	»	»	3	117
	76	24,786	2,341	76	4,366	546	152	29,152	2,889	3	459	24	4	294	30	7	753	54	159	[illegible]
BONE.																				
Suède	»	»	»	1	288	13	1	288	13	»	»	»	»	»	»	»	»	»	1	288
Angleterre	22	4,193	346	13	765	107	35	4,958	453	1	193	8	»	»	»	1	193	8	36	[illegible]
Espagne	1	133	7	34	1,463	224	35	1,596	231	5	727	38	2	111	13	7	838	51	42	[illegible]
Autriche	»	»	»	2	247	16	2	247	16	»	»	»	»	»	»	»	»	»	2	247
Royaume d'Italie	1	93	6	67	2,802	479	68	2,895	485	3	324	19	17	647	115	20	971	134	88	[illegible]
États Romains	2	323	17	1	116	7	3	439	23	1	128	9	»	»	»	1	128	9	4	567
Turquie	»	»	»	1	165	9	1	165	9	»	»	»	»	»	»	»	»	»	1	165
États Barbaresques	51	10,399	2,073	26	316	139	78	10,715	2,214	2	157	13	16	151	70	18	308	83	96	[illegible]
Algérie (Ports non occupés)	33	383	124	»	»	»	33	383	124	2	17	6	»	»	»	2	17	6	35	[illegible]
	116	15,524	2,576	115	6,161	994	231	21,685	3,569	14	1,524	93	35	909	198	49	2,433	291	280	[illegible]

SORTIE.

PAYS DE PROVENANCE.	Navires chargés. Français. Nombre de navires.	Tonnage.	Équipage.	Étrangers. Nombre de navires.	Tonnage.	Équipage.	Total. Nombre de navires.	Tonnage.	Équipage.	Navires sur lest. Français. Nombre de navires.	Tonnage.	Équipage.	Étrangers. Nombre de navires.	Tonnage.	Équipage.	Total. Nombre de navires.	Tonnage.	Équipage.	Total des navires chargés et sur lest. Nombre de navires.	Tonnage.	Équipage.
ORAN.																					
[illegible]eterre	6	745	54	47	1,540	346	53	2,285	400	1	79	7	2	43	17	3	122	24	56	2,407	424
[illegible]gne	4	367	26	208	6,197	1,649	212	6,564	1,677	36	4,415	236	79	2,402	603	115	6,817	849	327	13,375	2,526
[illegible]me d'Italie	»	»	»	»	»	»	»	»	»	5	629	37	»	»	»	5	629	37	5	629	37
[illegible]e	»	»	»	»	»	»	»	»	»	1	207	10	»	»	»	1	207	10	1	207	10
[illegible]uie	»	»	»	»	»	»	»	»	»	1	190	8	3	920	30	4	1,110	44	4	1,119	44
[illegible]s Barbaresques	3	212	18	25	617	177	28	879	195	1	117	6	2	21	15	3	138	21	28	967	216
[illegible]-Unis (Océan Atlantique)	»	»	»	1	260	8	1	260	8	»	»	»	»	»	»	»	»	»	1	260	8
	13	1,316	100	275	8,014	2,180	288	9,332	2,280	45	5,648	324	86	3,386	761	131	9,032	1,085	419	18,364	3,365
MERS-EL-KÉBIR.																					
[illegible]rège	»	»	»	»	»	»	»	»	»	»	»	»	1	253	11	1	253	11	1	253	11
[illegible]eterre	»	»	»	13	405	110	13	405	110	»	»	»	1	81	14	1	81	14	14	486	124
[illegible]gne	»	»	»	3	40	18	3	40	18	4	464	28	20	207	123	24	671	151	27	711	169
[illegible]me d'Italie	»	»	»	»	»	»	»	»	»	2	96	10	2	684	24	4	931	40	4	931	40
[illegible]uie	»	»	»	»	»	»	»	»	»	»	»	»	1	387	14	1	387	14	1	387	14
[illegible]pte	»	»	»	»	»	»	»	»	»	»	»	»	1	300	14	1	300	14	1	300	14
[illegible]s Barbaresques	»	»	»	»	»	»	»	»	»	1	297	12	»	»	»	1	297	12	1	297	12
[illegible]-Unis (Océan Atlantique)	»	»	»	»	»	»	»	»	»	»	»	»	2	1,060	34	2	1,060	34	2	1,060	34
[illegible]gal (Saint-Louis)	»	»	»	»	»	»	»	»	»	1	169	9	»	»	»	1	169	9	1	169	9
	»	»	»	16	445	128	16	445	128	8	1,107	65	29	3,042	234	37	4,239	299	53	4,684	427
ALGER.																					
[illegible]eterre	12	2,043	250	4	606	37	16	2,649	287	»	»	»	2	678	25	2	678	25	18	3,327	312
[illegible]que	4	1,527	103	»	»	»	4	1,527	103	»	»	»	»	»	»	»	»	»	4	1,527	103
[illegible]gal	1	161	9	»	»	»	1	161	9	1	134	7	3	691	29	4	825	36	5	986	45
[illegible]gne	»	»	»	316	12,491	2,201	316	12,491	2,201	5	656	71	12	837	80	17	1,492	151	333	13,983	2,352
[illegible]iche	»	»	»	»	»	»	»	»	»	»	»	»	1	322	12	1	322	12	1	322	12
[illegible]ume d'Italie	4	531	30	26	1,078	200	30	1,609	230	23	2,938	173	13	1,831	112	36	4,769	285	66	6,378	515
[illegible]s Romains	1	112	8	1	179	11	2	291	19	1	147	8	»	»	»	1	147	8	3	438	27
[illegible]sie	12	2,385	106	»	»	»	12	2,385	106	6	1,380	67	5	1,216	51	11	2,596	118	23	[illegible]	224
[illegible]ypte	»	»	»	»	»	»	»	»	»	5	656	30	»	»	»	5	656	30	5	656	30
[illegible]s Barbaresques	»	»	»	»	»	»	»	»	»	3	427	23	1	127	8	4	554	31	4	554	31
[illegible]-Unis (Océan Atlantique)	»	»	»	»	»	»	»	»	»	»	»	»	1	300	17	1	300	17	1	300	17
[illegible]ique-Anglaise	»	»	»	»	»	»	»	»	»	»	»	»	2	658	21	2	658	21	2	658	21
	34	7,380	508	347	15,014	2,539	381	22,373	3,047	48	6,500	388	40	6,731	301	88	13,300	749	467	35,673	3,796
STORA (PHILIPPEVILLE).																					
[illegible]eterre	5	1,198	113	7	401	51	12	1,599	164	2	528	44	2	486	36	4	1,014	80	16	2,613	244
[illegible]gne	»	»	»	20	1,100	170	20	1,100	170	1	156	8	13	547	86	14	703	94	34	1,803	264
[illegible]ège	»	»	»	»	»	»	»	»	»	»	»	»	1	313	10	1	313	10	1	313	10
[illegible]ume d'Italie	»	»	»	6	405	41	6	405	41	2	297	13	11	826	93	13	1,123	106	19	1,528	147
[illegible]s Romains	»	»	»	1	67	7	1	67	7	»	»	»	»	»	»	»	»	»	1	67	7
[illegible]quie	»	»	»	»	»	»	»	»	»	1	363	15	1	283	22	2	646	57	2	646	57
[illegible]s Barbaresques	57	21,800	2,093	3	76	18	60	21,882	2,111	»	»	»	»	»	»	»	»	»	60	21,882	2,111
[illegible]gal (Saint-Louis)	4	853	42	»	»	»	4	853	42	»	»	»	»	»	»	»	»	»	4	853	42
	66	23,857	2,248	43	2,279	298	109	25,886	2,544	6	1,346	110	28	2,455	217	34	3,801	327	143	29,687	2,871
BONE.																					
[illegible]de (Mer Baltique)	»	»	»	1	162	8	1	162	8	»	»	»	»	»	»	»	»	»	1	162	8
[illegible]eterre	6	978	79	12	807	100	18	1,785	179	»	»	»	»	»	»	»	»	»	18	1,785	179
[illegible]ugal	3	416	23	1	124	7	4	540	30	»	»	»	»	»	»	»	»	»	4	540	30
[illegible]gne	»	»	»	28	1,334	190	28	1,334	190	»	»	»	3	88	18	3	88	18	31	1,422	208
[illegible]riche	»	»	»	»	»	»	»	»	»	»	»	»	1	114	8	1	114	8	1	114	8
[illegible]ume d'Italie	»	»	»	64	2,287	456	64	2,287	456	3	461	22	18	1,126	130	21	1,587	152	85	3,874	608
[illegible]s Romains	1	142	8	1	79	7	2	221	15	»	»	»	1	116	7	1	116	7	3	337	22
[illegible]quie	»	»	»	»	»	»	»	»	»	1	173	8	»	»	»	1	173	8	1	173	8
[illegible]s Barbaresques	61	22,449	2,249	37	592	187	98	23,041	2,436	4	480	30	3	66	17	7	546	47	105	23,587	2,483
[illegible]érie (Ports non occupés)	25	254	84	»	»	»	25	254	84	13	116	41	»	»	»	13	116	41	38	370	125
	96	24,237	2,443	144	5,385	855	240	29,622	3,298	21	1,230	101	26	1,510	180	47	2,740	281	287	32,362	3,579

Séance du Mardi 31 mars 1868.

La séance est ouverte à une heure.

Tous les Membres sont présents, à l'exception de M. le Général YUSUF.

M. DE PERRIGNY, Secrétaire, donne lecture du procès-verbal de la séance du vendredi 27, lequel est adopté.

M. HOSKIER, agent des services maritimes de la Compagnie des Messageries Impériales, qui, ne pouvant se présenter à la séance du lundi, 23, pour laquelle il avait été convoqué, avait envoyé ses observations écrites, a demandé à comparaître aujourd'hui devant le Conseil, pour ajouter à sa déposition quelques explications complémentaires.

M. HOSKIER, est introduit et s'exprime ainsi :

Lorsque j'ai eu l'honneur de remettre au Conseil Supérieur mes observations écrites sur le questionnaire de l'enquête, le temps m'avait manqué pour consulter les administrateurs de la Compagnie à laquelle j'appartiens, au sujet des modifications à apporter à la législation actuelle qui régit la navigation en Algérie. J'ai exprimé l'opinion que le régime protectionniste en vigueur, et notamment l'ordonnance du 16 décembre 1843, qui impose un droit de tonnage de 4 francs aux navires étrangers, devaient être maintenus. J'ai fait connaître ma déposition et la Compagnie, dont je suis le représentant, m'informe, aujourd'hui, qu'elle ne partage pas ma manière de voir à cet égard et qu'elle pense, au contraire, qu'il convient d'abolir le droit de tonnage perçu en Algérie et d'accorder au commerce et à la navigation la plus grande liberté possible.

Je demande au Conseil l'autorisation de retirer les observations écrites que j'ai eu l'honneur de lui soumettre, et auxquelles ma position de représentant de la Compagnie des Messageries Impériales pourrait donner une valeur qu'elles ne doivent plus avoir.

M. LE PRÉSIDENT. Je ne suis pas étonné, Monsieur, que la Compagnie puissante, à la tête de laquelle se trouve un homme aussi éminent que M. Behic, soit favorable aux idées de progrès réalisées depuis quelques années, qu'elle soit la première à demander la liberté de la navigation en Algérie et la suppression du droit de tonnage. Je ne pense pas qu'il soit possible, maintenant que les procès-verbaux des premières séances sont imprimés, de vous remettre votre déposition écrite, qui conserve sa valeur comme opinion personnelle, mais, si vous pensez pouvoir fournir au Conseil, d'ici à quelques jours, une note de votre Compagnie sur les questions de l'enquête, elle sera reçue avec intérêt et insérée à la suite du procès-verbal de la présente séance.

M. Hoskier promet de remettre cette note dans les premiers jours du mois d'avril et remercie M. le Président d'avoir bien voulu l'admettre à faire cette rectification.

17e Groupe. — COMMERCE DES TISSUS ET DES LAINES.

MM. Romanet, négociant en laines;
Hirschfeld (Hermann), négociant en tissus de coton.

M. Romanet, n'étant pas présent, sa déposition sera reçue à la fin de la présente séance.

M. Hirschfeld présente au Conseil les observations ci-après :

Je vous remercie bien sincèrement de l'honneur que vous m'avez fait, en me convoquant à l'enquête ouverte sur le commerce et la navigation de l'Algérie, nouveau témoignage de la sollicitude du Gouvernement de l'Empereur pour notre Colonie.

Le temps restreint ne permettant pas de traiter les nombreuses questions posées avec toute l'attention que mérite leur importance, je me vois obligé de toucher rapidement à plusieurs, pour donner un peu plus de développement à celles que je crois plus importantes ou qui me sont plus familières, d'après la spécialité de mon commerce.

Vous avez entendu un certain nombre d'hommes spéciaux et intelligents avant moi, je ne puis donc espérer apporter de nouvelles lumières, et mes observations ne sauraient que confirmer ce qu'on vous a déjà exposé.

Il m'a paru facile de répondre aux questions qui se rapportent à l'état actuel des choses, à l'appréciation des faits accomplis, mais j'ai vu un écueil formidable là où il s'agit d'opinions à exprimer pour l'avenir et des moyens à adopter pour y arriver. Cet écueil, ce sont les intérêts rivaux et ceux du Trésor. Permettez-moi de parler d'abord au point de vue algérien, et de revenir plus tard sur ces intérêts, opposés parfois en réalité ou seulement en apparence.

§ 1er Des Navires. — Les constructions maritimes, avec les perfectionnements des derniers temps, ne sauraient, dans un pays neuf, avoir une grande importance relative, quant à ce qui est fait déjà; cependant, vu les nécessités de l'avenir et les éléments existants, on aurait tort de négliger les voies qui amèneraient le développement des constructions. On évaluait ordinairement à 12 ou 13 ans la durée d'une balancelle construite en Algérie, et à 18 ou 20 ans celle des balancelles construites en France ou à l'Étranger; mais depuis qu'on emploie des bois plus forts, cette différence tend à se niveler.

M. le Président. Les balancelles construites en Espagne ou en Italie ont-elles une durée plus grande que celles construites en Algérie?

M. Hirschfeld. L'expérience tendrait à le faire croire, car la plupart des armateurs ont fait construire leurs bateaux à Livourne, de préférence à Alger.

Le taux de l'amortissement est, à mon avis, une appréciation, une convention que les événements démentent souvent; on le calcule, le plus souvent, de 6 à 7 pour 0|0 par an.

La francisation, assez fréquente de bâtiments étrangers, prouve suffisamment que l'étranger construit à meilleur marché que l'Algérie; la cause principale en est sans doute dans l'aptitude acquise par suite du nombre des commandes d'une part, et de l'autre, dans le bon marché de la main-d'œuvre; mais comme le temps modifiera probablement ces deux conditions, comme la matière principale, le bois, se trouve en Algérie, et qu'il ne faut que transporter ce bois de l'intérieur sur la côte, il y a à espérer, dans l'avenir, l'entrée en franchise complète de tous les objets nécessaires à la construction et aux gréements, qui paraissent devoir être autorisés dans l'intérêt des constructeurs algériens.

§ 2. Cabotage. — Ordinairement, les armements se font en participation entre le négociant et le capitaine. Cette participation est avantageuse à l'un comme à l'autre. Elle engage souvent le négociant à combiner une opération dans l'intérêt de l'armement, et le capitaine à apporter toute économie, et à donner tous ses soins à la navigation. Aussi, la plupart des navires ne sont-ils pas assurés contre les risques de mer, souvent même les chargements ne le sont pas, uniquement parce qu'armateurs et négociants savent les capitaines intéressés à leur fortune, et par suite, à la bonne réussite de leurs voyages, et parce que la plupart des marins, naviguant à la part, partagent dans une certaine mesure cette solidarité.

Les frets, sur la côte, varient selon les circonstances, depuis 5 jusqu'à 15 francs par tonneau pour les voyages d'Alger à Oran, Bône, Philippeville et *vice versâ*; toutefois, le prix ne s'abaisse à 5 francs que dans le cas où le capitaine est assuré d'un fret de retour rémunérateur.

L'établissement de quais et de débarcadères commodes, sur les points de la côte où ils manquent encore, serait un bon moyen pour faciliter les opérations du cabotage, de même que l'abolition du droit de naturalisation (40 fr., plus 2|10e) et l'affranchissement de tous droits d'entrée sur les objets nécessaires aux constructions navales.

§ 3. Des Équipages. — La plupart des maîtres au cabotage algérien sont Italiens ou Espagnols de naissance, il ont une connaissance pratique et parfaite de nos côtes, des vents dominants, des abris et des manœuvres nécessaires, ils sont généralement inférieurs en théorie aux maîtres espagnols et italiens naviguant sous leur pavillon.

L'expérience de naviguer exclusivement avec des marins indigènes n'a guère été faite; ce n'est pas la force physique, ni l'adresse, mais bien le goût qui paraît en général leur manquer pour ce métier. Le coût de leur nourriture n'est guère différent de celui des marins étrangers, sauf la ration de vin, si l'hygiène permet de la supprimer selon la loi mahométane; somme toute, il faudrait une modification quelconque dans leurs dispositions, pour les voir entrer plus tard, comme proportion importante, dans la composition des équipages.

§ 4. Des éléments divers des frais de navigation. — Le tonnage des navires algériens, varie depuis 25 jusqu'à 150 tonneaux, la moyenne est de 80, ils sont presque tous employés au petit cabotage sur la côte; quelques-uns, les plus grands, font de rares voyages sur les côtes méridionales de France et d'Espagne, presque jamais ils ne sortent de la Méditerranée.

Le fret moyen pour :

Marseille, est de	....	10 francs.
Cette, id.	....	11
Bordeaux, id.	....	25
Le Hâvre, id.	....	22
Barcelone, id.	....	14

On traite rarement pour d'autres ports étrangers de la Méditerranée, d'autant moins que nos nombreux échanges avec l'Espagne et ceux avec l'Italie méridionale se font généralement par les bateaux de ces nations, sans que notre marine y prenne une part notable. Du reste, les frets et ceux de retour sont très-variables, selon la rareté des navires sur les lieux, et suivant les quantités des marchandises à transporter.

M. le Président. Pouvez-vous nous donner quelques renseignements sur la manière dont se fait le commerce avec l'Espagne? Le Conseil a remarqué que ce commerce avait une certaine importance et qu'il était fait cependant presque exclusivement par des marins espagnols. Ainsi, dans l'année 1861, rien que pour le port d'Oran, on remarque 304 bateaux espagnols jaugeant 8,411 tonneaux, tandis qu'il n'y a eu que 5 bateaux français ayant fait le cabotage entre cette ville et l'Espagne. A Alger, il y a eu 266 navires espagnols, et aucun bâtiment français n'est allé en Espagne. Savez-vous comment il se fait que presque tout le commerce, entre l'Algérie et l'Espagne, soit entre les mains des Espagnols? Y a-t-il pour les navires français des droits élevés à payer dans les ports d'Espagne?

M. Hirschfeld. Je pense que cette différence repose sur ce fait : Les balancelles espagnoles qui font le cabotage sont généralement conduites par des capitaines qui en sont propriétaires et naviguent pour leur compte. Ils cumulent donc les fonctions d'armateurs et de négociants et n'ont aucune commission à payer. Nos navires ne peuvent pas faire la même chose, et tandis que nous employons différents intermédiaires, ce qui grève d'autant la valeur de la marchandise, les capitaines espagnols vont sur les côtes et embarquent ou déchargent, à chaque station, une partie de leur chargement. C'est ainsi que nous voyons de très-petites balancelles apporter toute sorte de denrées, des vins, des légumes, etc... Les capitaines français trouvent à ce genre de navigation de grandes difficultés. Ils ne pourraient s'astreindre à faire ce genre de cabotage.

M. le Président. Savez-vous si les marchandises françaises trouvent, en Espagne, un régime douanier sévère? Quels sont les droits perçus sur les céréales, sur les bestiaux, etc.?

M. Hirschfeld. Je l'ignore. Je crois qu'on perçoit des droits très-élevés. Je pense que la différence d'importance, entre les deux cabotages algérien et espagnol, provient uniquement de ce qu'ils peuvent faire le petit commerce de détail et réunir plusieurs fonctions chez un même individu, tandis que nous ne pouvons nous y assujettir.

M. le Président. Ils ne font pas cependant que des chargements à la cueillette, et il y a une marge considérable pour les affrétements complets, dans la différence de 18,000 tonneaux qui existe entre l'importation constatée ci-dessus par navires français et par navires espagnols Croyez-vous qu'en supprimant les obstacles qui s'opposent à ce que les navires francisés algériens fassent le cabotage avec l'Espagne en conservant leurs équipages étrangers, on favoriserait ce cabotage au profit de l'Algérie?

M. Hirschfeld. Cela serait un avantage, mais je ne crois pas que ce moyen serait suffisant.

M. le Président. Il y aujourd'hui des obstacles de deux natures qui s'opposent à ce que le cabotage soit fait par des navires algériens; d'abord les patrons qui commandent les navires francisés sont étrangers et ne peuvent pas naviguer au-delà des eaux de la Colonie; ensuite, il y a, en Espagne, des tarifs de douane qui paraissent élevés. En admettant que l'on permette aux navires francisés d'aller en Espagne sous le pavillon français, mais avec un capitaine étranger, croyez-vous que le commerce avec cette contrée profiterait à l'Algérie? Savez-vous si les marchandises françaises supportent des frais considérables en Espagne?

M. Hirschfeld. Je ne crois pas qu'il y ait une grande différence entre les marchandises importées en Espagne par navires étrangers, quelle que soit leur nationalité. Je ne pense pas non plus qu'il y ait de surtaxes de pavillon. En ce qui concerne la possibilité aux navires francisés de faire le cabotage avec l'Espagne, ce ne serait pas un avantage suffisant. Il y a beaucoup de routine dans les relations commerciales. Certaines branches de commerce ne rentrent pas dans les habitudes françaises et les commerçants des autres nations sont peut-être plus habiles pour les exploiter. En ce qui concerne le trafic fait actuellement avec l'Algérie, les Espagnols ont plus de facilités à le faire, ils connaissent mieux que nous leurs monnaies et les lieux producteurs où ils peuvent trouver une partie de leurs chargements, et leur habileté pour ce commerce de détail leur donne sur nos capitaines français, qui ne peuvent employer les mêmes moyens, une grande supériorité.

Les saisons et le résultat des récoltes exercent une grande influence sur le prix de fret entre l'Algérie et les ports de l'Océan. La houille, les vins, les liquides, les denrées coloniales et tous les produits de l'industrie française forment un aliment incessant pour l'importation, tandis que l'exportation s'effectue encore d'une manière irrégulière, selon que les années et les saisons sont plus ou moins propres à la production des céréales, tabacs, légumes, fruits, huiles, laines, minerais et autres produits du pays. La proximité de Marseille fait que la plupart de nos échanges se font avec le port de cette ville, et les bateaux à vapeur entre les deux points absorbent la majeure partie des transports. Il existe des relations avec Dunkerque, le Havre, Bordeaux, Londres, Liverpool, Malaga et beaucoup d'autres points de l'Europe, mais elles ne sauraient prendre un plus grand développement qu'en raison de l'augmentation de la production et de la consommation de la colonie.

§ 5. DES RÈGLEMENTS MARITIMES. — En regardant le commerce en général et le commerce maritime en particulier, comme l'intermédiaire entre le producteur présent et le consommateur du dehors, et *vice versâ*, il est évident que tout avantage accordé à cet intermédiaire, a pour effet de faire payer au producteur son produit plus cher, ou à faire payer au consommateur sa denrée meilleur marché. Si ceci est exact pour les pays anciens, cela doit être bien plus applicable aux pays nouveaux, où l'immigration ne peut avoir lieu, qu'à condition que l'habitant trouve un prix rémunérateur de son travail et une vie à bon marché. Or, tout règlement commercial et maritime qui tend à écarter une concurrence de transport, ou à faire peser un droit quelconque sur la marchandise, aboutit inévitablement à diminuer d'autant le prix de l'objet à exporter et à augmenter celui de la denrée à importer. C'est sans doute, par ces motifs, que les divers gouvernements ont presque toujours accordé le plus de liberté possible à leurs nouvelles colonies, et que leur application en Algérie devra être, en principe général, un grand bienfait pour le pays.

Quant aux effets particuliers qu'elles produiraient chez nous, ils sont nombreux; il s'agit d'énumérer seulement les plus saillants.

L'Algérie se trouve sur la route des nombreux navires à vapeur et à voiles qui, de tous les points du globe, se dirigent par le détroit de Gibraltar sur tous les pays qui entourent la Méditerranée à l'est et au nord-est de notre Colonie, et qui, venant de ces pays, se dirigent vers le détroit. Fort peu de ces navires s'arrêtent chez nous, parce que le droit de tonnage les en empêche. Le jour où ce droit sera supprimé, une foule de navires viendront tenter en Algérie la vente de tout ou partie de leurs cargaisons, ou prendre chez nous les denrées à leur convenance.

M. LE PRÉSIDENT. Pourriez-vous indiquer quels seraient les pays dont les navires viendraient le plus souvent dans les ports de l'Algérie?

M. HIRSCHFELD. L'Angleterre d'abord.

M. LE PRÉSIDENT. Quels seraient les éléments d'échange?

M. HIRSCHFELD. Les légumes secs, les tabacs, les laines.

M. LE PRÉSIDENT. Et l'Angleterre qu'enverrait-elle? de la houille?

M. HIRSCHFELD. Pas par chargements entiers, mais elle en apporterait en partie.

M. LE PRÉSIDENT. Le commerce se ferait-il également avec l'Italie et l'Espagne?

M. HIRSCHFELD. Nous avons énuméré tout-à-l'heure les raisons qui s'opposaient à ce commerce.

M. LE PRÉSIDENT. Il n'y aurait donc que les navires du Nord qui viendraient à Alger? Et les Américains s'arrêteraient-ils aussi, et quel commerce pourraient-ils faire?

M. HIRSCHFELD. Tous les navires qui passent aujourd'hui devant notre port sans s'y arrêter, y entreraient pour y tenter quelques opérations commerciales et, en ce qui concerne l'Amérique, certaines denrées pourraient être livrées ici à assez bon marché, pour être transportées jusqu'aux États-Unis.

Tenant compte, surtout, du fait que nos produits ne sont pas encore assez connus, et n'existent pas encore en assez grande quantité pour que nous puissions en expédier des chargements entiers de 150 tonneaux ou plus à la fois au même correspondant, nous sommes obligés de passer souvent par les mains d'un intermédiaire marseillais, cettois ou autre, pour compléter un chargement, parce que pour Marseille ou Cette nous avons occasion de charger des parties de 50, 80 ou 100 tonneaux. Souvent Bordeaux, Nantes, Le Hâvre, Rouen, Dunkerque, ainsi que Londres, Liverpool, Anvers et d'autres ports de France et de l'étranger, nous ont demandé des parties de chargements, et ces demandes ont dû rester sans exécution, parce que nous ne trouvions pas à charger à la cueillette.

Quand notre port pourra être visité en franchise de droits de tonnage par les navires étrangers, un grand nombre de navires viendront toucher aux ports algériens, charger ces parties de cargaisons, amener, par là, une plus grande concurrence d'acheteurs et, par suite, augmenter pour le producteur la valeur de sa denrée.

Je me crois autorisé à affirmer que le jour de l'abolition du droit de tonnage, plusieurs compagnies anglaises feront toucher régulièrement à Alger leurs vapeurs, allant du détroit dans le Levant et *vice versâ*.

Ces voyages, outre les avantages précités, engageraient les vapeurs et voiliers à faire leurs provisions à Alger, soit en fruits, légumes, farines, biscuits, articles algériens, etc., et l'apparition de nombreux voyageurs donnerait, non-seulement des bénéfices aux hôtels, marchands et industriels de toute sorte, mais, aussi, elles feraient mieux connaître ce pays au dehors; son beau soleil amènerait, plus encore que par le passé, des étrangers. Comme cela est déjà arrivé, l'effet fascinateur du pays les engagera à y rester, les uns, pour raison de santé, les autres, pour y devenir propriétaires ou commerçants.

Un autre grand avantage, que l'abolition du droit de tonnage me paraît devoir procurer, c'est l'établissement d'une station houillière. Je crois que beaucoup de vapeurs viendraient renouveler chez nous leur approvisionnement de charbon, en se rendant, soit dans l'Est, soit dans l'Ouest. Il est facile de prévoir quels bénéfices un pareil dépôt procurerait à nos négociants, courtiers, etc., et, surtout, à nos ouvriers du port, vu le grand poids de cette marchandise.

Mais, le plus grand bénéfice que je verrais dans l'abolition du droit de tonnage, c'est le commerce de transit. Si ma prévision est juste, le port d'Alger deviendra, par sa position géographique, adossé à un immense pays, simultanément producteur et consommateur, sur la route du Levant, au détroit, non loin de Malaga, Valence, Barcelone, Cette, Marseille, Gênes, Livourne, Messine et Malte, le rendez-vous d'un grand commerce de transit, le lieu ou l'on tenterait, en passant, ou par voie d'entrepôt, une foule d'échanges; Alger deviendrait une espèce de foire maritime, dont l'existence amènerait forcément de nombreux établissements commerciaux, agricoles et industriels.

Comme corollaire de l'abolition du droit de tonnage, je voudrais que les navires étrangers pussent librement exercer, non-seulement les transports entre la France et l'Algérie, mais aussi le cabotage d'un port à l'autre de l'Algérie, sauf à examiner si la restitution totale ou partielle des droits de francisation acquittés par certains caboteurs ne paraîtrait pas équitable. Ces restitutions n'imposeraient, du reste, au Trésor qu'un sacrifice fort insignifiant.

§ 6. De la législation douanière et des traités de commerce. — Sous ce rapport encore, je voudrais le plus de liberté possible pour toute la colonie et surtout pour ses ports, les institutions et règlements les plus larges pour nos entrepôts réels et fictifs. Certes, les modifications apportées depuis deux ans aux tarifs des douanes, ont déjà exercé une influence salutaire sur nos échanges, mais cet effet n'a pu être que proportionnel à l'importance des articles dont il s'agissait. La loi, qui a supprimé le drawback sur les tissus de coton et de laine allant de France en Algérie, a été une grande économie pour le Trésor, sans que nos débouchés en aient été aucunement affectés. Les modifications apportées par le traité de commerce avec l'Angleterre, dans l'introduction des tissus anglais en Algérie, a dû nécessairement provoquer quelques importations qui sont venues à manquer aux débouchés de l'industrie française ; mais je regarde ces importations plutôt comme des essais, essais sans résultats avantageux, et je pense que, sauf des moments de crises industrielles, qui feraient considérablement baisser les tissus anglais, ceux-ci n'entreront jamais dans une forte proportion, sous le système actuel, à notre consommation.

M. le Président. Depuis ce traité de commerce avec l'Angleterre, a-t-on importé beaucoup de tissus anglais ?

M. Hirschfeld. L'influence de ce traité n'a pas été considérable, mais les résultats en sont appréciables. Du reste, nous avons acquis l'expérience qu'à qualité égale et à poids égal, nous aimons mieux les tissus de l'importation française. Il faudrait, pour que l'influence fût plus sensible, qu'il y ait, en Angleterre, une grande baisse de prix, et cela ne peut arriver que pendant les crises industrielles.

M. le Président. Les grandes crises industrielles n'ont pas de si grands effets que vous le croyez. En matière commerciale, la baisse de prix ne suffit pas pour augmenter brusquement la consommation.

M. Hirschfeld. Je parle sans parti pris, et je plaide surtout la cause du consommateur algérien.

M. le Président. Depuis les traités avec l'Angleterre, y a-t-il eu pour le consommateur abaissement de prix ?

M. Hirschfeld. Non, mais je crois que si ces traités n'avaient pas eu lieu, il y aurait eu hausse. Les effets les plus sensibles seront de maintenir presque constamment les prix au même niveau.

M. le Président. L'Angleterre n'importe-t-elle pas beaucoup de tissus français ?

M. Hirschfeld. Oui, beaucoup de tissus de luxe, tandis qu'elle n'exporte que des tissus communs qui se font chez elle à très-bas prix.

M. le Président. Et les bénéfices sont-ils plus considérables sur les tissus de luxe que sur les tissus communs ?

M. Hirschfeld. L'avantage est pour l'exportation des tissus de luxe.

M. le Président. En résumé alors, les traités de commerce ont été avantageux, puisqu'ils ont eu pour résultat d'arrêter, en 1862, la hausse qui aurait eu lieu sur les tissus communs.

M. Hirschfeld continue :

Quant aux mesures prises pour le développement de notre commerce avec l'Afrique centrale, j'y applaudis de tout cœur, surtout en vue du but politique et civilisateur dont le commerce est l'instrument. Mais quant à l'importance de nos échanges, je pense qu'on devra de longtemps être modéré dans ses espérances, d'abord parce que la consommation de nos produits bruts et fabriqués est très-faible parmi des populations qui n'en ont pas l'habitude, puis parce que l'énorme prix de transport les renchérit au point qu'ils deviennent des articles de luxe, malgré leur prix très-modéré sur la côte. Il en est de même pour les produits de ces pays du Sud : leur transport à si grande distance par terre en l'absence de routes, coûte si cher que, seulement les objets renfermant sous un petit volume et un faible poids une très-grande valeur commerciale peuvent alimenter cette sorte d'opérations.

Toutefois le creusage de puits, les améliorations des routes, et surtout la sécurité complète des caravanes et leur efficace protection sur les lieux des échanges mêmes, peuvent amener des améliorations avantageuses à l'état actuel des choses.

J'ignore la loi du 5-16 janvier 1836, qui autorise l'importation temporaire de certains produits étrangers destinés à être fabriqués, mais l'industrie qui nécessite ordinairement l'édification d'établissements coûteux, qui rencontre en Algérie un obstacle de premier ordre, le manque de houillères, ne saurait être trop encouragé par tous les moyens possibles. La libre réexportation de tabacs bruts étrangers, après être travaillés et convertis en cigares, la réexportation des soies filées provenant de cocons introduits de l'étranger et autres encouragements de ce genre, seraient à mon avis très-désirables.

§ 7. PÊCHE DU CORAIL. — J'accuse mon ignorance sur ce chapitre, mais je crois être l'écho d'hommes compétents en vous disant que nos marins français dédaignent ce métier, et les capitaux français s'en sont détournés après des essais infructueux, abandonnant son exploitation aux Napolitains et Toscans qui y trouvent des résultats meilleurs.

§ 8. PÊCHE DU POISSON. — Je suis encore moins instruit sur ce paragraphe que sur le précédent, toutefois j'ai entendu dire que les précautions prises contre la destruction du frai étaient exagérées, et que leur seul effet était, jusqu'alors, de nuire à la qualité et à la quantité de cette denrée, qui cependant est un aliment à peu près indispensable.

Je laisse l'affirmation ou la dénégation de cette assertion à des hommes compétents, et vous prie maintenant, après avoir parcouru votre questionnaire, de me permettre quelques observations sur l'ensemble des vœux que j'ai exprimés.

J'ai foi en l'Algérie et je crois que les libertés que je réclame ne coûteront que des sacrifices minimes en proportion des résultats que j'espère.

Considérez le passé : défalquez-en d'abord 11 années de pacification et comparez ce que nous avons vu s'accomplir depuis 1841, avec ce qui existe aujourd'hui. Alors, quand les travaux d'assainissement commençaient seulement, j'ai connu des hommes haut placés, qui doutaient encore si les Européens récolteraient jamais assez de fourrage pour nourrir les chevaux de l'armée! Voyez ce qui s'est fait depuis! Je vous parle seulement des superficies défrichées, de l'augmentation de production et de consommation, constatées par l'exportation et l'importation, sans compter l'accroissement du commerce intérieur.

On se plaint que l'immigration de nos compatriotes ait été trop lente pour l'impatience générale, que je partage, du reste, cela prouve que le Français est heureux près de son clocher. Ce sont les pays malheureux qui fournissent le plus d'émigrants, et aujourd'hui encore beaucoup de personnes, en Algérie, n'ont pas renoncé au retour dans le département, où elles ont laissé leurs affections. Trente ans ne sont pas un laps de temps suffisant pour effacer de pareils sentiments et pour amener un courant d'immigration comme nous le voudrions.

Ce n'est qu'après avoir donné au colon une route, un abreuvoir, une église, une école, que vous pouvez espérer de le voir arriver pour former le village. Ce n'est que les encouragements donnés au commerce, à la navigation, qui amèneront en Algérie les commerçants avec leurs capitaux et leur intelligence, les commerçants, qui ne sont, je l'ai déjà dit, que les intermédiaires entre le producteur et le consommateur.

L'intérêt de nos grandes compagnies maritimes, de nos armateurs français, qui craindraient de voir péricliter les millions qu'ils ont lancés dans leurs entreprises, doit s'effacer devant celui des 200 mille colons existants et des deux millions à venir, devant les intérêts généraux de la France, dont l'Algérie fait intégralement partie. Le Gouvernement, par son traité avec l'Angleterre, levait des prohibitions et abaissait des droits d'entrée, il n'ignorait pas qu'un certain nombre d'industriels en souffrirait.

Mais il fallait que le progrès s'opérât dans l'intérêt général, il fallait que les industries fussent stimulées à faire mieux ou à meilleur marché qu'elles n'avaient fait jusque-là.

Ce but de stimulation est atteint; il le sera plus facilement encore par la marine française que par l'industrie, et l'on doit s'en convaincre en examinant combien peu la protection a été utile à notre mouvement maritime, en Algérie comme en France.

En ce qui concerne la libre entrée des céréales, on craindra peut-être qu'elle ne fasse une concurrence redoutable aux produits similaires de l'Algérie?

Ce serait une erreur! Les expériences des dernières années, malgré les mauvaises récoltes que nous avons eues, ont prouvé que l'Algérie est éminemment productive, les exportations sont la règle, les importations de céréales ne sont plus qu'accidentelles et constituent l'exception. On sait que le prix de transport de la mer Noire ou d'autres contrées d'outre-mer, forme, à lui seul, une protection suffisante aux blés de l'Algérie, pour empêcher l'introduction des blés exotiques. Je vous rappelle, à cette occasion, l'abolition de l'échelle mobile en France, qui a été dictée par des considérations analogues.

La question des intérêts du Trésor est grave, mais en apparence seulement.

En somme, Messieurs, je suis d'avis que les sacrifices qu'il devra s'imposer par l'abolition de certains impôts indirects, seront bientôt richement compensés par l'impôt foncier et par d'autres impôts directs, aussitôt que ce pays, égalant en superficie les deux tiers de la France, aura atteint le peuplement qui ne saurait lui faire défaut, si les libertés commerciales et un ensemble de mesures administratives encourageantes y sont appliqués.

Je ne prétends pas que ces effets puissent être provoqués du jour au lendemain, il faut de la patience. Mais si l'on veut abréger le délai qui nous sépare encore de ce développement, je soumettrai deux vœux, dont l'accomplissement devra l'accélérer puissamment; ces deux vœux sont :

1° Etablissement d'une succursale de la Banque de France, à Alger.

2° Conversion du port d'Alger en port franc.

Je ne saurais méconnaître les très-grands services que les établissements de crédit, aujourd'hui existants et notamment la banque de l'Algérie, ont rendu au commerce, mais, si déjà, avec le mouvement actuel des affaires, ces établissements ont été reconnus insuffisants aux moments de grands besoins de numéraire, que sera-ce donc, quand notre mouvement commercial sera considérablement augmenté?

La perte que le billet de la Banque de Fance supporte en Algérie, les changes que les effets du commerce algérien paient en France et en Algérie, les différences habituelles du taux d'escompte, ne sont-ils pas autant d'impôts supportés par les consommateurs et producteurs algériens?

La naturalisation du papier algérien en France, du billet de la Banque de France en Algérie, ne ferait-elle pas presqu'entièrement cesser cet impôt?

Je n'ose trop m'étendre sur ce sujet, mais il me semble que la Banque de l'Algérie, rendant de grands services, mais d'un autre genre que ceux que rendrait la succursale de la Banque de France, pourrait d'autant mieux exister à côté de cette dernière, si celle-là était autorisée à réescompter son portefeuille à celle-ci. Je ne vois même aucun obstacle à la circulation simultanée du papier-monnaie, émis par deux institutions en vertu de privilèges qui ne sauraient être absorbés l'un par l'autre, ces deux valeurs n'ayant pas cours forcé.

Un mot encore, Messieurs, sur le port franc. L'idée de sa création n'est pas nouvelle, elle a déjà été agitée, je crois, en 1847; les événements de l'année suivante l'ont fait oublier avec bien d'autres : sa réalisation serait, à mon avis, le couronnement de ce qu'Alger pourrait désirer en fait d'encouragements commerciaux. Les chemins de fer, dont la continuation, d'après les dernières nouvelles, ne saurait plus trop se faire attendre, feront d'Alger, nécessairement le centre du mouvement commercial de la colonie qui, avec le développement infaillible de l'agriculture, de la culture du vin, du tabac, du coton, du lin, de l'industrie des farines, des huiles, des peaux et tant d'autres, feraient du port franc d'Alger, un entrepôt qui, à un moment donné, n'aurait rien à envier à beaucoup de ses rivaux sur les bords de la Méditerranée.

18me Groupe — AGRICULTEURS.

MM. BASTIDE,
BOURLIER,
BORDET,
CHABERT-MOREAU,
GIMBERT,
VALLADEAU,
ARNOULD.
} Propriétaires agriculteurs.

Ces déposants sont représentés par MM. Gimbert, Bordet et Arnould.

M. GIMBERT s'exprime ainsi :

En nous appelant, comme agriculteurs, à déposer devant le Conseil Supérieur de l'enquête sur le commerce et la navigation, nous n'avons pas cru que l'on nous imposait la tâche de répondre à toutes les questions qui intéressent le commerce et la navigation de l'Algérie; notre rôle est plus restreint et bien plus modeste; il doit se borner aux questions qui sont spéciales à l'agriculture, et nous devons convenir que nous sommes peu compétents pour aller au-delà.

C'est avec empressement que nous nous rendons à l'appel qui nous est fait, parce que, dans notre conviction, l'agriculture, qui doit avoir une si large part dans les destinées de l'Algérie, doit aussi avoir une large part d'influence dans la préparation des lois et règlements qui s'élaborent en vue de l'avenir.

Simples agriculteurs, nous n'avons guère eu l'occasion de nous initier dans la connaissance fondée des lois et règlements qui régissent la navigation et le commerce; mais ce qu'il nous a été donné de connaître et de bien comprendre, c'est que ces lois et règlements, tels qu'ils existent aujourd'hui, sont éminemment contraires aux intérêts bien entendus de l'agriculture.

Et en effet, ils consacrent un système de fiscalité en même temps que de protection du pavillon français qui ferme, en quelque sorte, d'une manière absolue, l'entrée de nos ports à la navigation étrangère, et surtout à la navigation à vapeur des nations voisines, dont les nombreux paquebots font escale sur toute la côte du Nord de l'Afrique.

Cette exclusion, en mettant une entrave aux rapports nombreux et directs qui s'établiraient forcément entre le commerce de notre Colonie et les nations étrangères, prive évidemment notre production agricole d'autant de débouchés : elle fait obstacle à ce que des succursales de maisons étrangères viennent se fixer parmi nous pour l'achat de nos produits en général, ou tout au moins de nos produits les plus rémunérateurs.

Or, Monsieur le Président, ce que réclame, avant tout, la production agricole c'est le bienfait de la concurrence. Ce qu'elle a le plus à redouter, c'est le monopole : elle a donc besoin d'avoir le plus de débouchés possibles. Nous vous ferons entendre une vérité banale, en vous disant que la production augmente toujours en raison des besoins de la consommation et des demandes qui s'adressent à elle.

L'énergique persévérance des agriculteurs de l'Algérie s'est fait connaître, et il est facile de pressentir, par l'examen du passé, quels seront les progrès et l'importance des produits de notre agriculture, le jour où des débouchés avantageux lui seront ouverts.

Il est un fait particulier qui s'attache à l'agriculture algérienne, fait que tout le monde ne connaît pas, ou tout au moins, qu'on n'apprécie pas suffisamment, et qui pourtant mérite de fixer l'attention, car à lui seul il peut motiver des mesures exceptionnelles; nous devons le signaler. En prenant possession des terres que nous cultivons, nous les avons trouvées dans l'état du plus complet abandon; dans la culture restreinte et toute primitive des Arabes, nous n'avons trouvé aucun précédent utile, aucun enseignement à suivre. Aussi, pour créer l'agriculture européenne sur cette terre devenue française, il nous a fallu d'abord bâtir des maisons de ferme, organiser des installations agricoles, nous avons eu et nous avons encore à défricher et débroussailler le sol, à dessécher des marais et canaliser nos terres, à les planter. Mais tout ne s'arrête pas là, car il nous reste à remplir une tâche toute aussi importante, celle de créer tout un système de culture ou de produits. C'est cette tâche que nous nous efforçons d'accomplir, ainsi que l'attestent les nombreux essais de cultures diverses que nous avons faits et que nous renouvelons tous les jours. De bons assolements seront le complément et le couronnement de nos systèmes de culture.

Vous savez, Messieurs, que l'agriculture, quoique soumise à des principes invariables qui sont de tous les lieux et de tous les pays, parce qu'ils reposent sur les lois de la nature, varie cependant à l'infini dans ses productions; vous savez également que les productions de l'agriculture sont partout subordonnées, non-seulement aux conditions physiques de chaque localité, mais, surtout, aux conditions économiques, car ce sont les circonstances économiques qui déterminent, seules, parmi les divers produits qui conviennent également au climat et au sol, ceux qui doivent être préférés, et pour l'agriculture, la condition économique qui prend le premier rang, est celle des débouchés ouverts à ses produits.

En rappelant ces principes élémentaires, notre but est de faire ressortir quelle importance il y a pour nous à ce que de nouveaux débouchés nous soient ouverts, et combien ils peuvent influer sur la prospérité de l'agriculture algérienne, et partant, de notre Colonie.

Nous croyons également utile à notre cause de faire remarquer que l'Algérie sera toujours un pays essentiellement agricole. Dans l'avenir, ce sont principalement les produits de son sol et les besoins de ses nombreuses populations rurales qui doivent fournir le principal aliment à son commerce et à la navigation. A ce titre, qu'il nous soit permis d'espérer que les intérêts de l'agriculture, liés plus intimement ici que partout ailleurs à ceux du commerce et de la navigation, seront pris en sérieuse considération dans les importants travaux que le Conseil accomplit.

De ces aperçus généraux, passant à quelques questions de détail, nous devons signaler que notre agriculture, encore à ses débuts, n'a pour principaux produits que les céréales, les tabacs et les bestiaux ; d'autres cultures paraissent s'affermir et être prêtes à prendre de l'extension, la culture du coton d'abord qui, après bien des tâtonnements et des essais infructueux, paraît, enfin, prendre des développements et des caractères de durée. Ces caractères de durée, nous sommes heureux de les signaler, parce qu'ils sont les résultats, non-seulement de l'élévation des prix de cette denrée, mais aussi le résultat des fruits de l'expérience, qui a enseigné de meilleurs procédés de culture que ceux qu'on avait d'abord employés ; la culture du lin, à laquelle les essais faits l'an passé sur un grand nombre de points et ceux bien plus nombreux, répétés cette année, promettent la plus satisfaisante et la plus complète réussite ; enfin, les plantations de vigne qui s'étendent chaque année. Nous devons comprendre aussi au nombre de nos produits, nos orangeries, qu'il est si facile de multiplier, et nos produits maraîchers du littoral, qui vont alimenter nos villes de France. Pour toutes ces productions, l'Algérie a le plus grand intérêt à ce que tous les marchés lui soient ouverts ; car, suivant les années, il peut y avoir moins d'avantages à expédier certains produits sur les marchés de la métropole que sur ceux de l'étranger, de l'Angleterre, notamment.

Cela est vrai pour tous nos produits en général, et bien plus encore pour ceux qui n'ont et ne pourront jamais avoir un débouché en France ; tels sont nos tabacs et nos vins.

Les achats limités et décroissants de la Régie française ne permettent pas de considérer la France comme un débouché. Elle n'achète que 4 millions de kilogrammes de tabac par an, et doit réduire constamment ses achats. Nous en avons produit, il y a 3 ans, plus de 6 millions de kilogrammes, et notre production pourrait aisément quadrupler si nous trouvions des acheteurs. Le droit de tonnage, écartant les navires étrangers, empêche toute relation directe entre les producteurs et le commerce étranger. Celui-ci est obligé de recourir à des maisons correspondantes à Marseille et à Alger, ce qui augmente considérablement ses frais, non moins que les transbordement de la marchandise. Si l'immense quantité de navires anglais qui, après le percement de l'isthme de Suez, passeront devant le port d'Alger pouvaient y faire escale sans frais, et charger des tabacs à la cueillette, les relations s'établiraient vite. Les négociants étrangers pourraient nous faire des commandes de tabac, suivant les types très-différents qu'exige la consommation, mais que nous ne connaissons pas aujourd'hui.

M. LE PRÉSIDENT. Quels obstacles avez-vous rencontrés dans les débouchés pour les tabacs ?

M. GIMBERT. Depuis la guerre d'Amérique, l'Angleterre achèterait volontiers nos tabacs ; mais nos commerçants ne peuvent pas leur en livrer : il y a trop peu de navires pouvant prendre seulement une partie de chargement pour l'Angleterre, et les navires étrangers ne peuvent venir à cause du droit de tonnage. Toutes ces conditions augmentent les frais qui, en définitive, retombent sur la production. C'est ce surcroît de charges qui nous empêche de livrer nos tabacs en Angleterre.

M. LE PRÉSIDENT. Que valent 100 kilogr. de tabac ?

M. GIMBERT. De 80 à 100 francs.

M. LE PRÉSIDENT. Le droit de tonnage et les frais de transport sont peu de chose pour une marchandise de cette valeur.

M. Gimbert. C'est la difficulté des relations qui fait le plus. Lorsque l'isthme de Suez sera percé, si les navires étrangers font escale à Alger, nos relations s'établiront vite.

M. le Président. Il ne faut pas chercher le développement à donner à la culture du tabac, ailleurs que dans l'amélioration de la qualité. On accuse souvent à tort l'administration de la Régie; elle a un intérêt de premier ordre à satisfaire, celui des consommateurs. Quelque soient les producteurs de tabacs, l'administration n'achète pas, si la qualité n'est pas bonne; elle est intéressée à prendre, au contraire, les bons produits à cause du grand commerce qu'elle fait de cette matière.

M. Gimbert. Il est certain que les tabacs de l'Algérie n'ont pas toujours été de premier choix ; mais, aujourd'hui, si on produit encore de mauvais tabacs, on en fait aussi de très-bons. C'est le commerce seul qui peut acheter aux producteurs les bonnes qualités et les payer leur prix. Que l'Angleterre nous demande des tabacs, et nous les produirons tels qu'elle les voudra ; nous ne savons pas maintenant quelles sont les qualités qu'il lui faut, et nous ne pouvons le savoir, car nous n'avons de relations qu'au moyen de trois intermédiaires : le producteur commerçant à Alger, le représentant à Marseille, la maison de commerce en Angleterre. On nous adresse bien des demandes; mais nous ne pouvons y satisfaire.

M. Arnould. Il en de même pour les tabacs à livrer à l'administration : les colons ne demandent pas mieux que de produire de bonnes qualités; ils y auraient intérêt, seulement ils ne savent pas quelles espèces ils doivent produire. Autrefois, la Régie demandait du tabac philippin; ensuite elle n'a voulu acheter que le chebli; tantôt elle a acheté toutes les qualités, tantôt elle n'a reçu que les tabacs de choix. On n'a jamais su exactement quelles espèces il fallait cultiver, ni quel prix on voulait le payer. Avec l'étranger, au contraire, nous produirions d'après les échantillons, et nos relations s'établiraient vite avec l'Angleterre, l'Allemagne, Hambourg, etc.

M. le Président. Si vos tabacs étaient bons, vous trouveriez facilement à les vendre, même à la Régie. Je crois plutôt que cette culture n'est pas soignée en Algérie autant qu'elle l'est en France, où elle est surveillée avec beaucoup de soin.

M. Bordet. Il faut que nous sachions quelles qualités nous devons produire : l'Angleterre veut des tabacs blonds ; l'Allemagne, des tabacs forts. La culture varie suivant la nature des produits à obtenir.

M. le Président. L'administration n'achète pas autant que vous le désirez parce que cette culture s'est généralisée, et qu'on produit trop peu de bons tabacs.

M. Bordet. Les producteurs ont avantage à produire à bon marché et à ne pas apporter plus de soins à la culture. Le commerce seul peut payer leur prix les tabacs fins et soignés : elle les achète 50 fr., et même 100 fr. plus cher que l'administration.

M. ARNOULD. L'administration n'est pas suffisante pour acheter tous les tabacs, et c'est pourquoi nous voudrions avoir des relations avec l'étranger. Nous avons fait des essais de culture soignée ; nous avons remis nos échantillons à l'administration, pour qu'elle en fît l'analyse ; mais ce n'est que très-longtemps après qu'on nous a fait connaître les résultats. C'est une gêne pour les cultivateurs.

M. GIMBERT. Les tabacs pourraient devenir une importante production, et, en résumé, nous demandons l'abolition du droit de tonnage, pour que nos relations avec l'étranger deviennent étendues, et facilitent l'écoulement des produits de toutes les cultures spéciales qu'on peut faire en Algérie.

M. LE PRÉSIDENT. Les tabacs étrangers qui viennent directement à Alger paient-ils un droit plus élevé, que s'ils étaient introduits par Marseille ?

M. ARNOULD. Les tabacs étrangers venant directement à Alger paient, je crois, une surtaxe de 7 fr. 50 c. de plus, que s'ils étaient importés des entrepôts de Marseille.

M. LE PRÉSIDENT. Je crois que les tabacs de l'Algérie ont besoin d'être mélangés avec des tabacs étrangers.

M. GIMBERT. On a reconnu que, pour beaucoup de denrées, on obtenait des qualités supérieures au moyen des mélanges ; il en est de même pour les tabacs ; mais il nous faut aussi créer, en Algérie, un système spécial de culture.

M. LE PRÉSIDENT. Vous n'êtes assujettis, ici, à aucune surveillance. Si l'administration appliquait les règlements qui existent en France, les conditions de la culture seraient complètement modifiées.

M. GIMBERT. Nous avons besoin seulement de l'auxiliaire du commerce ; nous savons que nous pouvons produire des tabacs de très-bonne qualité.

M. LE PRÉSIDENT. Même aux prix de la Régie, la production du tabac est très-lucrative ; et, en France, où les règlements sont très-sévères, il n'y a pas un seul département qui ne demande à être autorisé à cultiver le tabac, et ceux où la culture est permise y trouvent leur profit.

M. ARNOULD. Ici, nous n'avons, par le fait, qu'un seul atelier, l'administration : ce qui prouve en faveur de la qualité de nos tabacs, c'est que ceux qui sont refusés sont envoyés à Marseille et vendus avec bénéfice.

Si nos relations s'étendaient à l'étranger, nous verrions certainement des négociants venir, ici, nous demander des tabacs.

M. GIMBERT. Il en est de même pour les vins dont l'Algérie peut, avant dix ans, produire une quantité qui dépassera tous les besoins de sa consommation, et pour lesquels la France n'offre aucun débouché. L'Angleterre, au contraire, trouverait, dans les vins d'Algérie, les similaires du Porto et du Sherry, dont elle consomme de grandes quantités.

Pour les bois de construction, le droit de tonnage s'oppose à l'arrivée en Algérie des bois d'Amérique, qui sont d'une conservation et d'une durée bien supérieures à ceux venant des bords de l'Adriatique ou de la Baltique. Nous avons bien des forêts en Algérie ; mais elles ne seront exploitées que quand il y aura des routes et des chemins de fer, dont nous demandons, d'ailleurs, la prompte exécution.

M. LE PRÉSIDENT. La culture de la vigne a-t-elle déjà un certain développement en Algérie?

M. ARNOULD. Il y a environ 25,000 hectares plantés en vignes. La viticulture est appelée à prendre de grands développements. Ce sera pour l'Algérie une source de richesses. Deux hectares de vignes suffisent pour nourrir deux familles : il y aurait donc avantage à voir s'étendre la culture de la vigne; les relations avec l'étranger faciliteraient beaucoup ce développement. Dès aujourd'hui, on y est préparé, et nous pouvons produire beaucoup. L'exportation nous permettrait de guider nos travaux pour la culture de la vigne et la fabrication des vins. Jusqu'à ce jour, on a fait venir, en Algérie, presque exclusivement des cépages produisant beaucoup ; c'est un peu au détriment de la qualité des vins. On n'a, à vrai dire, fait encore que des essais ; l'abolition du droit de tonnage et les relations qui s'ensuivraient avec les pays étrangers nous obligeront à choisir des cépages meilleurs, et à fabriquer des vins qui, j'en suis sûr, seront recherchés dans les pays où on en manque. Je suis certain que, si l'Angleterre seulement était à même d'apprécier nos produits, la viticulture augmenterait beaucoup, au grand avantage de l'agriculture du pays.

Nos vins sont plus capiteux que les vins d'Espagne et de Portugal; ils doivent être appelés à servir de trait-d'union entre ces vins et les vins de France plus légers.

M. GIMBERT continue :

Nos lins en filasse, destinés à être manufacturés en Flandre et en Belgique, subissent des frais de transport énormes par les chemins de fer. Puisque la marine française ne vient pas régulièrement les prendre pour les transporter par mer, les navires étrangers s'en chargeraient volontiers, puisque nous serions sur leur route, et donneraient, sans doute, l'idée au commerce français d'établir des relations régulières entre les ports de la Manche ou de la mer du Nord et ceux de l'Algérie.

M. LE PRÉSIDENT. Le lin paraît avoir mieux réussi en Algérie que le coton ?

M. GIMBERT. Oui, tout nous fait espérer que les lins d'Algérie seront très-recherchés ; ils sont très-beaux, mais, pour eux encore, il faut créer de nouveaux débouchés.

M. BORDET. Nous produirons beaucoup, si on demande beaucoup.

M. ARNOULD. Combien de navires anglais viendront ici ! Il leur sera facile de prendre des chargements de lin à la cueillette, et, quand nos produits seront connus, ils seront recherchés.

Nous en dirons autant pour nos légumes et fruits verts, artichauts et oranges, dont les frais de transport par vapeurs et chemins de fer à grande vitesse quintuplent le prix. Nous nous associons au vœu exprimé par la Chambre consultative d'agriculture du département d'Alger, que le Gouvernement use de son influence pour obtenir des Messageries impériales et des chemins de fer des réductions notables sur leurs prix de transport.

M. LE PRÉSIDENT. En résumé, il résulte que, pour toutes ces cultures industrielles, c'est plutôt un commerce d'échantillons qu'un commerce important.

M. GIMBERT. Le marché de la France est plus restreint qu'on ne pense ; le fret pour les légumes et les denrées de consommation est de 40 à 50 fr. sur bateaux à vapeur, parce que, pour ces objets, on ne peut employer les bateaux à voiles. On est obligé d'expédier par trains express, et les légumes frais, les artichauts notamment, qui pourraient devenir des objets de consommation générale, rentrent dans la catégorie des choses de luxe, à cause de l'importance des frais de transport.

M. BORDET. Il en est de même des oranges que nous produirions en grande abondance, mais qui valant ici, de 3 à 5 centimes la pièce, ont à supporter 15 centimes de frais de transport.

Nous demandons encore, s'il est possible, que le traité fait depuis longtemps avec l'Espagne et connu sous le nom de *Pacte de famille*, devienne applicable à nos départements de l'Algérie comme à la métropole, afin de favoriser nos exportations de bestiaux en Espagne.

Ces aperçus nous paraissent suffisants, Monsieur le Président, pour nous autoriser à émettre le vœu, au nom de l'agriculture algérienne, 1° de la suppression complète du droit de tonnage pour tous les ports de l'Algérie ; 2° de la suppression de tous les droits de douane différentiels entre les ports de l'Algérie et ceux de la métropole, afin que nos ports soient ouverts à la navigation étrangère et que, de là, naissent de nouveaux rapports de commerce et, par suite, l'ouverture de nouveaux débouchés.

Comme complément de la liberté commerciale, nous exprimons un vœu, déjà émis par la Société impériale d'agriculture, celui de l'entrée en franchise dans nos ports des instruments et machines agricoles et des engrais d'origine étrangère.

Mais si les débouchés sont le plus puissant mobile de la production, ils ne sont cependant pas tout. Il y a d'autres agents dont l'importance paraît moindre, mais qui n'ont peut-être pas une influence moins grande sur l'agriculture algérienne ; tels sont le crédit agricole, les travaux publics, chemins de fer, routes, chemins vicinaux ; la législation agricole, surtout au sujet des irrigations, barrages, chutes d'eau, dessèchements; les reboisements, le jury d'expropriation, les mesures propres à favoriser l'initiative individuelle. Sur tous ces points, que nous ne faisons qu'indiquer, nous désirerions voir s'ouvrir une enquête approfondie qui aurait, nous n'en doutons pas, une très-sérieuse et très-heureuse influence sur la prospérité de l'agriculture algérienne.

M. le Président. Vous demandez l'abolition totale du droit de tonnage ?

M. Gimbert. Oui, nous croyons que l'abolition complète serait utile au développement de l'agriculture. Nous demandons aussi l'abolition de tous droits différentiels.

M. Mercier-Lacombe. Si l'on réduisait cette faveur à la perception du droit de tonnage sur les marchandises débarquées ou embarquées, cela aurait déjà pour vous un très-grand avantage.

M. Arnould. Cela ne serait pas suffisant. La physiologie agricole de l'Algérie n'est pas encore parfaitement établie ; il faut la plus grande liberté commerciale possible pour que nos produits soient connus, et que nous sachions quels sont ceux que nous devons cultiver de préférence. En terminant, nous demanderons, au nom des propriétaires ruraux, que nous représentons, qu'une enquête spéciale soit faite sur l'agriculture en Algérie. Cela pourrait avoir des conséquences importantes pour la production du pays.

M. le Président remercie MM. Gimbert, Bordet et Arnould des renseignements qu'ils ont fournis au Conseil.

19e Groupe. — DÉPOSANTS DES PROVINCES D'ORAN ET DE CONSTANTINE.

Le Préfet et la Chambre de Commerce d'Oran.
Les Chambres de Commerce de Constantine.
— — de Bône.
— — de Philippeville.

PROVINCE D'ORAN.

M. le Préfet d'Oran a recueilli auprès des différentes personnes qui, par la nature de leurs affaires et leur expérience lui ont paru pouvoir être utilement consultées, les renseignements ci-après sur le questionnaire de l'enquête. Ces renseignements sont consignés dans une lettre dont voici la teneur :

§ 1er. Des Navires. — 1re *Question*. — Dans la province d'Oran, nous n'avons pas de chantiers de construction navale, et c'est à peine si nous confectionnons quelques canots de pêche ou de plaisir.

2e *Question*. — Nous n'avons point de renseignements précis à donner sur la durée des navires, puisque nous n'en construisons pas. Ceux qui font le service de nos côtes de provenance étrangère à la colonie ont une durée de 10 à 15 ans.

3e *Question*. — Le taux de l'amortissement annuel pour un navire algérien à été évalué à 7 pour 0/0, par M. Avio qui est à Mers-el-Kebir depuis plus de 20 ans ; cependant quelques négociants pensent qu'il faut élever cet amortissement à 10 pour 0/0.

4e *Question*. — Le système de gréement algérien n'exige pas un plus grand nombre de bras pour la manœuvre que celui des navires des nations étrangères.

5e *Question*. — Les courtiers conducteurs de navires n'ont point fait à Oran d'assurance pour bâtiments algériens.

6e *Question*. — Les capitaux entrent en Algérie dans les opérations maritimes au taux de 15 pour 0/0.

7e *Question*. — A Oran, il est difficile de pressentir l'avenir réservé à l'industrie des constructions navales.

8e *Question*. — Il est néanmoins à désirer de voir revivre les dispositions du décret du 17 octobre 1855, qui avait autorisé l'importation en franchise complète de tous les objets nécessaires à la construction et au gréement d'un bâtiment de mer.

§ 2. Cabotage. — 1re *Question*. — Les armements sont généralement faits par des négociants qui y intéressent les patrons du bateau, dans la proportion d'un quart environ.

2e *Question*. — Il y a un avantage réel à ce que les patrons soient intéressés dans l'opération et concourent, dans une certaine proportion, soit aux frais de construction, soit à l'achat des navires qu'ils nolisent.

3e *Question*. — Les marins du cabotage algérien naviguent généralement à la part.

4e *Question*. — Pour faciliter le développement du cabotage algérien, il serait avantageux d'autoriser les navires qui y servent à naviguer, quelque soit leur tonnage, hors de notre littoral et à faire le cabotage méditerranéen. Il serait bon également de simplifier les expéditions de douane.

5e *Question*. — Le fret d'Oran à Nemours et *vice versâ*, est de 10 francs.

d'Oran à Mostaganem	10
d'Oran à Tenez	15
de Tenez à Oran	12
d'Oran à Alger	9

Il a été difficile de savoir d'une manière exacte le fret d'Alger à Bône et à Philippeville, on croit qu'il est de 10 à 12 francs environ.

§ 3. Des équipages. — 1re *Question*. — Les maîtres au cabotage algérien sont, en pratique et en théorie, à peu près égaux aux caboteurs espagnols ou italiens.

2e *Question*. — Il y a peu d'espoir à fonder sur l'élément indigène pour la composition des équipages. En ce moment, on ne trouve ici aucun indigène dans la marine marchande.

3e *Question*. — Il n'y a pas, à proprement parler, de matelots algériens ; mais les équipages, dans leur composition actuelle, peuvent aller de pair avec ceux des autres nations.

4° *Question*. — Les frais de nourriture sont un peu plus onéreux à l'armement qu'en France, en Italie ou en Espagne.

§ 4. DES ÉLÉMENTS DIVERS DES FRAIS DE NAVIGATION. — 1re *Question*. — Les caboteurs qui vont d'Oran à Mostaganem, d'Oran à Nemours, etc., sont d'un tonnage moyen de 15 à 20 tonneaux; ceux qui font leurs opérations sur toute la côte de Bône à Oran, par exemple, sont de 35 à 40 tonneaux.

2° *Question*. — Le fret ordinaire, pour Marseille et Cette, est de 12 francs par tonneau; pour le Hâvre, de 25 à 30 francs. Je n'ai pu me procurer de renseignements sur le fret pour Bordeaux.

3° *Question*. — Le fret entre les ports de la province et les principaux ports étrangers de la Méditerranée est variable; les courtiers l'évaluent à 12, 15 et 18 francs pour Barcelonne, Livourne et Trieste.

4° *Question*. — L'organisation de notre commerce maritime est encore inférieure à celle des ports d'Espagne, avec lesquels la province est le plus en relations. L'Espagne construit, et nous ne construisons pas, et nous tirons de l'extérieur tous nos approvisionnements de radoub.

§ 5. DES RÈGLEMENTS MARITIMES. — 1re *Question*. — Les règlements ou tarifs de pilotage, ainsi que les capitaineries ou directions de ports, sont des institutions utiles. Le pilotage est ici facultatif. Le pilotage et la direction préviennent les accident et les abus.

2° *Question*. — Les colons désirent toutes les mesures qui peuvent avoir pour but d'abaisser le prix du fret et d'augmenter leurs relations avec l'Espagne et l'Italie.

3° *Question*. — Les restrictions de l'ordonnance du 16 décembre 1843 élèvent le fret et rendent les relations moins faciles et moins fructueuses.

4° *Question*. — La suppression des prohibitions édictées par l'ordonnance est généralement désirée et demandée.

5° *Question*. — Le droit de tonnage a depuis longtemps préoccupé la Chambre de commerce d'Oran, les principaux négociants de cette place et le Conseil général de la Province. Sans revenir sur tout ce qui a été dit au sein de cette assemblée depuis son institution en 1858, je rappellerai le dernier vœu formulé dans la séance du 28 septembre 1862 : « Le Conseil demande que les ports « de l'Algérie soient traités comme le port le plus favorisé de France. » Les intérêts du commerce et de la colonisation réclament avec instance la suppression des droits de tonnage.

6° *Question*. — Dans le cas où cette suppression serait prononcée, les navires étrangers devraient être autorisés à faire le cabotage sur nos côtes.

7° *Question*. — Le régime quarantenaire ne paraît pas exercer d'influence fâcheuse sur les opérations maritimes.

§ 6. DE LA LÉGISLATION DOUANIÈRE ET DES TRAITÉS DE COMMERCE. — 5° *Question*. — Il paraîtrait utile d'apporter une modification au système actuel d'entrepôts : ce serait la faculté de réexportation, sans paiements de droits de douane ni d'octroi pour les marchandises admises à l'entrepôt fictif et qui n'ont pas leurs similaires en Algérie.

2° *Question*. — Les modifications, apportées depuis deux ans aux tarifs de douane, n'ont pas encore exercé une influence bien sensible sur les opérations maritimes en Algérie.

3e *Question.* — Le décret du 25 juin 1860, qui autorise sur les frontières du Sud de l'Algérie la libre introduction en franchise de toutes les productions du Soudan et du Sahara, n'a pas encore produit tous les effets qu'on doit en attendre; c'est là une question de temps.

4e *Question.* — Pour favoriser le passage des caravanes sur le territoire de l'Algérie et le développement des échanges avec le Soudan, la Chambre de commerce, que j'avais consultée en 1860, émettait l'avis qu'il y avait lieu de rendre une liberté entière aux relations commerciales entre la province et le Maroc, de supprimer la douane existante entre les deux états, d'instituer des agences indigènes sur le marché du Maroc le plus voisin de nos frontières, et enfin, d'en instituer aussi sur les points qui marquent la route que suivent les caravanes qui, chaque année, partent de Fez pour la Mecque, et de ce point pour le Maroc.

Ces mesures seraient-elles de nature à rappeler les caravanes qui venaient autrefois dans la province?

Il ne faut pas perdre de vue que les caravanes ont été éloignées de Tlemcen par l'abolition de l'esclavage. Elles y venaient autrefois accompagnées d'esclaves, deux ou trois par chameau; ce trafic dédommageait le convoyeur en majeure partie. Privés de ce bénéfice, les conducteurs de caravanes qui allaient ou de l'Algérie ou du Maroc vers le Touat, et qui là échangeaient leur blé et les produits européens contre les produits du Soudan et les esclaves pour se rendre à Tlemcen, se dirigent aujourd'hui sur le Maroc où la traite est encore permise. La mesure radicale pour faire revenir les caravanes sur le territoire à Tlemcen ou à Géryville serait donc l'abolition, comme à Tunis, de la traite dans le Maroc.

Nous ne sommes pas les maîtres d'une pareille mesure; mais, en attendant, le commerce de Tlemcen demande l'établissement d'entrepôts fictifs, à l'aide desquels il puisse faire arriver au Maroc, soit directement, soit par l'intermédiaire des Marocains eux-mêmes, et au plus bas prix possible, les marchandises de toute provenance européenne, objets d'échanges avec le Soudan.

Le but serait celui-ci : mettre cette marchandise aux lieux où se fait la traite en concurrence avec la marchandise anglaise, qui y arrive par d'autres points, mais grevée de plus de frais.

D'autre part, et sans attendre que les caravanes reprennent avec le temps la route de l'Algérie et viennent, sinon dans l'intérieur, du moins sur les points extrêmes, Géryville, Laghouat, etc., il importe de faire arriver nos produits sur les marchés principaux de la route que suivent les caravanes, qui, chaque année, traversent l'Afrique pour se rendre à la Mecque et à Fez, et de les faire même pénétrer plus avant dans le Soudan, si c'est possible.

C'est ce qui vient d'être tenté au moyen du traité fait tout récemment avec les Touaregs.

5e *Question.* — Les facilités d'importation ne sauraient être trop étendues aux colonies; aussi sera-t-il utile d'appliquer, en Algérie, les dispositions de la loi des 5-16 juillet 1836, qui autorise, à des conditions déterminées, l'importation temporaire de certains produits étrangers destinés à être fabriqués.

6e *Question.* — Dans le paragraphe 2, question 4, il a été répondu sur ce point; il serait utile d'accorder aux caboteurs algériens, quelque soit leur tonnage, la faculté de faire leurs opérations dans tous les ports de la Méditerranée.

7e *Question.* — Il serait très-désirable d'admettre en franchise, en Algérie, toutes les machines étrangères qui ont pour objet le défrichement et la culture du sol, l'enlèvement des récoltes, le battage des grains, l'élévation et la distribution des eaux d'irrigation.

8e *Question.* — Il faudrait modifier un des articles du décret du 7 septembre 1856. Les patrons ne devraient pas être astreints à avoir leur domicile à leur port d'attache, mais simplement en Algérie.

§ 7. PÊCHE DU CORAIL. — 1re *Question*. — La législation actuelle sur la pêche du corail ne donne point, sur le littoral de la province, des résultats satisfaisants.

2e *Question*. — La mesure à adopter serait d'affranchir de la prestation toute barque coralline algérienne, dont le propriétaire, le patron et l'équipage seraient domiciliés en Algérie. Les marins, ainsi traités, auraient des dispositions à se fixer dans le pays d'une manière permanente, ils se livreraient à la pêche d'une manière stable et créeraient ainsi, chez nous, une nouvelle et fructueuse industrie.

3e *Question*. — Le nombre des matelots français qui, dans la province, se livrent à cette pêche, est de 7. Celui des indigènes, néant. Les étrangers doivent être rangés dans deux catégories : 1° ceux ayant leur domicile en Algérie; 2° ceux venant de passage et temporairement sur les côtes. Les premiers étaient au nombre de 70 en 1862; les seconds ont équipé 22 barques : il ne m'est pas possible d'indiquer au juste leur nombre.

4e *Question*. — Les marins français ne se livrent pas volontiers à la pêche du corail, pas plus qu'au cabotage en Algérie, parce que, indépendamment des convenances de famille, ils trouvent en France un travail mieux rétribué. Nous n'avons pas de marins indigènes dans la province, il ne saurait y avoir de pêcheurs de corail de cette catégorie.

§ 8. PÊCHE DU POISSON. — 1re *Question*. — La réglementation de la pêche, en Algérie, n'est pas sans inconvénients, elle gêne les pêcheurs et pèse sur la consommation.

2e *Question*. — Il convient de rendre applicable, en Algérie, le décret du 10 mai 1862 qui, comme dit le rapport qui le précède, laisse une entière liberté au pêcheur et prévoit néanmoins, le cas échéant, les mesures à prendre pour sauvegarder la reproduction et veiller à la conservation du fretin.

3e *Question*. — Il n'y a ni marins français, ni marins indigènes qui se livrent à la pêche; les étrangers, seuls, exercent cette industrie. Ils sont au nombre de 200.

CHAMBRE DE COMMERCE D'ORAN.

§ 1er. DES NAVIRES. — 1re *Question*. — La Chambre doit commencer par déclarer que, ne sachant pas d'une manière assez précise ce qui se passe dans les autres ports, elle n'entend, dans ses réponses, parler que de ce qui se fait à Oran.

Nous n'avons pas, à Oran, de chantiers de construction. Jusqu'à présent, il ne s'y est fait que des radoubs plus ou moins importants. Si l'on en juge d'après ce qu'ont coûté certains de ces radoubs, qui, à cause de leur importance, pouvaient être considérés comme une construction, puisqu'ils consistaient à remettre le bâtiment à neuf, en ne conservant qu'une partie de sa membrure, le coût réel par tonneau de jauge d'un navire sur franc-bord serait de 300 francs.

2e *Question*. — La Chambre ne peut savoir quelle est la durée des navires algériens, puisqu'il n'y a pas eu de construction faite dans notre port.

3e *Question*. — Le taux de l'amortissement annuel du capital engagé dans un navire est de 15 p. 0|0 en moyenne.

4e *Question*. — C'est le grèement français, exclusivement, qui est employé sur nos navires caboteurs; il exige un moins grand nombre de bras que le grèement espagnol : la différence est presque double.

Le tonnage d'un de nos bateaux caboteurs et d'un caboteur espagnol étant le même, si le premier embarque quatre hommes, le second en embarque six ou huit.

Nous ne pouvons guère établir, sur ce point, de comparaison entre le système de gréement algérien et celui des navires des marines étrangères, autre que l'espagnole, faute d'éléments suffisants.

5e *Question.* — Il n'y a pas eu d'assurances faites; les compagnies d'assurances, auxquelles certains armateurs avaient fait des propositions, n'y ont pas donné suite, sans doute parce qu'elles ne croyaient pas avoir de garanties suffisantes.

6e *Question.* — Les capitalistes n'ont pas l'habitude, à Oran, de prendre part aux opérations maritimes.

7e *et* 8e *Questions.* — L'industrie des constructions navales offrirait, sans doute, des chances d'avenir en Algérie, si les objets nécessaires à la construction, au gréement des bâtiments, étaient admis en franchise complète de droits; si, d'autre part, l'adoption d'un ensemble de mesures libérales, favorables au commerce et à la colonisation, en attirant dans le pays un grand nombre de travailleurs de tout genre, qui y trouveraient des occupations constantes et la vie à bon marché, permettait l'abaissement des salaires.

On conçoit aisément, en effet, que les armateurs auraient tout intérêt à créer dans nos ports cette industrie, et pour y arriver, ils ne craindraient pas de faire quelques sacrifices, afin d'y fixer des ouvriers habiles, qui leur manquent complètement, et dont ils ont souvent besoin pour les grosses réparations. Ils aimeraient mieux, même en payant un peu plus cher, faire construire leurs bâtiments sur les lieux, que de les acheter en France, en Italie ou ailleurs.

Dans les conditions actuelles, cela est impossible.

Un ouvrier d'une habileté médiocre se paye de 6 à 7 francs par journée, et on est obligé de payer 4 francs un jeune ouvrier de 15 à 16 ans, qui est incapable de faire un travail quelconque, sans être surveillé et guidé.

Un armateur d'Oran nous a dit qu'il aimait mieux, ayant une grosse réparation à faire, envoyer son bâtiment à Naples, avec un équipage qui lui coûtera 1,000 francs, pour les trois mois nécessaires pour cette opération, que de la faire faire ici, où il payerait plus cher un mauvais travail.

La Chambre pense donc qu'il conviendrait de faire revivre immédiatement les dispositions du décret du 17 octobre 1855, mais que, pour que cette mesure eût tout son effet, il faudrait qu'elle se combinât avec un certain nombre d'autres, dont il sera question ci-après, qui, en permettant à notre marine de prendre de l'extension, attireraient dans nos ports des ouvriers constructeurs habiles et en nombre suffisant.

§ 2. Cabotage. — 1re *Question.* — Les armements sont ordinairement faits par les propriétaires des navires, mais quelques patrons sont intéressés dans la propriété des bâtiments.

Le propriétaire reçoit pour sa part du produit quatre dixièmes; les six autres dixièmes sont pour l'équipage et se divisent en deux dixièmes pour le capitaine et les quatre restants pour les matelots.

Lorsque les patrons sont intéressés, c'est ordinairement dans la proportion d'un quart, qui leur est cédé par le propriétaire primitif.

2e *Question.* — Il y a avantage à ce que les capitaines concourent à l'achat du bâtiment, en ce qu'ils sont alors beaucoup plus prudents. Retenus par un double intérêt, ils exposent moins aventureusement les navires aux risques de sinistres; ils veillent aussi avec plus de zèle à faire exécuter les petites réparations, dans l'intérêt de la conservation des bateaux, dont la durée se trouve ainsi augmentée.

Les capitaines qui ne sont pas intéressés dans la propriété des navires, n'étant pas retenus par les mêmes motifs, peuvent sans doute exécuter, dans un temps donné, un plus grand nombre de voyages et obtenir ainsi un produit, en apparence, plus considérable; mais il paraît hors de doute que le résultat définitif, obtenu par les armateurs avec des capitaines propriétaires partiels des navires, est supérieur à celui qu'ils obtiennent avec les autres; car la conservation du matériel, due aux soins et à la prudence des premiers, compense largement, à la longue, les bénéfices provenant de quelques voyages de plus, exécutés par les seconds.

3e *Question*. — Les marins du cabotage oranais naviguent tous à la part.

4e *Question*. — Le meilleur moyen de faciliter les opérations du cabotage, serait, sans contredit, d'autoriser les caboteurs à naviguer librement dans tout le bassin Méditerranéen.

5e *Question*. — Le fret entre Alger et Oran, est généralement de 10 francs; entre Oran et Philippeville ou Bône, il est de 15 francs.

§ 3. Des équipages. — 1re *Question*. — Les maîtres au cabotage oranais ne sont nullement théoriciens, mais comme ils sont presque tous Italiens ou Espagnols, ils ne sont pas inférieurs en pratique à ceux des autres nations.

2e et 3e *Questions*. — Les indigènes n'entrent pour rien, actuellement, dans la composition des équipages. Deux ou trois essais qui ont été tentés, tendraient à faire penser qu'il n'y a aucun espoir à fonder sur eux pour cet objet. Cependant la Chambre ne peut pas se prononcer d'une façon définitive.

4e *Question*. — Les frais de nourriture des marins de notre cabotage sont un peu plus élevés et, par conséquent, plus onéreux à l'armement que dans les autres pays, quoiqu'ils soient à peu près tous italiens ou espagnols; cela tient plutôt à l'habitude qu'ils contractent ici, par suite de leur contact avec d'autres populations, de se nourrir plus confortablement que chez eux, qu'à toute autre cause.

§ 4. Des éléments divers des frais de navigation. — 1re *Question*. — Le tonnage des bateaux pêcheurs est de 2 à 15 tonneaux.

Celui des corailleurs, de 2 à 6.

Et celui des caboteurs, de 15 à 30.

2e *Question*. — Le fret ordinaire, entre Marseille et Cette pour Oran, est de 12 à 15 francs; pour le retour, de 8 à 12 francs;

De Bordeaux, 25 à 30 francs; retour, 15 francs;

Du Hâvre, 30 à 35 francs; retour, 20 francs.

La différence en moins, pour le retour, provient de ce que les navires venant des ports de France trouvent ici peu de chargements dans certaines saisons.

3e *Question*. — Entre Oran et les ports de l'Espagne qui sont en relation avec nous, tels que Valence, Carthagène, Malaga, Torrevieja, etc., le fret est de 15 fr. par tonneau de *portée*.

Pour Gibraltar et Gênes, il est de 15 francs par tonneau de jauge.

4e *Question*. — L'organisation de notre commerce maritime, considérée en elle-même, est très-peu importante. Elle est de date trop récente, pour être comparée à celle des ports étrangers.

§ 5. Des règlements maritimes. — 1re *Question*. — Le service du pilotage n'est pas organisé à Oran; il est fait par deux personnes désignées par le directeur du port, qui a été autorisé par le Commandant supérieur de la marine, en Algérie; mais les prescriptions du décret du 16 juillet - 31 décembre 1852 ne sont pas appliquées.

Il est désirable que ce service reçoive, à Oran, son organisation, comme il l'a reçue à Alger. Le mouvement de la navigation y est assez important, pour exiger que les choses soient régularisées à cet égard. Les pilotes actuellement employés n'offrent pas assez de garanties et n'en ont eux-mêmes aucune, puisqu'il est facultatif aux capitaines de les employer, et qu'ils ne sont rétribués que lorsque leurs services sont réclamés.

Ils reçoivent 30 ou 40 francs, suivant la distance à laquelle ils vont au-devant du navire. Cette taxe, fixée par le directeur du port, n'est pas trop élevée, mais il serait préférable qu'elle fût proportionnée au tonnage du navire, ce qui aurait lieu si le décret précité recevait son application.

Les capitaineries et directions de ports sont des institutions utiles et qu'il y a lieu de maintenir. Peut-être, dans certaines localités, les capitaines ou directeurs pourraient-ils être remplacées par des maîtres de ports, qui coûteraient moins cher.

2e *Question*. — La Chambre demande, sans hésitation, l'abrogation des dispositions de l'article 1er de l'ordonnance royale du 16 décembre 1843.

3e *Question*. — Ces dispositions, en contribuant à maintenir le fret à un taux très-élevé et rendant les retours difficiles, renchérissent les marchandises nécessaires à la consommation de la population algérienne, et sont ainsi défavorables à la colonisation, en général.

4e *Question*. — Pas de modification, liberté absolue, tel est l'avis de la Chambre.

5e *Question*. — La réponse à cette question a été envoyée séparément (1).

6e *Question*. — La Chambre, ayant exprimé déjà le désir ardent de voir les navires étrangers fréquenter le plus possible nos ports, ne peut que se prononcer dans le sens de l'autorisation qui leur serait accordée de faire librement le cabotage sur nos côtes.

7e *Question*. — Le régime quarantenaire, en imposant aux navires une perte de temps et des dépenses extraordinaires assez fortes, exerce évidemment sur les opérations maritimes une influence qu'il serait à désirer de pouvoir faire cesser, mais la santé publique doit être sauvegardée avant tout; sauf peut-être une réduction des frais de visite, la Chambre n'a aucun changement à proposer.

§ 6. De la législation douanière et des traités de commerce. — 1re *Question*. — Le régime des entrepôts réels étant destiné à faciliter les rapports internationaux, en permettant au commerce de recevoir dans un local déterminé et de réexpédier ensuite pour toutes destinations toutes les marchandises soumises à des droits, sans autre charge que celle de payer les frais d'entrepôt, plus son mécanisme sera simple, plus il sera avantageux.

Mais le développement des entrepôts réels est subordonné à celui de nos rapports commerciaux avec les pays étrangers; plus l'administration favorisera la multiplication de ces relations internationales, plus sera grande l'utilité de ces entrepôts.

En attendant qu'ils puissent rendre tous les services qu'on peut en espérer, le commerce considérerait comme un grand bienfait l'établissement des entrepôts fictifs, avec faculté de réexportation pour l'étranger et la France, sans acquittement de droits de douane ou d'octroi, des marchandises qui y seraient placées et réexpédiées ensuite.

Ces facilités ne porteraient aucun préjudice aux caisses de l'État, et elles permettraient au commerce de tenter quelques affaires, sur une petite échelle d'abord, avec les côtes du Maroc et celles d'Espagne. Si ces tentatives étaient suivies de succès, ces rapports toujours croissants augmenteraient l'importance des entrepôts réels et les avantages qui leur sont inhérents.

(1) Voir, à la fin de cette séance, les extraits des procès-verbaux des séances de la Chambre de commerce et de sa correspondance, relatifs au droit de tonnage.

La Chambre désirerait donc voir appliquer, au profit du commerce, les deux systèmes d'entrepôt simultanément.

Avec le régime actuel, Oran jouit de la faculté de l'entrepôt réel, mais celle de l'entrepôt fictif n'est qu'une facilité accordée au commerce, pour n'acquitter les droits de douane ou d'octroi dont les marchandises sont grevées, qu'au moment de leur mise à la consommation; ce n'est, autrement dit et en réalité, qu'un crédit accordé au commerce, tandis que la Chambre demande que les marchandises puissent être réexportées, en tout ou en partie, et pour toute destination, sans payer d'autres droits que ceux de balance, qui sont perçus en France sur les marchandises réexportées.

2ᵉ *Question*. — Les traités de commerce et les modifications apportées aux tarifs des douanes ont influé avantageusement sur les opérations maritimes, en facilitant les échanges par l'abaissement des droits sur plusieurs classes de marchandises. La Chambre ne peut pas établir dans quelles proportions ces avantages se sont produits.

3ᵉ *Question*. — Le décret du 25 juin 1860 n'a sans doute pas produit encore tous les effets qu'on est en droit d'en espérer, mais cela ne pouvait pas être en aussi peu de temps. Il est beaucoup plus facile de détourner d'un pays le courant commercial, en lui opposant des barrières, que de l'y ramener par les mesures libérales, lorsqu'après avoir été écarté, il a pris une autre route et de nouvelles habitudes.

4ᵉ *Question*. — En répondant à une question semblable, contenue dans un questionnaire soumis à l'étude de la Chambre par M. le Préfet en décembre 1860, nous avons indiqué tous les moyens qui nous paraissaient propres à atteindre le but dont il est question. N'en connaissant pas d'autres aujourd'hui, la Chambre s'en rapporte à la réponse qu'elle fit alors et que nous reproduisons.

La Chambre ne connait qu'un seul moyen de rappeler les caravanes en Algérie, c'est de laisser au commerce la liberté la plus complète, c'est-à-dire de supprimer la douane, tant sur le territoire saharien que sur la frontière du Maroc, et de faire savoir, par tous les moyens de publicité dont l'administration peut disposer, aux peuplades sahariennes et du Soudan qu'elles n'ont plus aucune entrave à redouter, qu'elles recevront chez nous un accueil libéral, et que nos marchés leur offriront toutes facilités pour échanger leurs produits contre ceux qui leur sont nécessaires.

Il ne faut pas se dissimuler que le décret du 25 juin 1860 qui admet en franchise les produits du Sahara et du Soudan, mais qui maintient une ligne de douane et des bureaux de vérification, n'est pas suffisant pour amener le résultat désiré. Les formalités pour la vérification seront toujours une cause d'éloignement pour des gens qui ne croiront que bien difficilement à la liberté, tant que leurs marchandises devront être soumises aux investigations des agents de la douane, lesquels n'ont peut-être pas toujours rempli leurs fonctions avec les ménagements désirables. En outre, il y a des produits de certains points du Sahara algérien, voisins de la frontière marocaine, qu'il n'est pas possible de distinguer des similaires fabriqués de l'autre côté de cette frontière; il faudra donc, pour que les premiers puissent jouir de la franchise, qu'ils soient accompagnés d'un certificat d'origine. Une pareille obligation qui, pour des commerçants européens ne serait pas un dérangement, est pour les Sahariens une véritable entrave, contre laquelle la Chambre s'est déjà élevée et dont elle demande la suppression avec une nouvelle instance.

Mais ce n'est pas seulement sur le territoire saharien que la Chambre voudrait voir supprimer la douane : elle désire bien plus vivement encore que les barrières, qui, malgré son avis, ont été intempestivement élevées entre nous et le Maroc, soient renversées sans retard.

Nous avons là, tout près de nous, un pays considérable, dont la population nombreuse consomme une grande quantité d'articles que notre industrie peut lui fournir et qui, en retour, peut nous donner des produits qui nous manquent, et notre commerce qui, de ce côté, était appelé à prendre un grand développement, s'est vu fermer la route.

La Chambre n'hésite pas à déclarer qu'il est résulté un grand mal pour notre province, et en particulier pour Tlemcen, autrefois dans une situation commerciale prospère, aujourd'hui privée, par l'établissement de la douane sur la frontière marocaine, du principal élément de sa prospérité.

Il n'est pas douteux que l'exportation de plusieurs produits naturels ou fabriqués du Maroc prendrait une grande extension, si la douane était abolie, et Oran, comme Tlemcen, en retirerait des bénéfices importants.

Ainsi, plus de douane, ou bien les tentatives faites pour renouer, tant avec le Soudan qu'avec le Maroc, les relations commerciales dont on regrette l'interruption, seraient stériles; telle est l'opinion de la Chambre.

Des puits artésiens dans tous les points du parcours des caravanes où il serait possible d'en établir, en facilitant leur marche, seconderaient puissamment l'efficacité du moyen proposé. Nul doute aussi que des agents français, accrédités par le Gouvernement, établis dans les principaux centres que les caravanes doivent traverser, se mettant en relation directe avec leurs chefs, afin de leur faire connaître les avantages qu'ils pourraient trouver à abandonner les marchés qu'ils fréquentent actuellement, pour se diriger vers les nôtres, et leur donner toutes les indications utiles pour leur faciliter les transactions, réussiraient, sinon immédiatement, du moins dans un avenir peu éloigné, à leur inspirer assez de confiance pour les engager à venir à nous. Les relations une fois entamées, leur intérêt serait leur guide.

5e *Question.* — La Chambre demande l'application, en Algérie, des dispositions de la loi qui autorise, à des conditions déterminées, l'importation temporaire de certains produits étrangers destinés à être fabriqués. Ces dispositions ne peuvent qu'être avantageuses au pays, sans aucun préjudice d'ailleurs.

6e *Question.* — La seule, ou la principale raison qui avait motivé la décision ministérielle du 31 décembre 1857, relative aux restrictions de tonnage, était la contrebande qui se faisait sur nos côtes dans de grandes proportions. Aujourd'hui, par suite de la diminution du droit de douane sur la plupart des marchandises, la contrebande n'a plus la même raison d'être et ne se fait plus par conséquent, que sur une très-petite échelle; il n'y a donc plus d'intérêt à maintenir ces dispositions législatives, très-gênantes pour la navigation et le commerce et sans profit pour l'État. Nous en demandons par conséquent la suppression.

7e *Question.* — Le moyen le plus efficace de développer l'agriculture, le commerce, l'industrie et la marine, c'est l'adoption de l'ensemble des modifications que la Chambre demande dans tout ce travail, et en particulier, d'accorder la franchise de tous droits à l'importation des machines, instruments, engins et matériaux qui sont nécessaires, tant à l'industrie qu'à l'agriculture et à la marine.

8e *Question.* — En demandant la suppression des droits de tonnage et la liberté pour les navires étrangers de faire le cabotage entre les ports de l'Algérie, la Chambre a fait connaître sa pensée à l'égard de cette question. La francisation n'ayant plus aucune raison d'être si cette liberté est accordée, la législation y relative n'en a pas davantage.

§ 7. Pêche du corail. — 1re *Question.* — La législation actuelle sur la pêche du corail en Algérie ne nécessite pas de modifications qui soient à la connaissance de la Chambre. Cette pêche donne des résultats satisfaisants.

8e *Question.* — Les marins français se livrant à la pêche du corail représentent une proportion de 4 à 5 pour 0/0. Ils habitent les ports de l'Algérie.

Les indigènes n'y travaillent pas.

Elle est donc presque exclusivement faite par des étrangers habitant la Colonie, dans la proportion de 10 pour 0/0. Tous les autres viennent d'Espagne ou d'Italie et s'en retournent chez eux après la saison de la pêche, emportant le produit de leur travail. Mais peu à peu ils se fixeront chez nous; autrefois, il n'y en avait point qui y eussent leur domicile, aujourd'hui, comme on le voit, il y en a quelques-uns.

Ces étrangers travaillent, au moyen d'embarcations et d'engins d'un coût inférieur à celui des moyens de pêche employés par les marins de la Colonie. Cet avantage qu'ils ont sur ces derniers est compensé par l'imposition de la taxe, qu'ils doivent payer pour être autorisés.

4e *Question.* — Les marins français ne peuvent pas venir pêcher en Algérie, parce que leurs équipages y seraient désorganisés par la levée permanente qui les atteint ici comme en France. Ils y viendraient sans cela, car la pêche, et particulièrement celle du corail, leur offrirait plus d'avantages que le cabotage, partout ruiné en France, par la concurrence des bateaux à vapeur et des chemins de fer.

Quant aux indigènes, il serait difficile de déterminer ce qui les détourne de participer à cette pêche. Ce sont toutes les raisons qui les empêchent de se livrer à la plupart des industries.

§ 8. PÊCHE DU POISSON. — 1re *Question.* — La réglementation de la pêche côtière n'est pas appliquée à Oran, parce que l'expérience a prouvé qu'elle ne pouvait pas l'être. Nos côtes sont très-poissonneuses; la population, relativement à l'étendue de ces côtes, est très-restreinte, les consommateurs, par conséquent, peu nombreux; les restrictions paraissent donc inutiles quant à présent.

2e *Question.* — Pour la raison ci-dessus, la Chambre ne croit pas à l'utilité de rendre immédiatement applicable, à Oran, le décret du 10 mai 1862.

3e *Question.* — Les pêcheurs français sont dans la proportion de 1 p. 0/0. Les indigènes ne se livrent pas à la pêche.

PROVINCE DE CONSTANTINE.

CHAMBRE DE COMMERCE DE CONSTANTINE.

Constantine étant une ville de l'intérieur, sa Chambre de commerce est peu familiarisée avec les questions maritimes; aussi, ne peut-elle, en cette circonstance, vous apporter la même somme de renseignements que peuvent fournir les Chambres du littoral. Ces raisons données expliquent pourquoi elle se borne à répondre à quelques-unes des questions posées, questions qui lui sont mieux connues et dans lesquelles elle a un intérêt plus direct.

Abordant le paragraphe 1er du questionnaire, elle s'arrête à l'article 7, pour dire que les richesses forestières de l'Algérie doivent faire espérer le développement des constructions navales, aussitôt qu'elles pourront être exploitées, c'est-à-dire, le jour où nous serons dotés de routes ou voies de communications indispensables pour leur exploitation. Ces chantiers de travail, tout en étant une grande ressource pour notre marine, ne procureront pas moins d'aisance et de bien-être à une nombreuse population ouvrière.

Passant à l'article 8, nous répondons : oui, il convient de faire revivre les dispositions du décret du 17 octobre 1855, qui avait autorisé l'importation en franchise complète de tous les objets nécessaires à la construction ou gréement d'un bâtiment de mer. Vous comprendrez cette nécessité, Monsieur le Président, si vous voulez bien porter un instant votre attention sur la situation d'une industrie naissante en pays neuf : là, tout manque encore et n'y est apporté qu'à grands frais ; les coûts de toute nature ont une importance telle que, seuls, ils suffisent, trop souvent, pour rendre impossible telle ou telle industrie, qui serait florissante si elle eût été aidée pour se produire.

Nous nous taisons sur le 2e paragraphe, relatif au cabotage, comme sur les 3e et 4e, qui ont trait aux équipages et aux divers éléments des frais de navigation. Cette abstention a sa cause, nous avons eu l'honneur de vous le dire, dans notre résidence éloignée du littoral, qui nous rend peu familiers avec ces questions.

Répondant à l'article 2 du 5e paragraphe, assurément, personne ne mettra en doute que le sentiment de nationalité nous ferait désirer que les transports entre la France et l'Algérie, et réciproquement, fussent réservés aux navires français exclusivement ; mais, quelle que soit la peine que nous éprouvions à exprimer un désir contraire, l'intérêt de l'Algérie nous oblige à demander que les navires étrangers soient aussi admis à opérer ces transports. Cette demande qui, à *priori*, paraîtra exorbitante, trouve sa justification dans le passé ; elle ne repose pas sur l'appréciation d'un moment. Vingt années d'expérience ont servi de base à l'émission de cette opinion, et c'est dans cette pratique que nous avons puisé notre conviction. On connaît toute l'importance du commerce de Constantine, ce qui nous dispense d'en énumérer les branches diverses. On sait quelles ont été les quantités considérables de blé, orge, laine, qui sont venues si souvent emplir les magasins de dépôt de Philippeville, où elles ont fait un séjour aussi prolongé que préjudiciable, soit à l'expéditeur, soit au destinataire, séjour forcé par le manque de navires. N'est-il pas vrai qu'à diverses époques leur rareté a mis, dans les mains seules des compagnies faisant le service par bateaux à vapeur sur la ligne de Philippeville à Marseille, toutes ces marchandises qui devaient sortir de Philippeville, et que nous avons vu le fret pour les laines s'élever à 6 francs par quintal ? En combien de circonstances ce prix n'a-t-il pas été le double de ce qu'il doit être : il suffit d'une entente entre ces compagnie.

L'admission des navires étrangers serait un puissant auxiliaire pour le commerce de l'Algérie, et c'est pour ce motif que nous le demandons.

L'article 5 du même paragraphe est relatif au droit de tonnage.

Les nombreuses dépositions que vous avez déjà entendues sur cette question, les raisons si longuement et si bien développées déjà devant vous, nous dispensent de vous exposer celles que la Chambre de Constantine se proposait de faire valoir. Nous ne répéterions que ce qui vous a été dit et nous nous bornerons à vous exprimer ce vœu : La suppression du droit de tonnage.

Quant à l'article 6, ainsi conçu : Convient-il d'autoriser les navires étrangers à faire le cabotage d'un port à l'autre de l'Algérie, cabotage aujourd'hui autorisé moyennant le paiement du droit de tonnage ?

L'importance de ce cabotage ne nous paraît pas devoir nécessiter de modifications, pour le moment du moins. Nous craindrions de voir le cabotage algérien ruiné par la concurrence de la navigation étrangère et nous faire défaut, lorsque les transactions moins importantes nous laisseraient à nos ressources locales.

L'article 2 du 6e paragraphe a pour but de savoir si les traités de commerce et les modifications apportées depuis deux ans aux tarifs des douanes ont exercé une influence sur les opérations maritimes en Algérie.

Il est vrai de dire que l'effet de ces mesures a été d'une minime importance pour la province de l'Est, sans qu'il soit possible d'en énoncer la cause.

Est-ce dans la perturbation survenue dans la fabrication qu'il faut chercher l'absence des tissus anglais sur nos marchés ? Nous l'ignorons ; mais si cette absence n'est produite que par une cause passagère, nous devons, pour prévenir le dommage qu'éprouverait la province de Constantine, demander que le port de Stora soit admis, comme ceux d'Alger et d'Oran, à la perception des droits pour les marchandises anglaises et belges qui paient à la valeur.

Un décret, en date du 9 septembre 1861, concédait ce droit de perception au port d'Alger. Bientôt après celui d'Oran jouissait de la même faveur. La Chambre de commerce de Constantine crut devoir demander la même faculté pour celui de Stora, dans lequel il entre annuellement pour plus de 20 millions de tissus. Son Exc. Monsieur le Maréchal accueillit très-favorablement notre demande et, par lettre du 2 février 1862, il nous faisait connaître qu'il l'appuyait vivement auprès de Son Exc. Monsieur le Ministre des finances. Monsieur le Directeur général des douanes ne voit aucun inconvénient à l'adoption de cette mesure, c'est pourquoi nous insistons, en vous priant, Monsieur le Président, de provoquer cette création.

Le décret du 5 juin 1860, qui autorise la libre entrée en Algérie des productions du Soudan et du Sahara, n'a encore produit aucun effet; l'éloignement de ces contrées, le peu de sécurité des routes, les difficultés de transport, font une question de temps de la réalisation de ces espérances.

7e *Question*. — Dans l'intérêt de l'agriculture, du commerce et de l'industrie, il importe que tous nos produits fabriqués ou manufacturés, sans distinction, soient admis en franchise dans la Métropole, et nous verrions avec plaisir la même franchise accordée, aux produits étrangers de première nécessité pour notre industrie et notre agriculture, à leur entrée en Algérie. L'achèvement rapide des ports offrant aux navires un abri sûr et une grande économie dans les frais d'embarquement et de débarquement; de nombreuses routes qui, rayonnant en tous sens, permettraient à nos populations rurales indigènes et européennes l'accès, en toute saison, de nos grands marchés; des voies ferrées qui, reliant ces grands centres aux ports d'embarquement, assureraient à nos produits un transport toujours certain, toujours le même, et empêcheraient le retour du renchérissement des transports, les retards occasionnés par l'insuffisance du roulage, toutes choses si préjudiciables à notre commerce et, par conséquent, à l'agriculture et à l'industrie; enfin, la plus grande liberté commerciale, jointe à toutes ces mesures, nous paraissent de nature à développer, dans notre Colonie, les richesses agricoles et industrielles qu'elle possède.

CHAMBRE DE COMMERCE DE BONE.

§ 1er. DES NAVIRES. — 1re *Question*. — Il n'existe pas de chantiers de construction à Bône, cependant il a été construit quelques bateaux de 5 à 20 tonneaux, au prix moyen de 100 francs le tonneau, et quelques-uns de 20 à 80 tonneaux, à raison de 150 francs le tonneau. Dans ces appréciations, on admet le navire prêt à prendre la mer.

2e *Question*. — La durée moyenne de ces bâtiments est de 20 ans, à la condition qu'ils soient bien entretenus.

3e *Question*. — Le taux annuel de l'amortissement peut être évalué à 10 pour 0/0.

4e *Question*. — Le système de gréement algérien exige le même nombre de bras que dans les marines étrangères.

5e *Question*. — Les bâtiments algériens jouissent d'une plus grande faveur que les autres, en ce qui concerne le taux de la prime d'assurance, parce que les capitaines connaissent mieux les parages, et que leurs navires sont exposés à moins de sinistres.

6e *Question.* — Les capitaux entrent dans les opérations maritimes en Algérie, moyennant un intérêt de 10 à 12 pour 0/0.

7e *Question.* — L'industrie des constructions navales offre des chances d'avenir dans l'arrondissement de Bône, parce qu'il y a là de belles forêts qui malheureusement ont été, jusqu'à ce jour, dépourvues de routes d'exploitation.

8e *Question.* Jusqu'à ce que l'Algérie puisse se suffire à elle-même, il convient de faire revivre les dispositions du décret du 17 octobre 1855, qui autorisait l'importation en franchise complète de tous les objets nécessaires à la construction et au gréement d'un bâtiment de mer.

§ 2. CABOTAGE. — 1re *Question.* — Les armements pour le cabotage sont faits en majeure partie par les négociants et les patrons.

2e *Question.* — L'habitude où l'on est généralement de faire concourir les capitaines aux frais de construction ou d'achat de navires est un avantage, parce que ces capitaines ont un avantage réel pour l'armement.

3e *Question.* — Les navires du cabotage algérien naviguent généralement à la part. Pour faciliter les opérations du cabotage, il serait nécessaire d'accorder les plus grandes facilités pour les formalités de douanes; il faudrait, notamment, que le manifeste d'accompagnement tînt lieu d'expédition.

4e *Question.* — Suivant la saison et l'abondance des récoltes, le fret de Bône à Alger est payé de 10 à 12 francs, pour Oran, de 14 à 16 francs et pour Philippeville 8 francs.

§ 3. DES ÉQUIPAGES. — 1re *Question.* — Les maîtres au cabotage sont tous étrangers; ils n'ont aucune instruction théorique, mais ils possèdent les connaissances pratiques suffisantes.

2e *Question.* — L'élément indigène peut être considéré comme nul; il n'y a aucun espoir à fonder sur son introduction dans la composition des équipages.

3e *Question.* — Il n'y a que quelques marins indigènes employés aux opérations d'embarquement et de débarquement des marchandises.

4e *Question.* — Les vivres sont à meilleur marché en Algérie, et les salaires présentent même quelques avantages.

§ 4. DES ÉLÉMENTS DIVERS DES FRAIS DE NAVIGATION. — 1re *Question.* — Le tonnage moyen des bâtiments algériens est de 40 à 80 tonneaux pour Alger et Oran, et de 15 à 30 tonneaux pour La Calle.

2e *Question.* — Pour Marseille et Cette, le fret varie de 10 à 12 francs le tonneau et s'élève à 15 francs, lorsque la récolte est abondante; pour le Hâvre et Bordeaux, il est de 20 à 30 francs.

3e *Question.* — Le fret, entre les ports de l'Algérie et les principaux ports étrangers de la Méditerranée, est de 10 à 15 francs par tonneau.

4e *Question.* — Il n'y a aucune organisation de commerce maritime à Bône, on ne peut par conséquent établir de comparaison avec celle des petits ports étrangers.

§ 5. DES RÈGLEMENTS MARITIMES. — 1re *Question.* — Les établissements de tarifs de pilotage et des taxes de port pourraient apporter une influence contraire au développement de la navigation, d'autant plus que le service de pilotage est fait à Bône aux frais de l'État, et qu'il est suffisant.

Quant aux capitaineries, elles sont utiles, parce qu'elles rendent des services à la navigation, notamment lors des sinistres, maintiennent une bonne police, fournissent des ouvriers et prêtent quelquefois des pièces de radoub.

2e *Question*. — Il convient, dans l'intérêt de la marine nationale, de maintenir en vigueur l'ordonnance du 16 décembre 1843, qui réserve aux seuls navires français les transports entre la France et l'Algérie.

3e *Question*. — Les dispositions de ce décret n'eurent aucune influence fâcheuse, à cause du bas prix du fret et de son avilissement.

4e *Question*. — Il faut maintenir en vigueur les dispositions dont il s'agit.

5e *Question*. — Il y a lieu de supprimer le droit de tonnage sur les navires étrangers.

6e *Question*. — Autoriser le cabotage par navires étrangers, moyennant le paiement du droit de tonnage.

7e *Question*. — Le régime quarantenaire est une gêne non-seulement pour le commerce, mais surtout pour les navires arrivant de nuit, et pour les passagers.

§ 6. De la législation douanière et des traités de commerce. — 1re *Question*. — L'institution d'un entrepôt réel à Bône serait d'une grande utilité : sollicitée depuis le 5 mars 1850 par la Chambre de commerce, elle n'a pas encore été obtenue.

2e *Question*. — Les traités de commerce et les développements apportés depuis deux ans aux tarifs des douanes ont contribué au développement maritime.

3e *Question*. — Quoique la Chambre croie que le décret du 25 juin 1860, qui autorise, sur les frontières du Sud, la libre introduction de tous les produits du Sahara, soit une bonne mesure, elle n'a pas pu l'apprécier suffisamment.

4e *Question*. — Il faudrait, pour favoriser le passage des caravanes à travers l'Algérie, accorder le plus de sécurité et de franchise possibles.

5e *Question*. — Il serait bon d'appliquer les dispositions de la loi des 5-16 janvier 1836, en Algérie, où tout doit parvenir aux meilleures conditions possibles.

6e *Question*. — Il faudrait apporter à la législation relative à la restriction de tonnage des modifications telles, que tout navire puisse importer et réexporter toute espèce de marchandises, sans restriction de tonnage.

7e *Question*. — La seule mesure propre à développer l'agriculture, le commerce, etc., en Algérie, est qu'il soit accordé le plus de franchises possibles pour développer le mouvement de navigation entre l'Algérie, la France et l'Étranger.

8e *Question*. — Il y a lieu de maintenir le décret du 7 septembre 1856, relatif à la francisation des navires, afin de faciliter l'établissement des chantiers de construction en Algérie.

§ 7. Pêche du corail. — 1re *Question*. — La Colonie ne retire aucun avantage de la pêche du corail, à l'exception de la faible dépense que les marins étrangers font le jour de leur débarquement.

2e *Question*. — Il faudrait n'imposer aucune prestation aux bateaux construits en Algérie et armés par des individus domiciliés en Algérie; les obliger à prendre les vivres et les engins de pêche sur le littoral, et leur défendre de traverser la Méditerranée sans patrons français. Par ces moyens, le marché du corail se fixerait en Algérie, et les fabriques s'y établiraient aussitôt. — Augmenter autant que possible la redevance pour les étrangers, et surtout supprimer les entrepôts de vivres et d'engins qu'ils ont sur le littoral, parce que cette mesure ne donne lieu qu'à la fraude, nécessite une surveillance active de la douane et empêche la vente des mêmes produits sur nos marchés.

3e *Question*. — Sur environ 2,000 hommes qui montent les corailleurs fréquentant les eaux de Bône, il n'y a pas 3 Français, et aucun indigène.

4e *Question*. — C'est la modicité des salaires qui empêche les Français de se livrer à la pêche du corail, ainsi que les rudes travaux qu'elle exige. Quant aux indigènes, ils ne se ploieront jamais aux exigences d'un pareil métier.

§ 8. Pêche du poisson. — 1re *Question*. — Il n'existe pas de règlements spéciaux, le personnel est plus que suffisant pour les besoins.

2e *Question*. — L'application en Algérie du décret du 10 mai 1862 apporterait de l'uniformité et réduirait considérablement les dépenses du service.

3e *Question*. — Parmi les marins qui exercent la pêche, il n'y a pas de Français, et quelques indigènes seulement, presque tous sont étrangers.

CHAMBRE DE COMMERCE DE PHILIPPEVILLE.

§ 1er Des navires. — 1re *Question*. — Il n'y a pas de chantiers de construction de navires à Philippeville.

2e *Question*. — Il n'est pas présumable qu'un navire construit en Algérie puisse avoir la même durée qu'un navire construit en France, à cause de la nature des bois.

3e *Question*. — Le taux de l'amortissement d'un navire construit en Algérie peut être évalué à 8 pour 0/0 par an.

4e *Question*. — Il n'y a pas de système particulier, le gréement le plus usité est celui de la voile latine. Il ne nécessite pas un grand nombre de bras, et la manœuvre est facile.

5e *Question*. — Les risques du littoral augmentent les primes d'assurance.

6e *Question*. — Les capitaux entrent dans des proportions minimes dans les opérations maritimes.

7e *Question*. — La province de Constantine est riche en bois de construction : l'Édough, près de Bône, les forêts de Djigelli, au besoin, celle des Ardezas fourniraient de nombreux et beaux chênes zéens et autres essences.

8e *Question*. — Il conviendrait de faire revivre les dispositions du décret du 17 octobre 1855, attendu que l'Algérie ne possède pas les industries qui sont relatives à la construction navale.

§ 2. Cabotage. — 1re *Question*. — A Philippeville, ce sont généralement les patrons qui sont les armateurs des bateaux.

2e *Question*. — L'habitude de faire concourir les patrons aux frais de construction ou d'achats de navires, est un avantage indiscutable.

3e *Question*. — Les marins du cabotage algérien naviguent le plus souvent à la part.

4e *Question.* — Pour faciliter les opérations du cabotage, il faudrait provoquer la production générale, améliorer les ports et créer des routes.

5e *Question.* — Le fret entre Alger, Oran, Bône, Philippeville, est de 10, 11 et 12 francs par tonneau.

§ 3. Des équipages. — 1re *Question.* — Les maîtres au cabotage algérien sont, en général, inférieurs en théorie et surtout en pratique, aux caboteurs espagnols ou italiens.

2e *Question.* — Peut-être avec du temps pourrait-on employer les indigènes dans la navigation.

3e *Question.* — Ils sont moins exercés et surtout apathiques.

4e *Question.* — Les frais de nourriture des équipages sont plus onéreux en Algérie.

§ 4. Des éléments divers des frais de navigation. — 1re *Question.* — Le tonnage moyen des bâtiments algériens est de 50 à 80 tonneaux.

2e *Question.* — Le fret ordinaire, pour Marseille et Cette, est de 12 à 15 francs, pour Bordeaux et le Hâvre, de 22 à 30 francs, pour Tunis 15 francs, pour Malte 20 francs le tonneau.

3e *Question.* — L'organisation du commerce maritime, comparée à celle des ports étrangers, paraît inférieure en ce moment.

§ 5. Des règlements maritimes. — 1re *Question.* — Il n'y a pas urgence à modifier la situation actuelle, relativement aux tarifs de pilotage.

2e *Question.* — Il convient de maintenir l'art. 1er de l'ordonnance du 16 décembre 1843, qui réserve aux seuls navires français les transports entre la France et l'Algérie.

3e et 4e *Questions.* — L'influence de ces dispositions ne peut que favoriser les progrès de la marine algérienne; il n'y a pas urgence à les modifier.

4e *Question.* — Nous demandons la suppression complète du droit de tonnage.

5e *Question.* — Si le droit de tonnage est supprimé, il ne convient pas d'autoriser les navires étrangers à faire le cabotage d'un port à l'autre de l'Algérie.

6e *Question.* — Le régime quarantenaire n'exerce en Algérie aucune influence sur les opérations maritimes.

§ 6. De la législation douanière et des traités de commerce. — 1re *Question.* — L'abolition des droits de tonnage aurait pour conséquence nécessaire l'établissement d'entrepôts réels.

2e *Question.* — Les traités de commerce et les modifications apportées depuis deux ans aux tarifs des douanes ont exercé une influence sur les opérations maritimes en Algérie, mais cette influence a été minime pour Philippeville qui n'est pas autorisé, malgré les réclamations réitérées de la Chambre de commerce, à recevoir directement les marchandises anglaises, belges, etc.

3e *Question.* — L'effet du décret du 25 juin 1860, qui autorise sur les frontières du Sud de l'Algérie la libre introduction en franchise de toutes les productions du Soudan et du Sahara, n'a pas encore produit à Philippeville des effets sensibles.

4e *Question.* — L'amélioration des routes vers le Sud, la création des chemins de fer perpendiculaires à la côte, des relations plus complètes par les oasis du Sud seraient propres à faciliter le passage des caravanes à travers l'Algérie.

5e *Question.* — Il y a lieu d'appliquer les dispositions de la loi des 5-16 janvier 1836, qui autorise, à des conditions déterminées, l'importation temporaire de certains produits étrangers destinés à être fabriqués.

6e *Question.* — Il conviendrait de supprimer en Algérie toute restriction du tonnage de rigueur pour l'importation et la réexportation de certaines marchandises.

7e *Question.* — Les modifications qui paraîtraient susceptibles de développer l'agriculture, le commerce, l'industrie et la marine de l'Algérie sont : la franchise des ports, le développement des moyens de communication sur la côte et à l'intérieur.

8e *Question.* — Il y a lieu de rendre la francisation des navires en Algérie aussi facile et aussi peu coûteuse que possible.

§ 7. PÊCHE DU CORAIL. — 1re *Question.* — Il faudrait attribuer une prime à chaque bateau français qui se livrerait aux pêches du corail d'hiver et d'été.

2e *Question.* — L'habitude, la pratique et surtout le métier, qui est très-pénible, empêchent les marins français ou indigènes de participer à cette pêche dans une plus large mesure.

§ 8. PÊCHE DU POISSON. — 1re *Question.* — Il conviendrait d'abolir, à Philippeville, la prohibition de la pêche au bœuf.

2e *Question.* — Ce sont presque exclusivement des Italiens et des Maltais qui exercent cette industrie.

20e Groupe. — DÉLÉGUÉS DES ARRONDISSEMENTS DE BLIDAH, MÉDÉAH, MILIANAH.

M. CHEVIRON, minotier, représentant de l'arrondissement de Médéah est seul présent ; il soumet au Conseil les observations suivantes :

Je pense que le droit de tonnage doit être supprimé pour deux motifs :

Le premier, c'est qu'il est contraire aux intérêts du pays, en augmentant le prix des matières premières que nous achetons.

Le second, parce qu'il devient un obstacle à l'exportation de nos denrées.

Sur le premier point, il est bien constant que les navires qui nous apportent des bois de contruction provenant de la Russie, de la Suède et de la Norvége et même de Trieste, ne viennent à Alger que lorsque leur chargement est vendu, et que c'est à Malte ou à Gibraltar qu'ils vont attendre les ordres qui leur arrivent de Marseille.

Le droit de tonnage supprimé, ces navires viendront sur notre marché tout aussi bien qu'à Malte ou à Gibraltar.

Le prix élevé du fret est cause que nos produits ne peuvent soutenir la concurrence sur les marchés d'Europe, que par la supériorité de leur qualité.

Si nos blés durs sont peu répandus, c'est qu'ils sont peu connus. Ils sont cependant plus avantageux pour l'alimentation des classes ouvrières, parce que, contenant plus de gluten, ils se vendent à meilleur marché et donnent en pain un rendement de 10 à 12 pour cent de plus que les autres blés.

Les blés tendres du pays sont également supérieurs à ceux de France et de l'étranger.

L'exportation des farines deviendrait donc facile. Nos nombreuses usines qui commencent à être parfaitement organisées y trouveraient un aliment.

Déjà Blidah, Médéah et la province de Constantine ont fait des opérations de ce genre avec l'Angleterre. Si cet exemple se propageait, nos usines trouveraient une précieuse ressource pour les temps du chômage.

C'est aussi, grâce à la qualité supérieure de nos blés, que les pâtes alimentaires ont acquis un degré de perfection qui n'a rien à envier aux beaux produits de l'Italie. Cette industrie réussit parfaitement, et Médéah exporte, en France et en Belgique, une partie de ses produits qui y sont de jour en jour plus recherchés.

M. LE PRÉSIDENT. Pourriez-vous nous donner quelques détails sur l'industrie de la meunerie?

M. CHEVIRON. Elle s'est plus développée dans la province de Constantine que dans celle d'Alger, cependant, elle a déjà une assez grande importance à Blidah. En ce qui me concerne, j'exporte en France une certaine quantité de farines fabriquées, et si, cette année, les blés n'avaient pas été si chers, j'aurais pu exporter plus de semoules, car on m'a adressé de nombreuses demandes; j'expédie beaucoup de pâtes alimentaires, surtout.

M. LE PRÉSIDENT. Faites-vous des pâtes d'une espèce particulière et sont-elles désignées en France comme venant d'Algérie?

M. CHEVIRON. Les pâtes que je fabrique sont, au moins, égales en qualité à celles provenant d'Italie; elles sont appréciées à Paris et désignées sous le nom de pâtes de blé dur d'Algérie.

M. LE PRÉSIDENT. Vous pensez que la suppression du droit de tonnage sur les navires étrangers serait favorable au commerce et à l'industrie?

M. CHEVIRON. Oui, je crois que cela serait très-utile, surtout en ce qui concerne l'importation des bois: je connais assez bien ce genre de commerce, car j'ai été marchand de bois en Algérie jusqu'en 1848. L'abolition du droit de tonnage serait avantageuse pour les raisons que j'ai développées.

M. LE PRÉSIDENT. Avez-vous d'autres observations à présenter sur le questionnaire?

M. CHEVIRON. Nous avons grand besoin de routes. Cela serait, aujourd'hui, la mesure la plus utile pour les colons de la province d'Alger, qui demandent avec instance l'ouverture de la route de Médéah à Aumale, et de celle de Médéah à Milianah.

M. LE PRÉSIDENT remercie M. CHEVIRON des explications qu'il a fournies au Conseil.

21e Groupe. — AGRICULTURE ET INDUSTRIE.

M. MILLON, pharmacien principal de l'armée.

M. LE PRÉSIDENT. Vous n'avez, sans doute, d'explications à donner au Conseil que sur quelques parties du questionnaire : veuillez nous dire les observations qu'il vous a suggérés, nous vous écouterons avec beaucoup d'intérêt.

M. MILLON :

Parmi les faits qui me semblent susceptibles de se rattacher au 6e paragraphe, article 7 du questionnaire, je citerai de préférence l'importation de la glace et l'exportation de l'alpha.

Glace. — Cet article, qui correspond, généralement, à un besoin de luxe, devient, dans quelques cas, une denrée de première nécessité ; ainsi, rien ne la remplacera dans le traitement de quelques affections médicales et chirurgicales. Il serait à souhaiter que son approvisionnement, en Algérie, fût aussi assuré qu'en Espagne et en Italie.

La glace, conservée sur quelques sommets de l'Atlas, n'est qu'une neige spongieuse, salie par la terre. Le transport se fait assez régulièrement, en été, à dos de mulets ; mais, en hiver, les communications sont quelquefois interrompues et, en toute saison, cette neige n'est bonne qu'à faire des mélanges réfrigérants, par lesquels on passe pour obtenir de la glace solide et pure. Il en résulte que celle-ci revient à un prix très-élevé, près de 1 franc le kil.

Les derniers appareils producteurs du froid, dont on a fait un si grand éloge, ont été essayés à Alger et à Oran ; mais leur résultat, influencé par la température moyenne de l'eau et de l'air, a été très-médiocre.

Il semble évident que l'emploi de la glace ne se répandra, en Algérie, que par la construction de glacières, dont l'emplacement aura été choisi avec discernement, qu'on approvisionnera, en hiver, avec de la glace convenable. Ce sont des pays étrangers, Suède, Norvége, Amérique du Nord et Piémont, qui fournissent les blocs de glace propres à cette destination ; les navires qui en proviennent ne font qu'une partie de leur chargement en glace, et le droit de tonnage les détournerait, sans doute, d'entrer dans les ports de l'Algérie, pour quelques tonneaux de cette denrée.

Alpha. — C'est une production naturelle qui couvre d'immenses espaces à l'intérieur et sur les hauts plateaux de l'Algérie. On fauche la plante, et les récoltes se renouvellent spontanément, comme pour les plantes fourragères. L'alpha d'Espagne est très-recherché pour les sparteries ; l'alpha d'Afrique est moins estimé pour cet usage, mais on est parvenu récemment à désagréger sa fibre, qui est sèche et dure, et à en retirer une matière ligneuse qui entre dans la composition de la pâte à papier.

M. LE PRÉSIDENT. Dans la composition de quelles espèces de papier l'alpha peut-il entrer ?

M. MILLON. Dans celle des papiers de qualités diverses, notamment le papier à journal, et pour 1/3 environ.

Comme ce travail de préparation exige l'emploi d'une force mécanique qui est très-chère en Algérie, il y a eu jusqu'ici avantage à transporter l'alpha brut dans les pays du Nord, où la manipulation coute le moins. Aussi, est-ce sur Liverpool, Anvers, Rotterdam, que cette expédition se fait. Comme, en outre, l'alpha est une matière encombrante, peu compressible et d'un prix peu élevé, la législation actuelle et le droit de tonnage, en particulier, sont un obstacle au développement de la production et du commerce de cet article.

Sangsues. — Il y aurait lieu de faire lever, en France, par les administrations compétentes, une interdiction qui frappe les sangsues algériennes. Elles rentrent, par leur nature, dans la catégorie des sangues-dragons, exclues par une clause spéciale de la fourniture des hôpitaux civils de France. En raison de cette exclusion, le commerce réduit beaucoup son prix d'achat et n'en glisse pas moins partout la sangsue-dragon. Le producteur, seul, souffre de cette situation, qui n'est plus justifiée par l'infériorité de la denrée. Des expériences décisives, entreprises par ordre de M. le Maréchal Vaillant, faites d'abord à Alger, répétées plus tard en France, sous les yeux de plusieurs membres de l'Académie des Sciences, ont établi que les sangsues d'Afrique étaient égales aux meilleures sangsues d'Europe. Ces faits se sont confirmés, depuis deux ans, par une pratique étendue à tous les hôpitaux militaires de la division d'Alger.

Il vaut mieux faire sortir des marais de l'Algérie les sangsues importées en France, que d'aller les pêcher en Hongrie et en Turquie.

M. LE PRÉSIDENT. Dans quels marais pêche-t-on les sangsues dont vous parlez?

M. MILLON. Dans les marais de Taguin, entre Boghar et Tiaret.

Il y a d'autant plus d'intérêt à en agir ainsi, que la production artificielle de ces annélides, à laquelle on a consacré, dans quelques parties de la France, des sommes énormes, tend à disparaître et à faire de nouveau place à l'état primitif.

Les marais algériens des hauts plateaux ont une grande étendue et sont placés dans des conditions qui doivent entretenir longtemps leur richesse en sangsues; l'hygiène n'a rien à redouter de leurs émanations au milieu de ces immenses espaces, et il est certain que la production, la pêche et le transport de cette denrée se font, actuellement, avec des garanties de bon marché et de qualité qui défient toute concurrence.

Céréales. — Les articles précédents sont d'une bien mince importance, à côté des céréales, source ancienne et certaine de la richesse agricole de l'Algérie. Malgré leur production actuelle qui est considérable, l'orge et le blé ne donnent aujourd'hui qu'une faible idée du développement que l'avenir réserve à leur commerce et, par bonheur, cet avenir est très-prochain. En réalité, ce commerce des céréales est à créer, parce que les indigènes sont encore les principaux producteurs de grains, et parce que leur procédé de culture représente généralement un état primitif, qui a pour effet d'introduire des variations profondes dans le chiffre de la récolte, et d'amener une rotation, presque certaine, d'années très-mauvaises et d'années très-bonnes.

Voici maintenant les faits très-positifs qui réagiront bientôt sur la production des céréales et sur les opérations commerciales, industrielles et agricoles qui s'y rattachent.

Les procédés de la culture européenne qui s'étendent de plus en plus, soit par l'action directe des colons, soit par l'imitation des Arabes, ont pour résultat d'effacer les mauvaises années et de conduire à une récolte moyenne qui égale, si elle ne surpasse, la plus riche année de la culture indigène.

Pour donner une idée de l'abondance vers laquelle l'on marche par cette régularisation des récoltes de céréales, je partirai du chiffre de la population actuelle qui est de trois millions d'individus. En supposant une consommation annuelle de trois hectolitres par tête, on en déduit une consommation générale de neuf millions d'hectolitres.

Mais si l'on considère que la production varie, dans une période de plusieurs années, à ce point que les silos arabes contenaient des provisions en blé et en orge, pour cinq, six et même sept années; si l'on considère que, de tout temps, l'approvisionnement du territoire algérien a été inférieur et que, par conséquent, la production suffisait à la consommation, il n'y aura rien d'exagéré à admettre que les récoltes en céréales tripleront, par l'extension des terres améliorées, et qu'il suffira d'un faible accroissement de population pour répondre à cet immense accroissement de richesses agricoles.

Le progrès dans la culture des céréales, qui donnerait un excédant annuel de 15 à 20 millions d'hectolitres de grains, ne repose pas sur des tentatives hasardées, ni sur des procédés agricoles d'une efficacité douteuse. Grâce à quelques colons qui, depuis près de vingt ans, cherchent les règles de cette culture avec une persévérance et une réussite trop peu remarquées, grâces à eux, on possède, dès aujourd'hui, d'excellentes méthodes qui comportent, suivant le cas, l'usage de la jachère ou de l'assolement, et au bout desquelles se trouvent une récolte et un profit assurés.

Atteindre, en Algérie, à un excès de production de 15 à 20 millions d'hectolitres, en orge et en blé, c'est la situation à laquelle on songe le moins, et il n'y en a pas qui soit plus proche ni mieux préparée.

Cette année même, si la triste succession de maigres récoltes que nous venons de traverser était à son terme, et si nous nous trouvions en face d'une véritable année d'abondance, n'aurions-nous pas un encombrement de produits subit et dont rien ne peut donner une idée? L'embarras serait plus grand qu'on ne le croit; les grains des colons subiraient une grande dépréciation par l'affluence des grains indigènes, et ceux-ci ne rempliraient plus leurs silos, comme par le passé. Si j'en crois les déclarations des meilleurs observateurs de la population arabe, la décision rendue, il y a sept ans, et à la suite de laquelle les Arabes ont été invités à faire connaître les lieux de leurs silos, a commencé un autre état de choses. Ils tenaient beaucoup à cacher leurs grains et à laisser ignorer la place où ils étaient enfouis; mais en même temps que cette mesure contrariait leurs habitudes, ils étaient fortement alléchés à vendre par suite du bon prix qu'on leur offrait. Suivant une présomption assez rationnelle, ils céderont de plus en plus à nos usages et comprendront qu'on a toujours du blé avec de l'argent, et que l'argent est plus facile à cacher que le blé. Après tout, quel qu'ait été, en son temps, le caractère de la décision prise, elle correspond aujourd'hui à un progrès réalisé.

Il n'y pas de denrée plus encombrante que les grains; on sait quelle quantité de vaisseaux il faudrait pour en évacuer plusieurs millions d'hectolitres, et l'on n'a pas oublié combien notre marine devient insuffisante, dès qu'un événement politique exige un grand surcroît de transport; le fret s'élève aussitôt dans une proportion démesurée; les guerres de Crimée et d'Italie en ont fourni des exemples. En présence de pareilles éventualités, n'est-ce pas une obligation de prendre d'avance toutes les mesures qui faciliteront aux bâtiments étrangers l'accès et la fréquentation des ports algériens?

En dehors des crises d'abondance dues aux cultures indigènes, le chiffre annuel des céréales s'élèvera, à la faveur du progrès général des cultures, sans protection spéciale, sans exigences et presque sans sacrifices, pourvu qu'on n'y mette pas obstacle. Il serait superflu de rappeler les entraves qui existaient encore, à ce sujet, il y a peu d'années, et qui, avant 1852, équivalaient à une interdiction de culture et d'industrie, il vaut mieux énumérer certains dons naturels aux blés d'Afrique et faire voir les avantages de la position.

Le marché leur sera toujours ouvert; à défaut de la France, l'Angleterre n'a aucun point d'approvisionnement plus rapproché; elle peut faire arriver, en quelques instants, sa demande sur la place d'Alger et sur tout le littoral algérien : en matière de céréales, ce rapprochement et cette rapidité de communication sont d'un prix inestimable.

Le colon se passe d'intermédiaire pour la vente de ses grains; il est affranchi de ces parasites bruyants et dangereux qui se pressent autour de toute innovation agricole, surtout en Algérie, et se préparent à exploiter savamment l'inexpérience et la dépendance du producteur novice.

Maintenant, voici quelques-unes des qualités intrinsèques qu'on ne trouve peut-être dans aucun grain, au même degré que dans les blés d'Afrique et qui leur garantissent, en tout temps, une grande supériorité commerciale.

Ils sont aptes à fournir des semoules, des gruaux et des pâtes qui rivalisent avec les meilleurs produits d'Italie.

Leur siccité les rend conservables, en tout temps, sans autre obligation que de les préserver du contact de l'air; on les loge, à l'abri des insectes et des animaux destructeurs; on les préserve des avaries et des détournements, sans aucun frais de manipulation, dans des locaux appropriés, qui coûtent dix fois moins à construire que les anciens greniers. Dans ces silos d'un nouveau genre, le grain reste à la disposition du producteur ou du commerçant, et fournit un gage précieux : il équivaut au lingot d'or, enfermé dans les caves de la Banque et devient une marchandise toujours intacte, dont la présence est facile à constater. C'est là un moyen d'arriver au prêt sur consignation, c'est une nouvelle source de crédit à laquelle l'agriculture algérienne empruntera d'incalculables ressources. Qu'on se garde de voir, dans ce système d'ensilage, une restauration des habitudes arabes, ou bien une compensation quelconque des mauvaises années par les bonnes; on y trouve simplement économie et sécurité pour le logement des grains, ce qui vaut cent fois mieux, au point de vue des échanges qui dominent aujourd'hui les transactions commerciales.

Les farines obtenues en Algérie participent à la qualité des grains : durant trois cents jours de l'année, la mouture y fournit des minots qui valent, pour les besoins de la marine, les meilleures farines étuvées; le ciel remplace, sans frais, la chaleur factice qui occasionne un surcroît de dépense de 4 à 5 francs par quintal.

Les farines de blé dur sont perfectionnées, aujourd'hui, par le travail de nos minoteries algériennes, ce qui est un grand honneur pour les industriels du pays, en attendant que ce soit une source de profit pour eux. Aujourd'hui, ces farines commencent à s'exporter et s'emploient, depuis quelques années, à la confection d'un excellent pain; mais c'est, surtout, par leur mélange avec des farines de blé tendre, qu'elles favorisent la panification. Leur présence augmente le rendement et, en même temps, la délicatesse du pain; nous ne sommes pas éloignés d'une époque où elles seront recherchées à l'égal des thés, des cafés et des cacaos de première qualité, afin de rehausser des farines moins riches et de satisfaire, par leur mélange, au besoin de raffinement qui s'applique, de plus en plus, à tous les objets de consommation alimentaire. Qu'il y a loin de cette appréciation à l'opinion qui dominait encore, il y a dix ans, à Alger même; les praticiens et les vétérans de la Colonie y soutenaient, dans une séance présidée par le Gouverneur-Général, que la farine de blé dur n'est point panifiable et traitaient ceux qui proposaient d'en essayer, comme des fauteurs de désordre.

L'Angleterre estime déjà beaucoup les orges de l'Algérie pour la fabrication de la bière; bientôt elle n'estimera pas moins nos blés. La mouture du blé dur est, pour ainsi dire, un art à part, et les meuniers anglais, habitués aux blés les plus tendres, répugnent à modifier leur outillage et leur travail. Ce sont des farines qu'il faudrait leur expédier; les sons et les issues nous resteraient, au grand profit du bétail, cette autre richesse immense de la production algérienne.

La minoterie du littoral, qui subit, en ce moment, de si redoutables variations dans son approvisionnement et dans son travail, et qui a si cruellement souffert dans ces dernières années, touche, il faut l'espérer, au terme de ses épreuves. Pour que les capitaux des maîtres de la meunerie française n'aillent pas installer des moulins à Odessa et à Alexandrie, il faut que la législation, qui atteint en quelques points la production ou le commerce des céréales d'Afrique, fasse disparaître jusqu'au moindre obstacle.

Comme on a parlé beaucoup, dans ces derniers temps, de l'affinité des races, il n'est peut-être pas inutile de rappeler, en terminant, l'affinité commerciale qui s'exprime, sur toute l'étendue des côtes de la Méditerranée, par l'usage de la langue franque. Cela indique un lien général entre les populations les plus diverses : Espagnols, Italiens, Levantins, Grecs, Turcs, Arméniens, Arabes, Tunisiens, Egyptiens, Marocains et Provençaux parviennent à s'entendre et à trafiquer ensemble, à la faveur de ce parler sabir que Molière a si plaisamment introduit sur la scène française. Aujourd'hui, en laissant de côté toute autre considération, si importante qu'elle soit, il est permis de croire que le régime de commerce le plus libéral, appliqué à l'Algérie, sera aussi le plus propre à asseoir, sur cet immense bassin, la prépondérance maritime de la France.

M. LE PRÉSIDENT. Par liberté commerciale vous entendez, sans doute, plus que l'abolition du droit de tonnage ?

M. MILLON. Oui, Monsieur le Président.

M. LE PRÉSIDENT. Vous considérez la culture des céréales comme celle qui doit prendre le plus d'extension en Algérie ?

M. MILLON. Elle deviendra un jour la plus importante de toutes.

M. LE PRÉSIDENT. Croyez-vous que les cultures industrielles soient appelées à un certain avenir ?

M. MILLON. Elles pourront très-bien réussir sur des espaces restreints, mais je ne crois pas qu'elle puissent être généralisées. Les engrais qui manqueront pendant longtemps encore et les frais de transport qui seront, sans doute, toujours considérables, s'opposeront à l'extension des cultures industrielles en Algérie.

M. LE PRÉSIDENT remercie M. MILLON des renseignements qu'il vient de fournir au Conseil.

M. ROMANET, négociant en laines, n'ayant pu être entendu en même temps que le 17ᵉ groupe, dont il faisait partie, est invité par M. LE PRÉSIDENT à donner au Conseil des renseignements particuliers sur le commerce des laines dans la province d'Alger.

M. ROMANET s'exprime ainsi :

Avant la mortalité qui a sévi sur les troupeaux en 1860 et en 1862, le nombre des moutons du cercle de Laghouat, y compris l'annexe de Djelfa, était d'environ 1,100,000 têtes. Les pertes éprouvées en 1860 et en 1862 ont réduit ce chiffre à environ 800,000. Les cercles de Boghar, Médéah et Teniet el-Had doivent comprendre également 800,000 moutons. Le commerce que je fais s'étend sur tous ces territoires. Le poids de la toison, dans le cercle de Laghouat, est d'environ 2 kilogrammes; dans celui de Boghar, où la laine est plus légère à cause de la nature même du sol, on ne peut estimer la toison qu'à 1 kilogramme 500; il y a cependant quelques belles laines dans les tribus de ce dernier cercle, telles que les Rhaman, les Douairs et les Oasis.

On peut estimer le produit de la tonte, dans les territoires ci-dessus indiqués, à environ 3,000,000 de kilogrammes pour 1863; une partie de ce produit reste en Algérie, pour la consommation locale, le surplus est exporté en France. On estime le rendement, au lavage de fabrique, à 40 ou 45 pour cent, en admettant qu'il n'y ait point de fraude.

Le prix de la laine en suint varie, rendue à Alger, entre 140 et 150 francs les 100 kilogrammes; la moyenne des frais de transport pouvant être évaluée de 18 à 20 francs, cela donne à peu près, comme prix de la laine chez les indigènes, 120 à 125 francs les 100 kilogrammes.

Je fais le commerce des laines depuis 1857, je reste environ huit mois de l'année sur les lieux mêmes de la production. Pendant ces derniers temps, nous ne pouvions avoir que des laines de mauvaise condition. Les Arabes fraudaient beaucoup. Grâce à M. le Gouverneur-Général, qui a pris des mesures sévères, et à la Chambre de Commerce d'Alger, la condition des laines s'est améliorée.

M. le Président. Comment se fait la tonte des toisons dans les tribus?

M. Romanet. On emploie les cisailles sur quelques points, mais le plus généralement les Arabes tondent encore avec la faucille; cette méthode primitive blesse le mouton et détériore les laines, dont les mèches ne sont plus régulières.

M. le Président. Quel procédé emploient les Arabes dans les fraudes qu'ils commettent?

M. Romanet. Ils emploient plusieurs manières. Au moment de la tonte, pour laquelle ils choisissent le moment du suint, ils préparent à l'avance du sable fin, sur lequel ils étendent la toison du côté de la racine, alors imprégnée de suint. Ce sable s'attache très-fortement à la laine et donne plus de poids à la toison. D'autres fois, ils font une préparation de lait de chèvre ou de brebis, ils en imbibent la toison et, avec un tamis, saupoudrent dessus du sable fin. Il y a souvent alors plus de matières étrangères que de laine. Ils emploient encore un autre moyen : quand on leur achète les toisons sur pied, ils en font deux de celles qui sont assez grosses et trois de deux ordinaires. On est presque constamment trompé par les indigènes, quand ils ne sont pas surveillés d'une manière rigoureuse.

La fraude pratiquée par les Arabes pendant plusieurs années, depuis 1857 jusqu'en 1861, avait jeté une telle défaveur sur les laines de l'Algérie, dans les marchés de la métropole, que cette provenance était sur le point d'être complètement abandonnée; et, ce qu'il y avait de plus malheureux pour le commerce français en Algérie, c'est qu'on lui imputait généralement la fraude commise par les Arabes, les laines provenant de la Tunisie ou du Maroc étant importées en France dans un état de conditionnement bien meilleur que celui de l'Algérie, quoique le sol soit semblable. Depuis 1862, et grâce aux mesures prises par l'autorité supérieure, la fraude a été moins considérable, et cela nous a rendu le courage.

M. le Président. Pourriez-vous donner quelques renseignements sur l'importance que ce commerce peut prendre?

M. Romanet. Dans la province d'Alger seulement, on pourrait produire 25,000,000 de kilogrammes de laine au lieu des 4,000,000 qu'on produit actuellement, si les indigènes s'approvisionnaient de fourrages pour nourrir leurs bestiaux pendant l'époque comprise entre la fin des chaleurs de l'été et les premières pluies. Pendant les mois d'octobre, novembre et décembre, où il n'y a plus de végétation, les bestiaux pâtissent, ils manquent presque complètement de pâturages; alors, indépendamment de ce que leur laine ne croît pas ou est d'une mauvaise qualité et ne peut, par conséquent, les garantir du froid et de la pluie, leur constitution est affaiblie, et la mortalité sévit d'une manière considérable à la fin de l'hiver. Le mouton d'Algérie est cependant très-robuste; il n'est pas sujet, comme en France, à toutes les maladies épidémiques de son espèce, et si, au moyen de puits artésiens dans le Sud ou des cours d'eau naturels, on pouvait aménager quelques prairies artificielles, le nombre des bestiaux augmenterait considérablement, et l'on pourrait compter sur une grande régularité de production, en ce qui concerne la laine.

M. le Président. Avez-vous des capitaux importants dans votre entreprise?

M. Romanet. Je fais environ pour un million ou douze cent mille francs d'affaires par an.

En 1857, la laine se vendait, en moyenne, de 100 à 110 francs les 100 kilog. à Boghar; quelques acheteurs français seulement y allaient chaque saison; tout le commerce du Sud, au-delà de Boghar, était exploité par les mozabites et les juifs indigènes. Ils ne payaient pas la laine plus de 50 ou 55 francs les 100 kilog., prix que j'ai payé moi-même en 1857. En 1858, ma présence dans le Sud, et les achats assez importants que j'y avais faits, firent élever ces prix à 80 francs au début et jusqu'à 110 francs à fin de campagne; le chiffre de mes opérations fut environ de 150,000 francs.

Je suis resté presque seul, jusqu'à ce jour, dans ces contrées, où l'importance de mes affaires s'est élevée graduellement, mais en raison de la concurrence faite par les acheteurs mozabites et israélites, le prix d'achat s'est maintenu à 100 francs les 100 kilog. : presque tous les marchés sont faits à l'avance, d'une année à l'autre, et sont payés intégralement lors du traité. Ce commerce est dangereux et offre de grandes éventualités de rentrée à cause de la mortalité et des manques de récolte; il arrive souvent, dans les mauvaises années, que l'on soit obligé de reporter à une année suivante la livraison de la marchandise déjà payée. Cette année-ci, j'ai environ 350,000 francs à découvert, par suite des marchés à livrer que j'ai faits à la fin de la dernière campagne. Ces marchés sont faits, il est vrai, à 20 pour 0[0 au-dessous des cours ordinaires, mais cette différence de prix ne sert pas toujours à compenser les pertes et les éventualités de baisse sur la matière, sans compter les livraisons que l'on ne fait pas à époque fixe et pour lesquelles il est excessivement difficile d'exercer des poursuites judiciaires. J'aurais grand besoin d'un concours plus efficace de la part des chefs des bureaux arabes, qui ne comprennent pas bien la nature de ces affaires et considèrent quelquefois comme exagérée la prime que je retiens, parce qu'ils ne se rendent pas suffisamment compte des dangers que je cours. Ils admettent alors facilement que les indigènes peu aisés ne s'acquittent pas intégralement des obligations contractées, et cela me cause un grave préjudice. Cependant les indigènes trouvent, dans ces marchés, un avantage sérieux, celui d'avoir de l'argent au moment où ils en ont le plus besoin, c'est-à-dire au moment où les exportations pour France sont terminées et où, faute de pouvoir les nourrir, ils sont forcés de vendre leurs bestiaux à vil prix. Sans ces avances, qui lui permettent de conserver la propriété dont il n'aliène que le produit, l'Arabe serait obligé de vendre et perdrait assurément plus de la moitié de la valeur de son troupeau, puisqu'il n'y a plus d'écoulement et que tous les propriétaires de bestiaux sont dans la même position que lui. La différence de 20 pour 0[0 est donc en réalité fort peu de chose.

M. le Président. Connaissez-vous la langue arabe?

M. Romanet. Non, et je ne veux point l'apprendre, car ce serait plutôt un inconvénient qu'un avantage. Les Arabes sont très-méfiants : j'emploie des intermédiaires auxquels je donne des instructions précises; ils s'arrangent ensuite comme ils l'entendent avec les Arabes producteurs, font dresser les actes de vente, s'inquiètent de la solvabilité; je me borne à leur donner l'argent nécessaire pour faire les avances. Cette manière est la préférable, car elle m'évite des ennuis, et je suis certain que tout le monde y trouve son compte.

M. le Président. Vous allez cependant dans les tribus?

M. Romanet. Je vis presque toujours au milieu des Arabes, mais c'est à Boghar que se trouve mon quartier général; de là, j'alimente d'argent tous mes vendeurs depuis Teniet, Chellala, Djelfa, etc., jusqu'à Laghouat.

M. le Président. Les caravansérails doivent vous être d'une grande utilité dans vos tournées ?

M. Romanet. Ils sont utiles, en effet, mais seulement comme gîtes. Il vaudrait mieux que les caravansérails fussent loués par l'Administration, soit par adjudication, soit autrement, à de simples particuliers, qui seraient sans doute plus complaisants pour les voyageurs civils. Ceux qui tiennent actuellement ces établissements, exploitent leur position privilégiée et vendent leurs denrées à des prix très-élevés. Je suis certain que des commerçants civils rempliraient tout aussi bien les obligations imposées au profit de l'Administration militaire, et on ne manquerait pas de trouver facilement des preneurs, parce que dans ces postes éloignés on gagne énormément d'argent.

M. le Président. C'est à cheval que vous voyagez ? Avez-vous une escorte ?

M. Romanet. Non, je voyage en voiture et n'ai avec moi que mon domestique. Nous campons la nuit où nous nous trouvons. Nous emportons souvent des sommes importantes et nous n'avons jamais été inquiétés par les Arabes.

M. le Président. Faites-vous des opérations dans la province d'Oran ?

M. Romanet. Quelquefois, mais accidentellement et dans les tribus du Sud qui avoisinent les frontières de la province.

M. le Président. On s'est occupé beaucoup de l'amélioration de la race ovine en Algérie, avez-vous remarqué qu'il y ait déjà quelque résultat obtenu ?

M. Romanet. Oui, il y a une amélioration sensible ; on a retranché toutes les bêtes jarreuses, on a supprimé les mérinos, qui ne résistent pas aussi bien que les moutons indigènes ; même les produits croisés avec des mérinos ne pouvaient pas vivre. La race primitive est la meilleure, elle donne une excellente laine, appréciée dans nos fabriques de France pour la filature et les produits communs.

M. le Président. Autrefois les indigènes vendaient-ils leurs laines en Europe ?

M. Romanet. On exportait des laines, mais en très-petite quantité.

M. le Président. Alors il y avait une partie du produit complètement perdue pour eux ?

M. Romanet. Oui, mais aujourd'hui le prix des bêtes a considérablement augmenté. Les moutons qui se payaient, en 1857, 6 et 7 francs, valent aujourd'hui, à Djelfa, 18 et 20 francs ; à Boghari, on a acheté des moutons jusqu'à 22 francs.

M. le Président. Vous n'avez pas essayé d'élever des bestiaux?

M. Romanet. Mon intention était de commencer par un troupeau de 8 à 10,000 moutons, mais il faudrait, pour cela, des terrains placés près d'un puits artésien, à El-Mezral, par exemple, pour que je pusse établir des prairies artificielles, seul moyen de ne pas perdre mes bêtes en hiver.

M. le Président. D'après l'importance de vos affaires, vous répandez beaucoup d'argent parmi les Arabes? Savez-vous ce qu'ils en font?

M. Romanet. Je n'en sais rien, ils sont tous vraiment misérables; les chefs seuls paraissent riches.

M. le Président. Croyez-vous qu'ils soient pressurés par les chefs?

M. Romanet. Je l'ignore, car je ne m'occupe en aucune façon de leur organisation intérieure je sais seulement que, quand nous passons un marché avec un producteur, c'est toujours entre les mains d'un intermédiaire que l'avance est faite : le cadi, le bach-adel et quelquefois l'agha interviennent dans presque toutes les transactions; il est probable que ce n'est pas à titre gratuit.

M. le Président. L'Arabe n'aurait-il pas plus d'intérêt à porter ses produits sur le marché de la localité?

M. Romanet. Les Arabes ne sont pas toujours libres de vendre leurs produits où il leur plait; le temps et les frais de transport se réduisent pour eux à zéro, il leur serait souvent plus avantageux de porter leurs laines ou leurs bestiaux sur le marché d'un centre important.

M. de Toustain. L'obligation qui, d'après vous, serait faite aux Arabes de ne porter leurs produits que sur certains marchés, à l'exclusion d'autres, vient-elle d'un intérêt quelconque, qu'auraient à cela les chefs indigènes? Les caïds, par exemple, perçoivent-ils un droit de place sur les marchés où ils engagent leurs administrés à se rendre?

M. Romanet. Il est arrivé souvent que, soit pour donner de l'importance au marché de la localité, soit pour tout autre motif, on les empêchait de vendre sur les marchés d'un autre centre.

M. le Président. Trouvez-vous un bon concours chez les populations arabes?

M. Romanet. Les indigènes savent que j'ai de l'argent à ma disposition, je les paie toujours très-largement quand je les emploie : avec eux, c'est la meilleure manière d'être bien traité.

M. le Président remercie M. Romanet des renseignements intéressants qu'il a fournis au Conseil.

La séance est levée à cinq heures et demie.

EXTRAITS

DES PROCÈS-VERBAUX DES SÉANCES DE LA CHAMBRE DE COMMERCE D'ORAN

ET DE SA CORRESPONDANCE

A L'APPUI DE SA DÉPOSITION.

Lettre à M. le Ministre de la Guerre (*9 juillet* 1846).

« Les petits bâtiments d'Espagne venaient en grand nombre à Mers-el-Kebir et Oran, chargés de fruits et légumes, et s'en retournaient avec un chargement de marchandises, qu'ils prenaient dans notre ville et qu'ils vont chercher maintenant à Gibraltar.

» Pour remédier à cet état de choses, tout en obviant aux inconvénients prévus par l'article de l'ordonnance (16 décembre 1843) relatif aux similaires, il faudrait accorder à ces produits l'entrée en franchise dans la seule province d'Oran, en les frappant d'une entière prohibition à la sortie, tant pour la France et l'Étranger, que pour le cabotage, c'est-à-dire pour les autres parties de l'Algérie, de telle sorte que la consommation en aurait nécessairement lieu dans la province d'Oran même.

» Les légumes verts ne payent, il est vrai, aucun droit d'entrée, mais leur prix a dû nécessairement augmenter en raison de l'élévation énorme des droits de tonnage, et l'on conçoit que les patrons de barques espagnoles, qui, sur ces marchandises généralement d'une modique valeur, ne parvenaient à réaliser que des bénéfices annulés par les droits de tonnage, ne peuvent plus continuer à venir dans nos ports.

» La Chambre de commerce d'Oran a donc l'honneur, Monsieur le Ministre, de vous soumettre les modifications suivantes, qu'elle regarde comme indispensables, pour la prospérité de cette province :

» 1° Réduction à 2 francs, des droits de tonnage pour tous les bâtiments espagnols au-dessous de 30 tonneaux.

» 2° Franchise des mêmes droits à toute barque espagnole venant exclusivement chargée de légumes frais et des denrées portées à l'état ci-joint, jusqu'à ce qu'il soit établi que la province peut les produire, etc. »

Lettre à M. le Ministre de la Guerre (*12 octobre* 1849).

« Les nombreux navires du Nord, qui transportent en Algérie des fers et des bois de construction, ont l'habitude, pour effectuer leur retour, d'aller charger en Espagne du sel, qu'ils achètent à bas prix.

» Les quarantaines imposées sur les côtes d'Espagne, pour prévenir l'invasion du choléra, ont changé, pour cette année, la coutume établie; afin d'éviter une perte de temps funeste à leurs intérêts, plusieurs capitaines de navires vienuent depuis quelques jours prendre du sel à Oran. Nous pouvons mentionner les navires suivants, etc.

» Vous comprendrez, Monsieur le Ministre, combien il importerait de seconder l'élan qui vient d'être donné; malheureusement nous pouvons prédire que, si le Gouvernement n'intervient pas, le mouvement qui s'est manifesté ne durera pas plus longtemps que la cause qui l'a produit.

» En effet, la tonne de sel se charge sur la côte d'Espagne, à 11 francs, tandis que sur notre port elle vaut 15 francs.

» Cette différence, qui, dans ce moment, disparaît derrière la perte de temps imposée par les quarantaines, reprendra toute sa valeur, lorsque les barrières sanitaires auront été levées, et, de nouveau, les navires quitteront nos ports pour prendre le chemin de l'Espagne.

» Nous croyons donc, Monsieur le Ministre, qu'il serait d'une haute importance de combler cette fâcheuse différence de prix, en exonérant les navires étrangers du droit de tonnage, proportionnellement au nombre de tonneaux de sel qu'ils échangeraient dans les ports d'Oran et d'Arzew.

» De cette façon, les navires étrangers, qui nous apportent des fers et des bois, échangeraient le numéraire qu'ils reçoivent en paiement de leur fret, contre du sel provenant de la province. L'argent versé par le commerce au lieu d'enrichir nos voisins d'Espagne, resterait dans le pays et servirait à encourager la colonisation. »

Procès-verbal, n° 206, de la séance du 3 mars 1860.

« M. le Président donne lecture d'une lettre de M. le Président de la Chambre de Commerce d'Alger, accompagnant deux rapports adressés par cette Chambre à S. E. M. le Ministre de l'Algérie et des Colonies, et tendant à obtenir, la première, que les navires à vapeur étrangers, touchant dans les ports algériens, n'acquittent le droit de tonnage que proportionnellement aux actes de commerce qu'ils effectuent. Après examen, la Chambre approuve complètement ce rapport, et il sera répondu qu'elle donnera tout son concours à la Chambre d'Alger, pour arriver au résultat désiré. »

Renseignements fournis par un Anglais sur la question des droits de tonnage à Oran.

« Le 23 janvier 1863, est arrivé devant Oran le bateau à vapeur de la marine marchande anglaise *Florida*, de 1,200 tonneaux, venant d'Angleterre et allant à Alexandrie. Le but était de toucher à Oran, et d'en voir l'importance. On se proposait aussi de prendre des marchandises et des passagers. On voulait avoir, à l'avenir, un navire à vapeur, qui aurait fait escale à Oran tous les mois, dans le but d'importer des marchandises anglaises qui, aujourd'hui, faute d'occasions directes, sont obligées de traverser la France par transit et à grands frais, et d'exporter les produits algériens, tels que laine, coton, alpha, cuirs, écorces à tanner, etc.

» Cette idée n'a pas été réalisable, car les droits de tonnage empêchent d'établir avec chance de profit les relations des navires à vapeur qui feraient escale à Oran, soit en venant d'Angleterre, soit à leur retour du Levant. Ainsi, supposant que la *Florida* fût entrée dans le port d'Oran pour décharger ou charger un ou cent tonneaux, il aurait payé pour 1,200 tonneaux, ce qui fait, à 4 francs, 4,800 francs. La *Florida* a reçu l'ordre de ne pas toucher, pour éviter tous ces inconvénients.

» Pour citer d'autres exemples, survenus cette année avec des bâtiments anglais, j'ai vu le brick *Rebecca* arriver à Oran sur lest, charger pour 60,000 fr.

de laines, mais le chargement n'étant pas complet, il a dû payer pour le nombre des *tonneaux vides*; s'il eût chargé en entier, il n'aurait rien payé : on paye pour le vide.

» Un autre exemple : le navire anglais *Héron* est arrivé, cette année, chargé de produits; il avait apporté un petit ballot de marchandises; il n'a pas pu le débarquer, autrement il aurait payé les droits de tonnage en entier, et n'aurait pas joui de l'exemption qu'ont les navires arrivant sur lest et chargeant des produits.

» On comprendra qu'avec tout ces tracas et ces inconvénients les ports de l'Algérie sont bloqués et fermés, comme autrefois ceux de l'Empire Chinois. »

NOUVELLES EXPLICATIONS

De M. HOSKIER *au nom de la Compagnie des Messageries Impériales,*

(voir ci-dessus, page 181).

Alger, le 9 avril 1863.

Monsieur le Président, dans l'enquête ordonnée par le Gouvernement et relative au régime qui frappe d'un droit de 4 francs par tonneau de jauge les bâtiments étrangers venant en Algérie, l'agent des services maritimes des Messageries Impériales à Alger, soussigné, s'est prononcé pour le maintien de cette taxe.

N'ayant pas eu le temps de consulter ses chefs immédiats, il a émis à cet égard son opinion personnelle que l'administration supérieure de la Compagnie est loin de partager. Sans doute la Compagnie des Messageries Impériales, chargée pour plusieurs années encore du service militaire et postal de l'Algérie, aurait intérêt à ce que des mesures, ayant pour effet d'éloigner la navigation étrangère, continuassent à protéger son trafic commercial. Elle ne saurait, en effet, se passer des ressources de ce trafic, attendu que la subvention qu'elle touche représente à peine les charges inhérentes à ses obligations postales et la somme déterminée de transports militaires auxquels elle est tenue de pourvoir sans rémunération; mais elle ne veut pas envisager la question à un point de vue étroit.

A considérer les intérêts de la Colonie, elle ne peut disconvenir que les facilités données à la navigation étrangère placeront dans de meilleures conditions de prospérité le commerce algérien, puisque celui-ci pourra faire transporter à meilleur marché les produits qu'il exporte et ceux qu'il demande à l'importation.

On pourrait craindre que la navigation nationale presque uniquement chargée, dans ce moment, de ces transports, eût à en souffrir. Mais de deux choses l'une : ou la prospérité de la colonie restera stationnaire, et l'appât ne tentera pas plus qu'aujourd'hui la navigation étrangère : ou bien cette prospérité se développera, et les bâtiments nationaux, malgré le partage qu'ils auront à faire avec les étrangers, ne seront pas moins employés qu'ils le sont actuellement.

Au surplus, le champ de l'industrie maritime est assez vaste pour qu'à côté des voies ingrates, il y en ait de productives et pour que chacun finisse par trouver la sienne. Ce qui importe, c'est que l'instrument de cette industrie, c'est-à-dire, le navire soit le moins coûteux et le moins imposé possible, c'est qu'il soit libre d'aller avec les mêmes chances que ses concurrents, là où il lui convient.

La Compagnie des Messageries Impériales, se plaçant à un point de vue général, trouve regrettable que tel ou tel pavillon soit arrêté devant tel ou tel port par les barrières fiscales de régimes différentiels, équivalant quelquefois à des prohibitions. Sachant que la suppression des unes fait tôt ou tard disparaître les autres, elle poursuit de ses vœux, à l'étranger comme en France, l'allégement des charges qui entravent dans son développement, la liberté des transactions internationales. Elle ne serait pas conséquente avec les principes qu'elle vient d'admettre et qu'elle cherche à faire prévaloir, si, dans la question soumise à l'enquête par Monsieur le Président, elle se laissait dominer par les intérêts spéciaux de son exploitation des lignes d'Algérie. Elle a si bien compris les avantages d'une libérale réciprocité en fait de navigation, que, lors des dernières négociations pour le traité de commerce avec l'Italie, elle a demandé et obtenu que la navigation à vapeur italienne fût admise à faire le cabotage sur les côtes de France et d'Algérie, à condition que les bateaux français à vapeur pussent exercer le même droit sur le littoral du royaume d'Italie.

Les échanges étant pour les gouvernements comme pour les particuliers une source de prospérité, il est à désirer que les états maritimes renoncent successivement à frapper les instruments de ces échanges, chaque fois que l'armateur les emploie, de l'impôt plus ou moins lourd, connu sous le nom de droit de tonnage.

La Compagnie des Messageries Impériales attend ce résultat sans impatience, mais avec une pleine confiance. Elle émet donc le vœu que le Gouvernement français ne supprime pas seulement le droit de tonnage pour les bâtiments étrangers en Algérie, mais qu'il renonce à cette taxe dans les ports français où elle existe encore et, qu'à cet égard, des mesures de réprocité soient sollicitées de ceux des gouvernements étrangers qui, au détriment du commerce maritime de toutes les nations, ne sont pas encore entrés dans cette voie.

DÉPOSITION écrite de M. Vial, *ingénieur, chef de l'exploitation du chemin de fer d'Alger à Blidah.*

Alger, le 16 mars 1863.

Monsieur le Président, j'ai l'honneur de vous informer que l'état de ma santé, qui me force de garder le lit, ne me permettra pas de me rendre, vendredi prochain, devant le Conseil Supérieur de l'enquête sur le commerce et la navigation de l'Algérie. Souffrant en ce moment, je ne puis que résumer en peu de mots mes observations sur les règlements maritimes.

Obligée de demander à la France et aux autres contrées une grande partie des objets industriels et des matériaux de construction qui lui sont nécessaires, disposant de mines nombreuses et d'un sol fertile qui peut lui fournir en graines, légumes, fruits et céréales d'abondants produits à exporter, l'Algérie, plus que tout autre pays, a besoin de voir disparaître tout obstacle qui pourrait restreindre ou arrêter son commerce naissant. Si, en France et en Angleterre, l'expérience et une sage entente des lois économiques ont déjà eu pour effet d'abaisser considérablement les barrières prétendues protectrices, qui pour favoriser quelques industries arrêtaient l'essor du commerce, combien n'est-il pas plus urgent, dans un pays naissant, de faire disparaître toute entrave qui peut en empêcher le développement !

Une des principales difficultés que rencontre le commerce algérien se trouve dans les transports. Le peu de routes, l'état encore précaire de quelques-unes d'entre elles, le petit nombre des entrepreneurs de roulage, rendent fort difficiles et fort chers les transports de l'intérieur au littoral. Là, le monopole accordé aux navires français, pour les transports maritimes vers la France, le droit de tonnage imposé aux navires étrangers, ont, jusqu'à ce jour, contribué à maintenir les prix du fret fort élevés.

On ne saurait donc trop chercher à faire disparaître ces obstacles, en facilitant les moyens de transport. La création de routes et surtout de chemins de fer reliant au littoral les plaines fertiles de l'intérieur, la plus grande liberté possible accordée aux transports maritimes, l'abaissement des tarifs de douane, pourront seuls atteindre ce résultat. Les articles 1 et 3 de l'ordonnance du 16 décembre 1843, en créant un monopole au profit de la marine française, empêchent la libre concurrence maritime, et maintiennent élevé le prix du fret. En supprimant le droit de tonnage et en annulant les dispositions de l'article 1 de l'ordonnance du 16 décembre, on aura fait faire à la Colonie un nouveau pas dans la voie du progrès, sans compromettre en rien l'intérêt de notre marine nationale, qui trouvera, dans l'essor donné à notre commerce, un nouvel élément à son activité.

Par ces motifs, Monsieur le Président, j'ai l'honneur de vous exposer que je crois qu'il est de l'intérêt de la France et de l'Algérie :

1° D'annuler les dispositions de l'article 1er de l'ordonnance royale du 16 décembre 1843, qui réserve aux seuls navires français les transports entre la France et l'Algérie, et réciproquement ;

2° De supprimer entièrement le droit de tonnage et d'autoriser les navires étrangers à faire le cabotage d'un port à l'autre de l'Algérie ;

3° De faciliter, par un abaissement successif des tarifs de douane, le commerce entre l'Algérie et la France.

COMMERCE AVEC L'INTÉRIEUR DE L'AFRIQUE.

ANNEXE AU PROCÈS-VERBAL DE LA SÉANCE DU 27 MARS 1863.

DÉPOSITION écrite de M. le Docteur MAURIN, *sur les Caravanes françaises au Soudan.*

A peu près à la même époque partaient, vers la fin de l'année 1862, deux expéditions pour le Sahara. L'une partait de la province d'Alger et s'arrêtait à Ghadamès. C'était une expédition officielle, diplomatique, dont les résultats nous sont aujourd'hui connus par les conventions conclues avec les chefs des Touaregs, au nom de l'Empereur, par le commandant Mircher (*Moniteur du* 10 *mars* 1863).

Un peu plus tard partait, de l'extrémité de la province d'Oran, une caravane très-pacifique, sans prestige de force, sans souci des dangers du voyage, organisée par un négociant français et confiée aux soins et à l'intelligence d'un indigène nommé Ali. Fils de marabout, fidèle à ses croyances, mais profondément imbu des avantages que son pays a trouvés sous la domination française et des progrès que l'Algérie peut réaliser à l'abri d'une paix de longue durée, Ali sert sans arrière-pensée le maître qu'il s'est donné. — Il était le chef de la caravane de M. Jacques Solari, composée de soixante chameaux, portant toutes sortes de marchandises propres à satisfaire les premiers besoins des peuples indigènes : du savon, de l'huile, du café, du sucre, de la bougie, du papier, de l'encre, du thé... et toutes sortes d'épices; de la quincaillerie, des fers ouvrés, des haches, des marteaux, des chaines, des scies, des limes, des pioches, des pelles, de l'acier en lames... Enfin toute la série d'outils propres à l'agriculture et aux premiers métiers de l'homme.

C'était la première fois que des intérêts sérieux allaient se mettre en contact avec ceux des peuplades de l'intérieur de l'Afrique; c'était la première fois que le commerce français allait sonder les mystères de la route du Soudan.

Depuis des siècles, vers le milieu de novembre, des caravanes nombreuses s'organisent dans le Sud, composées de représentants de chaque tribu; ce sont, les Zouas, les Trafis, les Oulad-Ziar, les Lagrouat, les Oulad Sidi Chiqrr, qui vont conduire dans le Gourharha d'immenses troupeaux de moutons et de chameaux, des laines, du beurre indigène renfermé dans des outres, et rapportent en échange des dattes, des dépouilles d'autruches, de la poudre d'or, nous n'oserions pas dire des *esclaves*, si le fait n'était pas parfaitement exact; car l'esclavage, aboli en droit dans nos possessions algériennes, n'en existe pas moins, en fait, dans toutes les familles qui forment les tribus des hauts plateaux du Tell.... Disons mieux, il existe jusque dans nos villes les plus considérables de l'Algérie. Ce qu'on appelle des serviteurs dans les familles maures, arabes ou mêmes israélites, ne sont que des esclaves que le maître ne cède qu'à beaux deniers comptants.... C'est une habitude que l'on aura bien de la peine à déraciner... d'autant que la marchandise, nègre ou négresse, n'a point le sentiment d'une amélioration possible dans sa destinée en dehors de ce trait d'union entre elle et le maître, trait d'union cimenté, le plus souvent, par une intimité qui efface toute distance et intervertit les rôles au gré des caprices du cœur!

C'est à El-Biod Sidi Chiqrr qu'est le lieu de réunion de ces caravanes. Plus de vingt mille chameaux, portant avec eux les tentes et la famille et conduits par des milliers d'hommes, composent l'élément de cette émigration lointaine, et le départ n'a lieu qu'après de grandes réjouissances usitées chez les peuples pasteurs.

D'abord, un sacrifice à Sidi Chiqrr, le marabout vénéré, d'où descendent les membres de la famille de Si-Hamza, afin que le voyage soit heureux, afin qu'il fixe les sables du désert, afin que les puits ne tarissent pas, afin que le vent du Sud ne souffle pas sur la caravane.... C'est à qui offrira un chameau, un mouton, du beurre, des toisons, des bernous ou même de l'argent. — On fait parler la poudre...., puis la caravane défile, famille par famille, à travers le désert, se surveillant mutuellement et au besoin se prêtant secours.

La cargaison d'Ali, si elle avait été exposée au grand jour, au milieu de cette immense caravane, aurait sans doute produit l'effet d'un écrin versé au milieu des sables, et pourtant M. Jacques Solari, timide comme tout homme qui risque sa fortune, n'avait choisi que des denrées de première consommation.

Nous avons eu la curiosité bien naturelle de connaître les détails de ce long et intéressant voyage. Nous avons interrogé la mémoire du fidèle Ali, nous avons passé de longues heures à écouter son récit et nous le livrons à la publicité avec l'espérance d'être utile à une cause qui intéresse à un si haut point l'industrie française.

Écoutons donc le récit d'Ali :

« Je me trouvai, à l'époque fixée par les tribus, au lieu du rendez-vous » général, à Sidi Chiqrr, et ma petite caravane prit la suite de celle des

» Trafis, des Zouas et des Oulad Sidi Chiqrr. Perdu dans cette foule, je n'avais » rien à redouter pour mes marchandises, jusqu'au lieu de destination, jusqu'à » Ti-Mimoun.

» Le temps était favorable, la température était délicieuse, il faisait plutôt » frais que chaud et les chameaux marchaient sans fatigue. A deux journées » on s'arrête sur les bords de l'Oued el-Benoud, rivière qui coule au milieu » des palmiers. On parcourt un espace considérable dans les sables (huit jour- » nées) avant d'arriver au Grand-Puits des caravanes, où vingt mille chameaux » peuvent s'abreuver sans difficulté. Au-delà de ce puits, on ne rencontre plus » rien et on marche dans le désert jusqu'à Sidi-Mansour, oasis situé au mi- » lieu des palmiers.

» Après nous être reposés dans l'oasis et y avoir pris de l'eau, nous chemi- » nâmes vers les Oulad Haïack, qui me reçurent fort bien et m'offrirent l'hos- » pitalité. La ville, assez importante, est noyée dans une forêt de palmiers et » possède au moins 350 à 400 maisons, dont un grand nombre à plusieurs » étages. C'est un pays de dattes, je n'ai pas remarqué d'autres cultures, si » ce n'est quelques jardins, car l'eau y est très-abondante.

» A une journée de marche des Oulad Haïack et après avoir traversé plusieurs » petits villages où je ne voulus point m'arrêter, j'arrivai chez les Hadj-Guel- » manna, tribu plus considérable, où il y a une ville de 350 à 400 maisons » réunies et en outre un grand nombre de villages. L'eau y est en grande » abondance et la culture très-avancée; j'y trouvai des vignes, des figuiers et » les légumes de toute sorte usités chez les Arabes. Je fus convié à la diffa. » Là, je pus remarquer que les femmes, fort belles, ne se couvrent point le » visage; elles portent aux oreilles et sur la tête de beaux bijoux d'or, de nacre » et de corail. Le costume des hommes et des femmes est de tous points sem- » blable à celui des Arabes de l'Algérie.

» Après quatre heures de marche, j'arrivai aux Oulad-Saïd, dont la ville est » très-grande et aussi étendue que la ville d'Oran; il n'y a pas moins de deux » à trois mille maisons. Elles sont toutes blanches et spacieuses; il y a de » belles mosquées, moins grandes extérieurement que celles d'Alger, mais non » moins ornées à l'intérieur.

» Ici, tout respire l'aisance et la richesse, les costumes, les habitations, les » jardins et les environs de la ville, qui sont couverts de vignes et de plan- » tations de figuiers. Dans la campagne, on aperçoit un grand nombre de » villages situés au milieu d'une forêt de palmiers qui s'étend aussi loin que » la vue puisse porter.

» Là, viennent les produits du Soudan, les dents d'éléphant, la poudre d'or, » les tissus de laine, haïcks et bernous et même les tissus de coton qui vient » naturellement et à l'état arborescent dans toute la contrée.

» De cette belle ville jusqu'à Ti-Mimoun, qui est la ville la plus importante » et où habite le Sultan Hadj Mohammed Abd-er-Rhaman, il n'y a qu'une jour- » née de marche.

» Les Oulad-Saïd ne voulaient point me recevoir : « Nous ne voulons point, » disaient-ils, des chrétiens, ni des employés des chrétiens. » Leur refus pour- » tant se bornait là et aucune démonstration hostile ne s'y joignait. Je leur » fis observer qu'ils recevaient bien les caravanes venant du Maroc et qui leur » apportaient les produits des fabriques anglaises. Que les Anglais étaient des » infidèles comme les Français, mais que la *marchandise n'avait point de croyance*, » et que je ne venais point pour leur apporter le désordre, mais faire des » échanges avec eux.

» Ma réponse fut pesée par les Grands de la ville et elle fut portée par un » messager au Sultan. Je restai avec ma caravane dans un endroit écarté, atten- » dant avec patience le résultat de sa décision. Le Sultan répondit qu'il était

» très-satisfait d'entrer en relations avec des Français, qu'il les invitait à venir
» le voir et à loger dans son palais.

» Le lendemain, je quittai les Oulad Saïd entouré de félicitations et d'égards, » car la décision du Sultan avait modifié tous les esprits et, après une journée » de marche, traversant de beaux villages et de belles plantations de palmiers, » j'arrivai à Ti-Mimoun. La caravane ne s'arrêta qu'à la porte de la demeure » du Sultan, qui est une immense habitation, sans luxe mais assez bien fortifiée. » La réception qui me fut faite correspondait aux paroles bienveillantes qui » m'avaient été adressées.

» Je suis resté constamment chez le Sultan Hadj Mohammed Abd-er-Rhaman, » qui est entouré d'une suite nombreuse de chefs indigènes. De race nègre » comme tous ceux qui l'entourent, le Sultan paraît âgé de 60 à 65 ans, il est » très-bien conservé et porte sa barbe qui est toute blanche. Je ne puis com- » parer son habitation qu'au pavillon des officiers de Mascara. Elle a trois » étages et paraît d'autant plus élevée, qu'aux environs de Ti-Mimoun le ter- » rain est tout en plaine; au milieu de la cour, qui est très-spacieuse, il y a » un puits qui fournit de l'eau sans jamais tarir. Aussi loin que la vue puisse s'é- » tendre du haut de l'habitation du Sultan, on aperçoit de beaux villages. » La ville de Ti-Mimoun ressemble beaucoup à celle des Oulad-Saïd; il y a » des rues très-larges et très-spacieuses, d'autres qui sont étroites et obscures » par le rapprochement des murailles, comme cela existe à Alger.

» La réception du Sultan fut très-encourageante; il régnait bien parmi les » Grands une certaine hostilité, et je crus, après plusieurs jours d'observa- » tion, pouvoir l'attribuer à *la jalousie que leur inspirait l'arrivée d'un con- » current des caravanes qui viennent par le Maroc.*

» Les boutiques ressemblent à celles que tiennent chez nous les marchands » mozabites : elles abondent en sucre, café, épices, et surtout en produits de » maroquinerie. Le Maroc envoie de Tafilet une grande quantité de filali que » les ouvriers de Ti-Mimoun transforment avec beaucoup d'art en objets d'uti- » lité ou de fantaisie.

» C'est à Ti-Mimoun, qui n'a pas moins de quatre à cinq mille maisons, » qu'est le centre véritable des opérations entre le Soudan et le Maroc ou les » caravanes qui viennent de l'extrême Orient par Tunis.

» Les dents d'éléphant, les plumes d'autruche, les peaux de panthère, de » lion et d'autres animaux inconnus à l'Algérie y sont les objets du plus fré- » quent échange. La poudre et les bijoux de l'or le plus pur y sont très-abondants, » à ce point qu'il ne serait pas difficile d'échanger rapidement plusieurs centai- » nes de mille francs de monnaie d'argent, métal d'autant plus précieux pour eux » qu'il leur est à peu près inconnu, contre pareille somme de poudre d'or, et » avec un très-grand bénéfice pour notre commerce. Les Anglais passent par » Fez et Tafilet et apportent sur les marchés de ces contrées, qui sont très-peu- » plées, une quantité prodigieuse de sucre, de café et d'autres denrées.

» J'observai qu'à côté de mœurs très-douces, les habitants de Ti-Mimoun » étaient de très-fidèles croyants et que l'instruction était très-répandue dans » l'enfance. La denrée dont je parvins à me défaire le plus rapidement fut le » papier et l'encre. J'en aurais apporté la charge de mes soixante chameaux » qu'elle eût été immédiatement vendue.

» Les Grands qui entouraient le Sultan, ne pouvant obtenir mon renvoi, se » rejetèrent sur la marchandise et prétendirent qu'elle était empoisonnée. Je fis » immédiatement l'épreuve, en buvant devant eux du café mélangé avec le » sucre qui provenait de ma caravane, puis je fis établir la comparaison entre » les sucres que les marchands mozabites leur vendaient, et cette comparaison » resta toute entière à l'avantage des marchandises françaises. Au-delà de Ti- » Mimoun, on va jusqu'à Tidi-Kelt, après sept journées de marche au milieu » de villes et de villages et dans des contrées qui ne ressemblent en rien à

» celles que l'on parcourt pour aller à Ti-Mimoun. Le pays change totalement » d'aspect, il y a des montagnes et des vallées, de belles forêts composées » d'arbres immenses et inconnus en Algérie, des vignes, des figuiers et beau- » coup de sources naturelles. Au-delà de Tidi-Kelt jusqu'à Tombouctou, c'est » encore le désert, quinze journées sont nécessaires pour le traverser. C'est là » surtout que les Touaregs font de fréquentes apparitions; c'est sur ce point » qu'ils prélèvent les droits énormes qu'ils imposent aux caravanes, les armes » à la main.

» A Ti-Mimoun, aux Oulad Saïd et dans tout le Gourharha, les habitants » portent de très-belles armes fabriquées dans le Maroc, quelques-unes dans » le pays, d'autres apportées du côté de Constantinople.

» Les chevaux y sont très-rares et ne servent qu'aux riches; ils sont d'une » beauté incomparable et paraissent appartenir à une race supérieure à celle de » l'Algérie. — La possession d'un cheval est un signe certain de fortune et de » considération.

» Il y a une quantité prodigieuse d'ânes aussi gros que ceux de l'Espagne et » très-vigoureux, mais le chameau y règne sans partage, le mehari, surtout, à » l'aide duquel le *désert qui sépare le Soudan de Tidi-Kelt peut être rapidement* » franchi.

» Il est un fait que je ne puis laisser dans l'ombre et qui servira à montrer » sur quel pied il est utile d'établir des relations avec les peuples de l'intérieur » *de l'Afrique: M. le commandant Colonieu a visité le Gourharha. Il y a été reçu* » avec toutes les apparences de la plus franche cordialité, néanmoins, immédia- » tement après son départ, les habitants construisirent un fort, une espèce de » redoute, où furent cachés les trésors du Sultan. — Les populations craignaient » qu'il ne revînt avec une armée pour s'emparer du Gourharha. — J'ai vu cette » redoute, elle n'offrirait aucune résistance sérieuse, mais elle exprime le senti- » ment qui anime les peuplades soupçonneuses du Soudan, et j'ai trouvé là » l'explication de la répulsion que les Grands de la cour du Sultan avaient mani- » festée contre moi.

» L'Angleterre, qui fait avec cette contrée un immense commerce, n'apparaît » point, elle n'emploie que des agents indigènes, des Israélites ou des Arabes de » Fez ou du Maroc. — Ses produits s'écoulent vite et sans difficulté. — La France » est, pour ainsi dire, aux portes du Soudan, mais elle montre trop souvent » l'uniforme des officiers qui commandent les troupes qui protégent l'Algérie. — » Le commerce chez les Arabes se faisait, du temps des Turcs, *sous le bernouss*, » presque en cachette, parce que celui qui vendait était censé possesseur de quel- » ques biens. — Une amende le frappait immédiatement. — Il est résulté de là » une grande défiance chez tous les Arabes et une tendance à cacher ce qu'ils » possèdent. — Dans le Gourharha, comme dans les tribus qui avoisinent le » désert, ces sentiments de crainte sont encore exagérés, en sorte que, toutes les » fois que la France apparaîtra dans la personne d'un officier, la crainte la plus » soupçonneuse s'emparera des populations.

» Il est très-important, dans l'intérêt du commerce français, de n'établir avec le » Gourharha que des relations d'échange et de n'employer que des agents indi- » gènes. Il n'y a aucun avantage pour la France à conquérir les contrées qui » sont situées par delà les sables, et il y en a un immense à laisser le commerce » s'emparer peu à peu de l'esprit des habitants.

» Je devais repartir avec des marchandises du Soudan, mais ma caravane n'arri- » vait qu'après celles du Maroc et de la Tunisie. — La plupart des produits » avaient été accaparés par mes devanciers. — *Il fallut donc me résigner* à tran- » siger avec les circonstances. — Le Sultan me remit un reçu de toutes les mar- » chandises, promettant de favoriser les échanges entre le mandataire que je » laisserais et les caravanes qui apporteraient de Tombouctou des dents d'élé- » phant, des dépouilles d'autruche, des pelleteries, de l'or, soit en pépites, soit en

« lingots. — Je partis, emportant quelques échantillons, entre autres du salpêtre » et du filali transformé en babouches, dont l'écoulement s'est fait dans les » villages que j'ai parcourus avant d'arriver à Géryville.

» Je n'ai point exactement parcouru la même route pour revenir du Gourharha » à Géryville, j'ai pris un chemin encore plus court que celui que les caravanes » suivent, et j'ai traversé un grand nombre de tribus ou le commerce d'échanges » serait très-facile et très-considérable. »

Ici se termine le récit d'Ali. — Il éclaire d'un jour tout nouveau l'importance de la Colonie et fait comprendre tous les avantages que le commerce français peut retirer de l'application du décret du 25 juin 1860, qui autorise, sur les frontières du Sud de l'Algérie, la libre introduction en franchise de toutes les productions du Soudan.

Il est évident, pour tout esprit de bonne foi, que l'institution séculaire des caravanes indigènes partant de Sidi-Chiqrr pour le Gourharha, a tracé la route à suivre pour arriver à Tombouctou; que les marchandises d'origine française trouveront dans toute cette contrée un écoulement assuré.

Le traité passé entre le commandant Mircher et les chefs des Touaregs ne saurait ici trouver une application importante, car la caravane qui part de Sidi-Chiqrr est assez puissante pour résister à toute attaque à main armée.

Les Touaregs n'ont rien de commun avec les peuples du Gourharha. Ce sont des bandes armées que le commerce préoccupe fort peu et qui, au dire d'Ali et de plusieurs personnes qui ont longtemps vécu chez Si Hamza et qui les ont vus de près, vivent bien plus de la dîme prélevée sur les caravanes que des échanges. Ce sont des hôtes fort incommodes, et leur présence du côté de l'oasis de Sidi-Mansour ou dans les environs des Oulad Saïd est, pour les habitants du Gourharha, l'occasion d'une surveillance plus grande.

Ce sont les pirates du désert, armés de la lance, du bouclier, de pistolets et de poignards, outillage plus utile pour détrousser les passants, que pour attirer la confiance du marchand paisible.

Ils ne sont point redoutés par les Oulad Sidi Chiqrr, avec qui ils sont obligés de garder beaucoup de ménagements, et chez qui ils ont trouvé plus d'une fois l'hospitalité dans leur détresse.

Les Touaregs pourraient être utiles à nos relations commerciales; mais, comme le dit Ali dans son langage figuré : « Les Touaregs ensevelissent plus de caravanes que le Simoun! » Leurs mœurs guerrières, leur humeur vagabonde, le peu d'assiette de leurs institutions sociales, le soin qu'ils prennent d'avoir toujours le visage voilé et la présence continuelle auprès de leurs postes de meharis, pouvant faire cent lieues en un jour, les placent entre l'Algérie et le Soudan, comme une sorte de monstre fantastique, nageant ou volant sur cette bête étrange, dans cette mer desséchée qu'on appelle le désert du Sahara! Ils ne touchent à droite ou à gauche sur la rive, que pour y flairer une proie; les oasis sont leurs repaires.

Les bonnes dispositions des chefs Othman ben el-Hadj Bechir, et du cheik Ikhenoukhen, peuvent amortir, à l'endroit des caravanes françaises, la soif de pillage qui caractérise les tribus azguers, mais elles ne transformeront pas des races qui ont traversé toutes les périodes de la civilisation arabe sans se modifier. Tout ce qu'on pourra obtenir à l'aide de l'influence déjà acquise, c'est la libre circulation de nos produits. Ce qu'on obtiendra probablement, c'est le développement des instincts pillards des Touaregs, sur tout autre point que ceux qui avoisinent nos frontières du Sud.

Les points principaux qui ressortent de la relation du voyage d'Ali sont les suivants :

1° Il existe, par-delà nos possessions algériennes, des peuples qui ont une assiette régulière, un état social plus avancé que celui de la plupart des tribus de l'Algérie elle-même;

2° Ces populations sont accessibles à des relations commerciales et offrent un immense débouché aux produits de toute sorte de l'industrie française ;

3° La route la plus courte, la plus sûre, c'est Géryville, l'oasis de Sidi-Mansour, les Oulad Saïd.

Quelque opinion que l'on ait sur les Touaregs, qu'on les considère comme des pirates dangereux pour tout ce qui confie sa fortune à la région des sables, ou bien qu'on ne voie en eux que des tribus guerrières exagérant les instincts de la race arabe, et pervertissant, pour les besoins de leur existence nomade, la plupart des coutumes, il n'en est pas moins avéré qu'ils ne constituent pas la population normale des régions séparées de l'Algérie par le désert.

Les peuplades du Gourharha habitent des villes, sont industrieuses et commerçantes. — Elles ne se déplacent pas au gré d'une fantaisie ; — chaque famille a sa maison, son foyer. — Ce n'est plus la tente qui se déplace à volonté, c'est un degré d'attachement bien plus sérieux ; c'est, en un mot, ce que nous voudrions voir inaugurer dans toute l'Algérie, le trait d'union le plus puissant de l'homme au sol natal, le toit paternel !

Leur gouvernement est doux, paisible, patriarchal, bienveillant (la réception faite à Ali par le Sultan Abd-er-Rhaman le prouve surabondamment).

Ce fait bien établi, les véritables ports de l'Algérie, au point de vue commercial, seraient donc situés aux frontières Sud de nos possessions, ce seraient Laghouat et Géryville, partout d'où partent les grandes caravanes qui vont au Gourharha et derrière lesquelles s'abriteraient les envoyés du commerce français.

On a dit souvent des tribus algériennes : Que faire d'un peuple qui ne consomme pas? La réponse était faite par ceux-là même qui posaient cette question. Rester au rivage, percevoir des impôts, laisser à Dieu le soin d'instruire ce peuple et de verser l'abondance sur leurs sillons et la fécondité sur leurs troupeaux.

Que devient ce raisonnement singulier devant le récit d'Ali, dont nous ne pouvons refuser, comme complément de ses intéressantes observations, de traduire le fond de la pensée, car, ne l'oublions pas, le peuple arabe a comme Figaro, toujours deux *vérités !*

A la question suivante, adressée à Ali : « — Que penses-tu du commerce fran-« çais dans le Gourharha ?

» — Je pense, disait-il, que les peuples du Gourharha peuvent consommer, » à eux seuls, deux fois autant de produits français que les tribus de l'Algérie » toute entière, car, perdues au milieu des sables, elles ont plus de besoins, » et d'ailleurs, ajoutait-il, ces populations, qui ne font point *parler la poudre* » entre elles, comme nous, sont bien plus riches ! »

L'Angleterre n'a dépensé ni un homme, ni un coup de canon, elle n'a mis en avant aucune influence militaire pour avancer au cœur de l'Afrique et elle y est représentée par un commerce immense. — Gibraltar, que l'on croirait volontiers un arsenal militaire aux portes de la Méditerranée est bien plutôt un immense entrepôt, où les Israélites de Tétouan, de Fez, les marchands arabes, les Mozabites surtout, viennent chercher les denrées qui alimentent le Gourharha et, par de là, les régions plus éloignées du Soudan.

L'établissement de comptoirs français aux Oulad Saïd, à Ti-Mimoun, à Tidi-Kelt est donc la conséquence des relations nouvelles, créées par cette première tentative, c'est la concurrence entre les produits de l'industrie française et les produits anglais. — Une fois le commerce français implanté dans le Gourharha, que devient la distance qui sépare Tidi-Kelt de Tombouctou ?

Pour qui a fréquenté la race arabe, pour qui connaît l'aptitude merveilleuse qu'a ce peuple à modifier ses moyens de transport, selon ses besoins, la solution est toute trouvée.

Le chameau qui, dans nos contrées à surface solide, est un animal de transport sobre, vigoureux, doux à manier et facile à conduire, subit, dans les contrées du Sahara, une éducation spéciale, qui en fait un être nouveau. Il devient, par cette éducation et par le croisement, le mehari. Le mehari est le véritable rail-way du désert, il a en lui la vitesse de l'autruche et de la machine à vapeur; tandis que le chameau porteur fait en moyenne 10 lieues dans un jour, le mehari en fait 50, 80 et même 100, sans se reposer un seul instant. Il ne marche pas, il galope, ou plutôt, il vole à travers les sables, et cela explique pourquoi les Touaregs, qui n'ont pas d'autre moyen de transport, peuvent parcourir des distances aussi considérables pour atteindre les caravanes qui n'ont point une force suffisante pour leur résister.

Les Arabes, habitués au mehari, considèrent l'espace qui sépare Tidi-Kelt de Tombouctou comme très-peu important. Ali, interrogé sur ce point, nous faisait une réponse curieuse à connaître :

« Oserais-tu aller jusqu'à Tombouctou ?

» Donne-moi une caravane de cent chameaux chargés de douros, et je te
» ramenerai une caravane chargée d'or ! »

C'est, qu'en effet, les habitants du Soudan, comme ceux du Gourharha, n'ont point d'argent et possèdent une quantité prodigieuse d'or natif. Ce qu'ils convoitent, surtout, c'est d'échanger ces deux métaux, peu soucieux des bénéfices que nos marchands peuvent réaliser.

Les régions dont Ali raconte l'importance seraient donc placées entre le Soudan et l'Algérie, comme les îles Majorque et Minorque au milieu de la Méditerranée, points intermédiaires de commerce, de refuge, de repos et de ravitaillement. Remarquons, en effet, que, d'après le rapport d'Ali, huit journées de marche dans le petit désert séparent l'Oued-el-Benoud de l'oasis de Sidi-Mansour ; qu'à très-peu de distance de cet oasis, on entre dans une contrée toute peuplée de villes et de villages.

A partir de Tidi-Kelt il y a quinze journées jusqu'à Tombouctou : « mais, dit
» Ali, c'est dans cet intervalle surtout que rôdent les Touaregs ! »

C'est là que l'influence de leurs chefs deviendra utile aux caravanes qui iront jusqu'au Soudan; c'est dans ces contrées éloignées que leur concours actif pourra faire tomber l'opinion généralement accréditée sur leur compte, parce que les populations du Soudan n'offrent point la résistance des Ouled Sidi Chiqrr et qu'ils se sentent plus à l'aise loin de nos possessions algériennes.

Une des conditions indispensable à l'accomplissement d'un pareil voyage, c'est de ne point manquer d'eau. Ce n'est point sans quelques raisons que toute la contrée occupée par l'oasis de Sidi-Mansour et par les approches du Gourharha a été appelé le *Pays de la soif !* L'eau manque-t-elle dans le désert ? Oui, à la surface ; non, si l'art intervient. L'existence du grand Puits des Caravanes, où s'abreuvent 20,000 chameaux sans compter les provisions, que les chameliers emportent, le peu de profondeur de ces puits, suffisent pour démontrer que partout où la sonde artésienne sera plantée, on pourra créer des oasis, des îles d'abord, au milieu des sables fixés par la culture du palmier, oasis bientôt peuplés par des indigènes. La fortune, dans le Gourharha, se compte par le nombre de palmiers qu'une famille possède. Le palmier rapporte, en moyenne, 10 francs par an. Qu'on établisse, par la pensée, le rendement des sommes employées au creusement des puits artésiens, et l'esprit se rassurera et la confiance renaîtra, et peut-être, ce qui apparaît aujourd'hui avec l'apparence du mirage et de l'impossible apparaîtra-t-il, dans un temps prochain, sous la forme purement spéculative !

Nous avons étudié tous les objets rapportés par Ali. Quoiqu'en très-petit nombre, eu égard à ceux qu'il aurait pu trouver, s'il avait eu des correspondants dans le Gourharha, ils méritent une attention sérieuse.

Il a rapporté des babouches en filali, admirablement travaillées; des ballots de filali apportés du Maroc, de Tafilet, où se préparent ces cuirs inimitables;

des tapis en coton, travaillés par les femmes indigènes et qui, par leur solidité, par leurs teintes bizarres, pourraient figurer dans certaines expositions. Le coton, avons-nous dit, croît à l'état arborescent dans tout le Gourharha, et le tissage à la main prend tout le temps que les femmes ne consacrent point aux usages domestiques. Nous avons remarqué principalement une coloration bleue, d'une solidité extrême, résistant à tout lavage; or, on sait que cette teinte est la plus difficile à fixer sur les cotonnades. Une ceinture en soie et laine était si merveilleusement travaillée que notre amour-propre national froissé aurait voulu en faire hommage aux métiers les plus habiles de Saint-Étienne ou de Lyon. La poudre d'or, les bijoux du Gourharha, en or massif, boucles d'oreille ou chaînettes à brins tordus, bracelets et anneaux de servage que les femmes portent au-dessus de la cheville, nous paraissaient faire concurrence aux plus beaux ornements que nous ayons vu déchirer les oreilles des femmes arabes. Ce sont toujours des bijoux coulés dans une matrice et plus remarquables par la pureté du métal que par la main-d'œuvre artistique.

M. Jacques Solari nous a donné à analyser un échantillon de salpêtre, très-beau et d'apparence très-pure. Au dire d'Ali, des gisements immenses existeraient dans le Gourharha, qui suffiraient à l'approvisionnement de toutes les puissances européennes, qui *aiment tant à faire parler la poudre*. Cet échantillon ne renfermait pas moins de 63 pour cent de nitrate de potasse pur.

N'oublions pas les dattes, aliment précieux, et destiné plus tard à des applications industrielles, eu égard aux éléments sucrés qu'elles renferment. Souvenons-nous aussi qu'un palmier, délicieux bois de charpente, de charronage, est, pour les habitants du désert, ce que le sapin et le mélèze sont pour le montagnard suisse, avec cette différence immense que le produit du palmier dépasse le produit de n'importe quel arbre fruitier de l'Europe.

Les pelleteries, les dents d'éléphant, les dépouilles d'autruche, étaient accaparées par les marchands venus du Maroc au profit de l'Angleterre. A peine si les descendants de Si Hamza peuvent en trouver quelques douzaines pour entretenir le commerce de Paris et de Lyon.

Il n'est pas jusqu'à certaines préparations bizarres que les Orientaux connaissent et dont les vieillards semblent faire un usage fréquent à l'intention de renouveler *le sacrifice d'Abraham avec Sarah* sa légitime épouse, qu'Ali n'ait cru devoir rapporter comme un spécimen des mœurs des peuples du Soudan.

La majeure partie des marchandises rapportées par la caravanne, a trouvé un placement rapide dans les tribus qu'Ali a rencontrées sur son passage, lors de son retour, à des conditions très-avantageuses.

Le décret du 20 juin 1860 a donc trouvé une application sérieuse des principes qu'il consacre. La route du Soudan est désormais tracée, et ce n'est pas un mythe ni un rêve d'imaginations malades.

Est-ce tout? Ne reste-t-il rien à faire pour favoriser l'œuvre péniblement commencée, et la France doit-elle s'en rapporter simplement à la *loyauté*, à la *bonne foi* et à l'*expérience* des chefs Touaregs, ainsi que le dit l'article 4 du traité conclu avec eux?

Nous ne le croyons pas. Quel que soit le mérite de M. Jacques Solari, quelque intelligence que son fidèle Ali ait montrée dans ce long voyage, si grande qu'ait été la bienveillance des officiers qui commandent le poste de Géryville, il y a quelque chose de mieux à tenter.

« Je n'ai qu'à me louer, nous disait M. Solari, des encouragements et de la
» complaisance des officiers de Géryville. Je me charge de créer des comptoirs
» dans le Gourharha, et l'industrie française qui a été représentée par une vingtaine
» de mille francs, le sera bientôt par centaines; il suffit pour cela que l'in-
» fluence exercée sur les chefs indigènes, les Oulad Sidi Chiqrr et autres, assure
» à mes caravanes la protection la plus sincère et la plus efficace! »

Cet hommage, rendu aux bonnes dispositions des autorités, répond suffisamment à *la* question posée par le Conseil Supérieur constitué à Alger, sous la présidence de M. de Forcade la Roquette, pour la solution des grands problèmes qui agitent l'Algérie.

Un homme s'est trouvé qui, abandonné à ses propres forces, s'inspirant d'une longue connaissance des mœurs arabes, calculant les avantages promis par la proximité d'une contrée richement peuplée, a ouvert la route du Soudan aux produits de notre industrie, a éclairé tout un horizon nouveau. Cet homme a mérité toute la reconnaissance du commerce français. Espérons que ses efforts, couronnés de succès, prouveront une *fois* de plus l'importance de la conquête de l'Algérie, et tourneront vers elle l'attention de tous les hommes que la Colonie intéresse !

ANNEXE AU PROCÈS-VERBAL DE LA SÉANCE DU 31 MARS

COMMERCE DES LAINES A TLEMCEN.

NOTE de M. R. Cély, *représentant de la maison Carlos Masurel.*

La laine, un des principaux produits actuels de l'Algérie, est destinée à devenir une source immense de richesse en peu de temps, s'il est permis à l'initiative individuelle d'utiliser tous ses moyens d'action sur les ressources que lui offre le pays.

Jusqu'en 1850, le commerce des laines à Tlemcen eut peu d'importance. Les fabricants de France leur reprochaient, comme à toutes les autres laines de la province d'Oran, d'être très jarreuses, cassantes et chardonneuses, trop grossières et trop longues pour la carde. Il était impossible aux machines de les utiliser pour le peigne.

Le prix moyen de ces laines n'avait pas dépassé 40 francs les 100 kilog. dans le port d'embarquement; prix sur lequel le transport devait être compté à raison de 12 ou 15 francs les 100 kilog.

En 1854, une machine fut inventée, qui s'accommodait parfaitement de nos laines et donnait des résultats très-satisfaisants en laines peignées.

En 1855, pour la première fois, un filateur du Nord fit acheter directement sur les lieux.

L'Exposition universelle vulgarisa l'ingénieuse machine, et, en 1856, plusieurs acheteurs du Nord et de Marseille vinrent eux-mêmes sur notre marché.

Le prix moyen du quintal métrique était alors de 60 à 65 fr. à Tlemcen, et le transport à Oran de 8 à 10 fr. les 100 kilogrammes.

L'admission de la crinoline dans le costume des femmes, contribua beaucoup à mettre nos laines en faveur.

Les étoffes en laine rude devinrent à la mode, les laines de Tlemcen qui sont les plus grossières furent aussi recherchées par les acheteurs que les autres laines de la province d'Oran, et obtinrent même une préférence dans les fabriques.

En 1857, les ordres devinrent si nombreux que les acheteurs, désireux de pouvoir satisfaire à toutes les demandes, se décidèrent à ne plus attendre que les Arabes vinssent apporter les laines sur les marchés, et voulurent aller eux-mêmes les chercher sous la tente du producteur.

Mais nous étions alors au temps des priviléges, les *amis seuls* obtinrent l'autorisation de faire du commerce directement avec les Arabes. Il fut permis à un privilégié, pour faire ses achats de laine, de s'installer à Bel-Khelill, poste militaire à 300 kilomètres au sud de Tlemcen.

Afin de s'assurer de grandes quantités de laine pour la campagne suivante, les négociants auxquels il n'avait pas été permis d'acheter en dehors des marchés achetèrent, pendant l'hiver, en faisant des avances d'argent aux vendeurs.

Pendant trois ans, ils ne rencontrèrent aucun inconvénient, mais, en 1861, les Arabes, après avoir reçu de très-fortes sommes, s'abstinrent de livrer les laines qu'ils avaient vendues.

Les acheteurs réclamèrent, mais en vain, à l'Autorité supérieure; elle les renvoya à la justice civile, qui n'a aucun moyen de faire exécuter les jugements qu'elle rend dans les lieux habités par les débiteurs, et qui a, en plus, l'inconvénient d'occasionner des frais énormes, sans compter la mauvaise volonté que l'autorité militaire met trop souvent à exécuter les jugements de la justice civile.

De telle sorte que les créanciers sont encore, aujourd'hui, à découvert de sommes énormes dues par les Arabes habitant le territoire français.

Les Arabes, sollicités par la concurrence, comprirent enfin l'avantage qu'ils avaient à tondre chaque année tous leurs moutons; les quantités augmentèrent considérablement et la qualité y gagna beaucoup, car les jarres diminuèrent par une tonte régulière, le brin devint plus uniforme et plus nerveux, et l'emploi de nos laines augmentait chaque année.

En 1850, Tlemcen fournissait à l'exportation de 6 à 700 quintaux métriques de laine, d'une valeur de 28 à 30 fr. le quintal.

En 1860 et 1861, il en a été expédié plus de 15,000 quintaux chaque année, dont le prix a été de 95 à 100 francs les 100 kilog.; la route d'Oran ayant été améliorée, le prix du transport était descendu à 5 francs les 100 kilog.; cette augmentation a eu lieu, toutefois, sans que la consommation du pays diminuât et sans que les troupeaux du désert eussent augmenté.

Mais les prix élevés, offerts par le commerce et les émissaires parcourant le pays, étaient parvenus à faire arriver à Tlemcen des laines du sud et du Maroc, qui n'en avaient jusqu'alors jamais connu la route, et cela, malgré les obstacles de toute nature qui vinrent, en 1860, entraver les relations qui s'étaient établies directement entre le producteur et l'acheteur.

Par ordre de M. le général Deligny, commandant la province d'Oran, la circulation fut complètement interdite au désert, aux Européens, aux juifs et même aux musulmans du Tell; il fut défendu aux Arabes de leur vendre quoi que ce fût, même une *toison de laine*.

Toutes relations avec les tribus marocaines furent aussi expressément défendues à tous les Européens. Impossible de passer la frontière sans être exposé à être incarcéré à sa rentrée, comme venant de pays étrangers sans passeport, sous l'inculpation de vagabondage.

Au négociant qui, forcé par ses affaires antérieures de se rendre au Maroc, demandait un passeport, on répondait qu'on ne pouvait le lui accorder, la France n'ayant pas d'agent consulaire à Ouchda, qui pût lui donner aide et protection; on n'ignorait cependant pas que ce n'était pas pour s'en servir au Maroc que ce passeport était demandé, mais bien pour être protégé, à sa rentrée sur le territoire français, contre l'arbitraire des autorités locales, et que, de plus, celui qui le demandait avait des intérêts très-importants avec différentes tribus marocaines; qu'il avait même versé au Trésor public une somme considérable pour le compte de la tribu des Mahïas, et pour solde de la contribution de guerre qui lui avait été infligée après l'expédition de 1859; somme qui lui est encore due aujourd'hui, et pour le recouvrement de laquelle il n'a pu parvenir à avoir aucune protection de l'autorité française, tandis que l'Empereur du Maroc a bien daigné lui témoigner toutes ses sympathies et lui promettre de faire tous ses efforts, pour contraindre à payer ses tribus insoumises. Cependant je dois dire que, depuis son arrivée à Tlemcen, M. le général Hugo a fait tous ses efforts pour nous venir en aide.

Après l'abolition des droits d'entrée sur les matières premières venant du Maroc, la douane ne pouvait plus percevoir de droits sur les laines, qui étaient auparavant sa principale source de recettes, et voulant néanmoins justifier sa raison d'être, en produisant quelque petite chose, elle se mit à faire payer un droit nouveau sur les nattes en alfa qui servaient d'emballages aux laines; par excès de zèle, elle fouilla chaque toison dans l'espoir d'y découvrir de la contrebande, en un mot, elle tourmenta, elle tracassa si bien par tous les moyens imaginables les Marocains qui venaient trafiquer sur le territoire français, que les relations diminuèrent de jour en jour et sont aujourd'hui à peu près nulles.

La création des ports francs espagnols sur la côte du Maroc les fera bientôt cesser complétement *au grand bénéfice des Anglais.*

Malheureusement pour le commerce des laines, les juifs qui servent ordinairement d'intermédiaires entre les producteurs indigènes et les acheteurs français, voyant que ces premiers préféraient acheter au poids plutôt qu'à la toison, — car, au poids, il ne peut y avoir de difficulté entre le vendeur et l'acheteur, lorsque la laine n'est pas fraudée, tandis qu'à la toison (les toisons n'étant jamais égales entre elles), il s'élève toujours quelque discussion au moment de la réception; — les juifs dis-je, trouvèrent le moyen d'en augmenter le poids en ajoutant à la laine divers corps étrangers, de la terre, de l'eau, du lait aigri, et du sel; ce dernier, de tous les genres de fraude, est le plus difficile à reconnaître pour l'acheteur inexpérimenté : le sel attire l'humidité, la toison est froide, mais on ne peut pas dire qu'elle soit mouillée; son poids n'en augmente pas moins de 15 à 20 pour 0[0.

De proche en proche la fraude s'étendit et fut générale chez tous les producteurs; certaines tribus sahariennes, et des plus loyales, ont soin, au moment de la tonte, de camper sur des sables qui contiennent une grande partie de sel gemme.

Un certain nombre des commissionnaires acheteurs, emportés par l'amour effréné du gain, sacrifiant l'intérêt de leurs mandants en même temps que celui du pays, reçoivent encore sans objection des laines fraudées de la façon la plus affreuse.

D'autres acheteurs, croyant mieux comprendre les vrais intérêts du pays et les leurs propres, réclamèrent auprès du Gouvernement-Général et obtinrent, à force d'insistance, en mai 1862, une circulaire qui engageait les autorités locales à donner des ordres, dans la mesure de leurs pouvoirs, pour empêcher la fraude.

Cette circulaire a produit d'excellents effets partout où les principes qu'elle recommande ont été mis en vigueur, mais dans la subdivision de Tlemcen il ne lui fut donné aucune suite.

Aussi la fraude a-t-elle pris de telles proportions, qu'il a fallu le besoin pressant de laines en Europe et en Amérique, pour que nos marchés ne fussent pas complètement abandonnés par les acheteurs.

Ainsi, les laines qui, en 1858, donnaient net, au peignage, de 33 à 39 p. 0/0, ne rendirent plus que de 20 à 27 p. 0/0 en 1861, ce qui explique, malgré l'augmentation de la demande, le peu d'augmentation dans les prix de 1862, qui se maintiennent de 95 à 100 francs les 100 kilog., quoique le transport ne fût plus que de 2 à 3 francs par 100 kilog. et que la quantité de laines venues sur les marchés ait été de plus des 2/3 inférieur à celles de 1860 et 1861, par suite de la mortalité des troupeaux pendant l'hiver de 1860, et encore par les achats faits par les Anglais, chez les tribus marocaines voisines de notre frontière.

Les fabricants du Nord ont été tellement *échaudés* par la fraude, qu'ils n'ont plus voulu employer de nos laines en 1862. Toutes celles de la dernière campagne, à très-peu de chose près, ont été vendues par les acheteurs français aux Anglais pour les Américains, ou directement aux Américains eux-mêmes.

Et les nouvelles qui nous arrivent de New-York nous apprennent que les laines de la province d'Oran, à cause de leur fraude, y sont aussi dédaignées qu'en France; que la vente en est devenue très-difficile, quoiqu'il soit reconnu par tous, en Amérique comme en France, qu'elles sont d'excellente qualité, qu'elles ont de la longueur, du nerf, beaucoup de crochet et du brillant; mais la fraude seule en écarte les acheteurs.

Pour remédier à cet inconvénient pernicieux à tous les intérêts et faire cesser ces coupables habitudes, l'autorité pourrait beaucoup si elle le voulait, en usant de son influence sur les chefs indigènes et en faisant saisir sur les marchés, sans pitié, tout ce qui s'y présenterait de fraudé.

Mais je crois qu'il vaudrait mieux encore que ce fussent les acheteurs qui prissent eux-mêmes les moyens nécessaires; il faudrait pour cela qu'ils refusassent tout ce qui ne serait pas parfaitement exempt de toute fraude, ou qu'ils fissent des différences telles, entre la bonne et la mauvaise marchandise, que les vendeurs reconnussent l'intérêt qu'ils ont à livrer de belles et bonnes laines, ou au moins telles qu'elles se trouvaient sur le dos du mouton.

Dans l'intérêt de la production et du commerce des laines, voilà, Monsieur le Président, les mesures dont je crois devoir vous soumettre la proposition :

1° Accorder la plus grande liberté de transaction et par conséquent de circulation, sur le territoire algérien et chez nos voisins, aux risques et périls de ceux qui voudront profiter de cette liberté, même d'aller s'installer dans les immenses plaines du Sahara, pour élever ou seulement diriger l'élève des troupeaux et améliorer la qualité des animaux et de la laine, par de bons soins et des accouplements intelligents;

2° Installer le plus promptement possible la justice civile française dans nos postes avancés;

3° Supprimer immédiatement les grands chefs indigènes, qui *mangent* laines et moutons et ne permettent pas aux troupeaux de s'augmenter.

(Le Sahara, aujourd'hui même, avec une meilleure administration, peut nourrir, j'ose le dire, plus de dix fois autant de troupeaux qu'il n'en possède. Si on y faisait des puits artésiens ou autres, et si on y installait des abris, de combien n'augmenterait-on pas la production de la viande et de la laine?)

4° Abolir la douane du côté du Maroc, car elle est incapable d'empêcher la contrebande, et elle éloigne le commerce de bonne foi, par sa manière d'agir à l'égard des étrangers.

Si le Gouvernement daignait prendre en considération et mettre en pratique les vœux que je viens d'exprimer et qui sont ceux de tous les habitants du pays, je crois que la France et l'Algérie ne tarderaient pas à en retirer d'immenses avantages, et n'auraient pas le regret de voir le commerce du Maroc tomber exclusivement entre les mains de l'Angleterre.

RECTIFICATION de la déposition de M. FAVEREAU.

(Pages 102, 103 et 114).

PAGE 102.

M. LE PRÉSIDENT. Les navires étrangers viendraient sans doute se ravitailler à Alger, si les objets de gréement et de réparation y étaient à bas prix et s'il y en avait des approvisionnements?

M. Favereau. Je n'ai pas ouï-dire qu'il en soit venu. Lorsque, dans certains cas, on s'est adressé à la marine pour des réparations que le commerce n'était pas en mesure d'effectuer, le prix de ces réparations a été augmenté de 1|4, conformément à la règle, et le prix de revient était encore inférieur, m'a-t-on assuré, à celui du commerce.

PAGE 103.

M. le Président. Parce que la marine a des approvisionnements. Le 1|4 en plus serait donc alors la différence entre le commerce en gros et celui en détail ?

M. Favereau. Ce quart en plus est imposé comme remboursement des frais généraux. Cette augmentation n'a pas lieu, lorsque des travaux sont exécutés pour des services publics ou pour des bâtiments de guerre de puissances étrangères.

MÊME PAGE :

M. le Président. Pour les intérêts algériens, vaut-il mieux acheter les navires à l'étranger que de construire en Algérie?

M. Favereau. La construction en Algérie, si elle est possible dans de bonnes conditions de concurrence, serait évidemment profitable au pays.

PAGE 114.

M. le Président. Savez-vous quel est le nombre de marins employés sur ces bateaux ?

M. Favereau. De 10 à 12 par bateau.

Séance du Samedi 4 Avril.

La séance est ouverte à une heure.

Sont absents: M. le Général Yusuf, qui s'est fait excuser, et M. Sarlande, retenu à la mairie par une séance du Conseil municipal.

Le procès-verbal de la séance du mardi, 31 mars, est lu par M. de Perrigny, Secrétaire, et approuvé sans observation.

M. le Président. Messieurs, nous allons aujourd'hui procéder à l'examen des principales questions qui se posent naturellement à la suite de l'enquête à laquelle nous venons de consacrer plusieurs séances. Nous pourrions prendre le questionnaire et suivre l'ordre adopté dans chacun de ses paragraphes, mais je pense que plusieurs de ces questions ne sont point susceptibles de controverse, et pour l'ordre de la discussion, je crois que notre attention doit porter plus particulièrement sur les points les plus importants.

Voici, je crois, les questions qui me paraissent devoir fixer principalement l'attention du Conseil :

Le droit de tonnage;

Les surtaxes de navigation qui s'ajoutent au droit de tonnage, ce qui comprend les droits différentiels payés par certaines marchandises, suivant qu'elles viennent directement des pays producteurs ou des entrepôts de Marseille;

Les règlements relatifs à la marine marchande algérienne et qui concernent la francisation des navires ou les facultés spéciales accordées aux marins étrangers domiciliés en Algérie.

Les règlements relatifs aux entrepôts fictifs et aux admissions temporaires.

Enfin, les règlements spéciaux relatifs à la pêche.

La discussion permettra d'apprécier les modifications qui, dans la pensée du Conseil, pourraient être utilement apportées, soit aux droits établis, soit aux surtaxes ou taxes différentielles, soit aux règlements existants.

Nous allons aborder ces différentes questions, mais je crois qu'à cause de son degré d'importance, il convient d'examiner d'abord celle du droit de tonnage.

Déjà, en ce qui concerne les modifications à apporter aux dispositions qui ont créé ce droit, la question est plus avancée qu'on ne croit généralement, et je ne pense pas être indiscret en disant que le Gouvernement a reconnu, depuis quelque temps, l'opportunité d'une prompte modification. On a vu quel obstacle il apportait au développement des relations commerciales de l'Algérie, et on a admis que, si son maintien était encore demandé comme protection à notre pavillon, il était utile de le réduire, en ne le faisant porter que sur les opérations effectives et non sur la jauge totale des navires. Ceci est un fait acquis; il s'agit de voir, aujourd'hui, si les faits révélés par l'enquête ne démontrent pas que cette mesure serait encore insuffisante et qu'il y a de sérieux avantages à aller plus loin.

Cependant, s'il est quelqu'un parmi vous, Messieurs, qui soit dans l'intention de soutenir le régime actuel, nous entendrons son opinion, mais je dois déclarer qu'on a, dès à présent, des idées plus avancées.

M. Mercier-Lacombe. Lors de mon dernier voyage à Paris, j'ai eu l'honneur d'être reçu par Sa Majesté l'Empereur et je Lui ai parlé des obstacles que rencontrait l'Administration de l'Algérie à la suppression du droit de tonnage. Sa Majesté a bien voulu prendre note de mes observations, et, deux jours après, le Conseil d'État était saisi de l'examen d'un projet conçu dans le sens que vient d'indiquer Monsieur le Président. Ce projet a été examiné en section et en séance générale, et, sauf quelques modifications de rédaction, il est probable qu'il fera prochainement l'objet d'un projet de loi.

Je crois que ce n'est qu'un premier pas et qu'il convient d'aller jusqu'au bout de la route qu'on s'est tracée. Un dégrèvement proportionnel ne réaliserait pas complètement les espérances du commerce. Les résultats de l'enquête font ressortir l'utilité de faire davantage et fournissent des arguments pour une solution plus radicale que celle qui est déjà projetée.

M. de Toustain. Je demande s'il ne serait pas nécessaire de scinder la question et s'il n'y a pas lieu de distinguer, entre les navires étrangers qui pourraient venir régulièrement et ceux qui viennent accidentellement. Le droit de tonnage devrait être supprimé pour les navires faisant un service régulier et qui feraient escale dans les ports de l'Algérie. Je crois qu'il y a là un intérêt considérable; je ne suis pas aussi radical pour les autres navires, qui pourraient, à la rigueur, être assujettis à un droit partiel.

M. le Président. Vous êtes d'avis de maintenir le droit de tonnage, mais de ne l'appliquer que dans des conditions déterminées; ce moyen mixte n'a pas besoin d'être discuté, puisque une solution dans ce sens est déjà admise en principe. La question doit être traitée à un point de vue plus général ; elle doit porter sur le maintien ou l'abolition du droit de tonnage. C'est donc, dans cet ordre d'idées, que l'opinion de chacun des membres du Conseil doit être formulée. Les amendements qui pourraient se produire, quant aux restrictions à admettre, se présenteront naturellement, si le Conseil se prononce contre la suppression totale du droit de tonnage.

M. DE MAISONSEUL. Je demande l'abolition complète et absolue du droit de tonnage : la perte qui pourra en résulter pour le Trésor devra être largement compensée par le mouvement commercial que les relations avec l'étranger développeront en Algérie, ainsi que par les contributions diverses qui augmenteront d'importance.

L'intérêt du Trésor n'est pas considérable ; j'ai fait un relevé des bateaux étrangers venus à Alger, pendant les années 1860, 1861 et 1862 : ce mouvement ne représente que 236 navires, jaugeant en totalité 55,767 tonneaux. C'est uniquement sur ce chiffre que le droit de tonnage a été perçu.

M. SOLHAUNE. Sur la totalité des recettes que procure le droit de tonnage, il y en a la moitié perçue pour des marchandises qui sont employées par l'administration militaire.

M. LE PRÉSIDENT. Voilà le point à éclaircir. Quelles sont les sommes payées par la marine et par l'armée?

M. DE MAISONSEUL. Cette année nous n'avons rien payé pour les charbons parce que nous les avons fait venir de France. La marine s'approvisionne aujourd'hui à Marseille et à Cette. Les années précédentes nous recevions de 6 à 8,000 tonnes de charbons étrangers. Les droits qui ont été payés pour ces quantités doivent entrer en déduction du chiffre total des recettes.

M. LE PRÉSIDENT. Votre opinion se résume ainsi : il faut déduire des 150,000 francs environ, formant le revenu total du droit de tonnage, ce que la marine et la guerre consomment de produits étrangers, pour se convaincre du peu d'importance de ce revenu. Pourriez-vous préciser des chiffres?

M. DE MAISONSEUL. C'est l'État qui a dû se payer à lui-même la majeure partie du droit de tonnage. Sur les 236 navires venus pendant ces trois dernières années, 37 seulement ont pris des chargements de retour en Algérie, savoir : 15 de fourrages, 10 de marchandises diverses, 5 de céréales, 3 de tabacs, 2 de bétail, 1 de vieux cordages et 1 de pèlerins arabes.

Sur les 85 navires étrangers qui sont venus à Alger en 1862, 38 étaient chargés de bois du Nord, 10 de fers et de rails pour le chemin de fer, 7 de carreaux vernis d'Italie, les autres apportaient du riz, du ciment, des grains, de la pouzzolane. Il est incontestable que l'administration en Algérie consomme les 2[3 des bois qui sont dans le commerce.

Si on ne calculait que les résultats de 1862, la diminution dans les recettes du Trésor par la suppression du droit de tonnage serait insignifiante.

M. le Président. Je m'étonne que le droit de tonnage ait produit moins en 1862, que pendant les années antérieures.

M. Mercier-Lacombe. Cela peut paraître bizarre, mais c'est qu'en 1861 il y avait à Alger un trop-plein de marchandises provenant de l'armée d'Italie, que l'on a ramenées à Alger et qui ont dû d'abord être consommées.

M. le Président. En résumé, vous vous prononcez pour la suppression du droit de tonnage?

M. de Maisonseul. Oui, Monsieur le Président.

M. de Maisonneuve. Dans ses rapports commerciaux avec la France, l'Algérie est aujourd'hui considérée comme une annexe de la Métropole et ne saurait, il me semble, être traitée d'une manière plus libérale. Mais, dans ses rapports avec l'étranger, si la Colonie jouit de certaines modérations de taxes sur les marchandises, elle se plaint de ce que le pavillon étranger ait à supporter un droit de tonnage qui l'éloigne de ses ports.

On pourrait se demander si le régime à appliquer en Algérie, en matière de droit de tonnage, ne devrait pas être calqué sur celui qui est en vigueur en France.

Dans mon opinion, il y a mieux à faire, car je reconnais, avec la plupart des personnes qui ont été appelées à déposer devant le Conseil, que le droit de tonnage, atteignant la totalité de la jauge des navires qui veulent faire quelque opération dans les ports de l'Algérie, nuit aux relations internationales que la navigation à vapeur pourrait développer dans la Colonie naissante; mais pour remédier aux inconvénients que présente la législation qui s'applique au droit de tonnage, il ne serait pas nécessaire de supprimer entièrement ce droit; il suffirait d'en restreindre la perception au nombre de tonneaux de marchandises débarquées.

Il est à remarquer, en effet, que le droit de tonnage ne repousse pas le pavillon étranger de l'Algérie, toutes les fois qu'il s'agit de cargaisons entières à y transporter; et ce droit est, à mon avis, nécessaire pour permettre au pavillon français de prendre une certaine part dans les transports des approvisionnements que la Colonie tire de l'étranger.

On trouve la preuve de ce que je viens d'avancer en consultant le mouvement de la navigation et en observant, d'ailleurs, qu'avant l'établissement du droit de 4 francs par tonneau, le pavillon anglais transportait en Algérie la presque totalité de la houille importée d'Angleterre, tandis qu'aujourd'hui les navires français prennent leur part dans le transport de cette marchandise.

M. LE PRÉSIDENT. Votre proposition rentre dans le projet mixte que M. de Toustain a indiqué tout à l'heure.

M. DE MAISONNEUVE. Je crois que cela donnerait toute satisfaction à l'Algérie et qu'il suffirait de ne pas faire supporter aux parties vides du navire les 4 francs du droit de tonnage.

M. SOLHAUNE. L'immunité serait insuffisante : il est nécessaire que les navires étrangers puissent venir en toute liberté. On donnerait une exemption de 8 ou 10 francs aux navires français, qu'ils n'iraient pas dans le Nord chercher des marchandises.

M. LE PRÉSIDENT. Monsieur Duserech, voulez-vous prendre la parole?

M. DUSERECH. Le vœu, ayant pour objet la suppression du droit de tonnage sur les navires étrangers à leur entrée dans les ports algériens, a trouvé un certain crédit dans le pays, dans le public, comme auprès de l'autorité supérieure, et M. le Directeur général des Services civils, chargé de l'administration du département d'Alger, s'en rendant l'interprète, s'est ainsi exprimé, dans un discours qu'il a prononcé à l'ouverture de la dernière session du Conseil général :

« L'amélioration de notre législation douanière ne dépend pas uni-
» quement de l'autorité algérienne; celle-ci a fait tout ce qu'il était
» en son pouvoir, en signalant les avantages de la suppression du
» droit de tonnage, et en cherchant à prouver que cette mesure libé-
» rale serait favorable à l'Algérie et même à la France, par l'aug-
» mentation considérable des exportations et l'accroissement de la
» production, qui ne manqueraient pas d'en être la conséquence. »

Des considérations de cet ordre devraient cependant l'emporter sur l'intérêt fiscal, si cet intérêt était le seul engagé. Mais une mesure aussi radicale que la suppression totale du droit de tonnage aurait pour conséquence de porter un grave préjudice au pavillon français, préjudice qui réagirait nécessairement sur l'industrie navale. Or, les progrès de la civilisation ont fait de l'industrie une propriété comme la terre, mais qui doit être d'autant plus encouragée et soutenue, qu'elle est plus mobile et plus facile à accaparer. Si ses spéculations échouent, les ouvriers qu'elle emploie sont sans abri. Nous en trouvons un malheureux exemple dans l'industrie cotonnière. Il faut donc encourager l'essor de l'industrie, et protéger les bras qu'elle emploie.

Rentrons dans la spécialité de la question : le droit de tonnage a-t-il été un obstacle sérieux au développement de la colonisation ? Le progrès est continu ; tous les documents commerciaux le constatent. Les importations se sont graduellement élevées au chiffre de 192 millions ; les exportations de l'Algérie ont dépassé le chiffre de 72 millions. Ces sommes, déjà si importantes et qui témoignent si hautement du progrès, seront dépassées, non pas le jour où le droit de tonnage aura été rayé du tarif de navigation, mais le jour où, par l'effet de ces grandes idées comme la Providence en inspire à la France, le chiffre des importations sera devenu inférieur aux besoins de la consommation et du commerce de l'Algérie, et encore, le jour où l'Algérie produira, en sus de ses besoins, ce qu'elle est susceptible de fournir à la France et à l'Étranger. Ce jour-là, les navires de tous les pays afflueront dans tous les ports algériens, que le droit de tonnage ait ou non été diminué ou supprimé. Mais sans l'agriculture d'abord, et l'industrie, il ne peut exister ni commerce ni navigation.

Le droit de tonnage a-t-il eu pour effet de mettre obstacle au développement de nos relations maritimes et de les renfermer dans des limites restreintes ? Nous voyons que les importations de France, y compris celles des marchandises étrangères extraites des entrepôts dont le transport est réservé au pavillon national, se sont élevées, progressivement, à une valeur de 180 millions environ, tandis que les importations directes de l'Étranger, de 20 millions environ, sont descendues à 10 millions. Quelqu'un voudrait-il favoriser une tendance opposée ?

D'après la loi, le droit de tonnage est un droit *d'abord* affectant la coque du navire, et dont le montant est proportionné à sa capacité légale. C'est une fiction légale, je le sais ; en fait, la taxe vient en augmentation du prix du fret, le fret en augmentation de la valeur de la marchandise. Mais dans quelle proportion, le droit de tonnage affecte-t-il la marchandise ! Je suppose un navire du nord de l'Europe, chargé de bois de construction, et jaugeant légalement 200 tonneaux : le droit pour le Trésor est de 800 francs ; mais comme un navire de ce tonnage porte, au moins, 300 stères de bois, la taxe de navigation n'est que de 2 fr. 67 cent., environ, par stère ; or, comme la valeur du bois varie de 55 à 170 fr. le stère, l'impôt est réellement, en moyenne, inférieur à 3 pour 0|0 ; et qu'on veuille bien remarquer que pour se soustraire à cette taxe, il suffit, aux termes d'un décret du 10 octobre 1855, que le navire arrive chargé dans la proportion des 3|4 de son tonnage légal, et qu'il reparte avec une cargaison composée, pour la moitié au moins de ce tonnage, de produits français et algériens. C'était là une disposition de nature à activer l'exportation ; j'ai regret à le dire, on n'en profite pas. J'ajoute que les bois du Nord, en subissant, comme en France, la taxe de navigation, sont bien plus favorablement traités en Algérie, puisqu'ici ils sont affranchis du droit d'octroi qui, en France, est de 4 à 5 francs par stère.

Je prends maintenant la houille; elle se livre, en Algérie, au prix de 35 francs la tonne de 1,000 kil. Mais comme la capacité réelle du navire est supérieure de plus d'un tiers à sa jauge légale, on voit que le droit de tonnage n'en augmente le prix que dans une faible proportion, j'ajoute que la houille française entre de plus en plus dans la consommation algérienne; c'est une tendance qui, selon moi, ne saurait être assez encouragée. Quoi qu'il en soit, considéré exclusivement au point de vue de la fiscalité, le droit de tonnage ne constitue pas une lourde charge pour la consommation.

Je passe maintenant aux balancelles espagnoles qui approvisionnent la Colonie de vin, de fruits et d'autres objets de consommation. La quotité du droit de tonnage est invariable, quelle que soit la distance parcourue. Le prix du fret est pourtant réglé d'après la distance à parcourir et la nature du chargement. Eh bien! eu égard à la fréquence et au peu de durée des traversées, le droit de tonnage peut ne pas être en rapport avec le prix du fret, mais il grève peu la marchandise. Le tonneau, en fruits frais ou secs, représente une valeur de 300 francs, au moins. Quant aux vins, 4 futailles forment le tonneau de mer; or, 4 futailles, contenant 800 litres, payent pour droits de douane:

Droit d'importation.	2	40
Pour droit de tonnage.	4	«
Soit 1 fr. par barrique.		
Total.	6	40

Pour droit d'octroi elles payent 40 francs.

On voit ici que la perception est plus favorable à la Caisse coloniale qu'au Trésor.

Je ne pousserai pas plus loin ces citations.

Je ne prétends pas avancer que le tarif des droits de navigation ne soit pas susceptible de subir des modifications, il y a évidemment quelque chose à faire: je comprendrais, par exemple, qu'on cherchât à mettre le droit de tonnage en rapport avec le prix du fret, et que, dans ce but, pour les navires arrivant des ports de la Méditerranée, la taxe fût abaissée de 4 à 2 francs par tonneau de jauge. Il y aurait, peut-être, plus d'avantage pour l'Algérie, en ce qui concerne nos relations avec l'Espagne, à ouvrir des négociations avec le gouvernement espagnol, tendant à ce que le pacte de famille, qui n'est applicable que sur le continent, le devînt en Algérie et, par réciprocité, pour les navires algériens, en Espagne et dans les îles espagnoles de la Méditerranée.

D'après les règlements en vigueur, les navires arrivant de l'étranger et qui ne font aucune opération de commerce, ne doivent pas le droit de tonnage, mais ils y sont assujettis s'ils embarquent ou débarquent. Comme tout doit tendre à favoriser l'exportation, le fait d'embarquer des marchandises françaises ou algériennes, lorsqu'il n'y a pas débarquement de produits étrangers, pourrait n'être pas un motif d'exiger le paiement de la taxe de navigation.

Il y aurait peut-être lieu, pour le même motif, d'examiner si le privilège accordé aux navires étrangers, arrivés des pays du nord de l'Europe avec des bois de construction, ne pourrait pas, sans même s'arrêter à la nature des chargements, être étendu aux navires étrangers venant de tous pays, à la condition qu'ils rempliraient, au départ, la condition à laquelle est subordonnée la faveur actuellement accordée aux navires étrangers arrivant avec des bois de construction des pays du nord de l'Europe.

Actuellement, les navires *seuls* employés exclusivement au transport des passagers et emménagés dans ce but acquittent le droit de tonnage, dans la proportion du nombre de voyageurs qui débarquent ou *s'embarquent*, c'est-à-dire le droit d'un tonneau par voyageur. La même faveur pourrait, ce me semble, être accordée aux navires chargés de marchandises qui, dans les escales qu'ils feraient dans nos ports, ne débarqueraient que des passagers avec leurs bagages, sauf à assujettir, en outre, à un droit de tonnage proportionnel les petites quantités de marchandises qu'ils pourraient importer et qui ne feraient pas partie de la cargaison proprement dite. Je vais même plus loin, comme tous les efforts tendent à activer le mouvement d'immigration, le débarquement des passagers dans les ports algériens pourrait être permis purement et simplement en franchise.

J'ai réservé pour la fin les bateaux à vapeur d'un fort tonnage. Appliqué comme il l'est, et l'Inspection des Finances qui a dernièrement vérifié le service que je dirige en a fait comme moi la remarque avec l'autorité de sa lumière et de son expérience, appliqué, dis-je, » à la jauge totale du navire, même en cas de chargement partiel, » le droit de tonnage a pour effet de rendre à peu près impossible » aux paquebots à vapeur étrangers les voyages par escales et de » préjudicier à une foule de petites affaires qu'il est de notre intérêt » d'entretenir.

« Il semble, dès-lors, que si, au lieu de baser le droit de tonnage » sur la jauge totale des navires, on se bornait à l'appliquer pro- » portionnellement au nombre de tonnes de marchandises importées, on » réaliserait une transaction opportune entre ces intérêts, qu'on cher- » cherait vainement à concilier d'une manière absolue. »

En résumé, il me paraîtrait juste de n'imposer que l'espace occupé à bord des navires à vapeur par les marchandises débarquées, et de ne pas considérer comme donnant ouverture au payement proportionnel du droit de tonnage, l'embarquement, dans les ports algériens, des produits de la colonie ou d'origine française.

M. Mercier-Lacombe. Nous sommes plus près de nous entendre qu'on ne le suppose. Tout le monde comprend qu'il y a quelque chose à faire : M. l'Inspecteur général des Finances pense qu'il suffirait de dégrever les navires, en n'appliquant le droit de tonnage qu'en proportion des opérations faites par eux. Cette modification serait déjà importante, surtout pour la marine à vapeur; les navires à voiles ne font pas escale, leur chargement est complet au moment de leur départ, et ils ne s'arrêtent qu'à destination. Or, pour les navires à vapeur, au contraire, qui sont presque toujours d'un tonnage important, il y a un grand intérêt à ce qu'ils puissent s'arrêter sur leur route pour y prendre et déposer des passagers et des marchandises. La majeure partie de nos produits d'exportation ne sont pas encore assez considérables pour composer des chargements complets; les navires à vapeur qui fréquenteront nos ports prendront une partie de ces produits, notamment les légumes frais, qui ne peuvent aujourd'hui être expédiés au loin, sans supporter des frais considérables par chemin de fer. Je crois que la proposition de M. l'Inspecteur général des Finances constituerait déjà un avantage considérable pour l'Algérie; mais, par la force des choses, nous sommes entraînés à aller au-delà. Je suis de ceux qui se placent au point de vue de l'intérêt français, dont il ne faut pas, en définitive, séparer l'intérêt algérien. Je pense que l'un et l'autre trouveront leur compte dans l'abolition du droit de tonnage. Tout ce qui se fait au profit de la Colonie tourne également au profit de la France; tout ce qui peut développer les productions de l'Algérie développe en même temps le commerce français, et l'abolition du droit de tonnage favorisera ce développement.

Aucune mesure ne me paraît plus propre à activer la production : les statistiques établies demontrent quelle marche ascendante l'importation et l'exportation n'ont pas cessé de suivre depuis 1830. Or, cette progression s'est effectuée malgré les restrictions imposées à la navigation. Il y aurait donc intérêt à prendre des mesures plus larges, et je conclus pour que l'on augmente autant que possible la liberté à donner à la navigation.

M. le Président. Monsieur Solhaune, êtes-vous d'avis de supprimer complètement le droit de tonnage?

M. Solhaune. Oui, je demande sa suppression absolue.

M. Pierrey. Je vois dans le droit de tonnage une restriction de liberté condamné par l'expérience, peu profitable au Trésor public, très-dommageable à la Colonie.

Si la production algérienne ne se développe pas, c'est parce qu'elle n'a pas de suffisants débouchés.

Elle n'a pas de suffisants débouchés, parce que les navires étrangers ne viennent pas ou viennent peu dans nos ports.

Ils n'y viennent pas, retenus qu'ils sont par la perspective d'être soumis au paiement du droit de tonnage, et par l'incertitude de trouver un chargement.

Supprimez la première de ces causes d'abstention, et la seconde disparaîtra graduellement d'elle-même.

Les navires étrangers tenteront l'épreuve, et la demande s'opérant, la production s'efforcera d'y répondre.

L'Algérie ne peut que gagner à être connue, et elle ne l'est pas.

Le chiffre de ses importations en France donne un aperçu des importations qu'elle pourra faire dans les autres pays de l'Europe, lorsque son commerce d'échange sera dégagé d'une partie des entraves qui en gênent le développement.

Que le droit de tonnage soit aboli, et nos ports entreront immédiatement en possession des avantages que leur promet leur admirable situation; ils deviendront les étapes de la route qui conduit du détroit de Gibraltar à Alexandrie, à Smyrne, à Constantinople, dans la mer Noire, de cette route qui, dans quelques années, sera celle aussi des côtes méridionales de l'Asie. Que le droit de tonnage disparaisse, et bientôt Oran, Alger, Stora, Bône, seront visités par ces nombreux bâtiments à vapeur qui, presque chaque jour, passent en vue de nos côtes sans y aborder. Nos ports deviendront des ports de relâche, de ravitaillement et de réparation.

Pendant un récent séjour que j'ai fait à Barcelone, j'ai pu me convaincre, par les affirmations de plusieurs armateurs, que le droit de tonnage est le seul obstacle à l'établissement d'un service de bateaux à vapeur entre cette ville et Alger, entreprise deux fois tentée déjà et deux fois abandonnée, à cause de cette désastreuse redevance fiscale.

Je conclus pour son entière abolition.

M. de Vaulx. Jusqu'à présent il ne s'est produit, pendant le cours de l'enquête, comme de la discussion, que deux objections contre la suppression du droit de tonnage: la première consiste en ce que cette suppression priverait le fisc d'une branche de ses revenus; la deuxième repose sur ce que cette même suppression nuirait à la navigation française, dont le droit à supprimer serait essentiellement protecteur.

Je ne m'arrêterai que très-peu à la première objection. Ce qui semble résulter de l'ensemble des témoignages recueillis, c'est que le droit de tonnage n'a jamais rapporté annuellement plus de 120,000 francs; or, il est de toute évidence que la perte d'une somme aussi faible ne saurait être prise en sérieuse considération, quand on a fait la part de tout ce qu'ont de nuisible au progrès et aux intérêts de notre Colonie les entraves, les difficultés, qu'aux yeux mêmes de ses partisans les plus prononcés, fait naître l'existence du droit de tonnage. Qui, d'ailleurs, ne sait que tout développement de la richesse d'un grand pays ne rapporte bientôt, par mille canaux divers, au Trésor public, les sommes dont celui-ci peut avoir été privé par la disposition du droit qui faisait obstacle à ce même développement?

La seconde objection est plus sérieuse, au premier abord. De graves et grands intérêts se rattachent au développement de notre marine : Il s'agit là d'un des grands éléments de notre puissance, et l'on ne saurait y toucher qu'avec une extrême réserve; puis, l'objection se présente sous l'abri des principes tutélaires qui, pendant longtemps, ont présidé à la formation de nos établissements coloniaux; mais pour que l'objection eût de la force, il faudrait qu'il fut bien établi que, par la suppression du droit de tonnage, un préjudice réel serait apporté à la navigation française; or, non-seulement cela n'est pas établi, mais tous les documents fournis et toutes les données acquises tendent à prouver que, par suite du mouvement que la franchise imprimerait au commerce et aux affaires de la Colonie, la navigation française gagnerait elle-même une activité beaucoup plus grande que celle qu'elle a eue jusqu'à ce jour, dans ses rapports avec la colonie.

La démonstration sort des faits : l'Algérie qui tient de si près à la France par son origine, est peut-être plus intimement encore rattachée à la métropole par la communauté des intérêts, par la nature des affaires qui s'y produisent, par les sources commerciales auxquelles elle puise, qu'elle alimente déjà, que chaque jour elle alimente davantage; puis, de toutes les puissances commerciales de l'Europe, la France est celle qui est la plus rapprochée de l'Algérie dont, grâce aux progrès accomplis dans la navigation, les côtes ne sont plus qu'une prolongation de celles de la mère-patrie : or, ce qui doit résulter de cet état de choses, c'est que tout progrès, accompli dans le commerce de la Colonie, provoquera un progrès dans le commerce de la France; c'est qu'à toute opération, faite en Algérie par le commerce étranger, correspondra forcément une opération commerciale à faire par l'Algérie en France.

Maintenant il s'agit de savoir si la suppression du droit de tonnage amènera, dans les ports de l'Algérie des navires étrangers.

L'affirmative sur cette question ne me paraît également point douteuse. Ce qui me semble résulter de l'ensemble des dépositions de l'enquête à laquelle il vient d'être procédé, c'est que, si des nombreux vaisseaux qui passent tous les jours devant nos côtes, il n'en est aucun qui s'y arrête, il faut l'attribuer uniquement au droit de tonnage : ce qui en résulte encore, c'est que, l'obstacle une fois supprimé, il en est beaucoup qui viendront y relâcher. Cela se conçoit aisément : quelque rapide, en effet, que soit devenue la navigation, on ne saurait penser que, pour un navire venant de Gibraltar et se dirigeant vers Alexandrie, il n'y ait, outre le charme de l'inconnu, intérêt et avantage à faire une halte dans l'un de nos ports : or, toute halte d'un navire se traduit en opérations fructueuses, non-seulement pour le port, mais pour le pays.

On ne saurait oublier que ces côtes, que nous avons conquises, et cette terre, qui est à nous, confinent à ces côtes fameuses qui ont été le siége du plus grand commerce de l'ancien monde, et qu'elles participaient naguère à la prospérité de leur voisine, ainsi que l'attestent encore les ruines qui les recouvrent. Je fais de l'histoire ; pardonnez-le moi, Messieurs, elle est toujours bonne à consulter, car les mêmes causes sont toujours prêtes à produire les mêmes effets.

Les causes sont encore les mêmes, et tout semble disposé pour qu'elles produisent les mêmes effets. Les côtes d'Afrique, ces côtes que nous possédons, sont toujours sur la grande voie qui relie l'Occident à l'Orient ; il n'y a de différence, qu'en ce que la plus faible partie seulement de l'Europe prenait autrefois part au concours, tandis que, aujourd'hui, c'est toute entière qu'elle s'y précipite avec ses populations si denses et sa prodigieuse activité. L'Italie et l'Espagne n'ont pas une population moindre, les Gaules forment aujourd'hui la France, et le même territoire, sur lequel se trouvaient épars et sans lien commun 5 ou 6 millions d'hommes, en renferme actuellement 36 millions. Derrière la France, se trouvent la Belgique, la Hollande, l'Allemagne, reliées à elle par les chemins de fer qui effacent toute distance. Établirais-je une différence, en ce qu'était autrefois et ce qu'est aujourd'hui la Grande-Bretagne ?

L'extrême Orient a vu tomber successivement ses barrières, et les côtes d'Afrique se trouvent sur l'une des grandes routes du Nouveau-Monde, dont l'existence était à peine soupçonnée.

Du reste, s'il est de principe que le droit de tonnage est une protection pour le pavillon national, ce principe n'est pas tellement absolu qu'il ne souffre des exceptions. J'en citerai une, je citerai le port de Marseille ; ce port a dû être affranchi du droit de tonnage, malgré les titres tout particuliers de ce droit à la sollicitude du Gouvernement ; il s'agissait de ne pas détourner le commerce étranger vers les ports de Gênes et de Livourne. Eh bien ! je le demande, les circonstances ne sont-elles pas identiques ? Si Livourne et Gênes ont motivé l'exception en faveur de Marseille, Gibraltar, Malte et Alexandrie ne provoquent-ils pas la même exception en faveur des ports de l'Algérie ? Puis, si nous nous abstenions, si nous laissions les choses dans leur ancien état, qui sait si l'exception ne se produirait pas sur d'autres côtes de l'Afrique ou sur les côtes de l'Espagne?

S'il me fallait, au surplus, un exemple de tout ce que la franchise a d'avantages, non-seulement pour le port qui en est gratifié, mais pour la contrée dans laquelle ce port est situé, je citerais de nouveau Marseille et la Provence : je citerais un autre exemple dont j'ai été le témoin. Dans le cours d'une mission que je tenais de la confiance du Gouvernement, j'ai eu à passer plusieurs jours dans l'île danoise de Saint-Thomas. C'était naguère un rocher nu, elle n'avait point prospéré depuis Christophe-Colomb, dont elle a été l'une des premières découvertes : c'était, en même temps, la plus petite et la plus pauvre des Antilles; grâce à son port franc, qu'elle a dû à son admirable situation et, peut-être aussi, à sa dépendance du Danemarck, elle en est aujourd'hui la plus florissante; mais elle n'a pas concentré les richesses qui lui viennent de tous les points du globe, elle en a fait part aux autres possessions danoises qui l'avoisinent. L'île Sainte-Croix, autrefois française, l'île Saint-Jean, qui tant qu'elle a appartenu à l'ordre de Malte, semblait dénuée de tout élément de vitalité, sont aujourd'hui sillonnées de grandes routes, chose difficile et rare dans ces lointains parages, en même temps qu'elles sont couvertes d'habitations splendides et que l'on ne rencontre sur aucune autre terre du golfe du Mexique, quelque luxuriante qu'en soit la végétation. Mais le rayonnement de Saint-Thomas ne s'est pas arrêté aux îles danoises, il a gagné l'île de Puerto-Rico qui, pendant trois siècles, avait appartenu à l'Espagne, sans qu'elle se doutât de sa valeur; il s'est étendu au groupe des îles Vierges, dont Saint-Jean fait partie, à l'île hollandaise de Saint-Eustache, à l'île suédoise de Saint-Barthélemy.

A Dieu ne plaise que je réclame pour l'Algérie un port franc, il ne saurait en être question sans que l'on ne touchât à notre système de douanes, sans que l'on n'établit entre la Métropole et l'Algérie des barrières que celle-ci serait la première à repousser, comme Marseille a dû les repousser. Mais, autre chose est la franchise partielle qui résulterait de la suppression du droit de tonnage : seule, d'ailleurs, elle suffirait pour attirer dans nos ports, devenus hospitaliers, les vaisseaux étrangers qui aujourd'hui s'en éloignent, et pour accréditer de nouveau, près du monde, ce pays qui en est trop peu connu.

Je vote pour l'entière suppression du droit de tonnage.

M. de Toustain. Je vote également la suppression du droit de tonnage.

L'enquête a démontré, une fois de plus, que le but de protection que le gouvernement s'est proposé, en créant ce droit, n'a pas été atteint.

En revanche, les entraves apportées à la navigation étrangère ont eu pour conséquence, d'éloigner fatalement de nos ports des bâtiments qui, sans cela, seraient venus y faire escale, au grand profit des industries locales, spécialement de celles qu'alimente l'agriculture.

Encore impuissant à fournir, en nombre suffisant, des chargements complets d'objets de même nature, le commerce algérien est cependant en mesure, dès à présent, de livrer, à quiconque se présentera, des parties de produits variés qui ne demandent qu'à être divulgués pour trouver un placement avantageux et motiver très-certainement des commandes importantes.

On a dit avec raison que nos producteurs et nos négociants n'attendent, pour franchir le cercle restreint de leurs opérations, que l'ouverture de relations et de débouchés : sortir de l'isolement, être mis en rapport direct avec le monde des affaires, voilà, en effet, ce qu'ils réclament. Leur intelligente activité n'a jamais manqué de profiter, avec autant d'à propos que de succès, des mesures libérales qui ont fait tomber les obstacles ou simplement relâché les liens qui comprimaient leurs efforts : les résultats donnés par la loi du 11 janvier 1851 en sont la preuve manifeste.

L'abolition du droit de tonnage, si elle est prononcée, aura pour effet de faire interdire les opérations du cabotage sur les côtes algériennes, aux pavillons étrangers qui ne seraient pas autorisés à s'y livrer par des traités spéciaux. En raison de l'intérêt considérable que présentent, pour la facilité des communications, les services réguliers de paquebots à vapeur, peut-être y aurait-il lieu de faire exception en faveur de ceux de ces paquebots qui, tout en desservant de grandes lignes, jugeraient à propos d'aborder successivement plusieurs ports de la colonie à des dates fixes et déterminées; notre jeune cabotage n'éprouverait pas grand dommage de cette mesure qui donnerait au commerce et aux voyageurs des facilités précieuses, pour ainsi dire inconnues jusqu'à présent.

M. Warot se rallie à l'opinion exprimée par M. le premier président de Vaulx.

M. de Vialar. Les intérêts de l'agriculture que je représente plus particulièrement exigent la suppression complète du droit de tonnage. Les instruments de travail pourront être livrés à meilleur marché, la production augmentera, les denrées trouveront de nouveaux débouchés : ces causes développeront l'aisance dans les populations.

M. Salmon se rattache à l'avis de la Chambre de commerce et demande la suppression complète du droit de tonnage.

M. Ben Marabet est également partisan de l'abolition complète du droit de tonnage.

M. le Général YUSUF et M. SARLANDE, qui se sont excusés de ne pas assister à la séance de ce jour, font connaître, par écrit, à Monsieur le PRÉSIDENT, qu'ils se rangent à l'avis de leurs collègues et votent pour la suppression du droit de tonnage.

M. DE CÈS-CAUPENNE vote dans le même sens.

M. LE PRÉSIDENT. Je vois une telle majorité dans le Conseil pour la suppression du droit de tonnage, qu'il me paraît superflu de revenir sur les raisons qui ont été données en faveur de cette opinion : deux objections se présentent seulement pour le maintien du droit de tonnage : l'intérêt fiscal et la protection du pavillon national. L'intérêt fiscal se réduit à 100 ou 120,000 francs; on peut, je crois, les trouver facilement ailleurs, sans atteindre directement le commerce. Quant à la protection de notre pavillon, j'ai cherché à me rendre compte de cette objection, elle ne me paraît pas d'une grande importance. A quoi se réduit l'intérêt de la marine marchande française? Je ne constate que l'intérêt des 8 ou 10 bâtiments du nord de la France, qui vont en Angleterre chercher des houilles qu'ils apportent à Alger, mais je ne crois pas que la suppression du droit de tonnage les prive de cet élément de fret. La concurrence ne nuit pas en général au commerce. En outre, M. de Maisonseul a fait observer que cet intérêt diminue de jour en jour par la concurrence même que le développement donné à nos houillères fait aux charbons anglais, et qu'il vient actuellement en Algérie plus de houille de Graissessac et de Béziers, qu'il n'en vient d'Angleterre. Cet intérêt est donc peu de chose et ne semble pas devoir entrer en balance avec les avantages sérieux que l'abolition du droit de tonnage peut produire. Ceux que j'y vois surtout, ce sont les facilités pour entrer en relations et se connaître, se rendre compte des produits, établir un commencement d'échange. Il n'est pas douteux que le droit de tonnage ne soit un obstacle à ces préliminaires d'un commerce important avec les pays étrangers.

M. DE MAISONSEUL. Chaque navire à vapeur étranger qui viendra entraînera à sa suite des navires à voiles, et il est évident que, au lieu de compléter son chargement de houille, il ne prendra que la quantité seulement nécessaire pour venir en Algérie, sachant qu'il pourra trouver à s'y ravitailler. Cela permettra aux navires à vapeur d'embarquer, au départ, un plus grand nombre de marchandises pour les écouler le long de leur route. Partout où atterrissent les bateaux à vapeur, la vie et le commerce décuplent immédiatement. Depuis que la France a établi une Compagnie de paquebots de l'Inde à Suez, en concurrence avec la ligne anglaise; depuis, surtout, que le canal qui doit rejoindre les deux mers est en voie de construction, Suez, qui n'était qu'une pauvre bourgade, se développe et s'agrandit de jour en jour.

M. le Président. Combien est-il venu de navires anglais chargés de houille pendant ces dernières années?

M. de Maisonseul. Il en est venu 24 seulement à Alger.

M. le Président. En vient-il également à Oran et à Bône?

M. de Maisonseul. Il en vient également, mais sans doute en très petite quantité, car il n'y a que les usines à gaz à alimenter. Du reste, nos bateaux à vapeur de la marine ne consomment que des charbons français; nos mines pourront s'améliorer et fournir peut-être tout le charbon que l'on consommera en Algérie. Les bateaux, faisant le service entre la France et l'Algérie, ne consomment que les poussières de charbon qui encombraient nos houillères de la Grand'Combe et autres. L'industrie a transformé ces poussières en briquettes résistantes, qui donnent une excellente alimentation aux chaudières à vapeur. Le petit nombre de bâtiments anglais chargés de houille qui arrivent à Alger approvisionnent l'usine à gaz et quelques chaufourniers.

Quand le canal de Suez sera ouvert, Alger devra devenir l'entrepôt qui fournira de houille tout le bassin de la Méditerranée.

M. Pierrey. Il est certain que plus tard tous les bateaux, qui passent aujourd'hui par le Cap, traverseront la Méditerranée et pourront s'arrêter à Alger.

M. de Toustain. Il a été établi que la suppression du droit de tonnage amènerait probablement en Algérie quelques-uns des bateaux à vapeur qui font le service de la Méditerranée. Leur escale dans nos ports nécessitera des dépôts de charbon qui augmenteront, dans une certaine proportion, les transports par navires marchands de tous les pavillons, y compris le pavillon français.

M. le Président. Ce n'est que pour le principe de la protection que l'on peut tenir à conserver le droit de tonnage.

M. de Maisonneuve. Il y a déjà plus de navires français que de navires anglais apportant des houilles en Algérie.

M. de Maisonseul. Les bâtiments français, qui ont été exceptionnellement employés au transport de la houille des ports de la Grande-Bretagne en Algérie, ont fait ces transports en vertu d'adjudications ou de marchés qui imposaient aux fournisseurs l'obligation de se servir exclusivement du pavillon français; ce fait ne prouve donc rien en lui-même, sinon que les fournisseurs ont dû augmenter le prix de leurs marchandises, en raison du fret plus élevé qu'ils ont pu payer.

M. le Président. En définitive, c'est une charge que le Trésor s'est imposée au profit de quelques armateurs.

M. de Maisonneuve. C'est une prime accordée à la marine française.

M. le Président. Nous allons passer à l'examen de la seconde question : il s'agit des surtaxes de navigation et des droits différentiels qui détournent le commerce d'Alger pour le diriger vers Marseille.

Nous avons constaté que les sucres, tabacs et cafés payent, indépendamment du droit de tonnage, des surtaxes de navigation. Ce qui me frappe, c'est de voir Marseille, où il n'existe pas de droit de tonnage, recevoir toutes les marchandises en entrepôt et attirer ainsi une partie du commerce que l'Algérie aurait intérêt à faire directement avec les pays producteurs.

A un point de vue plus général, il importe de remarquer que le commerce direct de la France avec l'Angleterre n'est assujetti, depuis le traité de 1826, à aucune surtaxe de navigation. Ce traité ne s'appliquant pas à l'Algérie, il en résulte que les marchandises anglaises, les fers par exemple et les tissus, payent en Algérie une surtaxe de navigation qu'elles ne payent pas en France.

M. de Maisonseul. Avant l'institution du droit de tonnage, il y avait à Alger des commerçants qui recevaient beaucoup de marchandises directement de l'étranger, notamment M. Alphandéry père, à qui l'on expédiait quelquefois des chargements entiers de sucres, tabacs, et autres denrées.

M. le Président. Les commerçants paraissent avoir aujourd'hui plus d'intérêt à s'approvisionner à Marseille, qu'à faire venir directement les marchandises dans les ports de l'Algérie.

M. de Maisonneuve. Quand l'Algérie tire ses sucres de France, elle paye moins cher que si elle les faisait venir de l'étranger : si elle les fait venir directement de l'étranger, c'est le *tarif général* qui est appliqué. Il n'y a pas de modération de taxe.

M. le Président. Prenons les sucres bruts venant des Antilles ; s'ils viennent directement à Alger, ils ne payent que 10 francs ?

M. Duserech. Les sucres des colonies françaises payent un droit très-modéré, qu'ils viennent directement des pays de production ou des entrepôts de France. Quant aux sucres étrangers, il y a un grand avantage pour la consommation algérienne à les recevoir des entrepôts de France, attendu qu'ils payent des droits bien moins élevés. Il est évident que le législateur a voulu favoriser ces établissements, en même temps que les armements pour nos colonies. Il est vrai de dire que l'on trouve très-peu de navires pouvant apporter directement un chargement des Antilles.

M. le Président. D'après le tarif général des droits, les sucres étrangers non raffinés, introduits directement en Algérie par navires français ou étrangers, payent une différence en plus de 15 francs environ.

Voyons maintenant pour les tabacs.

M. Dusereck. Les tabacs en feuilles sont prohibés en France; ils sont admissibles en Algérie à 20 francs les 100 kil., lorsqu'ils proviennent des entrepôts de France, et à 25 francs ou 27 francs 50 centimes, lorsqu'ils proviennent d'ailleurs, suivant qu'ils sont importés sous pavillon français ou étranger. Il est encore évident qu'on a voulu favoriser, non-seulement le pavillon national, mais encore les entrepôts de France et les mettre en garde contre les mêmes établissements de l'étranger. L'Algérie est donc très-favorisée; de même, le café y est beaucoup meilleur marché qu'en France.

M. le Président. Il ne s'agit pas de savoir si les droits de consommation sur les sucres et les cafés sont moins élevés en Algérie qu'en France. Nous examinons si les surtaxes de navigation n'ont pas été combinées de manière à écarter de l'Algérie le commerce direct avec les pays producteurs. En ce qui concerne les cafés, examinons s'il y a plus d'intérêt à faire venir de l'étranger par l'entrepôt de Marseille. Le café vient toujours des pays étrangers, il n'est donc pas besoin de favoriser, en ce qui le concerne, l'industrie française.

M. Dusereck. Sans nul doute, il est plus avantageux de les faire venir par Marseille, puisqu'ils ne payent alors que 12 francs, tandis qu'ils payeraient 15 francs et 16 fr. 50 c., s'ils venaient d'ailleurs. Sous ce rapport-là, encore, la Colonie est très-favorisée, puisque, en France, les cafés payent depuis 30 fr jusqu'à 55 francs 40 c. les 100 kilogrammes, suivant la provenance et le mode d'importation.

M. le Président. Un autre point me préoccupe encore, c'est le système général du tarif des Douanes. Généralement, ce tarif est applicable à l'Algérie, sauf certaines dispositions de détail.

En fait d'articles de grande importation, je ne vois guère que les tissus. Qu'il y ait là un droit de douane, je le comprends, c'est d'un intérêt sérieux. On comprend également les droits sur les objets de grande consommation, tels que les sucres, les cafés, les tabacs, les alcools, les vins. Mais quels sont les produits manufacturés, autres que les tissus, qu'il peut être utile de protéger contre la concurrence étrangère?

Voyons pour les fers et pour les machines : en introduit-on en assez grande quantité pour qu'il y ait nécessité à tenir compte de l'intérêt des producteurs français?

M. Duserech. Le décret de 1862 autorise l'admission en franchise, dans les Colonies et en Algérie, des machines fabriquées en France avec des matières étrangères admises temporairement.

A cet égard, il s'est élevé un doute dans l'esprit de l'administration des Douanes, et on s'est demandé si le constructeur algérien ne pourrait pas jouir des mêmes facilités que le constructeur français, sans être assujetti à la réexportation de ses produits, sauf à lui à justifier de l'emploi des matières étrangères par la représentation des instruments par lui fabriqués. L'administration supérieure des Douanes a été consultée à ce sujet par lettre récente.

M. le Président. Ceci est un cas spécial. Je cherche à me rendre compte si l'on ne pourrait pas, tout en maintenant les droits protecteurs pour les tissus de laine, de soie et de coton, articles vraiment importants, simplifier le système actuel qui paraît peu clair, à cause de la nomenclature trop considérable qu'il comprend, et en élargir l'application?

M. Duserech. C'est une question à examiner et qui a de l'intérêt. Ce serait élargir le cadre de la loi de 1851.

M. le Président. L'Algérie a besoin de fers. Le régime antérieur permettait l'introduction des fers anglais?

M. Duserech. C'est la Chambre de commerce qui est cause que ces fers n'entrent plus en franchise. Lors de la loi de 1851, elle a demandé que l'on comprît, dans les articles d'exportation de l'Algérie, les fers et les fontes. L'administration supérieure a pensé, dès-lors, qu'il convenait de rétablir les droits sur les fers étrangers. On pourrait faire disparaître des tableaux de la loi de 1851 les articles de cette nature que l'Algérie ne peut exporter de longtemps, et les fers anglais profiteraient de la détaxe dont il jouissaient auparavant.

M. le Président. Actuellement les fers étrangers payent 70 francs par tonne, plus le droit de tonnage et une surtaxe de navigation; les machines et les fontes payent également des droits; la colonisation n'exigerait-elle pas que ces objets fussent admis en franchise?

M. Duserech. Le Gouvernement fait déjà une concession en permettant l'introduction en franchise des machines fabriquées en France. Une pareille mesure serait manifestement en opposition avec les intérêts de nos établissements métallurgiques.

M. de Maisonneuve. Le drawback est appliqué aux machines fabriquées introduites dans la Colonie, c'est déjà un grand avantage.

M. Duserech. L'Algérie n'a à supporter que la différence entre les prix de fabrication et les frais de transport.

M. le Président. Vous comprenez qu'il y a là deux intérêts en présence : la France, qui veut vendre le plus cher possible, et l'Algérie qui veut acheter à bon marché. Il n'y a pas de commerce sans échange. Il s'agit de savoir uniquement s'il ne vaudrait pas mieux laisser les fontes et les fers en barres entrer librement en Algérie, et si la Colonie n'aurait pas plus d'avantage à fabriquer elle-même une partie de ses instruments et de ses machines.

M. Duserech. L'Algérie manque de combustible minéral, elle est obligée d'exporter ses minerais de fer, de cuivre et de plomb.

M. le Président. Qu'en Algérie on paye des droits de douane sur les objets de consommation tels que les cafés, les sucres, les tabacs, qu'on en paye également sur les objets dont on doit protéger la fabrication en France, tels que les tissus, cela se comprend ; mais pour les autres objets, quel intérêt y a-t-il? Pour les bois par exemple?

M. Duserech. Ils ne payent qu'un droit de 10 cent., et ce n'est rien pour des chargements dont la valeur est au minimum de 140 fr. le stère.

M. Warot. Ce droit est vexatoire, surtout à cause des vérifications que peut exiger la douane. Il serait à désirer que les fers et les bois fussent affranchis de tous droits.

M. le Président. Il me semble, en effet, qu'en Algérie, sauf quelques articles qui pourraient être réservés, il faudrait autant que possible autoriser l'introduction libre de toute espèce de marchandises.

M. de Maisonneuve. Il n'y a que les fers pour lesquels cela puisse être discuté.

M. le Président. Voyons quels sont les articles sur lesquels portent les 8,000,000 environ, perçus par le service des douanes.

M. Duserech. Principalement sur les tissus et les cafés.

M. le Président prie M. Duserech de vouloir bien fournir, pour être inséré à la fin du présent procès-verbal, un état indiquant, par importance, les divers éléments de la production douanière en Algérie.

M. le Président. Si l'intérêt fiscal se réduit à quelques objets de consommation et aux tissus, on pourrait examiner s'il ne serait pas possible de supprimer tous les autres droits qui, en vérité, ne sont qu'accessoires.

M. Mercier-Lacombe. Quel est l'intérêt du maintien du droit de balance? Il rapporte peu et paraît très-gênant.

M. le Président. Cela a surtout un intérêt de statistique. Le système anglais est plus simple; la nomenclature, en Algérie, est assez compliquée. Peu de négociants parviennent à la bien connaître : nous avons pu nous en apercevoir dans le cours de l'enquête.

M. de Toustain. Le travail des employés serait considérablement diminué, et on pourrait, par suite, apporter certaines réductions dans le personnel; on compenserait ainsi une partie de la diminution de produits qui pourrait résulter de la nouvelle mesure, si on n'augmentait pas les droits sur les articles maintenus.

M. le Président. Les dispositions qui pourraient être prises relativement aux surtaxes de navigation et au régime des douanes, seraient peut-être de nature à compléter les avantages qui résulteraient pour l'Algérie de la suppression du droit de tonnage. Le Trésor n'y perdrait rien d'ailleurs, si on augmentait le droit sur les principaux objets de grande consommation.

Examinons, maintenant, les règlements relatifs à la navigation avec l'étranger. Il serait bon de faire le commerce soi-même, et on en est loin, puisque, actuellement, ce sont les caboteurs espagnols et italiens qui en ont le monopole. Il y a là deux obstacles : l'état de personnes et les droits perçus sur les objets étrangers nécessaires à la construction. La suppression de ce second empêchement rentrerait dans le système de dégrèvement que nous venons d'examiner, mais la question de nationalité est plus grave. Quelles mesures faut-il prendre à l'égard des marins étrangers qui ne peuvent pas, à cause de leur nationalité, conduire nos navires sur les côtes d'Italie ou d'Espagne? N'y aurait-il pas lieu de faciliter leur naturalisation?

M. de Maisonseul. La première condition, c'est qu'ils demandent à être naturalisés.

M. Pierrey. On pourrait assimiler aux patrons français les capitaines étrangers, ayant cinq ans de séjour permanent en Algérie.

M. Mercier-Lacombe. Cinq ans de séjour ou de navigation.

M. de Maisonseul. De séjour, parce qu'on leur impose déjà un certain nombre d'années de navigation avant de les admettre à commander.

M. Pierrey. La naturalisation de ces capitaines pourrait avoir des inconvénients, car beaucoup parmi eux n'ont pas l'intention de se fixer définitivement sur le sol français.

M. le Président. La naturalisation offre trop de difficultés. Les dispositions du décret du 7 septembre 1856 permettent aux étrangers de commander des bâtiments francisés sur les côtes d'Afrique. Il suffirait d'étendre ces dispositions et d'autoriser ces marins étrangers, mais domiciliés en Algérie, à naviguer avec les navires francisés en Espagne, en Italie, au Maroc, comme sur le littoral algérien.

M. Mercier-Lacombe. Indépendamment du capitaine, il y a aussi l'équipage; il faudrait que l'obligation de domicile proposé fût appliquée aux marins, pour leur permettre d'aller à l'étranger sous pavillon français.

M. le Président. On pourrait admettre que tout patron étranger, commandant un navire algérien, et tous marins composant l'équipage pourront, après cinq ans de domicile dans la colonie, être autorisés à faire le cabotage à l'étranger; en un mot, les dispositions applicables aux côtes de l'Algérie le seraient également pour les côtes d'Italie, Tunis, Tripoli, le Maroc et l'Espagne, c'est-à-dire à tous les ports de la Méditerranée, moins la France.

M. Mercier-Lacombe. N'y aurait-il pas là une différence choquante? Le capitaine serait Français aux yeux de l'étranger et ne le serait pas aux yeux de la France.

M. le Président. On veut bien leur permettre de faire concurrence aux étrangers, mais on comprend qu'on ne veuille pas les autoriser à faire également concurrence aux capitaines français; ce commerce avec l'étranger sera purement algérien et profitera aux armateurs français de l'Algérie.

M. Pierrey. Leur origine étrangère facilitera leurs relations et profitera au commerce.

M. de Maisonneuve. Les étrangers les recevraient-ils chez eux avec plaisir ?

M. de Maisonseul. Nous n'avons pas à entrer dans cette considération. Ils resteront quand même soumis aux lois civiles de leur pays.

M. de Vaulx. Il me paraît y avoir là une question de principe qu'on ne saurait passer sous silence; c'est celle de pouvoir abuser du pavillon français, en cas de guerre avec l'étranger.

M. le Président. Le danger existe actuellement, puisque le commerce est entre les mains des étrangers. Il s'agit seulement de savoir si des capitaines étrangers domiciliés en Algérie ne pourront pas faire ce que ces mêmes capitaines, non domiciliés dans la colonie, peuvent faire aujourd'hui.

M. de Toustain. Les règlements maritimes permettent déjà aux navires français de prendre un certain nombre de marins étrangers. Ces marins ne renoncent pas pour cela à leur nationalité et ils restent sous le coup des lois civiles de leur pays.

M. Pierrey. L'intérêt des capitaines les attachera à la colonie. M. le Directeur des douanes nous a dit qu'il avait eu l'occasion de donner à certains patrons de navires des autorisations momentanées suspendant la francisation de leurs navires, afin de leur permettre de faire le commerce avec l'étranger, sans être obligés de modifier leurs équipages.

M. de Vaulx. Ne pourrait-on pas étendre à l'Algérie le bénéfice du pacte de famille qui existe avec l'Espagne; ce pacte ne permet-il pas aux bateaux espagnols de faire le cabotage avec la France?

M. Duserech. Oui, les bateaux espagnols peuvent aller de Port-Vendres jusqu'à Bayonne.

M. le Président. Il faut se placer au point de vue algérien: même avec le pacte de famille, les bâtiments algériens ne pourraient pas faire le cabotage avec l'Espagne, à cause de la nationalité des équipages composés d'étrangers qui sont seulement domiciliés en Algérie; or, comme on ne peut pas les faire Français malgré eux, il faut étendre le commerce qu'ils peuvent faire et tâcher de le fixer tout entier en Algérie. Ce n'est pas dans leur intérêt que nous cherchons une mesure propre à faciliter ce commerce, mais bien dans celui de la Colonie.

M. de Toustain. Il est certain que les étrangers qui viennent participer au peuplement de la Colonie, montrent, en général, peu d'empressement à se faire naturaliser. Le décret du Gouvernement provisoire, du 28 mars 1848, qui avait accordé les plus grandes facilités pour la naturalisation et sur lequel on comptait beaucoup, à cette époque, n'a produit aucun effet appréciable. Mais cette indifférence n'est qu'apparente. La plupart des étrangers fixés en Algérie appartiennent à des classes laborieuses, qui sont rarement sollicitées par des intérêts pressants et définis à faire changer leur condition de nationalité ou, du moins, à prendre l'initiative de ce changement. Elles préfèrent abandonner au temps, aux événements le soin de les admettre naturellement dans la grande famille française, qui est, évidemment, destinée à les absorber.

Unis à nous par les croyances religieuses, mêlés à nos travaux, intéressés, en réalité, au même titre que nous, au développement et à la prospérité de l'Algérie, les immigrants étrangers — qu'ils cultivent les champs ou qu'ils pratiquent la navigation — méritent un traitement spécial. On peut dire d'eux que si, en droit, ils ne sont pas encore Français, ils ont cessé, en fait, après quelques années de résidence, de se considérer comme étrangers, dans l'acception véritable du mot. La nécessité de ce traitement spécial a été reconnue, du reste, dans d'autres circonstances : c'est ainsi, qu'en Algérie, les étrangers domiciliés font partie, à peu de chose près au même titre que les Français, des Chambres de commerce, des Conseils municipaux et des Milices.

M. le Président. En résumé, le Conseil me paraît sous cette impression qu'il conviendrait d'autoriser les navires francisés algériens à faire, sous pavillon français, la navigation entre l'Algérie et les pays voisins de la Méditerranée, la France exceptée, quels que soient les patrons et les équipages de ces navires, et moyennant une simple condition de domicile.

Passons maintenant au décret du 17 octobre 1855, qui admettait l'introduction en franchise des matériaux nécessaires à la construction des bâtiments. Quels sont les différents objets soumis actuellement aux droits ?

M. de Maisonseul. Il y a les bois bruts qui payent peu de chose, les fers, les cordages et goudrons.

M. le Président. Quels sont les droits supportés par les cordages ? Sont-ils importants ?

M. Duserech. Les cordages payent 25 francs par 100 kil. Quant aux goudrons, ils sont exempts s'ils viennent de France ; importés d'autres pays, ils ne payent que 1 franc.

M. le Président. Il y a encore les fers et les tôles ?

M. Duserech. Oui, plus les mâts, mais le décret du 17 octobre 1855, relatif à l'admission en franchise des objets nécessaires à la construction et au gréement des bâtiments de mer, ayant cessé d'être en vigueur en France, ne saurait recevoir une application complète en Algérie.

On conçoit, en effet, sans parler de l'usage abusif qui a été fait de ces dispositions, qu'aucune restriction n'ayant été apportée au genre de navigation auquel ces navires pouvaient être destinés, faire revivre les dispositions du décret de 1855, dans la colonie seulement, serait faire à l'industrie des constructeurs métropolitains une concurrence redoutable.

La faculté d'employer, en franchise de droits, des matériaux étrangers, devrait être, selon moi, subordonnée : 1° à la condition de n'employer, parmi les matériaux soumis à des droits différentiels, que les moins imposés ; 2° à l'obligation de faire naviguer exclusivement les navires construits avec ces matériaux dans les eaux de la Colonie ou à l'étranger.

M. de Maisonseul. Les constructeurs algériens ne peuvent construire que pour l'Algérie, puisqu'ils n'ont ni capitaines ni marins français pour composer leurs équipages. Dans tous les cas, les prix de main-d'œuvre sont tellement élevés que l'Algérie ne pourra jamais faire concurrence à la France, quelle que soit l'exemption de droit qui soit accordée sur les matières premières.

M. de Toustain. Nous sommes loin d'en être venus à pouvoir construire pour la France; si nous y arrivons, ce que pour ma part je désire de tout cœur, il sera temps de rapporter le décret. Les bonnes législations doivent suivre le mouvement des sociétés et s'inspirer surtout de leurs besoins présents.

M. le Président. Vous seriez d'avis de faire revivre en Algérie le décret de 1855; il faut bien remarquer qu'il y a déjà une disposition de faveur : la francisation à titre exceptionnel de navires étrangers. Ne vaudrait-il pas mieux faire porter la faveur sur les matériaux servant à la construction du navire lui-même? Pour cela, il suffirait de faire introduire en franchise les matériaux de construction.

M. de Maisonneuve. L'admission temporaire en franchise des matières destinées aux constructions navales a donné lieu en France à une foule d'abus qu'il est très-difficile de combattre : aussi, dans ma pensée, il y aurait lieu, à l'égard des matières dont il s'agit, de substituer au régime de l'admission temporaire, celui du drawback, c'est-à-dire du remboursement des droits perçus sur les objets employés à la construction de tout navire mis à la mer.

M Duserech. Le régime des admissions temporaires est beaucoup plus simple.

M. le Président. En résumé, soit qu'on fasse revivre en Algérie le décret du 17 octobre 1855, soit qu'on accorde l'admission temporaire à charge de remboursement, le Conseil paraît d'accord sur la nécessité de dégrever les matériaux de construction.

Je passe à une autre question qui se rattache à la suppression du droit de tonnage : conviendrait-il de maintenir, en faveur des navires étrangers non francisés, le droit de faire le cabotage sur les côtes de l'Algérie, le droit de tonnage étant supprimé?

Actuellement, les navires étrangers qui viennent en Algérie ne payent pas le droit de tonnage dans tous les ports?

M. Duserech. Ils ne le payent que dans le premier port d'arrivée; ils peuvent ensuite décharger dans les autres ports, sans être tenus à de nouveaux droits, à moins qu'ils ne prennent un nouveau chargement.

M. le Président. Je crois que les navires espagnols sont très-favorisés, grâce à ces dispositions qui leur permettent d'opérer leur déchargement le long de la côte, et qu'il y aurait lieu de leur interdire de faire le cabotage sans être francisés. Il y a là une question qui paraît assez sérieuse.

M. de Toustain. Notre infériorité est d'autant plus à constater, qu'en droit et aux termes du décret du 7 septembre 1856, les navires qui font le cabotage sont tenus d'avoir la moitié de leur équipage français; ce n'est que par tolérance qu'en ce moment la moitié ou la totalité de leur équipage est étranger.

M. le Président. Il est évident que les navires étrangers feront une grande concurrence aux navires francisés des côtes de l'Algérie, quand ils n'auront plus à payer le droit de tonnage. Monsieur de Cès-Caupenne, quel est votre avis à ce sujet ?

M. de Cès-Caupenne. Je n'hésite pas à me prononcer pour l'interdiction du cabotage des navires étrangers sur nos côtes, en concurrence avec les navires algériens; cette navigation est, du reste, pour les pavillons étrangers, d'un intérêt bien minime, comparativement aux avantages qu'ils sont appelés à retirer de l'abolition du droit de tonnage.

M. de Toustain. Pour nous, l'abolition du droit de tonnage a toujours dû avoir pour complément l'interdiction aux pavillons étrangers des opérations de cabotage en Algérie.

M. Pierrey. Assurément, ils s'empareraient du commerce de l'Algérie; il faut réserver le cabotage aux navires français ou francisés.

M. le Président. Il y aurait cependant intérêt à ne pas empêcher les vapeurs étrangers de faire escale dans nos ports.

M. de Maisonneuve. Ils peuvent faire escale sans faire le cabotage proprement dit. Le cabotage consiste à transporter des marchandises nationales d'un point à un autre du territoire national.

M. de Toustain. Les navires à vapeur desservant des lignes régulières et qui pourront faire escale à Gibraltar, à Oran, à Alger, à Philippeville, à Alexandrie, etc., devraient être autorisés à faire des opérations de commerce dans les trois grands ports de l'Algérie.

M. Mercier-Lacombe. On pourrait accorder cette facilité, tout en réservant le cabotage pour les navires à voiles français ou francisés.

M. le Président. Quelle est votre opinion, Messieurs, à cet égard?

Le Conseil est d'avis, à l'unanimité, d'interdire le cabotage, sur les côtes de l'Algérie, aux pavillons étrangers, sauf à autoriser les paquebots des services réguliers à faire escale dans nos ports.

M. le Président. En ce qui concerne les entrepôts réels et fictifs, la Chambre de commerce est satisfaite, je crois, des mesures récentes qui ont été prises sur sa demande?

M. Solhaune. On n'a pas satisfait entièrement aux instances de la Chambre de commerce, mais les mesures adoptées constituent une amélioration.

M. Duserech. Voici comment s'est exprimée l'Inspection des Finances sur cette question, je me hâte de dire que je me suis trouvé en parfaite communauté de vues et d'idées avec elle :

« A la suite des instances réitérées de la Chambre de commerce » appuyées par M. le Gouverneur-Général de l'Algérie, Son Excellence » le Ministre des Finances a rendu, le 7 février 1862, une décision par » laquelle diverses dispositions en vigueur au port de Marseille (ordon- » nance du 10 septembre 1817) ont été étendues temporairement aux » principaux ports de l'Algérie. Ces dispositions consistent: 1° dans la » faculté de réexporter des marchandises étrangères admises en entrepôts » fictifs; 2° dans l'admission en entrepôts fictifs, avec faculté de les » réexporter à l'étranger, de toutes les marchandises nationales ou na- » tionalisées par le paiement des droits d'importation sujettes en Algérie » à la taxe d'octroi de mer; 3° enfin, dans la faculté d'employer, pour » la réexportation des marchandises prohibées en France ou assujetties » à certains droits, des navires de 30 tonneaux, au lieu de 40.

» Par une contradiction étrange, en apparence, aucun négociant n'a » encore profité des facultés qui viennent d'être énumérées, et qui sem- » blaient être si vivement désirées.

» Évidemment le commerce d'Alger désirait autre chose que ce qui » lui a été accordé et s'attendait, notamment, à jouir de la libre dispo- » sition des marchandises de toute nature admises dans les entrepôts » fictifs; mais la douane s'étant opposée, en vertu de l'ordonnance du » 16 décembre 1843, article 19, à ce que certaines marchandises pro- » hibées en France, comme le tabac et les boissons taxées à 25 francs » l'hectolitre, fussent admises en entrepôts fictifs à moins que l'entre- » positaire ne renonçât à la faculté de les réexporter, a prévenu les » substitutions et immixtions irrégulières sur lesquelles certains négo- » ciants avaient probablement compté pour réaliser des bénéfices, au » détriment des droits du Trésor et de la Colonie.

» Quant à la réexportation des marchandises sujettes aux taxes d'octroi » de mer, elle est d'une nullité presque absolue. D'abord, *par mer*, » cette réexportation n'a aucune raison d'être, puisque Alger s'appro- » visionne à Marseille, et que l'Espagne, le Maroc, la Tunisie, l'Italie, » etc., etc., sont en relations plus directes et plus fréquentes avec Mar- » seille qu'avec Alger. Par la voie de terre, on espère assurer quelques

» débouchés, et c'est dans ce but principal que trois nouveaux bureaux » de douanes viennent d'être créés, par décret du 8 janvier 1862, à » Géryville, Laghouat et Bouçaada. Ces bureaux sont installés depuis » le mois de juin dernier, et jusqu'à présent, ils n'ont rien fait que » constater l'arrivée à Géryville de 9 boucauts de sucre et de 10 sacs » de café. Dans quelque temps l'expérience fera reconnaître si les rela- » tions commerciales qu'on cherche à établir avec le Sahara et le » Soudan sont destinées à prendre un peu d'importance, et il y aura » lieu de statuer sur l'utilité des bureaux de nouvelle création qui » constituent pour l'Administration une charge fort lourde. »

J'ajoute que ces observations sont conformes à tout ce qui a été écrit à l'administration des Douanes sur les demandes réitérées du commerce, et, en les appuyant avec l'autorité coloniale, j'ai eu à cœur de prouver que le service des douanes, loin de vouloir mettre obstacle au progrès, sous l'influence d'idées purement théoriques et qui ne sont plus de ce temps, est toujours disposée à seconder les efforts qui ont son développement pour but.

En principe, les matériaux d'origine étrangère employés à la réparation des navires de *tous pavillons* doivent être soumis aux taxes d'entrée.

On pourrait demander, pour les navires étrangers qui entrent volontairement ou se réfugient par suite d'événements de mer dans les ports de l'Algérie, l'immunité des droits d'importation pour les matériaux de provenance étrangère, puisque, en fait, il seraient réexportés à l'étranger avec les navires au radoub desquels ils auraient été employés.

M. le Président. En ce qui concerne l'admission des matières premières destinées à être fabriquées, telles que les tabacs, il s'agit d'examiner si c'est l'admission temporaire ou le drawback qu'il faut adopter?

M. Duserech. On préfère, généralement, l'admission temporaire, mais ce qu'il y a craindre en Algérie, où l'on produit beaucoup de tabacs médiocres, c'est que l'on ne fasse entrer dans la consommation des tabacs étrangers et qu'on n'exporte que des produits de qualités inférieures.

M. Mercier-Lacombe. La fabrication des cigares est déjà assez considérable à Alger ; on a pensé que l'importation des tabacs exotiques favoriserait encore cette fabrication et permettrait d'obtenir des produits bien meilleurs au moyen des mélanges de qualités.

M. le Président. Ceci peut devenir sérieux. Au total, que peut-on craindre? que l'on fume ici les tabacs importés et que l'on exporte de mauvais produits. Qui pourrait y avoir intérêt?

M. de Cès-Caupenne. Les fabricants seront bien plus intéressés à n'exporter que de bons cigares : leurs produits ne seront recherchés à l'étranger qu'à cette condition.

M. LE PRÉSIDENT. Ils pourraient exporter par opérations fictives.

M. DUSERECH. Je doute que la fabrication algérienne trouve jamais des débouchés importants; cependant, la mesure pout être bonne, et je n'y suis point opposé.

M. MERCIER-LACOMBE. Dans tous les cas, il y aura une surveillance active, et la consommation des cigares, en Algérie, n'est pas tellement considérable que l'on doive s'y arrêter.

M. DE TOUSTAIN. La fabrication des cigares algériens a acquis une réputation méritée, à cause de l'habileté des ouvrières employées dans les ateliers. La plupart d'entre elles sont d'origine espagnole et avaient déjà, avant de venir en Afrique, une très-grande habitude de la manipulation des tabacs. Placées ici sous la direction de contre-maîtres intelligents qui ont su utiliser leurs aptitudes, elles ont encore gagné en expérience. L'exportation des cigares algériens est susceptible de prendre une grande extension.

M. LE PRÉSIDENT. Le Conseil est d'avis, je crois, d'appliquer la loi de 1856, qui autorise l'entrée en franchise, à charge de réexportation.

Quant à la restriction du tonnage de rigueur pour la réexportation des marchandises prohibées, y a-t-il un intérêt quelconque à autoriser cette exportation par navires au-dessous de 30 tonneaux?

M. DUSERECH. La mesure est bonne pour prévenir les abus, et elle n'est pas une gêne pour le commerce de bonne foi.

Il faut considérer qu'en Algérie il est facile de tromper la surveillance de la douane : nos côtes ne sont pas aussi bien gardées qu'elles peuvent l'être en France, et dernièrement encore, malgré les postes de douane établis à Arzew, on a fait dans les criques voisines de ce port des transbordements en contrebande.

M. LE PRÉSIDENT. Voilà le danger qui existera si l'on admet les sucres en entrepôt en Algérie : une sandale algérienne de 15 tonneaux sera censée aller aux îles Baléares et pourra verser son chargement, sans payer de droit dans la première petite baie non gardée.

M. DE CÈS-CAUPENNE. Je pense que la mesure, qui réduit à 30 tonneaux la restriction de tonnage pour l'exportation, donne une satisfaction suffisante au commerce. On ne pourrait réduire ce chiffre à moins, sans faciliter la contrebande espagnole.

M. le Baron DE VIALAR. Nous avons beaucoup à nous louer du gouvernement espagnol pour la facilité qu'il laisse à ses sujets de venir s'établir librement en Algérie. Je sais qu'il a exprimé le regret de voir partir ainsi bon nombre de ses agriculteurs; peut-être pourrions-nous lui faire cette gracieuseté, si les intérêts du Trésor ne s'y opposent pas trop.

M. le Président. Nous devons consulter d'abord les intérêts de la Colonie et aussi ceux du Trésor.

Pour la pêche du corail, il résulte de l'enquête qu'on désirerait obtenir une diminution de droit pour les bateaux corailleurs de l'Algérie.

M. de Maisonseul. D'après le nouveau traité international avec l'Italie, dont nous ne connaissons, du reste, les termes que d'après un journal de Marseille, les Italiens pourront faire le cabotage, sur les côtes de France et d'Algérie, et se livrer à la pêche du corail avec une réduction de moitié dans le chiffre de la prestation actuelle. Si nous supprimons le droit de 400 francs par bateau, en faveur des corailleurs algériens, nous devrons le supprimer immédiatement pour les Italiens qui voudront jouir de ce même bénéfice. Mieux vaut maintenir ce droit, qui servira à nous rembourser de nos frais de surveillance. Nos nationaux doivent renoncer, par ce fait, à la pêche du corail; dans ce cas, il nous sera toujours facultatif d'élever les droits sur les navires.

M. le Président. En effet, le nouveau traité avec l'Italie donne de grandes facilités aux corailleurs italiens.

M. Mercier-Lacombe. Le gouvernement italien était guidé par une raison politique et désirait obtenir cette concession en faveur de Naples, où se fabrique tout le corail de luxe. La France n'était pas aussi intéressée dans cette question.

M. de Toustain. Alors, il n'y a pas lieu de demander la suppression du droit de 400 francs en faveur des corailleurs algériens; autrement, la pêche du corail serait une charge pour nous, sans compensation d'aucune sorte.

M. de Maisonneuve est également de cet avis.

M. de Vaulx se range à cette opinion, tout en regrettant l'abandon de cette pêche par les Algériens.

M. de Maisonseul. Nous espérons que l'Algérie, qui perd sous ce rapport un avantage, trouvera des compensations d'une autre sorte.

M. le Président. Cette question de la pêche du corail s'étudie en ce moment : la commission qui est chargée de ce travail en comprend toute l'importance et, de même que pour la pêche du poisson, il est probable que les solutions à intervenir donneront satisfaction aux vœux qui ont été exprimés.

Les délibérations étant terminées, M. le PRÉSIDENT s'exprime en ces termes :

Messieurs, les travaux du Conseil Supérieur d'enquête sur le commerce et la navigation de l'Algérie se trouvent actuellement terminés. Cette enquête aura eu pour résultat de faire connaître les besoins de l'Algérie, d'en faire mesurer l'importance, et vos délibérations auront pour effet, je n'en doute pas, de mettre le Gouvernement de l'Empereur à même d'apprécier s'il convient d'accorder à la Colonie les franchises qu'elle sollicite. Ma tâche m'a été rendue facile, grâce à l'utile concours que vous avez bien voulu me prêter et dont je vous remercie bien sincèrement.

La séance est levée à 5 h. 1/4.

Les séances du Conseil Supérieur étant terminées, le présent procès-verbal est clos et arrêté par M. le PRÉSIDENT.

Le Sénateur en mission, Président du Conseil Supérieur de l'enquête sur le Commerce et la Navigation en Algérie,

DE FORCADE.

Le Secrétaire,

Vte DE PERRIGNY.

ANNEXE A LA SÉANCE DU 27 MARS.

COMMERCE AVEC L'ESPAGNE.

Il résulte des renseignements demandés aux consuls de Carthagène, Malaga et Valence, en conformité du désir exprimé par M. le Président, (page 140), que le cabotage pour les étrangers n'existe pas sur la côte d'Espagne. Les anciennes conventions, qui établissent une assimilation complète entre les marines marchandes espagnole et française, ne s'exécutent que très-imparfaitement ou plutôt ne s'exécutent pas du tout. Depuis 1791, nos caboteurs ne sont plus admis librement dans les ports d'Espagne.

Les droits que les navires français et algériens francisés ont à payer, notamment dans le port de Valence, sont les suivants :

Phare.	1 réal (26 c.)	par tonneau.
Charge	1/8e de réal	d°
Décharge	1/8e d°	d°
Ancrage.	1/2 d°	d°

jusqu'à 60 tonneaux, et au-dessus, 1 réal.

Santé . . . . 1/2 réal par tonneau.

Pilotage à l'entrée, de 100 à 200 tonneaux : 60 réaux, et 20 réaux par chaque 100 tonneaux en sus.

Pilotage à la sortie, de 100 à 200 tonneaux : 60 réaux, et 20 réaux par chaque 100 tonneaux en sus.

Amarrage de 100 à 200 tonneaux : 30 réaux, et 10 réaux par chaque 100 tonneaux en sus.

EXTRAIT

DU TABLEAU DES MARCHANDISES

DÉNOMMÉES AU TARIF GÉNÉRAL DES DOUANES,

EN CE QUI CONCERNE L'ALGÉRIE.

EXPLICATION DES SIGNES ET ABRÉVIATIONS

DONT IL EST FAIT USAGE DANS LE TABLEAU DES DISPOSITIONS RELATIVES A L'ALGÉRIE.

Les lettres B. et N. placées dans la colonne intitulée *Unités sur lesquelles portent les droits*, ont pour objet d'indiquer si la taxe doit être perçue sur le poids *brut* ou sur le poids *net*. Celle de ces deux lettres qui est placée la première est relative à l'entrée, la seconde se rapporte à la sortie. Ainsi, le double signe B. B. veut dire que l'objet auquel il s'applique paye au *brut* à l'entrée et à la sortie; le signe N. B. paye au *net* à l'entrée et au *brut* à la sortie, et ainsi de suite.

Enfin, les dates qui figurent dans les colonnes intitulées *Titres de perception*, sont les dates des *Lois* ou *Décrets* qui ont déterminé la quotité des taxes.

Dispositions relatives à l'Algérie (A).

NOTA. Les produits tarifés par l'ordonnance du 18 décembre 1843 ne sont pas passibles, à l'entrée, du décime additionnel. Ces produits sont désignés en lettres italiques dans le présent tableau.

PAGES correspondantes du tableau des droits.	DÉNOMINATION DES MARCHANDISES.	UNITÉS sur lesquelles portent les droits ou qui doivent être énoncées dans les déclarations.	ENTRÉE. TITRES de perception.	ENTRÉE. DROITS à l'importation en Algérie. par navires français.	ENTRÉE. DROITS à l'importation en Algérie. par navires étrangers.	SORTIE. TITRES de perception.	SORTIE. DROITS.
				Fr. C.	Fr. C.		Fr. C.
	IMPORTATION ET EXPORTATION PAR MER.						
3	CHEVAUX — Étalons	Par tête.	11 janvier 1851.	Exempts.		11 janvier 1851.	Exempts.
	CHEVAUX — Juments						
	CHEVAUX — Autres		*Voir le* TABLEAU DES DROITS. *p.* 3.				
	MULES *et* MULETS						
	BESTIAUX — Bœufs	Par tête.	10 juin 1857.	Exempts.			
	BESTIAUX — Vaches						
	BESTIAUX — Taureaux	Par tête.	11 janvier 1851.				
	BESTIAUX — Bouvillons *et* Taurillons						
	BESTIAUX — Génisses	Par tête.	10 juin 1857.				
	BESTIAUX — Veaux						
	BESTIAUX — Béliers, brebis *et* moutons	Par tête.	11 janvier 1851. 10 juin 1857.				
	BESTIAUX — Agneaux	Par tête.	10 juin 1857.				
	BESTIAUX — Porcs	Par tête.	11 janvier 1851.				
	BESTIAUX — Cochons de lait						
6	SOIES — en cocons	100 kil. B. B.	10 avril 1837.	Exemptes.		6 mai 1841. 11 janvier 1851. 26 juillet 1856. 18 juin 1859.	0 30 le kil.
	SOIES — écrues y compris les doupions — grèges	100 kil. N. N.	24 décembre 1862	Exemptes.		11 janvier 1851. 18 juin 1859.	Exemptes.
	SOIES — écrues y compris les doupions — moulinées						
	SOIES — teintes — pour tapisserie, en pelotons d'un demi-kilogramme au moins *et* en écheveaux *ou* bobines pesant au plus 3 décagrammes	1 kil. N. N.	15 mars 1791. 3 frimaire an V	3 06	3 30	2 juillet 1836. 11 janvier 1851 18 juin 1859.	1 00
	SOIES — teintes — à coudre en écheveaux *ou* bobines pesant au plus 3 décagrammes	1 kil. N. N.	15 mars 1791. 3 frimaire an V.	3 06	3 30	2 juillet 1836 11 janvier 1851. 18 juin 1859.	0 10
	SOIES — teintes — toutes autres	1 kil. N. N.	15 mars 1791. 3 frimaire an V.	3 06	3 30	2 juillet 1836. 11 janvier 1851. 18 juin 1859.	6 00
	SOIES — Bourres — en masse — écrue	100 kil. B. B.	24 décembre 1862	Exemptes.			
	SOIES — Bourres — en masse — teinte						
	SOIES — Bourres — cardée — en feuille *et* gommée. — Ouate	100 kil. N. B.	28 avril 1816.	62 00	67 60	11 janvier 1851. 26 juillet 1856. 18 juin 1859.	0 30 le kil.
	SOIES — Bourres — cardée — *frisons peignés*						
	SOIES — Bourres — cardée — *toute autre*	1 kil. B. B.	26 juillet 1856.	10 centimes.			
	SOIES — Bourres — filée (fleuret) — écrue ou azurée	1 kil. N. B.	26 juillet 1856.	1 00	1 10	2 juillet 1836. 11 janvier 1851. 18 juin 1859.	0 05
	SOIES — Bourres — filée (fleuret) — teinte	1 kil. N. B.	26 juillet 1856.	3 00	3 30		
14	RIZ du Piémont en grains *ou* en paille		*Voir le* TABLEAU DES DROITS, *p.* 14.				

(A) Les modérations de droits et les assimilations de pavillon établies par les traités de commerce ne sont pas applicables en Algérie. Toutefois, il y a exception en ce qui concerne les produits anglais et belges, à l'égard desquels des réductions de droits ont été stipulées par les traités et conventions conclues avec l'Angleterre et la Belgique. — Pour les surtaxes exigibles, voir les Circulaires nos 645, 696 et 774.

Dispositions relatives à l'Algérie (Suite).

PAGES correspondantes du tableau des droits.	DÉNOMINATION DES MARCHANDISES.	UNITÉS sur lesquelles portent les droits ou qui doivent être énoncées dans les déclarations.	ENTRÉE. TITRES de perception.	ENTRÉE. DROITS à l'importation en Algérie. par navires français.	ENTRÉE. DROITS à l'importation en Algérie. par navires étrangers.	SORTIE. TITRES de perception.	SORTIE. DROITS.
				fr. c.	fr. c.		
15	FRUITS de table frais – Citrons, oranges, et leurs variétés	100 kil. B. B.	11 janv. 1851.	Exempts.			
	FRUITS de table frais – Noix de coco						
	FRUITS de table frais – Carrobe *ou* carouge						
	FRUITS de table frais – Autres – exotiques						
	FRUITS de table frais – Autres – indigènes						
16	GRAINES à ensemencer – de jardins et de fleurs		*Voir le* TABLEAU DES DROITS, p. 16.				
	GRAINES à ensemencer – de garance, de pastel, *et* chardons cardères						
	GRAINES à ensemencer – forestales						
	GRAINES à ensemencer – de coton						
	GRAINES à ensemencer – de prairie						
18	*SUCRE* – *non raffiné et non assimilé au raffiné* – *des fabriques de la métropole*	100 kil. N. B.	16 déc. 1843. 11 janv. 1851.	10 00	—		
	SUCRE – *non raffiné…* – *des colonies et possessions françaises* – *de la Guy ane*	100 kil. N. B.	16 déc. 1843. 11 janv. 1851. 3 juillet 1861.	10 00	10 00 (A)		
	SUCRE – *non raffiné…* – *des colonies et possessions françaises* – *des Antilles ou de la Réunion*						
	SUCRE – *non raffiné…* – *des colonies et possessions françaises* – *de l'Inde*	100 kil. N. B.	16 déc. 1843. 11 janv. 1851. 24 juin 1861. 2 juillet 1862.	26 25			
	SUCRE – *non raffiné…* – *des colonies et possessions françaises* – *des autres possessions*		*Voir le* TABLEAU DES DROITS, p. 18.				
	SUCRE – *non raffiné…* – *étranger* – des entrepôts de France – *importé primitivement par navires français* – *de l'Inde*	100 kil. N. B.	16 déc. 1843. 11 janv. 1851. 24 juin 1861. 2 juillet 1862.	26 25		11 janvier 1851.	Exempts.
	SUCRE – *non raffiné…* – *étranger* – des entrepôts de France – *importé primitivement par navires français* – *d'ailleurs, hors d'Europe*						
	SUCRE – *non raffiné…* – *étranger* – des entrepôts de France – *importé primitivement par navires français* – *des entrepôts*	100 kil. N. B.	16 déc. 1843. 11 janv. 1851. 24 juin 1861. 2 juillet 1862.	27 50	—		
	SUCRE – *non raffiné…* – *étranger* – des entrepôts de France – *importé primitivement par navires étrangers*						
	SUCRE – *non raffiné…* – *étranger* – d'ailleurs que des entrepôts de France		*Voir le* TABLEAU DES DROITS, p. 18.				
	SUCRE – raffiné – *en France*	100 kil. N. B.	16 déc. 1843. 11 janv. 1851.	20 00	—		
	SUCRE – raffiné – dans les colonies et possessions françaises		*Voir le* TABLEAU DES DROITS, p. 18.				
	SUCRE – raffiné – à l'Étranger						
20	CAFÉ – *des entrepôts de France*	100 kil. N. B.	16 déc. 1843. 11 janv. 1851.	12 00	—		
	CAFÉ – *d'ailleurs que des entrepôts de France*	100 kil. N. B.	16 déc. 1843. 11 janv. 1851.	15 00	16 50		
21	PIMENT en grain ou moulu	100 kil. N. B.	5 sept. 1855.	15 00	16 50		
	TABACS *en feuilles ou en côtes* – *des entrepôts de France*	100 kil. N. B.	1er sept. 1856.	20 00	—		
	TABACS *en feuilles ou en côtes* – *d'ailleurs*	100 kil. N. B.	1er sept. 1856.	25 00	27 50		

(A) Plus la surtaxe d'affrètement de 20 francs ou de 30 francs (décimes compris) par tonneau, selon la provenance. (Décret du 20 octobre 1861).

Dispositions relatives à l'Algérie (Suite).

PAGES correspondantes du tableau des droits.	DÉNOMINATION DES MARCHANDISES.	UNITÉS sur lesquelles portent les droits ou qui doivent être énoncées dans les déclarations.	ENTRÉE. TITRES de perception.	ENTRÉE. DROITS à l'importation en Algérie. par navires français.	ENTRÉE. DROITS à l'importation en Algérie. par navires étrangers.	SORTIE. TITRES de perception.	SORTIE. DROITS.
				fr. c.	fr. c.		fr. c.
26	Bois à brûler — du royaume d'Italie, par navires français *ou* italiens	Le stère ou le cent en nombre, *selon l'espèce.*	5 nov. 1850. 15 fév. 1853.	Exempts.		11 janv. 1851.	Exempts.
	Bois à brûler — d'ailleurs	....	*Voir le* TABLEAU DES DROITS, *p.* 26.				
	Bois à construire — du royaume d'Italie, par navires français *ou* italiens	Le stère ou les 100m de longueur, *selon l'espèce.*	5 nov. 1850. 15 fév. 1853.	Exempts.		11 janv. 1851. 18 juin 1859.	Même régime et même droit que ci-dessous.
	Bois à construire — d'ailleurs — Bois de noyer	Le stère ou les 100m de longueur, *selon l'espèce.*	11 fév. 1860. 20 mai 1861.	Exempt.		11 janv. 1851. 18 juin 1859.	30 00 les 100 kil. B.
	Bois à construire — d'ailleurs — autres	....	*Voir le* TABLEAU DES DROITS, *p.* 26.				
27	CHARBONS de bois *et* de chènevottes — du royaume d'Italie, par navires français *ou* italiens	Le mètre cube.	5 nov. 1850. 15 fév. 1853.	Exempts.		11 janv. 1851.	Exempts.
	CHARBONS de bois *et* de chènevottes — d'ailleurs	....	*Voir le* TABLEAU DES DROITS, *p.* 27.				
	Bois feuillard — du royaume d'Italie, par navires français *ou* italiens	Le mille en n.	5 nov. 1850. 15 fév. 1853.	Exempts.			
	Bois feuillard — d'ailleurs	....	*Voir le* TABLEAU DES DROITS, *p.* 27.				
	Merrains — du royaume d'Italie, par navires français *ou* italiens	Le mille en n.	5 nov. 1850. 15 fév. 1853.	Exempts.			
	Merrains — d'ailleurs	....	*Voir le* TABLEAU DES DROITS, *p.* 27.				
32	LÉGUMES verts	100 kil. B. B.	11 janv. 1851.	Exempts.		11 janv. 1851.	Exempts.
	FOIN, paille et fourrages.	100 kil. B. B.	16 déc. 1843. 11 janv. 1851.	50 centimes.			
33	DRILLES	100 kil. B.	18 avril 1857.	Exemptes.	1 00	11 janv. 1851.	Prohibées.
	TOURTEAUX de graines oléagineuses — de lin *et* de colon	100 kil. B. B.	18 avril 1857.	Exempts.		11 janv. 1851. 26 juillet 1858. 14 juin 1859.	0 50
	TOURTEAUX de graines oléagineuses — autres	100 kil. B. B.	18 avril 1857.	Exempts.		9 juin 1845. 11 janv. 1851. 18 juin 1859.	2 25
37	CHAUX	100 kil. B. B.					
	ARDOISES	Le mille ou le cent en nombre, *selon l'espèce.*					
	PIERRES à bâtir	100 kil. B. B.	11 janv. 1851.	Exempts.		11 janv. 1851.	Exempts.
	POUZZOLANE	100 kil. B. B.					
38	HOUILLE crue (charbon de terre)	100 kil. B. B.					
42	Cuivre — Minerai	100 kil. B.	5 janv. 1861.	Exempt.		11 janv. 1851	Prohibé.
	Cuivre — en tout autre état	....	*Voir le* TABLEAU DES DROITS, *p.* 42.				
47	*SEL marin, sel de saline et sel gemme*	100 kil. B. B.	16 déc. 1843. 11 janv. 1851.	3 00	3 30		
52	*TABACS fabriqués*	100 kil. N. B.	1er sept. 1850.	40 00	44 00		
54	*POTERIE de grès fin* — *en blanc* — *Platerie*	100 kil. N. B.	16 déc. 1843. 11 janv. 1851.	27 50	30 20		
	POTERIE de grès fin — *en blanc* — *Creuse*	100 kil. N. B.	16 déc. 1843. 11 janv. 1851.	55 00	60 20	11 janv. 1851.	Exempts.
	POTERIE de grès fin — *imprimée* — *Platerie*	100 kil. N. B.	16 déc. 1843. 11 janv. 1851.	50 00	55 00		
	POTERIE de grès fin — *imprimée* — *Creuse*	100 kil. N. B.	16 déc. 1843. 11 janv. 1851.	77 50	83 80		
	POTERIE de grès fin — *peinte et décorée*	100 kil. N. B.	16 déc. 1843. 11 janv. 1851.	137 50	146 80		
	CARREAUX en faïence	100 kil. B. B.	11 janv. 1851.	Exempts.			

Dispositions relatives à l'Algérie (Suite).

PAGES correspondantes du tableau des droits.	DÉNOMINATION DES MARCHANDISES.	UNITÉS sur lesquelles portent les droits ou qui doivent être énoncées dans les déclarations.	ENTRÉE. TITRES de perception.	ENTRÉE. DROITS à l'importation en Algérie. par navires français.	ENTRÉE. DROITS à l'importation en Algérie. par navires étrangers.	SORTIE. TITRES de perception.	SORTIE. DROITS.
				fr. c.	fr. c.		
58	TISSUS de coton, purs ou mélangés d'autres matières que la soie ou la laine — unis ou croisés dits calicots, percales, jaconas, coutils, printanière, etc. — écrus — de moins de 15 fils	1 kil. N. B.	16 déc. 1843, 11 janv. 1851.	0 85	0 90	11 janvier 1851	Exempts.
	— — écrus — de 15 fils inclus à 20 fils exclus	1 kil. N. B.	16 déc. 1843, 11 janv. 1851.	1 30	1 40		
	— — écrus — de 20 fils inclus à 25 fils exclus	1 kil. N. B.	16 déc. 1843, 11 janv. 1851.	2 90	3 10		
	— — écrus — de 25 fils et au-dessus	1 kil. N. B.	16 déc. 1843, 11 janv. 1851.	8 00	8 80		
	— — blancs — de moins de 15 fils	1 kil. N. B.	16 déc. 1843, 11 janv. 1851.	0 95	1 00		
	— — blancs — de 15 fils inclus à 20 fils exclus	1 kil. N. B.	16 déc. 1843, 11 janv. 1851.	1 40	1 50		
	— — blancs — de 20 fils inclus à 25 fils exclus	1 kil. N. B.	16 déc. 1843, 11 janv. 1851.	3 00	3 30		
	— — blancs — de 25 fils et au-dessus	1 kil. N. B.	16 déc. 1843, 11 janv. 1851.	8 35	9 15		
	— — teints ou imprimés — de moins de 15 fils	1 kil. N. B.	16 déc. 1843, 11 janv. 1851.	1 70	1 80		
	— — teints ou imprimés — de 15 fils inclus à 20 fils exclus	1 kil. N. B.	16 déc. 1843, 11 janv. 1851.	2 50	2 70		
	— — teints ou imprimés — de 20 fils inclus à 25 fils exclus	1 kil. N. B.	16 déc. 1843, 11 janv. 1851.	5 00	5 50		
	— — teints ou imprimés — de 25 fils et au-dessus	1 kil. N. B.	16 déc. 1843, 11 janv. 1851.	12 10	13 30		
	— Mouchoirs — écrus	1 kil. N. B.	16 déc. 1843, 11 janv. 1851.	3 15	3 45		
	— Mouchoirs — blancs	1 kil. N. B.	16 déc. 1843, 11 janv. 1851.	3 35	3 65		
	— Mouchoirs — teints ou imprimés	1 kil. N. B.	16 déc. 1843, 11 janv. 1851.	4 00	4 40		
	— Mousselines, gazes, organdis, etc. — unis ou brochés — écrus — de moins de 12 fils	1 kil. N. B.	16 déc. 1843, 11 janv. 1851.	2 00	2 20		
	— — unis ou brochés — écrus — de 12 fils inclus à 16 fils exclus	1 kil. N. B.	16 déc. 1843, 11 janv. 1851.	11 65	12 80		
	— — unis ou brochés — écrus — de 16 fils et au-dessus	1 kil. N. B.	16 déc. 1843, 11 janv. 1851.	32 95	36 20		
	— — unis ou brochés — blancs — de moins de 12 fils	1 kil. N. B.	16 déc. 1843, 11 janv. 1851.	2 15	2 35		
	— — unis ou brochés — blancs — de 12 fils inclus à 16 fils exclus	1 kil. N. B.	16 déc. 1843, 11 janv. 1851.	12 25	13 45		
	— — unis ou brochés — blancs — de 16 fils et au-dessus	1 kil. N. B.	16 déc. 1843, 11 janv. 1851.	33 75	37 10		
	— — unis ou brochés — teints ou imprimés — de moins de 12 fils	1 kil. N. B.	16 déc. 1843, 11 janv. 1851.	3 55	3 90		
	— — unis ou brochés — teints ou imprimés — de 12 fils inclus à 16 fils exclus	1 kil. N. B.	16 déc. 1843, 11 janv. 1851.	17 00	18 70		
	— — unis ou brochés — teints ou imprimés — de 16 fils et au-dessus	1 kil. N. B.	16 déc. 1843, 11 janv. 1851.	45 40	49 90		
	— — brodés — écrus — de moins de 12 fils	1 kil. N. B.	16 déc. 1843, 11 janv. 1851.	4 00	4 40		
	— — brodés — écrus — de 12 fils inclus à 16 fils exclus	1 kil. N. B.	16 déc. 1843, 11 janv. 1851.	23 30	25 60		
	— — brodés — écrus — de 16 fils et au-dessus	1 kil. N. B.	16 déc. 1843, 11 janv. 1851.	65 90	71 60		
	— — brodés — blancs — de moins de 12 fils	1 kil. N. B.	16 déc. 1843, 11 janv. 1851.	4 30	4 70		
	— — brodés — blancs — de 12 fils inclus à 16 fils exclus	1 kil. N. B.	16 déc. 1843, 11 janv. 1851.	24 50	26 90		
	— — brodés — blancs — de 16 fils et au-dessus	1 kil. N. B.	16 déc. 1843, 11 janv. 1851.	67 50	73 30		
	— — brodés — teints ou imprimés — de moins de 12 fils	1 kil. N. B.	16 déc. 1843, 11 janv. 1851.	7 10	7 80		
	— — brodés — teints ou imprimés — de 12 fils inclus à 16 fils exclus	1 kil. N. B.	16 déc. 1843, 11 janv. 1851.	34 00	37 40		
	— — brodés — teints ou imprimés — de 16 fils et au-dessus	1 kil. N. B.	16 déc. 1843, 11 janv. 1851.	90 80	97 80		

Dispositions relatives à l'Algérie (Suite).

PAGES correspondantes du Tableau des droits.	DÉNOMINATION DES MARCHANDISES.	UNITÉS sur lesquelles portent les droits ou qui doivent être énoncées dans les déclarations.	ENTRÉE. TITRES de perception.	ENTRÉE. DROITS à l'importation en Algérie. par navires français.	ENTRÉE. DROITS à l'importation en Algérie. par navires étrangers.	SORTIE. TITRES de perception.	SORTIE. DROITS.
				fr. c.	fr. c.		
58	TISSUS de coton (suite). — *purs ou mélangés d'autres matières que la soie ou la laine* (suite). — *Tulles et dentelles* — *écrus*	1 kil. N. B.	16 déc. 1843, 11 janvier 1851.	65 90	71 60	11 janvier 1851.	Exempts.
	blancs	1 kil. N. B.	16 déc. 1843, 11 janvier 1851.	67 50	73 30		
	teints ou imprimés	1 kil. N. B.	16 déc. 1843, 11 janvier 1851.	90 80	97 80		
	Couvertures, bonneterie, rubanerie et passementerie. — *écrues*	1 kil. N. B.	16 déc. 1843, 11 janvier 1851.	0 85	0 90		
	blanches	1 kil. N. B.	16 déc. 1843, 11 janvier 1851.	0 95	1 00		
	teintes ou imprimées	1 kil. N. B.	16 déc. 1843, 11 janvier 1851.	1 70	1 80		
	mélangés de soie — *de moins de 16 fils*	1 kil. N. B.	16 déc. 1843, 11 janvier 1851.	8 40	9 20		
	de 16 fils et au-dessus	1 kil. N. B.	16 déc. 1843, 11 janvier 1851.	18 60	20 40		
	Nankin	....	*Voir le* TABLEAU DES DROITS, *p.* 58.				
	TISSUS de laine. — *purs ou mélangés d'autres matières que la soie,* — *foulés et drapés (draps) valant par mètre* — *moins de 10 francs*	1 kil. N. B.	16 déc. 1843, 11 janvier 1851.	6 90	7 50		
	10 fr. inclus' à 20 fr. exclus'	1 kil. N. B.	16 déc. 1843, 11 janvier 1851.	9 15	10 05		
	20 fr. inclus' à 30 fr. exclus'	1 kil. N. B.	16 déc. 1843, 11 janvier 1851.	11 70	12 80		
	30 fr. et au-dessus	1 kil. N. B.	16 déc. 1843, 11 janvier 1851.	16 90	18 50		
	foulés, légèrement foulés, ou non foulés (casimir, mérinos, mousselines, etc.), valant par mètre — *moins de 10 francs*	1 kil. N. B.	16 déc. 1843, 11 janvier 1851.	6 60	7 20		
	10 fr. inclus' à 20 fr. exclus'	1 kil. N. B.	16 déc. 1843, 11 janvier 1851.	6 90	7 50		
	20 fr. inclus' à 30 fr. exclus'	1 kil. N. B.	16 déc. 1843, 11 janvier 1851.	7 90	8 60		
	30 fr. et au-dessus	1 kil. N. B.	16 déc. 1843, 11 janvier 1851.	10 80	11 80		
	mélangés de soie	1 kil. N. B.	16 déc. 1843, 11 janvier 1851.	25 85	28 40		
	Couvertures — *ordinaires*	1 kil. N. B.	16 déc. 1843, 11 janvier 1851.	2 40	2 60		
	à raies de couleur	1 kil. N. B.	16 déc. 1843, 11 janvier 1851.	4 20	4 60		
	Bonneterie — *orientales*	1 kil. N. B.	16 déc. 1843, 11 janvier 1851.	9 15	10 05		
	autres	1 kil. N. B.	16 déc. 1843, 11 janvier 1851.	6 90	7 50		
	Châles	1 kil. N. B.	16 déc. 1843, 11 janvier 1851.	*Mêmes droits que les tissus non foulés, selon l'espèce.*			
	Passementerie et rubanerie	....	*Voir le* TABLEAU DES DROITS, *p.* 58.				
	Tapis						
	Burail et crépon de Zurich						
	Toile à bluteau sans couture						

Dispositions relatives à l'Algérie (Suite).

PAGES correspondantes du tableau des droits.	DÉNOMINATION DES MARCHANDISES.	UNITÉS sur lesquelles portent les droits ou qui doivent être énoncées dans les déclarations.	ENTRÉE. TITRES de perception.	ENTRÉE. DROITS à l'importation en Algérie. par navires français.	ENTRÉE. DROITS à l'importation en Algérie. par navires étrangers.	SORTIE. TITRES de perception.	SORTIE. DROITS.
				fr. c.	fr. c.		fr. c.
65	Cartons : en feuilles, de simple moulage *ou* pâtes de papier.	100 kil. N.	28 avril 1816. 27 mars 1817.	150 00	160 00	11 janv. 1851.	Prohibé.
	Cartons : autre		*Voir le* TABLEAU DES DROITS, p. 65.			11 janv. 1851.	Exempts.
	Contrefaçons	100 kil. B.	16 déc. 1843. 11 janv. 1851.	Prohibées.			
72	Armes de guerre		16 déc. 1843. 11 janv. 1851.	Prohibés.		11 janv. 1851.	Prohibés.
	Munitions de guerre : Poudre à tirer						
	Munitions de guerre : Capsules de poudre fulminante						
	Munitions de guerre : Projectiles						
75	Bois de fusils en noyer, achevés *ou* ébauchés	La valeur.	15 mars 1791.	15 pour 0/0.		6 mai 1841. 11 janv. 1851. 16 juin 1859.	30 00 les 100 kil. B.
»	Toutes autres marchandises : *prohibées à l'entrée en France* : *des entrepôts de France.*	La valeur.	16 déc. 1843. 11 janv. 1851.	20 pour 0/0.		11 janv. 1851.	Exemptes.
	Toutes autres marchandises : *prohibées à l'entrée en France* : *de l'étranger*	La valeur.	16 déc. 1843. 11 janv. 1851.	25 pour 0/0.			
	Toutes autres marchandises : tarifées à l'entrée en France		11 janv. 1851.	Droits applicables dans les ports français de la Méditerranée.			
	IMPORTATION ET EXPORTATION PAR LES FRONTIÈRES DE TERRE.			PRODUITS			
	1° De la régence de Tunis et de l'empire du Maroc.			de la régence de Tunis.	de l'empire du Maroc.		
3	Mules *et* mulets / Bestiaux : *Voir le 1er Tableau.*						
5	Laines en masse	100 kil. B. B.	8 juin 1856. 5 mai 1860.	Exemptes.			
15	Dattes (fruits secs *ou* tapés)	100 kil. B. B.	7 sept. 1856.	8 00	4 00		
63	Scheimbir (tissu de soie, étoffe pure unie)	1 kil. N. B.	7 sept. 1856.	8 00	4 00		
	Brenschia de Constantinople (gaze de soie pure)	1 kil. N. B.	7 sept. 1856.	15 00	7 50		
66	Peaux : ouvrées (babouches)	100 kil. N. B.	7 sept. 1856.	50 00	25 00		
	Peaux : préparées	100 kil. N. B.	7 sept. 1856.	20 00	10 00		
84	Bonnets de laine (bonneterie orientale)	1 kil. N. B.	7 sept. 1856.	4 50	2 25		
	Burnous : en laine (tissus de laine non foulés, valant par mètre moins de 10 fr.)	1 kil. N. B.	7 sept. 1856.	3 30	1 65		
	Burnous : en tissu de laine mélangée de soie / Ceintures en laine mélangée de soie	1 kil. N. B.	7 sept. 1856.	13 00	6 50	11 août 1853.	Même régime et mêmes droits qu'à l'exportation par mer.
	El-adjab ou tissu de coton mélangé de soie : de moins de 16 fils	1 kil. N. B.	7 sept. 1856.	4 20	2 10		
	El-adjab ou tissu de coton mélangé de soie : de 16 fils et au-dessus	1 kil. N. B.	7 sept. 1856.	9 30	4 65		
	Haïcks : en laine avec filets de soie (comme tissus de laine, valant par mètre moins de 10 fr.)	1 kil. N. B.	7 sept. 1856.	3 30	1 65		
	Haïcks : en tissu de laine mélangée de soie	1 kil. N. B.	7 sept. 1856.	13 00	6 50		
	Turban en tissu de coton mélangé de soie : de moins de 16 fils	1 kil. N. B.	7 sept. 1856.	4 20	2 10		
	Turban en tissu de coton mélangé de soie : de 16 fils et au-dessus	1 kil. N. B.	7 sept. 1856.	9 30	4 65		
»	Autres marchandises		11 août 1853.	Même régime et mêmes droits qu'à l'importation par mer sous pavillon étranger.			
	2° Du sud de l'Algérie.						
»	Produits naturels *et* fabriqués : *originaires* du Sahara *et* du Soudan		25 juin 1860.	Exempts.			
	Produits naturels *et* fabriqués : autres		16 déc. 1843. 25 juin 1860.	Prohibés.			

ÉTAT

INDIQUANT, PAR IMPORTANCE, LES ÉLÉMENTS DE LA PERCEPTION DOUANIÈRE EN ALGÉRIE.

(V. SÉANCE DU 4 AVRIL. — PAGE 164.)

MOYENNE DES CINQ DERNIÈRES ANNÉES, DE 1857 A 1861.

MARCHANDISES.		IMPORTATIONS de FRANCE.	IMPORTATIONS de L'ÉTRANGER.	OBSERVATIONS. Numéros des pages du tarif (édition de 1861) où se trouvent les taxes afférentes aux articles désignés ci-contre. TARIF GÉNÉRAL.	TARIF DE L'ALGÉRIE.	TARIFS SPÉCIAUX. ANGLETERRE.	TARIFS SPÉCIAUX. BELGIQUE.
Viandes salées		608,978	139,269	4	»	»	»
Céréales (Graines et farines)		1,933,017	2,338,685	13	»	»	»
Sucre raffiné		6,101,490	»	18	81	»	»
Vins		5,507,420	1,898,247	53	»	»	»
Eaux-de-vie		1,550,062	71,803	53	»	98	134
Tissus	de coton	60,870,157	765,784	58	83, 84 et 85	108 et 109	144 et 145
	de laine	7,501,070	264,450	58	84 et 85	109	145
	de soie	6,508,765	143,030	62 et 63	85	112	147
	de chanvre	10,620,363	11,235	59 à 61	»	110 et 111	146
Peaux préparées et ouvrées		5,551,836	567,778	68	85	114	149
Ouvrages en métaux		2,177,015	11,554	72	»	117 et 118	152 et 153
Café		2,346,009	2,009,141	»	81	»	124
Bois communs		566,187	2,140,642	27	82	»	»
Fer, fonte et acier		787,597	246,447	39 à 41	»	91	127
Tabac en feuilles		113,726	944,086	»	81	»	»
Fruits de table		102,881	1,388,473	15	81	»	»
Laines en masse		»	851,390	5	85	86	122
Sucre brut		»	495,306	18	81	88	124
Tabac fabriqué		143,904	256,345	»	82	»	»
Houille crue		207,689	403,586	»	82	»	»
Huile d'olive		166,230	465,007	23	»	88	124
Bestiaux		5,456	44,482	»	80	»	»
Autres articles		44,288,653	4,759,526	»	»	»	»
Totaux		157,758,603	20,307,235				

TARIF DES DROITS DE TONNAGE EN ALGÉRIE.

	DÉSIGNATION DES NAVIRES.	DROITS DE TONNAGE. Titre de perception.	DROITS DE TONNAGE. Quotité du droit.
	1re SECTION.		
Navires français… Sandales algériennes…	Chargés ou non, de quelque part qu'ils viennent…	Ordonnance du 16 déc. 1843, Article 4.	Exempts.
	2e SECTION.		
NAVIRES ÉTRANGERS DE TOUS PAVILLONS.	Affectés à la pêche du corail ou du poisson…	Id.	Id.
	Servant d'allège dans les ports de la colonie…	Id.	Id.
	Entrant sans faire aucune opération de commerce…	Id.	Id.
	Venus sur lest et repartant chargés de produits français ou algériens dans la proportion indiquée par la circulaire n° 2421 (1/20e à l'arrivée, 14/15e au départ (1)…	Loi du 11 janv. 1851 Article 8.	Id.
	Arrivant de l'étranger et ayant déjà acquitté les droits de tonnage dans un port de l'Algérie et n'effectuant pas d'embarquement intermédiaire…	Id.	Id.
	Frétés pour le compte de l'État, si les équipages sont nourris et soldés *par le gouvernement, — chargés ou sur lest* (2)…	Notes du tarif métropolitain de navigation.	Id.
	Échoués, abandonnés provenant d'épaves…	Notes 8 et 9 du *même tarif.*	Id.
	Venus directement chargés de l'Étranger et de France, s'ils embarquent ou débarquent…	Ordonnance du 16 déc. 1843. Article 3.	4 francs par tonneau.
	Faisant le cabotage en Algérie, partout où ils débarquent et embarquent (A)…	Article 3. *Décision administ*e. du 20 août 1851.	Id.
	Arrivant chargés pour le compte de l'État, si les équipages sont entretenus par des armateurs particuliers…	Note 8 du tarif métropolitain de navigation.	Id.
	Employés exclusivement au transport des voyageurs et de leurs bagages (3)…	Décision administ. du 27 mars 1849	Id.
	3e SECTION.		
DISPOSITIONS PARTICULIÈRES aux navires Italiens, Portugais, Belges et Russes (Circ. n° 457), (5)	Arrivant directement de chez eux, s'ils débarquent ou embarquent.	Circ. 2123, 90, 498	2 francs par tonneau.
	Arrivant chargés d'ailleurs que chez eux, Id. (4).	Id.	4 francs par tonneau.
	Faisant le cabotage en Algérie, partout où ils débarqt et embarqt…	Ordonnance du 10 déc. 1843. Art. 3 et décision administrative du 20 août 1853.	Id.
	Arrivant chargés pour le compte de l'État avec des équipages non soldés par l'État, s'il viennent de chez eux	Circ. 2123, 90, 498.	2 francs par tonneau.
	Arrivant chargés pour le compte de l'État avec des équipages non soldés par l'État, s'il viennent d'ailleurs…	Id.	4 francs par tonneau.
	Employés exclusivement au transport des voyageurs et de leurs bagages, s'ils viennent de chez eux.	Mêmes circulaires et décision administ. du 27 mars 1849.	2 francs par passager.
	Employés exclusivement au transport des voyageurs et de leurs bagages, s'ils viennent d'ailleurs…		4 francs par passager.

NOTES.

(1) Considérer comme *sur lest* les navires qui auront à bord moins du 20e du tonnage en marchandises, et ne taxer que le nombre de tonneaux que ces marchandises représentent, s'ils repartent chargés aux 14/15e. Quand cette dernière proportion n'aura pas été atteinte, percevoir en outre le droit sur la partie du tonnage restée vide au départ, ou occupée par des marchandises d'entrepôt, mais sans que les deux sommes excèdent le tonnage intégral du navire, (Circulaire n° 2421).

(2) Lorsque les équipages sont entretenus par des armateurs particuliers *exiger le droit de tonnage*, comme il est indiqué plus bas.
Note du tarif métropolitain de navigation.

(3) Appliquer d'ailleurs les dispositions rappelées en la note 8 du tarif métropolitain de navigation.

(4) Le droit intégral de 4 francs est perçu à Alger, alors même que le navire vient de France, parceque la circulaire 2423 dit que ce droit est dû toutes les fois que le navire privilégié vient d'ailleurs que des ports de la puissance à laquelle il appartient.

(A) Cependant si le navire étranger, après avoir transporté des marchandises d'un port à un autre port de la Colonie, arrive *sur lest* quelque part et retourne à l'étranger avec des produits français, lui appliquer les dispositions favorables du dernier § de l'article 8 de la loi du 11 janvier 1851. Il y a toutefois exception pour les navires de 80 tonneaux et au-dessous, lorsqu'ils ont acquitté, une fois pour toutes, la *taxe de 40 francs par tonneau (décret du 7 septembre 1856.)*

(5) Accorder, d'ailleurs, à ces navires toutes les franchises et immunités relatées tant dans la 2e section que dans la 4e section du présent.

TARIF DE L'OCTROI DE MER.

DÉNOMINATION DES MARCHANDISES.			UNITÉS SUR LESQUELLES PORTENT LES DROITS (1). — Marchandises venant de France avec expédition relatant : Le poids net.	de France avec expédition relatant : Le poids brut seulement.	de l'Étranger ou des Entrepôts déclarés : Au brut.	de l'Étranger ou des Entrepôts déclarés : Au net dont le net aura été vérifié.	QUOTITÉ du DROIT (2). fr. c.
BOISSONS	Vins ordinaires	en cercles ou dames-jeannes (3)	L'hectolitre de liquide.				5 »
		en bouteilles (4)	d°				15 »
	Vins de liqueurs et vermouth (17)	en cercles	d°				8 »
		en bouteilles ou dames-jeannes (3-4)	d°				25 »
	Vinaigres	en cercles	d°				5 »
		en bouteilles ou dames-jeannes (3-4)	d°				10 »
	Bière, Cidre, Poiré, Hydromel, en cercles, bouteilles etc. (4)		d°				5 »
	Eaux-de-vie et Esprits	en cercles	L'hectolitre d'alcool pur.				30 »
		en bouteilles (4)	d°				30 »
	Liqueurs en cercles et en bouteilles (4)		L'hectolitre de liquide.				40 »
	Jus de fruits (5)		»				» »
COMESTIBLES	Fruits et légumes confits au vinaigre (6)	en cercles	Hectolitre.				5 »
		en bouteilles	d°				10 »
	Glucose (10)		100 kil. N.				5 »
	Sucre, café		d°				5 »
	Chicorée moulue (7), café de glands doux et tous les faux cafés		100 kil. N.	100 kil. B.	100 kil. B.	100 kil. N.	5 »
	Chocolat		100 kil. N.				10 »
	Thé		d°				25 »
	Sucreries, Bonbons, fruits confits au sucre, Raisiné (12) et autres		d°				12 »
	Sirops et caramel		d°				10 »
	Pâtisseries sucrées de petit four (biscuits, macarons, nougats, etc.)		d°				6 »
	Pains d'épices (8)		100 k. N.	100 k. B.	100 kil. B.		5 »
	Conserves alimentaires (9)		d°	d°	d°		20 »
	Fruits confits à l'eau-de-vie (11)		100 kil. N.				20 »
	Mélasse, miel et conserves au miel		100 k. N.	100 k. B.	100 kil. B.		5 »
	Marrons, châtaignes et leurs farines		d°	d°	d°		5 »
	Pâtes d'Italie et autres pâtes granulées		d°	d°	d°		5 »
	Fromages		d°	d°	d°		3 »
	Sel marin		d°	d°	d°		1 »
	Viandes salées et lards en planches (13)		d°	d°	d°		5 »
	Saindoux		d°	d°	d°		3 »
	Poissons de mer secs, salés, fumés, marinés ou à l'huile		d°	d°	d°		5 »
	Porcs vivants		La tête.				6 »
	Aulx		100 k. N.	100 k. B.	100 kil. B.		3 »
ÉPICES	Moutarde (farine et confection de) et gingembre		d°	d°	d°		15 »
	Piment	commun	d°	d°	d°		5 »
		des colonies	d°	d°	d°		20 »
	Poivre		100 kil. N.				20 »
	Cannelle et Cassia-Lignea		d°				45 »
	Muscades, Macis, Fèves pichurim		d°				100 »
	Noix de Sassafras, de girofle, de Revensara		d°				100 »
	Clous et griffes de girofle		d°				40 »
	Autres et extraits liquides pour assaisonnements (14)		d°				15 »
COMBUSTIBLES	Chandelles de suif		100 k. N.	100 k. B.	100 kil. B.		5 »
	Bougies	en cire	100 kil. N.				10 »
		de toute autre sorte	100 k. N.	100 k. B.	100 kil. B.		10 »
	Suif		d°	d°	d°		2 »
OBJETS DIVERS	Savons autres que de parfumerie		d°	d°	100 k. B.	100 k. N.	3 »
	Cambouis (15)		d°	d°	100 kil. B.		2 »
	Tabacs	en feuilles (16)	d°	d°	d°		10 »
		fabriqués (cigares autres) (16)	d°	d°	d°		20 »

NOTES.

(1) La lettre administrative du 30 avril 1855 règle que les marchandises passibles du droit d'octroi acquitteront cette taxe au net : 1° lorsqu'elles sont imposées au net pour les droits de Douane; 2° lorsque, tarifées au brut pour la Douane, elles seront importées de France avec des expéditions relatant le poids net; 3° lorsque la quotité du droit d'octroi sera de plus de 10 fr. les 100 kilog.; 4° enfin, lorsque frappées de prohibition en France et admises en Algérie à la valeur, elles auront été déclarées au net par le commerce, et que ce net aura été vérifié par la Douane. Il résulte de cette lettre que la tare légale ne saurait être accordée qu'aux marchandises imposées au net pour les droits de Douane, et à celles dont le droit d'octroi dépasse la quotité de 40 fr. les 100 kilog.

(2) Quotités de droits résultant de l'ordonnance du 21 décembre 1844.

(3) En ce qui concerne les vins ordinaires seulement, les dames-jeannes sont assimilées aux futailles. Lorsqu'elles contiennent d'autres liquides, elles doivent être considérées comme bouteilles. (Circulaire autographiée du 29 juin 1849, n° 153.)

(4) Les bouteilles, flacons et cruchons d'un litre à un demi-litre exclusivement de contenance seront pris pour un litre, ceux d'un demi-litre et au-dessous pour un demi-litre; chaque bouteille d'eau-de-vie ou d'esprit, quel qu'en soit le degré, devra être comptée pour un litre d'alcool pur, les demi-bouteilles pour un demi-litre. (Note au tarif annexé à l'ordonnance du 21 décembre 1844.) Les eaux-de-vie ou alcools en dames-jeannes sont assimilés à ceux en bouteilles et paient d'après la quantité de liquide. (Décisions du 16 avril 1849 et du 2 mai 1857.)

(5) Les jus de fruits purs seront affranchis du droit d'octroi, toutes les fois que l'addition d'alcool n'excédera pas 8 p. 0/0, proportion rigoureusement indispensable pour neutraliser la fermentation; dans le cas contraire, qu'ils soient sucrés ou non, on doit leur appliquer la taxe afférente aux liqueurs; s'ils sont mélangés de sucre seulement, ils devront suivre le régime des vins de liqueurs ou celui des sirops, selon la nature de la préparation qu'ils auront reçue. (Lettre du 29 mars 1846; décision du Ministre de la Guerre, transmise par la circulaire autographiée du 24 mai 1850, n° 162, et circulaire imprimée, n° 111, nouvelle série.)

(6) La circulaire autographiée du 17 février 1846, n° 71, approuvée par M. le Directeur des finances, confirmant l'instruction du 6 mai 1845, assimile au vinaigre les fruits et les légumes confits au vinaigre. (*Voy.* 9.)

(7) La chicorée moulue est imposée à 5 fr. les 100 kilog. par suite de son assimilation au café. (Lettre du chef de service du 3 novembre 1846, transmissive d'une décision de la Direction des finances), y compris le café de glands doux et tous les faux cafés. (Décision de M. le Directeur du 22 novembre 1859.)

(8) Le pain d'épice suit le régime du miel. (Décision administrative du 2 mai 1857.)

(9) On doit entendre par conserves alimentaires les articles désignés au tarif des Douanes sous le titre de conserves alimentaires préparées par la méthode Appert ou par tout autre procédé analogue. Il est fait exception à cette nomenclature pour les articles spécialement dénommés au tarif d'octroi. Ainsi, les conserves de viande sont traitées comme viandes salées, celles de poissons comme poissons; celles au vinaigre doivent acquitter les droits afférents au vinaigre; les fruits à l'eau-de-vie suivent un régime particulier comme tarifés au net en Douane (n° 11); les conserves au miel doivent le droit du miel; celles au sucre le droit des sucreries. Les conserves au sel ou autrement qu'il n'est dit ci-dessus, ainsi que les conserves alimentaires végétales, préparées suivant le procédé Masson et renfermées ou non dans des boîtes en fer blanc, sont exemptes. (Circulaires autographiées du 6 mai 1845, n° 56, et 17 février 1846, n° 71. — Décision du Ministre du 30 juin 1852.) Les truffes et les champignons, même marinés, sont affranchis du droit. (Lettre du chef de service du 3 novembre 1846.)

(10) Le glucose est, dans tous les cas, assimilé au sucre. (Décision administrative du 2 mai 1857.)

(11) *Les* fruits confits à l'eau-de-vie doivent être soumis au droit de 20 fr. les 100 kilog., que le degré d'alcool soit appréciable ou non. (Circulaire de la Direction du 13 avril 1847, n° 101.)

(12) Le raisiné, qu'il entre ou non du sucre dans sa confection, sera traité comme les confitures ou les sirops. (Lettre du chef de service du 15 janvier 1846.) Il y a lieu de traiter comme sucreries tous les articles qui, n'étant pas nommément tarifés, sont compris au tarif général des Douanes (note n° 155) sous la dénomination de bonbons.

(13) Les pâtés de foie gras et les terrines de la même confection acquittent les droits des viandes. (Circulaire autographiée du 19 janvier 1852, n° 155.)

(14) *Les extraits liquides, jus ou sauces, pour assaisonnement,* doivent le même droit que *les épices,* gingembre et autres. (Circulaire du 17 février 1846, n° 71.)

(15) La circulaire autographiée du 19 août 1846, n° 80, transmissive d'une décision du 6, du Directeur des finances, assimile le cambouis à la graisse de mouton.

(16) Les tabacs fabriqués en France, arrivant sous plombs et vignettes de la régie, sont exempts de droits. (Lettre du chef de service du 21 juillet 1845.) (Décret du 7 septembre 1856.) Les tabacs en feuilles, *même de France et sous plombs,* doivent être soumis à la taxe.

(17) Le vermouth doit être traité comme vin de liqueur. (Circulaire du 30 mai 1855, n° 6.)

(18) Sont exempts du droit d'octroi : 1° l'alcool dénaturé (Décision du 29 mai 1844); 2° les oignons secs (Ordonnance du 30 septembre 1847 et circulaire autographiée du 27 octobre suivant, n° 124); 3° les objets d'avitaillement d'origine française embarqués par transbordements dans les ports de l'Algérie sur les navires caboteurs (Décision ministérielle du 17 juin 1851. — Circulaire autographiée de la Direction du 29 juin, n° 172); 4° L'élixir de la Grande-Chartreuse (Décision du 3 décembre 1855).

TABLE.

Agriculture, 5, 44, 76, 82, 90, 122, 127, 129, 132, 157, 159, 160, 161, 162, 165, 168, 170, 191, 192, 193, 195, 197, 198, 207, 210, 212, 215, 217, 218, 232, 250, 258.

Alfa, 217, 218, 228, 242.

Angleterre (Commerce de l'Algérie avec l'), 68, 77, 80, 88, 90, 125, 162, 193, 194, 196, 201, 210, 219, 220, 249.

Armateurs, 45, 55, 90, 101, 105, 112, 143, 155, 167, 168, 183, 184, 190, 199, 203, 204, 230.

Armements, 111, 112, 113, 114, 117, 154.

Assurance des navires, 52, 55, 61, 64, 72, 95, 142, 183, 199, 203, 210, 213.

Autruches (Dépouilles d'), 137, 232, 234, 235, 239.

Baltique (Commerce de l'Algérie avec les contrées de la), 73, 85, 90, 167, 169, 196, 217, 249.

Banques, 156, 157, 158, 159, 190, 191, 198.

Banquiers, 142, 156.

Bestiaux, 6, 44, 57, 78, 160, 184, 193, 197, 224, 225, 247, 252.

Bois, 7, 9, 46, 47, 49, 52, 72, 73, 77, 79, 92, 93, 95, 96, 101, 102, 103, 113, 121, 142, 143, 152, 158, 161, 160, 167, 169, 170, 176, 182, 196, 208, 211, 213, 215, 216, 227, 235, 238, 247, 248, 250, 252, 264, 268.

Cabotage, 2, 3, 4, 7, 46, 49, 56, 73, 79, 84, 91, 101, 102, 103, 105, 106, 107, 108, 109, 110, 111, 121, 125, 129, 145, 140, 148, 183, 184, 185, 208, 230, 266, 267, 270, 274, 276.

— (Armements pour le), 53, 55, 61, 72, 79, 143, 199, 203, 211.

— (Moyens de faciliter les opérations du), 53, 61, 82, 199, 204, 214, 231.

— sur les côtes de l'Algérie, 10, 48, 58, 62, 67, 97, 150, 153, 200, 205, 207, 209, 212, 214, 231, 252, 258, 269, 270.

Cafés, 48, 122, 123, 150, 153, 232, 261, 262.

Capitaineries (Directions de port), 57, 86, 96, 109, 149, 200, 204, 211.

Capitaines (ou patrons) au cabotage, 3, 10, 57, 83, 85, 86, 92, 95, 105, 108, 144, 146, 147, 183, 184, 185, 205, 210, 211, 213, 265, 266, 267, 268.

— (leur concours dans la construction ou l'achat des navires), 53, 56, 61, 72, 82, 95, 105 143, 183, 199, 203, 211, 213.

— (leur degré d'instruction en théorie et en pratique, comparativement aux capitaines étrangers), 53, 56, 61, 84, 95, 105, 183, 199, 204, 211, 214.

Capitaux (Conditions de leur emploi dans les opérations maritimes), 52, 55, 64, 72, 142, 189, 199, 203, 211, 213.

— (leur emploi dans différentes entreprises), 59, 82, 92, 150, 190, 220, 223.

Céréales, 3, 6, 44, 57, 58, 77, 82, 90, 98, 151, 152, 160, 184, 185, 190, 192, 201, 211, 218, 219, 220. 221, 230, 247.

— (Blés et pâtes), 95, 104, 128, 163, 187, 209, 215, 216, 220.

Charbons. (Voir *Houilles*).

Chemins de fer, 109, 160, 196, 198, 210, 214. 231, 248, 253.

Ciments, 151, 153, 171, 248.

Colonisation, 3, 4, 8, 44, 66, 69, 71, 77, 78, 87, 91, 267.

Commerce de la France avec l'Algérie, 4, 10, 43, 58, 123, 196, 222, 248, 250, 255.

— de l'Algérie, 2, 4, 10, 13, 46, 48, 66, 68, 71, 90, 91, 94, 109, 110, 112, 121, 122, 132, 144, 145, 150, 151, 152, 157, 158, 159, 161, 162, 189, 191, 192, 195, 200, 205, 206, 207, 209, 210, 212, 215, 221, 231, 258, 261, 264, 272.

— de l'Algérie avec l'étranger, 44, 127, 136, 137, 221, 261, 266, 270.

— Maritime. Son organisation en Algérie comparée à celle des ports étrangers, 85, 96, 148, 200, 204, 211, 214.

Constructeurs de navires, 64, 81, 103, 121, 268.

Constructions civiles, 79.

— navales, 78, 102, 104, 105, 111, 112, 113, 142, 143, 147, 161, 176, 199, 212, 244.

— Leurs chances d'avenir en Algérie, 52, 55, 61, 64, 65, 72, 79, 82, 95, 102, 142, 182, 203, 208, 211.

— Introduction en franchise des objets propres aux constructions navales (décret du 17 octobre 1855), 53, 55, 59, 61, 64, 65, 72, 79, 82, 92, 93, 95, 103, 114, 121, 143, 176, 183, 199, 203, 208, 211, 213, 268, 269.

Corail, 6, 16, 17, 113, 114, 124, 154, 155, 172, 173, 213.

— (Pêche du), 15, 16, 55, 62, 79, 87, 111, 112, 113, 114, 148, 154, 155, 167, 172, 173, 174, 175, 189, 202, 207, 215, 245, 274.

— Mesures à prendre pour en faire bénéficier l'Algérie, 59, 62, 111, 202, 212, 215.

— Marins employés à cette pêche, 16, 59, 62, 63, 64, 79, 99, 107, 114, 154, 155, 167, 173, 176, 202, 207, 208, 212, 215.

— Bateaux employés à cette pêche, 15, 16, 59, 70, 101, 113, 114, 148, 154, 155, 173, 202, 204, 212, 215.

Cotons, 76, 124, 129, 130, 131, 151, 160, 191, 193, 228, 233, 239, 249, 263.

Courtiers maritimes. 71, 81.

Crédit (Institutions de). (Voir *Banques*.)

Crin végétal, 80.

Cuivre, 7, 9, 153, 170.

Directions de port. (Voir *Capitaineries*.)

Douanes, 9, 11, 15, 48, 122, 162, 166, 169, 170, 207, 242, 243, 249, 271, 272.

Drawback sur diverses marchandises, 110, 122, 152, 188, 189, 201, 207, 210, 216, 245, 263, 269, 271. (Voir *Franchise* et *Constructions navales*).

— sur les tabacs étrangers, 152, 163, 189, 272, 273.

Droits différentiels de pavillon, 51, 68, 122, 150, 245, 261, 268.

— de douane, 1, 3, 4, 5, 6, 14, 50, 86, 90, 104, 105, 123, 125, 126, 151, 162, 163, 166, 169, 187, 197, 205, 206, 207, 230, 231, 242, 258, 261, 262, 263, 264, 265, 268.

— de tonnage, 2, 4, 7, 9, 46, 47, 48, 49, 50, 54, 57, 58, 62, 65, 66, 67, 71, 73 à 79, 86, 87, 88, 89, 90, 91, 92, 93, 94, 97, 103, 109, 110, 121, 122, 123, 125, 127, 128, 131, 143, 149, 159, 161, 162, 164, 165, 166, 167, 168, 169, 181, 182, 186, 187, 193. 195, 196, 197, 198, 200, 205, 207, 209, 212, 214, 215, 216, 217, 218, 220, 227, 228, 229. 230, 231, 245, 247, 248, 249, 250, 251, 252, 253, 254, 255, 256, 257, 258, 259, 260, 265, 269, 270.

ENTREPÔTS réels ou fictifs de douane, 3, 5, 7, 13, 14, 58, 87, 104, 120, 151, 162, 187, 191, 200, 201, 205, 206, 212, 214, 245, 260, 271.

EPICES, 48, 232.

EQUIPAGES. (Voir *Capitaines*, *Marins*, *Indigènes*.)

ESPAGNE (Commerce de l'Algérie avec l'), 47, 51, 57, 73, 77, 83, 84, 85, 92, 105, 128, 145, 146, 156, 167, 168, 176, 184, 185, 186, 200, 251, 256, 257, 265, 266, 267, 268, 276.

— (Obstacles qui empêchent le cabotage entre l'Algérie et l'), 57, 82, 144, 161, 164, 168, 228, 254, 267.

— (Droits divers perçus en), 50, 51, 85, 145, 146, 184, 185, 276.

ETAIN, 9, 153, 170.

EXPORTATIONS, 1, 2, 4, 5, 6, 7, 8, 14, 15, 44, 49, 58, 66, 69, 70, 72, 76, 79, 88, 92, 131, 155, 159, 164, 189, 190, 196, 210, 216, 217, 228, 229, 230, 250, 252, 253, 271.

FERS et fontes, 9, 47, 50, 73, 77, 79, 80, 93, 103, 104, 125, 126, 151, 152, 153, 158, 166, 169, 170, 227, 232, 247, 261, 262, 263, 264, 268.

FOURRAGES, 160, 189, 247.

FRANCISATION des navires (Décret du 7 septembre 1856), 3, 4, 10, 55, 58, 82, 87, 97, 101, 103, 104, 105, 110, 111, 144, 145, 146, 152, 183, 187, 201, 207, 212, 215, 245, 265, 266, 267, 269, 270.

FRANCHISE (admissions en), 8, 9, 153, 167, 169, 171, 201, 207, 210, 212, 227, 263, 264 (voir *Constructions navales* et *Drawback*).

FRET, 92, 126, 127, 129, 166, 171, 200, 204, 209, 215, 231, 250, 251, 259, 260.

— Entre Alger, Oran, Bône, Philippeville, 53, 56, 61, 72, 84, 95, 146, 183, 199, 204, 211, 214.

— — Marseille, Cette, Bordeaux, Le Hâvre, 50, 54, 57, 72, 85, 91, 96, 148, 184, 187, 197, 200, 204, 211, 214.

— — les ports de l'Algérie et les ports de la Méditerranée, 58, 72, 85, 96, 148, 184, 186, 200, 204, 211, 214.

— — l'Algérie et les ports de l'Angleterre, 50, 67, 75, 187.

— — la Manche et Dunkerque, 91, 96, 186, 187.

FRUITS et légumes frais, 4, 7, 44, 68, 70, 76, 78, 80, 85, 91, 92, 161, 163, 185, 187, 193, 197, 227, 230, 233, 239, 253.

GLACE, 217.

GRÉEMENT des navires algériens comparé à celui des navires des marines étrangères, 52, 55, 61, 64, 71, 82, 95, 102, 142, 199, 202, 210, 213.

HOUILLES et charbons, 7, 46, 47, 48, 49, 51, 58, 67, 68, 73, 75, 77, 80, 87, 88, 90, 92, 93, 96, 121, 158, 161, 166, 167, 185, 186, 187, 247, 248, 251, 259, 260.

HUILES, 4, 6, 44, 156, 185, 191.

IMPORTATIONS, 1, 2, 3, 5, 6, 7, 8, 9, 10, 11, 12, 42, 46, 66, 92, 145, 151, 159, 164, 167, 184, 188, 189, 201, 210, 217, 229, 249, 250, 251, 252, 253, 254, 272.

INDIGÈNES. Leur emploi dans la composition des équipages, 10, 53, 56, 61, 84, 95, 106, 110, 148, 183, 199, 204, 211, 214.

— à d'autres travaux, 80, 95, 211.

INDUSTRIE, 4, 5, 46, 51, 71, 79, 90, 112, 114, 122, 125, 126, 129, 152, 159, 162, 163, 164, 185, 187, 202, 206, 207, 209, 210, 212, 215, 217, 230, 250, 268, 272, 273.

INSCRIPTION maritime, 84, 95, 105, 147, 148, 208.

ITALIE. Traités, 109, 112, 114, 124, 184, 230, 274.

— (Commerce de l'Algérie avec l'), 57, 69, 83, 84, 96, 105, 106, 111, 128, 146, 186, 200, 256, 265, 266, 268.

IVOIRE, 124, 137, 233, 234, 235, 259.

LAINES, 3, 4, 6, 44, 80, 96, 182, 185, 186, 209, 221, 223, 224, 225, 226, 228, 229, 233, 240, 241, 242, 243, 263.

LÉGISLATION. (Commerce et navigation).

Régime commercial antérieur à l'ordonnance du 11 novembre 1835 1

Régime établi par l'ordonnance du 11 novembre 1835 2
Arrêté du 30 juin 1836 3
Ordonnance du 27 février 1837 4
Ordonnance du 7 décembre 1841 4

Régime établi par les ordonnances du 16 décembre 1843 4
Loi du 9 juin 1845 5
Ordonnances des 17, 23 janvier et 2 décembre 1845 5
Ordonnance du 13 décembre 1846 5
Arrêté du 6 juin 1848 5
Décret du 9 août 1849 5
Décret du 30 août 1849 5
Décret du 12 janvier 1850 5

Régime établi par la loi du 11 janvier 1851 6
Décret du 11 février 1860 8
Décret du 30 novembre 1852 9
Décret du 11 août 1853 9
Décret du 10 octobre 1855 9
Décret du 7 septembre 1856 10
Décret du 25 juin 1860 10
Convention avec les chefs Touaregs 11
Décret du 9 septembre 1861 11
Décrets du 8 janvier 1862 11

Mesures transitoires concernant le régime des entrepôts et autres 13
Décisions ministérielles du 7 février 1862 13

Pêche et fabrication du corail 15
Arrêté du 31 mars 1832 15
Ordonnance du 9 novembre 1844 15
Arrêté du 16 octobre 1861 15
Convention de navigation du 13 juin 1862 16

Pêche du poisson 17
Arrêté du 24 septembre 1856 17

LÉGUMES frais, voir *Fruits*.

— secs, 58, 184, 186.

LINS, 112, 113, 191, 193, 196, 197.

LIQUIDES, 48, 185, 262, 271.

MACHINES, 49, 126, 152, 197, 201, 207, 262, 263.

MARINE, 3, 4, 89, 90, 91, 92, 96, 103, 153, 155, 190, 196, 207, 208, 244, 247, 253, 255, 259.

MARINS, 3, 4, 10, 108, 109, 167, 185, 202, 203, 208, 244, 266, 267, 270.

— du cabotage algérien, 57, 105, 108, 144, 145, 147, 167, 260.

— A quelles conditions ils naviguent, 53, 56, 61, 72, 79, 95, 183, 199, 204, 211, 213.

— Frais de nourriture des équipages, 53, 56, 62, 90, 105, 114, 148, 183, 200, 204, 211, 214,

MAROC, 9, 10, 134, 201, 207, 242, 243.

MARSEILLE (Port de), 13, 50, 91, 104, 110, 121, 127, 128, 129, 130, 135, 149, 155, 167, 172, 185, 247, 256, 257, 261, 271.

— (Entrepôt), 109, 122, 123, 128, 130, 195, 245, 250, 261, 262.

MATÉRIAUX de construction, 2, 7, 67, 102, 161, 166, 230, 268, 269, 272.

MINERAIS, 4, 6, 7, 14, 15, 44, 96, 121, 125, 161, 185, 204.

MINOTERIE, 126, 127, 128, 191, 215, 216, 220.

NAVIGATION, 3, 4, 7, 45, 46, 47, 48, 51, 52, 56, 65, 66, 67, 68, 71, 73, 77, 79, 88, 89, 90, 107, 108, 109, 112, 126, 145, 154, 165, 167, 175, 181, 184, 189, 191, 192, 200, 204, 229, 230, 249, 254, 255, 257, 265, 267, 268, 276.

Navigation a vapeur, 70, 75, 76, 78, 90, 110, 127, 162, 167, 168, 186, 187, 193, 209, 228, 229. 252, 254, 256, 258, 259, 260, 270.

Navires, 1, 47, 48, 49, 92, 102, 108, 110, 121, 126, 127, 143, 167, 184, 186, 209, 215, 216, 228, 229, 246, 247, 248, 250, 251, 252, 256, 258, 259, 262, 268, 276.

— algériens, 57, 72, 86, 112, 143, 146, 148, 184, 266, 268.
Coût par tonneau de jauge, 52, 55, 61, 64, 65, 71, 78, 81, 95, 101, 142, 202, 210, 213.
Leur durée comparée à celle des autres navires, 52, 55, 64, 65, 71, 82, 95, 101, 142, 182, 199, 202, 210, 213.
Leur dépréciation annuelle (amortissement), 52, 55, 64, 65, 71, 82, 101, 142, 183, 199, 202, 210, 213.
Leur tonnage moyen suivant le genre de navigation, 53, 57, 85, 95, 145, 148, 155, 183, 200, 203, 204, 211, 214.

— anglais, 49, 58, 68, 69, 77, 80, 88, 89, 90, 91, 92, 93, 96, 143, 166, 167, 186, 193, 197, 260.

— espagnols, 50, 51, 57, 69, 77, 78, 85, 93, 96, 102, 143, 145, 146, 148, 164, 166, 167, 184, 185, 227, 251, 267, 269, 276.

— étrangers, 2, 3, 6, 7, 9, 57, 67, 68, 70, 75, 77, 90, 91, 93, 96, 102, 143, 155, 161, 167, 168, 187, 193, 194, 205, 228, 247, 249, 251, 255, 265, 269.

— français, 2, 3, 49, 58, 67, 77, 88, 89, 90, 92, 146, 148, 167, 170, 171, 184, 185, 267.

— italiens, 57, 77, 93, 96, 109, 110, 111, 117, 143, 148, 166.

— du nord, 7, 70, 85, 87, 96, 143, 186, 227, 250, 252, 259.

Naturalisation (capitaines et marins étrangers), 146, 147, 265, 266, 267.

Négociants, 65, 79, 82, 95, 97, 183, 184, 187, 193, 196, 211, 241.

Pacte de famille avec l'Espagne, 50, 69, 78, 197, 251, 267, 276.

Passagers, 48, 70, 76, 91, 92, 93, 161, 187, 252.

Patentes des navires, 113, 151.

Patrons de navires (voir *Capitaines*).

Pêche (voir *Corail*, *Poisson*).

Pilotage et Taxes de port, 89, 90, 96, 108, 109, 148, 200, 204, 214.
Leur influence sur la navigation en Algérie, 54, 57, 62, 86, 108, 109, 148, 205, 211.

Poisson (Pêche du), 15, 17, 18, 55, 59, 62, 78, 79, 87, 99, 107, 108, 111, 115, 116, 117, 118, 132, 148, 155, 164, 165, 175, 176, 189, 202, 208, 213, 215, 245, 274.

— avec l'engin bœuf, 18, 59, 60, 63, 97, 98, 99, 100, 115, 116, 117, 118, 119, 120, 164, 215.

— à la ligne, 60, 98, 106, 116, 118.

— Application du décret du 10 mai 1862, 59, 62, 63, 155, 202, 208.

— Marins employés à cette pêche, 64, 90, 106, 107, 155, 176, 202, 204, 208, 213, 215.

— Bateaux employés à cette pêche, 101, 116, 148.

Ports francs (Algérie), 162, 190, 192, 215, 257.

Poudre d'or, 124, 137, 222, 223, 225, 230.

Pouzzolane, 47, 77, 248.

Quarantaines (leur influence), 54, 58, 62, 87, 110, 150, 151, 200, 205, 212, 214, 227, 228.

Questionnaire de l'Enquête, 35, 36, 37, 38.

Ravitaillement des navires, 90, 92, 93, 102, 103, 143, 162, 200, 243, 244, 254.

RÉGIME COMMERCIAL DE L'ALGÉRIE, 1, 8, 44, 68, 122.
— Modifications à y apporter, 1, 20.

ROUTES, 53, 65, 82, 129, 131, 132, 143, 162, 196, 198, 200, 208, 210, 214, 216, 230, 231.

SANGSUES, 218.

SOUDAN ET SAHARA (Commerce avec le), 10, 11, 12, 87, 122, 123, 124, 131, 132, 133, 134, 135, 136, 137, 138, 139, 140, 141, 151, 152, 162, 189, 203, 206, 207, 210, 212, 214, 215, 223, 231, 232, 233, 234, 235, 236, 237, 238, 239, 240, 272.

STATISTIQUE (Tableaux). Mouvement commercial de l'Algérie avec la France et les pays étrangers, 12.
Mouvement général du commerce de la France avec l'Algérie, 19.
Importations de France en Algérie, 21.
Exportations de l'Algérie en France, 22.
Commerce de l'Algérie avec l'étranger : Importations, 24.
— Exportations, 25.
— Importations et Exportations, 26.
— Importations en Algérie des entrepôts de France, 27.
— Mouvement avec l'Angleterre, 28.
— — avec l'Espagne, 29.
— — avec l'Italie, 30.
— — avec les États barbaresq., 31.
— — de la navigation, 32.
— Effectif de la marine marchande en Algérie, 33.
Matelots indigènes en Algérie, 107.
Navigation à Alger pendant l'année 1862, 74.
Séjour en Algérie des patrons de navires algériens, 144.
État de développement de la navigation dans les ports de l'Algérie, en 1861, 178, 179.
Extrait du tableau des marchandises dénommées au tarif général des Douanes en ce qui concerne l'Algérie, 277 à 283.
Tableau des principaux éléments de la perception douanière, de 1857 à 1861, 284.
Tarif des droits de tonnage, 285.
Tarif de l'octroi de mer, 286 à 287.

SUCRES, 2, 122, 123, 150, 153, 232, 234, 261, 262.

SURTAXES de pavillon, 44, 51, 171, 185, 195.
— de navigation, 4, 51, 58, 68, 85, 86, 92, 151, 245, 250, 251, 261, 262, 263, 265.

TABACS, 6, 44, 74, 90, 90, 122, 123, 129, 130, 150, 152, 153, 160, 164, 185, 186, 189, 191, 193, 194, 195, 196, 247, 261, 262, 271, 273.

TISSUS, 11, 48, 151, 152, 164, 182, 188, 209, 210, 261, 262, 263, 264.

TONNAGE de rigueur pour la réexportation de diverses marchandises, 58, 152, 201, 207, 212, 215, 271, 273.

TRAITÉS DE COMMERCE. Leur influence en Algérie, 8, 13, 50, 54, 58, 87, 93, 110, 122, 150, 162, 166, 170, 187, 190, 200, 200, 209, 212, 214, 230.

TRANSPORTS entre la France et l'Algérie, 2, 3, 46, 165, 167.
Dispositions de l'Ordonnance du 16 décembre 1843, 54, 57, 62, 71, 73, 86, 87, 96, 149, 161, 187, 200, 204, 205, 209, 212, 214, 220, 231.

TRAVAUX PUBLICS, 160, 198.
TRÉSOR PUBLIC, 112, 113, 158, 159, 161, 166, 182, 187, 188, 190, 205, 241, 247, 248, 249, 250, 251, 254, 255, 259, 261, 264, 265, 271, 274.

TUNIS, 9, 10, 53.

USINES, 127, 156, 216.

VINS, VIGNES, 58, 78, 85, 104, 156, 184, 185, 191, 193, 196, 233, 251, 262.

ZINC, 9, 153, 170.

LISTE

DES

PERSONNES ENTENDUES DANS L'ENQUÊTE

SUR LE COMMERCE ET LA NAVIGATION DE L'ALGÉRIE.

MEMBRES DU CONSEIL SUPÉRIEUR.

MM. DE FORCADE LA ROQUETTE, Sénateur, Président, de 39 à 275.

DUSBRECH, Directeur des Douanes, 58, 75, 83, 103, 104, 249, 250, 251, 252, 253, 261 à 269, 271 à 273.

MAISONNEUVE (De), Inspecteur-Général des Finances, 67, 68, 83, 86, 104, 123, 150, 248, 249, 260, 261, 263, 264.

MAISONSEUL (De), Capitaine de frégate, Directeur du Port d'Alger, 49, 54, 60, 72, 83, 84, 85, 93, 99, 100, 102, 144, 145, 147, 150, 151, 155, 247, 248, 259, 260, 261, 265, 266, 268, 274.

MARABET (Ben), Membre de la Chambre de Commerce, 56, 258.

MERCIER-LACOMBE, Conseiller-d'État, Directeur Général des services civils, 58, 59, 60, 61, 114, 115, 118, 119, 124, 125, 136, 138, 142, 149, 151, 153, 198, 248, 253, 265, 266, 270, 272, 273, 274.

PIERREY, Procureur Général, 83, 119, 120, 253, 254, 260, 265, 266, 267, 270.

SALMON (Ange), Membre de la Chambre de Commerce, 124, 258.

SARLANDE, Maire d'Alger, 60, 104, 259.

SOLHAUNE, Président de la Chambre de Commerce d'Alger, 93, 247, 249, 253, 271.

TOUSTAIN DU MANOIR (De), Membre rapporteur du Conseil consultatif de l'Algérie, 83, 118, 128, 146, 246, 257, 258, 260, 265, 266, 267, 269, 270, 273, 274.

VAULX (De), Président du Conseil général de la province d'Alger, 147, 254 à 257, 266, 267, 274.

VIALAR (Baron de), Président de la Chambre consultative d'Agriculture d'Alger, 56, 60, 84, 93, 110, 125, 258, 273.

WAROT, Président du Tribunal de Commerce d'Alger, 104, 258, 264.

YUSUF (Général), Commandant la Division d'Alger, 56, 57, 106, 259.

CÈS-CAUPENNE (De), Chef de Division à la Direction générale des Services civils, Commissaire général de l'Enquête, 101, 259, 270, 272, 273.

PERRIGNY (Vicomte de), Secrétaire, 81, 101, 133, 181, 245.

DÉPOSANTS.

A

ALGER (Chambre de Commerce d'), 165 à 171.
ALPHANDERY, 121, 122, 123, 124.
ARNOULD, 101, 194 à 198.

B

BARBIER, 120.
BARNY, 156, 159, 160.
BASTIDE, 165, 191.

BONE (Chambre de Commerce de), 198, 210 à 213.
BONFORT, 172.
BORDET, 165, 191, 194, 197.
BOSQUET, 55, 56.
BOUNEVIALLE, 65, 71 à 78, 97 à 99.
BOURLIER, 165, 191.

C

CALLAMAND, 175, 176.
CASTELBOU, 125, 126.
CÉLY, 240 à 243.
CHABERT-MOREAU, 191.
CHAPUIS, courtier maritime, 71, 81 à 87.
CHAPUIS, négociant, 121, 125.
CHAZEL, 129.
CHEVIRON, 215, 216.
CONSTANTINE (Chambre de Commerce de), 198, 208 à 210.
COSTE, 120, 121.
CURRY, 79, 80.

D

DELAUNEY, 171, 172.
DULIOUST, 126.
DUPUIS, 126 à 128.
DUVALLET, 120 à 121.

F

FAVEREAU, 101 à 120, 243, 244.
FÉMENIAS, 65.

G

GANZIN, 126.
GARAUDY, 172 à 175.
GARRO, 142, 145, 156.
GENTILI, 71, 85, 86, 95 à 97.
GIMBERT, 165, 191 à 198.
GIRAUD, 126.
GROS, 45.
GUGENHEIM, 142, 143.

H

HAYMAN, 172 à 175.
HENRY, 45, 47, 49, 50, 51.
HERPIN, 121.
HIRSCHFELD, 182 à 190.
HOSKIER, 45, 46, 181, 182, 229, 230.

K

KUHLMANN, 71, 81, 91 à 94.

L

LIMOZIN, frères, 121, 122.

M

MARTIN, 52 à 55.
MAURIN, 231 à 240.
MAZET, 142 à 156.
MENDÈS, 55 à 59.
MESTAYER, 171 à 172.
MILLON, 217 à 221.
MIRCHER, 133 à 141.

N

NEILSON, 71, 81, 85, 86.

O

ORAN (M. le Préfet d'), 198 à 202.
ORAN (Chambre de Commerce d'), 198, 202 à 208, 227, 228.

P

PHILIPPEVILLE (Chambre de Commerce de), 198, 213, 214.
POLIGNAC (De), 133, 138 à 141.
POMATA, 65, 78, 79.

R

RAVAN, 65.
RECAGNO, 64, 65.
ROBERT, 156 à 159.
ROMANET, 182, 221 à 226.
ROUX, 161, 163 à 165.

S

SARLANDE, aîné, 161, 162, 163.
SAULIÈRE, 142, 144 à 147.
SAUNIER, 71, 81, 82, 84, 90 à 91.
SAURA, 64, 65.
SAVERIO, 55, 60 à 64.
SITGÈS, 55.
STUCKLÉ, 65 à 71.

T

TROUVÉ-CHAUVEL, 79, 80.

V

VALENSIN, 55.
VALLADEAU, 165, 191.
VALLIER, 129 à 132.
VIAL, 160, 230, 231.

Alger. — Typ. Bastide

www.ingramcontent.com/pod-product-compliance
Lightning Source LLC
Chambersburg PA
CBHW070239200326
41518CB00010B/1622
* 9 7 8 2 0 1 2 6 6 0 0 7 6 *